浙江省普通本科高校"十四五"重点立项建设教材

U0564555

王 正　西慧玲◎主编

# 现代写作教程

## （第三版）

ZHEJIANG UNIVERSITY PRESS
浙江大学出版社
·杭州·

图书在版编目(CIP)数据

现代写作教程 / 王正,西慧玲主编. — 3 版. — 杭
州 : 浙江大学出版社,2024.6
ISBN 978-7-308-24307-0

Ⅰ. ①现… Ⅱ. ①王… ②西… Ⅲ. ①汉语—写作—
教材 Ⅳ. ①H15

中国国家版本馆 CIP 数据核字(2023)第 200815 号

**现代写作教程(第三版)**

XIANDAI XIEZUO JIAOCHENG(DI-SAN BAN)

王　正　西慧玲　主编

| | | |
|---|---|---|
| 策划编辑 | 郑成业 | |
| 责任编辑 | 郑成业 | |
| 责任校对 | 李　晨 | |
| 封面设计 | 闰江文化 | |
| 出版发行 | 浙江大学出版社 | |
| | (杭州市天目山路 148 号　邮政编码 310007) | |
| | (网址:http://www.zjupress.com) | |
| 排　　版 | 杭州朝曦图文设计有限公司 | |
| 印　　刷 | 杭州宏雅印刷有限公司 | |
| 开　　本 | 787mm×1092mm　1/16 | |
| 印　　张 | 18.25 | |
| 字　　数 | 410 千 | |
| 版 印 次 | 2024 年 6 月第 3 版　2024 年 6 月第 1 次印刷 | |
| 书　　号 | ISBN 978-7-308-24307-0 | |
| 定　　价 | 55.00 元 | |

# 第三版前言

本次修订，距上一版已历四年，生存境遇发生了很多变化。后疫情时代，关于生命与人性、存在与超越、理想与价值的沉思，理应纳入我们新版的写作视野；课程思政的正能量，传统文化的经典性，也需要以具象化、艺术化、浸润化的方式，呈现她应有的感召力；新文科的媒介融合和数字人文，也必然带来全新的体验；人工智能 ChatGPT 的出现，挑战了人的写作能力，同时也意味着人的创造智能和审美情韵具有别样的精彩。这些都需要在新版中作出回应，因此增写了"沉浸式、融媒式、实训式写作"一节。本教材在完成浙江省普通本科高校"十三五"新形态教材出版之后，又获批浙江省普通本科高校"十四五"重点立项建设教材，也需要继续修订、完善。凡此种种，都努力在该版修订中予以体现，并希望本教材在岁月的沉淀中，变得更为纯净、成熟和美好。

编 者

2024 年 6 月

# 第二版前言

不管你承认不承认,写作都在进行着一场前所未有的革命。由移动通信和互联网融合而生成的"移动互联网",深刻改变着人的生存方式,而用以传情达意的写作,其本身就是人的生存方式之一,自然也要伴随着人的整体生存方式的改变而作出相应的调整。

在移动互联网时代,写作方式呈现出以下几方面的新变化:信息的微量化甚至粉状化,使写作方式呈现碎片化、瞬息化的特征;而信息的可移动性,又突破了固定时空的局限,具有随时随地贴身相伴的方便性,"可以不受限制地表达自己";再加上信息传递所体现的双向、可逆、互动的特点,裹挟着点赞、弹幕、评述、改写等读写方式的灵动性,从而构成了作者与读者、个人与朋友圈之间的交互性,就在这一信息交换的过程中,写作者也会自觉不自觉地采用软件中的"通用模板"作为基本工具,在模板化与个性化之间寻找新的平衡,并在"万物皆媒"的传播环境和"体验为王"的生活场景中,选择智能的、有趣的、便利的数字化新媒体,通过"好玩"的写作活动,和世界分享自己的故事。

由此可见,写作媒介发生了根本的变化。如果说传统的写作方式必然以书面文字为载体,即"文本"才是写作的最终成果,对语言文字的驾驭能力在一定程度上成为衡量写作水平的重要标尺,那么,在移动互联网的背景下,新媒体的写作符号不再局限于文本,其内涵已经扩展到文、图、影、音等多媒体的综合运用,是将文字、美图、雅乐熔为一炉的"浓缩之精华"。写作从单一的文字撰写,转变为一种多媒体或全媒体的写作。借用"互联网+"的表达方式,今天的写作是"文字+"或"+文字",在新媒体的综合元素中,文字只是其中之一元。在"摄影+文字"、"音乐+文字"、"视频+文字"的新型组合中,文字将更加浓缩和精炼,几乎就是"画龙点睛"的存在。照理说,这对文字质量的要求更高;但在读图、读媒体的视野下,如果其他方面做得不够到位,那么,再好的文字也有可能被忽略。这就意味着今天的作者,不仅要驾驭那"点睛之笔"的文字,而且要能操控新的媒体。

这就是今天写作的"新形态"。面对这一新形态,面对写作方式的这种"变幻",我们既要有一种"定力",即以提升自身的写作素养来应对各种变化,以不变应万变,认准写作传情达意这一基本功能定位,坚持写作向社会提供优质的精神产品和引领社会精神风尚的核心价值观,同时又要用一种"善巧方便"的方法,让写作融入这个时代,走进百姓生活,以大家喜闻乐见的媒介,真正发挥出写作在实现人生价值、陶冶道德情操、推进社会发展中应有的能量。因此,我们在这本教材的修订过程中,在完善各章表述、强化写作素养和文字功底的同时,也专门增加了"移动互联网背景下的读与写"一节和"自媒体写作"一章,并在全书各章中采用二维码,融进了"慕课"等在线教学方式,以体现写作教材的"新形态"。至于效果如何,有待大家批评指正。

编　者
2020 年 5 月

# 前　言

大学写作教材层出不穷,而要编写一部高质量的写作教材实非易事。在网络普及、微信流行,生活中很多时候需要"以写代说"的今天,写作成为普通人抒情言志、传递信息的主要路径,成为现代人必备的文化素养。因此,写作与生命同在,写作的重要性不言而喻。然而,这是否意味着写作教材的地位也随之水涨船高呢?茶余饭后的即兴书写、点滴感悟的随便记录,可能并不需要写作教材这样的高头讲章,而实用性的职场写作又有现成的模板可以借鉴仿效,似乎也用不上写作教材用心良苦的启悟。即便写作教材说得句句在理,社会的功利心理也会对潜移默化的时效性提出质疑,追问教材在转变"平民"为"写手"方面到底有几成效用。这些困惑,都是编撰写作教材尤其是高校写作教材时必须穿越的云山雾罩。

写作教材的编写体例,不外乎以下三种类型。

一是以"文本"为中心的"文章学"。刘勰倡导"宗经",写作以经典之作为范本,有"文必秦汉,诗必盛唐"之说。陈骙确立"文选＋知识"的《文则》体例,朱自清实施以读促写的《国文教学》,20 世纪 60 年代北京大学和复旦大学以"主题"、"题材"、"结构"、"语言"等"老八大块"建构《写作基础知识》,均以静态的"文"的分析作为写作教材的基本构架。

二是以"原理"为本体的"写作学"。韩愈强调"载道",以承载精神传统、遵循写作规律为宗旨。在言志缘情的基础上,谢枋得总结了写作从"大胆文"到"小心文"的金科玉律,袁宏道坚持"独抒性灵"的个性化、创造性写作,叶圣陶奠定"立诚"作文观;裴显生《写作学新稿》,周姬昌《写作学高级教程》,吴伯威、杨荫浒、林柏麟《写作》,林可夫《高等师范写作教程》,以"规律论"、"感知论"、"运思论"、"表述论"等"新八大块"建立现代写作理论体系;其后,潘新和《高等师范写作三能教程》、尉天骄《基础写作教程》、董小玉《现代基础写作》在继承中创新,均以动静结合、知行合一的"写作现象"作为写作教材的逻辑基点。

三是以"教学"为主线的"训练术"。梁启超重视"规矩",主张写作教材要引导学生掌握具体做法和基本路径。唐彪归纳了"体认—布格—取材—修辞"的四步《读书作文谱》,夏丏尊、刘薰宇的《文章作法》,陈望道的《作文法讲义》,上海大学的题型教学,浙江大学的

"主体素养＋文体训练",国外写作教材着眼于"作家"(教师)与"思想者"(学生习作者)之间的互动,培育学生的好奇心、独立思维、想象力和个性,均以动态的"写"的训练作为写作教材的鲜明主题。

鉴于上述三类写作教材的编写思路,我们这本写作教材的主要特点在于:

博采众长。充分吸纳国内外优秀写作教材的精华,作为编写本教材的基础;但借鉴并非照搬照抄,而是在融会贯通的同时加以独立的深入的思考,赋予教材以独立品格。本教材整合了"原理—文本—训练"三大类型教材的优势,将全书分为"原理论"、"过程论"、"文体论"三部分,恰好对应写作教学"道—技—式"的完整系统。"原理论"部分力求对写作的深层规律作出更准确、系统、清晰的阐释,力求表述更到位、更规整、更明白,达到以道驭技、以正驭奇的目的;"过程论"具体展示写作所需的基本能力和写作行为的总体流程,于写作过程的幽微曲折之处下足功夫,为学生提供操作细节的具体攻略,达到举一反三、熟能生巧的目的;"文体论"介绍新闻、散文、小说、诗歌四种常见文体,涵括写实、抒情、虚构、空灵四种不同体裁,实质上就是教给学生四种最基本的写作构思方法,试图通过有效的训练达到见贤思齐、取法乎上的目的。为了适应写作的新媒体,本教材专列"网络写作"一节,更具生活化、现代化色彩。

立足前沿。本教材综合运用哲学、心理学、美学、文体学、文化学等学科的最新研究成果,对写作现象进行了深入浅出的阐释,教材中各章各节均有新的视角、新的观点。如在写作主体的人格意识中突出理想因子和人文精神的重要价值;援引接受美学的"潜在读者"论述写作受体之"读者意识";写作的观察能力中难度最高的是观察人物的深层心理,本教材知难而进,借助心理学的研究成果,以人的口头禅、习惯动作来透视人的心理倾向性;构思中的"灵感思维"向来深奥莫测,本教材融合脑科学、思维科学和禅宗的艺术观照予以具体说明,在前人基础上推进了一步。而在"文体"方面,本教材增加了诗歌的"意象"、新闻媒体发展的新趋向、当代小说内涵与人物形态、散文的当代意识和审美特质、网络写作的语言特点及其传播方式等,都在文体特征中融入了新元素,体现了写作学研究的新进展。当然,立足前沿与注重理论内涵的约定俗成相辅相成,教材总是将学术的前沿成果转化为成熟的教学体系。

重在实践。写作的实践性或称操作性,历来是写作教材建设关注的热点之一,余秋雨所言"真正的写作是一个需要亲自动手的动态过程"①,已成为学界共识。但是,在具体的教学过程中,其效果却不尽如人意。"现行的写作课程,往往被学生认为'镜中花、水中月',远观时颇具魅力,接触后,效果会令人沮丧,能言善写的学生声言并非受益于写作课,

---

① 余秋雨:《题型写作教程》,语文出版社1994年版,序第2页。

怕动笔墨的学生听完课后依然故我。"①这样的评价虽然"逆耳",但属于"忠言",反过来对教材编写和课程教学提出了"求实效"的明确要求。本教材借鉴和吸收了近年来学术界提出的"写作技术"之说②,其实,技术不单指理性工具,也含艺术技巧之意。"艺"本指农事稼穑之技,因此,技、艺同源,学习技术的过程就是一个技艺提高、心智灵巧、"人文化成"的过程③。本教材将人文内涵落实在"写"的技术步骤中,彰明它的练习和操作程序,给教师和学生一种清晰的流程,既"教规矩"、"教套路",又"使人巧"、"使人悟",使学生的写作能力获得一种创造性的转化。本教材的重心就落在写作"理论—能力—素质"递进转化的内在机理中。

积累素养。写一手好文章,自然离不开文化功底。而随着大众文化席卷而至,网络技术推波助澜,似乎一夜之间,人人都被赠予一支生花神笔,可以在写作冲浪中体验"发表"的乐趣。写作似乎不需要多少文化涵养,轻而易举就能上手,有文化与无文化、雅文化与俗文化之间的界限开始模糊。"写作"已经由文化人向普通人滑移,成为普通人表现自我、展示才艺的平台。话虽如此,要将随便写写转变为有的放矢,将日常闲聊转变为生命华章,仍然离不开积淀之功。艾略特认为,最好最具个性的作品也是"传统"这一完美系统的一个组成部分④,因此,本教材在努力创新的同时,也有"回归传统"的转向。在"文体"的编排中,舍得割爱,将实用文体另书编写,仍然将诗歌、散文、小说这些看似"无用"的文体作为我们的教学追求,这既是文化涵养的内在要求,又是青春写作的基本方式。海德格尔、德里达均认为理性的逻辑的言说无法穷尽人的独特的深层体验,反倒是"诗—言—思"所构成的那种文学艺术的语言才可以和幽微难言的思想情感沟通。或许,那种暂时的"无用",恰恰是将来"有用"的根基和母体。

任何一部写作教材都不可能包治百病,而每一部教材都是编者学术专长和教学经验的自然结晶,因而每部教材既具自足的个性,又存在编者素质结构所未曾涵盖的空白点,以此构成教材的特有风格和某种缺憾,也留下了继续修订和完善的空间。但无论如何,写作与我们的"存在"同在,我们又有什么理由不去亲近写作呢?

编　者

2014 年 3 月

---

① 林可夫:《关于"写作学"的规律性问题》,《写作》1981 年第 1 期。

② 孟建伟:《广义的技术概念与典型的写作技术》,《广播电视大学学报》2005 年第 2 期。

③ 吴国盛:《技术与人文》,《北京社会科学》2001 年第 2 期。

④ 艾略特:《艾略特文学论文集》,李赋宁译,百花洲文艺出版社 1994 年版,第 3 页。

# 目 录

# 绪　论　写作技术与写作素养

　　写作，顾名思义就是书写、操作。书写，需要书面语言的表达能力；操作，需要文本程序的生成能力。"写作"说到底，是依照一定的文本程序抒发心情、表露思想的一个过程①，它是人的精神能量的释放，是人自我实现的一种表达方式，同时也是人类文化的一种交流方式。

　　由此可见，写作就是在一定的语言规则下，由主体展开平等的话语交往行为，而不是由少数人掌控话语权②。可是在文化被少数人垄断的贵族化时代，写作能力是"精神贵族"的象征，是文化人的标志，写作被赋予了"天赐才华"的神秘色彩。像李白"梦笔生花"、韩愈"梦吞金龟"、王勃"少梦人遗以丸墨盈袖"而后文思大进之类的传说，无疑都是此类神话的演绎。写作与才华、才华与地位直接对应的结果，是将写作划入高贵者的势力范围，普通人只能对写作望而生畏。而在以人为本，文化趋向大众化、平民化的今天，写作成为普通人表现自我、展示才艺的平台，人人都可以靠写作来承载个人的历史，从而告别了精英写作的年代，宣告了写作大众化时代的真正启动。

　　由于大众化是一种泛阶层现象，属于"公民"和"消费者"的范畴③，因此大众写作就蕴含着"人人参与写作"这一理念。人人参与写作的结果，就正面影响而言，从整体上提高了大众的文化素质，为他们提供了精神交往的通道，为他们拓展了心灵互动的空间，有利于人的全面发展；就负面效应而言，人人写作，鱼龙混杂，也可能导致写作的世俗化甚至庸俗化倾向，削弱写作在传统意义上引领思想潮流、提升精神境界的作用。再加上传媒无处不在，消费主义的观念又冲击着人们的生活，娱乐性、消遣性写作很容易遮蔽沉思性、使命性

---

　　①　"写作"一词，如果溯其源头，诞生之初即以传情达意、展示人的精神世界为基本内涵。《说文》释"写"为"去此注彼"。段玉裁作注说："小雅曰'我心写兮'，传云'输写其心也'。按凡倾吐曰写。"可见，"写"虽然是由物的"倾泻"、"倾注"发展而来，但早在《诗经》时代就用来表达"心灵的倾吐"。而"作"，《说文》释为"起也……为也……始也……生也"。指实践性十分突出的动态活动，既有起始、生发，必有完成、归结，是一个有始有终、有放有收、由内而外的发展进程，是一个从内部倾吐到外部撰写的整个精神产品的制作过程。在西方，"write"指"写作、著述"。其英文所蕴含的西方文化特征，是将写作始终当作专业化要求高、目的性十分明确的一种活动，总是将写作与特定的行业、与发表出版的社会效益和功利追求相结合，这也导致了中外写作教学重基础和重应用的不同范型。

　　②　哈贝马斯：《交往行为理论》（第1卷），重庆出版社1994年版，第135页。

　　③　扈海鹂：《解读大众文化——在社会学的视野中》，上海人民出版社2003年版，第206页。

写作①。而文化工业化和标准化的结果，又导致了独创性的艺术蜕变成模式化的技术。网络工具的普及，致使某些"大众写作"沦为纯技术性的复制、下载和扫描，模糊了独创与因袭的界线，从而丧失了精神创造的快感，写作在降低层次、降低难度的同时，也降低了质量、降低了价值。似乎因为是"大众化"，就可以一笔抹杀写作真与假、高与低、优与劣的评判标准，让平庸之作与精品佳构平分秋色。有鉴于此，我们在大众写作热潮涌来之际，不得不"留一半清醒留一半醉"，思考对策，防患于未然。毋庸讳言，在精英写作向大众写作过渡的转型期，我们将不得不直面一个关于写作的基本问题：写作，究竟是单纯的技术性操作，还是需要较深厚的文化涵养？

以时尚的微信拜年为例，最能说明大众写作的素质要求问题。下面是五则微信：

> · 祝你鼠年身体健康得像硕鼠，聪明伶俐得像鼹鼠，活泼可爱得像松鼠，挣钱挣得像袋鼠，收获多多像田鼠，看奥运兴奋得像飞鼠，天天快乐得像米老鼠！
>
> · 新的1年开始，祝好事接2连3，心情4季如春，生活5颜6色，7彩缤纷，偶尔8点小财，烦恼抛到9霄云外！请接受我10心10意的祝福。祝新春快乐！
>
> · 天气预报：今年你将会遇到金钱雨幸运风爱情雾友情露幸福霞健康霜美满雷安全雹，请注意它们将会幸福地缠绕着你一整年。
>
> · "鼠"途同归，心有所"鼠"，玉"鼠"临风，非你莫"鼠"，"鼠"能生巧，独"鼠"一帜，乐不思"鼠"。
>
> · 相语亦无事，不言常思君。

第一则微信运用传统民俗中的吉祥贺词，巧借鼠年的象征内涵，赋予不同类型的"鼠"以独特的喻意，在形式上由七个排比句组合成"鼠""鼠"相连的句式，所有韵脚均以"鼠"收尾，给人以一波胜一波、一气呵成之感。这则微信，语言明白浅显，读来朗朗上口。第二则微信巧用1～10个数字，非常贴合我们民族追求十全十美的欣赏习惯。第三则微信将自然气象与祈福词语熔为一炉，又把八个偏正短语紧凑地陈列在一起，使一连串的吉利话形成了波叠浪涌之势，与结尾所说的"幸福地缠绕"达成意义上的默契。第四则微信巧借"谐音梗"，以谐趣的口吻表现了"鼠"的活泼多姿和吉祥美好。最后一则微信具有蕴蓄之美，"相语亦无事"，表达的是一种没有功利色彩的精神交流，是没有任何"机关"与"伏笔"的君子之交；"不言常思君"，表达的是一种不拘形式的心灵沟通，一切尽在不言中，语言的问候可能是偶然的，但心里的牵挂却是永远的。这则微信与众不同，适合于知识分子之间的信息互通，如果放到大众之间，则显得过于含蓄和文绉绉了。

这五则微信表明：要是从网站下载一段文字转发给自己的朋友，可以不费吹灰之力，这只要发挥"拇指一族"的速度优势就可以了。而要写作一则原创的微信，恰如其分地表达自己的心意，体现个性和文化水准，给朋友以新鲜感和美感，"抛开例行公事而追求新的

---

① 洛文塔尔：《大众文化的定义》，载陶东风主编《文化研究精粹读本》，张芳译，中国人民大学出版社2005年版，第259页。

经验"①,那就不是简单的技术操作所能解决的,它与一个人的知识积累、思维水平、语言修养和创新能力有关。如果撇开这些基本的写作素养不管,不愿意自己去创造性地写作,经常在网站上拾人牙慧、附庸风雅,那只能是千人一面,产生雷同化乃至完全复制的作品,让读者味同嚼蜡。再进一步说,如果大多数人都以复制别人的作品为能事,那是重新把写作——独创性的精神劳动——的权利交还给了少数人,"大众写作"也就无从谈起。真正的大众写作应该是人人都具备写作的基本素养,人人都可以掌握写作的基础能力,人人都能够独立进行个性化的表述。

当然,大众文化的崛起,消解了思想的深度模式,一切回到现象学和经验学的范畴②,感性体验代替了理性沉思,生活趋向"平面化",原本显得高深莫测、讲究"神来之笔"的写作,也自然而然地落实在可操作性的层面上,适合大众口味,为大众安装了简单实用的"驱动程序"。对于大众来说,急需的不是微言大义、深奥玄妙的理论阐释,而是通俗易懂、容易上手的程序操作。十年磨一剑的苦心经营,对于立志要写出旷世杰作的作家来说非常必要,因为精致的作品,需要"蚌病成珠"和"穷而后工"的人生历练与深刻体悟,需要遣词造句的反复推敲、潜心琢磨;而对于只希望写点实用文章来应付日常事务,或虚构一则小幽默供人开心片刻的大众来说,则显得"漫漫长夜,寂寞难熬"。实用主义至上的风气固然助长了大众要求速成的浮躁心态,但反过来也逼着写作戒除脱离实际的毛病,重视自身的实践特性,摒弃故作神秘的不可知论,探索人人能写的普遍规律,给大众以切实可行的写作程序③,这未尝不是一件好事。这种写作程序是对写作普遍规律的总结,而不是一成不变的律条。写作中允许突破程式另创新招,但反对逞才使气不成章法。尤其对于写作水平处于初级阶段的作者来说,必要的程序至少可以让他们有操作步骤可以遵循,心里感觉踏实,少走弯路。

不过,话说回来,写作固有的复杂性又不是单靠程序就能解决的。从本质上说,写作不是某一项单纯的技术,它吸纳各科知识为我所用,体现为综合性、边缘性的特征。在其外显的操作程序中,总是伴随着内在的思维整合,广采博取总是与创造性的转化形影相随。写作与复制的根本性区别就在于:前者是复合的,后者是单一的;前者是生成的,后者是移植的;前者是个性的,后者是共性的;前者是创造的,后者是拷贝的;前者是灵活的,后者是机械的。因此,写作是一种创造性的精神劳动,而写作素养则是这种精神劳动的基础。有了足够的写作素养才能将"生活的世界"变成一个"艺术的世界"或者"智慧的世界"。记者刘小明谈到《人在釜山》专栏的写作体会时说:"要成为一个称职的好记者,平日里就要善于学习,勤思多写,注意积累资料,没有日积月累的辛勤耕耘,到了大型运动会报道时,就不会涌出多少灵感,写不了几篇稿子便会觉得'江郎才尽'。真正有特色的报道产生于平日奠定的扎实的基础之上。"④

① 舒尔茨:《成长心理学》,三联书店1988年版,第27页。

② 安吉拉·默克罗比:《后现代主义与大众文化》,中央编译出版社2001年版,第42页。

③ 如孟建伟著《实用写作技术》(中国社会出版社2003年版)一书,即以"技术"为总名,下分实用文章的写作模式、写作程序、写作技法、写作规则等数章。

④ 刘小明:《扬长避短追求特色——〈人在釜山〉言论专栏写作体会》,《新闻战线》2002年第12期。

没有经常动手写作的人,凭着雾中看花的朦胧感觉,总认为写作一般的文章特别是应用文,只要格式正确,无需多少素养就能完成任务。这样的观点用于交一篇作业,获得及格分或许可以,而如果要让文章充分体现自己的意图,对自己的工作起到推动作用,为自己寻找更好的生存和发展的空间,使文章成为事业的奠基石,或者要让自己的看法被对方欣然接受,在对方心中留下难忘的印象,从而在社会上为自己赢得一席之地,那就不能把目光仅仅停留在格式和程序上。

有没有写作素养,直接影响到写作中有没有新意,有没有理想的表达效果。下面是两位学生撰写的关于校内大学生超市的市场调研报告,现选取其中"库存"一节加以比较。

第一篇:

比较而言,超市间的商品质量应该差不多,但大学生超市由于规模大,有些商品也会有次品的购入,加上有些商品流通不便,存放时间过长,可能会有一些质量问题,总的来说,在这方面,大学生超市比起其他超市要稍差一些。

第二篇:

食品库存、储运不够到位:据超市经理介绍,食品订购一般是由熟悉的供应商自动送货上门,且不用支付有关运费。这有有利的一面,如货源稳定、经营成本减少等。但也存在着一定的风险:一是对食品的质量、生产日期不能很好把关,容易出问题;二是货源相对稳定的同时也制约了超市对外拓展的空间,限制了其引进新产品、推荐重点商品的渠道,不利于本身的创新经营。再加上消费者群体是学生,超市要经历寒、暑假两个空档期,这也会给商品流通构成难题。首要问题是库存货物如何处理,虽然超市与供应商有协议,特殊时期能够退货,但真正处理起来难免有摩擦,产生不必要的麻烦。所以超市应考虑季节更换和学校日程安排等有关因素,灵活订购,及时做到货库两清。

第一位学生没有解释为什么会产生"商品流通不便",就判断大学生超市的质量比起其他超市要稍差一些,这是不能令人心服口服的。而且"超市间的商品质量应该差不多"、"有些商品也会有次品的购入"这两句话比较含糊,应改为"学校内各家商店的商品质量应该差不多"、"有些商品在进货时由于把关不严,也会夹带次品"。第二位学生引用超市经理的原话作为分析依据,较有说服力,而且能够运用营销学原理对货源稳定问题作出细致入微的阐述,足见其专业的水平和缜密的思维。如果单就"程序"的角度来考察,这两位学生都是在论述大学生超市"存在的问题",都属于市场调研报告中的一个环节,而且都是论述"库存问题",应该说都无可厚非。但就质量而言,第一篇只有结论,而不说前因后果,显得单薄,这是因为缺乏分析能力,所以写作时展不开;第二篇论据充足,分析到位,专业性强,显得内容充实,思路清晰。写作质量的悬殊,自然不是程序本身造成的,而是由作者身上的写作素养决定的。

写作素养,指的是人在写作方面提高和发展所必须具备的一定的学识修养。它涉及三个关键的短语。

(1)厚积薄发。即作者首先要具备写作所必需的多方面的素质、修养和能力,才能将这些因素统合为一个形神兼备的有机整体。"厚积薄发"的基础是"积"——蓄积丰富的学养,目的是"发"——形成融会贯通、推陈出新的创新能力。写作是一个由"纳"而"吐"的过程,在这"吐纳"之中,可以见出"内功"修养的深厚与浅薄。只有厚积薄发,才能保证写作的高质量。厚积薄发,首先意味着广采博取,从各方面提高自身的文化修养,在经济全球化的今天,还要有跨学科的视野。大学问家要求"兼收并蓄"、"学贯中西",一般的人做不到这一点,也应该视野广阔,打通"文史哲",并涉猎其他人文学科,最好还能文、理相融,这不仅可以拓宽知识领域,而且能够拓展思维的空间,激活人的创造力。增进写作素养的起步就是"饱学"。"饱学"要有"经典意识",也就是要求"取法乎上",以中外名著作为学习的典范。语文学家刘国正在《写作教学管窥》一文中认为"阅读,主要是阅读名家名作","历代大家留下的名篇是政治史、文学史、思想史、文化史上的瑰宝","名家名作中凝结着运用语言的高超艺术……对于写作的影响虽不能立竿见影,却见无形的、深刻的、长远的效果,往往终身受用不尽"①。这里所说的"终身受用"的长期效果,指的是阅读名家名作,既学到了运用语言的科学方法,也领略到了语言中蕴含的思想境界和人格力量,由表及里地获得了对语言和思想境界的整体感知。这需要阅读时潜心研索,咀嚼消化。朱光潜在《谈文学》中就说过:"务求透懂,不放过一字一句,然后把它熟读成诵,玩味其中声音节奏与神理气韵,使它不但沉到心灵里去,还须沉到筋肉里去……可以由有意的渐变为无意的。习惯就成了自然。"②

（2）融会贯通。所谓融会贯通,就是具有对积累的知识进行消化、整合和应用的能力,使原有的外来知识经过思维的"化合反应"后成为自身素质的有机组成部分。而要做到融会贯通,起码要具备三个条件:一是要有积累的引导机制。积累要有一定的方向,不能把自己变成"杂货仓",要追求杂与专、博与精的有机统一。要写专业文章,只懂得一般常识而缺乏专业知识,将是无法胜任的。因此我们提倡"丰富,但要成系统"。如果不成系统,积累的知识完全是零碎的、互不关联的,那么应用起来肯定是杂乱无章的。一方面,我们不能因知识面过窄而导致眼光狭隘、思想僵化;另一方面,我们又要认识到知识的丰富不等于知识的驳杂不纯,而是将各种知识融为一体,制作出新的精神产品。二是要学习文本写作的范式,靠范式将各种积累统一起来。在学习各种文体的写作过程中,要潜心钻研,反复揣摩范式的精髓所在,摸索出写作的规律,将所有积累调集到范式的麾下,根据一定的形式规范来合理地配置这些积累,这样才能写出像样的文章。三是要注意各种写作方法之间的互补作用,借多种写作方法的合力来增强写作效果,不要只满足于简单的操作方法。光读文学书固然不利于实用能力的长进,但倘若抱住公文的规范格式就认为已经"万事俱备",对文学的有益养分视而不见,不能借文学的"雨露"来润笔,也会导致文章中充斥枯淡的匠气,缺乏生命力。

（3）豁然开朗。积累与融合都是写作的孕育阶段,写作的胎儿要真正成形,还需要构思上的突破。因此写作素养的组成部分,除了"文化"之外,还要有"文心"。所谓"文心",刘勰在《文心雕龙·序志》中指出是"为文之用心",也就是如何用心写文章。用今天的话

① 刘国正:《写作教学管窥》,载《专家谈中学语文教学》,山西教育出版社1995年版,第125页。

② 朱光潜:《谈文学》,安徽教育出版社1996年版,第15页。

来说,就是写作时的思维能力和感悟能力,即通常所说的悟性。"悟性"是积累到一定程度之后,经过反复思考,思路渐渐明晰,于是出现了思维的"茅塞顿开"和"瓜熟蒂落"现象。这是写作由"纳"到"吐"、由"内化"到"外化"的总枢纽。有人认为悟性是文学创作的专利,实用写作不需要悟性,因而没有创造性,于是扬"文学"而抑"实用"。这其实是一种误解。我们先讨论第一个话题:实用写作果真不需要悟性吗?科学研究中的立论难道不需要经历"百思不得其解"到"开窍"的过程?即便简单如写作"便条",三言两语之中还包含着处理人际关系的奥妙,思路没有理清的人照样会写得莫名其妙,而悟到其中要旨的人自然能驾轻就熟,使它成为友谊和亲情的润滑剂。当然,日常应用文比之长篇小说和学术专著,其复杂性自然有所不及,但不等于说没有从思维模糊到思维清晰的过程。资禀出众的人其领悟力往往要超出常人,训练有素的人因为熟能生巧,其思维的敏捷性又要超过未经训练的人,只要他不被心理定势所困,那么其领悟的能力也要胜出一筹,如此,初习者以为复杂的,熟练者就会认为简单。而写作态度严谨的作者,即使面对简单,也不会松劲,仍然以获得新的领悟为自己的追求目标。接着,我们再讨论第二个话题:实用写作果真没有创造性吗?"此一成品与彼一成品之间、此次写作与上次写作之间表现出差异性……也应视为具有创造性的成分。"[①]无论是总结经验还是提出工作思路,如果没有"新意",老是翻陈年旧账,实用写作就不能算有价值。《续资治通鉴》卷六载,当年宋太祖赵匡胤就批评过那些草制文件的学士,"皆检前人旧本稍改易之","依样画葫芦",根本没有独立的写作能力。有无创造性,创造性的强弱,同样是衡量实用写作价值大小的标准。谁能否认"一国两制"是一个伟大的创举呢?谁能否定一篇拨乱反正、扭转乾坤的决议的社会价值呢?决定一家大企业前途命运的评估报告,在写作时的字斟句酌,恐怕不会亚于创作小说时的精雕细琢。可见,实用写作同样可以追求较高的写作目标,同样可以产生巨大的社会作用,同样可以改变一个人的命运,同样可以促进公共事业的发展,正所谓"盖文章,经国之大业,不朽之盛事"。乍看之下,实用写作与文学创作那种追求惊天地、泣鬼神和流芳百世的旨趣不同,但功底深厚的作者照样可以写出挟有雷霆之势的实用文,振聋发聩,改变世人的理念;立志高远的作者照样可以在实用文中阐述自己的真知灼见,引领社会思潮;才华出众的作者照样可以讲究实用文写作的遣词造句,追求简洁和精确,使文章成为后世的范例和摹本。优秀的实用文里同样充满着创造的精神能量。只不过值得注意的是实用写作的创造力不像文学那样体现在叙事的曲折或语言的新奇上,而是体现在新见解、新思路以及新方法上。

大众化的写作,自然是以写实用性的文章为主,但即使是写实用文,也要将技术性的程序与人文性的素养相结合,同样需要有灵巧的"文心",需要有作者的"灵气"来酿造独特的创见,以体现思想的力量和实践的价值。

拓展资料

---

① 林可夫主编:《高等师范写作教程》,福建教育出版社1991年版,第4页。

# 上　编

## 写作原理论

# 第一章　写作成因论：写作的构成要素

## 第一节　写作主体

"写作主体"指具备写作素养，并从事写作活动的人。

写作素养是写作活动的内在基因。有没有写作素养是大不一样的，同样是经历了五四运动的洗礼，并不是所有的人都能成为鲁迅式的伟大作家，即使是写出了作品的人，也有水平上的参差。可见，能不能写出作品，能不能写出优秀的作品，关键在于写作素养的有无、写作素养的高低。以前人们喜欢把生活比作写作的土壤，如果这可以成立的话，那么，写作素养就是种子。在同样的土壤里，由于种子的不同，既可能开放鲜艳的牡丹花，也可能滋生恼人的荆棘丛；既可能结出甘甜的果实，也可能流出苦涩的浆液。对于作者来说，有了一定的生活还不够，还需要有足够的写作素养将"生活的世界"变成一个"艺术的世界"或者"智慧的世界"。

写作素养指的是人在写作方面提高和发展所必须具备的一定的学识修养。诚如叶圣陶所说，写作不但要求"通"，还要求"好"。怎么写出好文章？不单纯是方法、技巧的事，其根本还在于写作主体的学识修养和文化底蕴。只有厚积薄发，才能保证写作的高质量，这是一句老生常谈的话，但要做到这一点还真不容易。至少要过"三关"。一是"学"。我们生活在"信息高速公路"的时代，不学就难以生存。以中外名著为典范来优化自己的思想境界和语言修养，以思想史、文学史上的优秀成果来丰富自己的生存智慧和心灵感受，以现代的科学的方法论来提高自己的思辨能力和认识水准，如此，才能在思想上、语言上为写作打下深厚的底子。二是"悟"。"写作系技能，不宜视作知识，宜于实践中练习，自悟其理法，不能空讲知识"[①]。写作没有套用知识的"速成"之法，由"纳"而"吐"也不是一个简单复制的过程，而恰恰是由借鉴到创新，由"入格"到"破格"，由"学"至"悟"再至"创"的过程。"悟性"是将"学"所累积的各种素养融会贯通的催化剂，也是写作由"纳"到"吐"、由"内化"到"外化"的枢纽。三是"练"。"练"以培养良好的写作习惯为前提，以训练写作的基本功为核心，写作的基本功主要指观察能力、感受能力、思维能力、表述能力和修改能力等。当然，还要掌握现代化的写作工具，才能够在"网络纵横"中游刃有余。

在通常的观念里，写作分为文学创作和实用写作。对这两种写作的素质培养模式，人

---

① 叶圣陶：《叶圣陶语文教育论集》，教育科学出版社1980年版，第736页。

9

们形成了两种不同的观点。一种是强调文学修养和实用写作修养的共通性,认为有了文学的底子,学写其他文体就轻而易举。文学写作功底深湛的人,往往显示出他的写作实力,有了这样的实力,掌握别的文体就会事半功倍。由此得出文学基础是一切写作的基础的结论。另一种着眼于文学修养与实用写作修养的差异性,认为文学写作需要人的"个性思维",而实用写作需要人的"社会思维"①,文学追求的是人作为个体的独立精神,实用写作却要求人作为社会角色而具有沟通协调能力,两种能力要求不同,写作素养的培养模式就不该一样。文学上的天才却很可能是社会生活中的"怪人"。对个性的过分维护所造成的结果是:把实用写作的固定格式、规范程序和共守原则统统视作妨碍个性张扬的樊篱,而要予以"花样翻新",这势必搅得实用写作面目全非。由此得出文学基础不能替代实用写作的基础,反而构成实用写作的思维障碍的结论。这两种观点探讨的是写作基础从何开始的问题,是一切从文学开始,还是文学和实用各有出发点?这已经涉及写作与人生的关系了。在中国传统的观念里,人的价值主要体现在"立德"、"立功"、"立言"这三件"不朽"的事上②。而"立言"即写作行为,由于写作主体有不同的价值取向,形成了侧重于立德、立人的"审美性写作"和侧重于立功、立业的"功利性写作"。前者的写作主体带有强烈的"生命冲动"③,是一种充盈着"渴望"的写作者,是一种自发性、主动性的写作者,他将"写作"作为个体生命的存在方式,作为心灵的宣泄,在现代还作为精神焦虑的消解方式,作为对技术化、商品化所"异化"的人格的修复方式④,并最终达成自我实现的人生境界。这可以称为"存在性"写作的人——为自我的本真存在而写作的人。后者的写作主体带有明显的"自我克制倾向",是一种体现出顾全大局的"服从"精神的写作者,是一种适应性、被动性的写作者,他将"写作"作为个人融入社会的一条通道,作为推动社会向前发展的一股力量,始终以社会评判作为价值尺度,并最终获得社会的认可。这可以称为"生存性"写作的人——为现实生存需要而写作的人。这两类写作主体本来不分轩轾,一体现为审美价值,一体现为功利价值,但有人认为实用写作没有创造性,于是扬"文学"而抑"实用"。其实,文学创作中也有想象力的丰富与贫乏、创造力的惊人与可怜之分,所以不能因为创造性的多寡而厚"文学"薄"实用"。不过,对于写作素养的培养模式的选择,却应该是先文学而后实用的,首先是因为人的天性倾向于审美,写作主体如果从"文学"起始打下写作基础,自然有一种亲近感,了无阻隔,写作修养提高得就快。其次是因为实用写作的语言修养,光靠参照实用文体的范本毕竟有限,非得在文学经典文本的遣词造句中得到滋润不可。实用写作应该有更宽广的写作基础,在这更广的范围里,文学是其主要的基础性资源。综上所述,无论是从形成写作素养的易成角度,还是从实用写作语言修养对文学的依赖角度,都可看出文学修养在写作基础中的主导地位。写作学界曾对写作主体作过情感

---

① 钱学森在《开展思维科学的研究》一文中指出"社会思维学要研究人作为一个集体来思维的规律,它与集体的相互关系、相互影响","要研究个人跟集体创造的精神财富在思维方面的相互作用"。载钱学森:《科学的艺术与艺术的科学》,人民文学出版社1994年版,第49页。

② 李庆:《中国文化中人的观念》,学林出版社1996年版,第443页。

③ 法国哲学家柏格森认为"生命冲动是人的主体道德"。见李瑜青等:《人本思潮与中国文化》,东方出版社1998年版,第285页。

④ 郑敏:《结构——解构视角:语言·文化·评论》,清华大学出版社1998年版,第40页。

型(侧重文学创作)、理智型(侧重实用写作)和中间型的类型划分,而写作的主体更多的应该是能"文"能"质"、能"虚"能"实"的中间型。即便是中间型,他在提高写作素养时,仍然不能忘记文学这一重要的资源。

从事写作活动是写作主体的显性标志。写作主体固然不能没有写作素养,但有了写作素养不一定就能成为写作主体。"懒得动手"不仅使一个人的写作能力萎缩,也使他在实际上疏离了写作,没有进入"写作主体"这个角色。写作主体与哲学上的"主体"不同,哲学上的主体是就人对客体世界的认识而言的,从宽泛的意义上来说,一个具有认知能力的人,只要他睁开眼睛看世界,他就是哲学意义上的主体,但只要他还没有与写作打交道,他就不是写作的主体。写作主体与通常所说的作家、作者也不完全一致,作者、作家是恒常的概念,写作主体则是一个特定的概念。譬如我们在购物中心遇见莫言,我们可以称之为作家,但不能称之为写作主体,因为此时此地莫言没有从事写作活动,当然,要是莫言来购物中心搜集写作素材那又另当别论。因此,"写作主体"是始终和"写作活动"相伴随的,"写作主体"要存在,"写作活动"就必须"在场"而不能"缺席"。

拥有写作素养并从事写作活动的写作主体,又是如何统一多种素养进行写作这一创造活动的呢?

是以主体的"人格意识"来统一的。

写作主体是一个精妙的精神产品的"加工场",外来的信息经过写作主体的处理,获得了创造性的转化。转化的内在机制是在写作主体的"人格意识"这一指挥中心的驱导下运作的。美国心理学家奥尔波特在《人格的模式与成长》中给人格下的定义是:个人内在心理结构的统一体,是决定个人独特行为与思想的心理动力系统①。按照这一阐释,人格是行为的内动力,那么,写作主体的"人格意识"就应该是写作行为的核心动力。而在"人格意识"中起决定作用的是一个人的"主导性倾向",这是影响人的一生的重大倾向,又称为显著性特质、支配性情操等,这就是我们所说的理想。英国人类学家弗思说过:"行为都是理想的思想过程。"②

理想是一个人"精神的底子"。如果一个人有理想和信念,尽管他长大后会看到生活并不像他想象的那么美,他会因此而分裂,会痛苦和怀疑,但他绝对不会陷入虚无主义,因为他有一个"精神的底子"。写作主体的人格意识里不能没有这种"精神的底子",有了它,写作主体就不会放弃对真、善、美的追求,就会点燃自己的理想之灯,给人们带来精神的亮色。我们不需要举《汤姆叔叔的小屋》、《母亲》、《钢铁是怎样炼成的》这些特例,以指正写作主体的理想对黑奴革命、无产阶级革命和千千万万青年奋发向上的感召力量,即便是司马迁的《项羽本纪》、陶渊明的《桃花源记》和夏洛蒂的《简·爱》也能给苦难中的人们以"英雄梦"、"田园梦"、"平等梦"的慰藉。尤其是当旧的价值体系崩溃,新的价值体系尚未凝成的时候,理想和信仰就显得格外重要,有了它,人才不会沦落为"精神的流浪汉"。写作主体的责任心和良心,就在于重建人的"价值—信仰体系"。"价值—信仰体系"与文坛上常说的"人文精神"属于同一理论内核,虽然"人文精神"在中国有没有它的源头、在西方国家

---

① 转引自林骧华主编:《外国学术名著精华辞典》(第2卷),上海人民出版社1994年版,第36页。
② 雷蒙德·弗思:《人文类型》,费孝通译,商务印书馆1944年版,第128页。

的准确含义是什么都尚无定论,但大家对"人文精神"是"以人的信念为核心的文化精神"这一主要意义指向却"所见略同"①。人的理想、信念,意味着人对自身的终极关怀,而人文精神恰恰体现的是这一"终极关怀"。杨国荣认为"人文的解释"是对"应然"(应该如此)的设定,它与科学着重于对事实的认知不同,"它所关注的不仅是世界实际怎样,而且是世界应当怎样,而对应然的设定,总是渗入了价值的关怀"②。

由此我们可以得出如下结论。第一,理想在写作主体的人格意识中起决定作用。第二,理想关注着"应然"(世界应当怎样)的设定,它总是和人的价值、信仰紧密相连。它是写作主体的"人格之魂"。第三,理想这一"内动力"构成了写作主体不可重复的特质,除了人类共同的理想之外,更凸现出个性化的色彩。文学创作固然要抒发个人的情怀,实用写作的"社会思维"也要经过个人的整合。第四,理想给了写作主体一双审视世界的"慧眼",写作主体可以凭借"慧眼"去超越时空的局限,穿透俗境的遮蔽,从人生困惑的沉溺中解脱出来,产生一种"隔离性智慧"③,从而使"真理"敞亮,使写作活动充满"灵性"的光彩。第五,理想的超越性是要具备一种前瞻性的目光,引领世界走向"应然"的境地,而不是要淡出红尘,装出"复古"、"怀旧"和"回归"的姿态。所以,写作主体的理想是激发人"向前看"的精神力量,是以现实为基础的向上力量。有了现实的根底,写作才得以"厚实",有了理想的超拔,写作才得以"空灵"。写作主体理想的个性色彩,也是在现实坐标轴上的个人定位,是"俗境诗心",而不是与现实隔膜的私人独语。"个性化"不等于"私人化",更不等于"任性化"。

理想是写作主体人格意识的核心内容,也是激励写作主体投入精神创造的巨大动力。荷尔德林的诗句"人诗意地栖居在大地上",唤起了多少写作者去追寻理想,在文学艺术和科学理论上留下闪光的情感和理性的光辉。

写作主体从事写作活动,是在"人格意识"的驱动下进行的,是以"人格意识"去统摄其他写作因素的综合性"创化"。一方面,写作主体受到社会生活、写作体式和读者群的制约;另一方面,写作主体又对其他因素起到吸附、融解、化合的作用,起到主导性和能动性的作用。一切客观现实的反映都因写作主体特性的不同而有不同的创造;任何客观世界的纷繁、无序都因与写作主体的心灵交融而化为有序。一切制约着写作行为流向的广大读者群,既是写作主体长期培养造就的结果,又因为写作主体的新的创造而获得满足。而一切的写作体式都不是自发存在和现成的,它是以往的写作主体长期不断创造积累的结果,又为今后的写作主体所选择、所使用、所重组。有了写作主体的"渗入",体式才成为"有意味的形式"。正是在写作主体内在"人格意识"的统辖下,其他因素才相互融合并使写作得以"成型"。

写作主体对其他因素的取舍,一开始是十分艰难的。一切因素都是写作主体经过一段时期孕育或者经过努力才调动出来的,会有一种天然的难以割舍的倾向,哪怕最终会被

---

① 关于"人文精神"在我国的论辩、纷争以及大讨论的种种意见,详见王晓明编:《人文精神寻思录》,文汇出版社 1996 年版。

② 杨国荣:《科学的形上之维》,上海人民出版社 1999 年版,第 302 页。

③ 何光沪、许志伟主编:《对话:儒释道与基督教》,社会科学文献出版社 1998 年版,第 397 页。

证明是累赘的因素,对于缺乏训练的人来说开始时也不忍割舍,而陷入"千头万绪"之中。当写作主体面临着千百种挑选的可能性时,训练有素的写作主体有时凭着"直觉"就解决了用理论难以描述清楚的难题,这种"直觉"就来自写作主体长期以来用"人格意识"去统合其他因素所形成的"心理优势"。当然,有时也需要具有相当强的意志才能驱逐那些与主旨无关的随感、与思维线索相悖的想象、与作者所追求的风格相反的格调、与读者的需求相背离的表达以及与写作体式不相符的技法,等等。

总之,写作主体是写作活动的主导,对其他因素既起到了"辐射"的作用,又发挥出融合的力量,具有吸附、化合、重塑的能力,从而产生写作活动的意向性与向心力。

# 第二节　写作客体

写作客体即写作活动所要表现的客观对象,它规定着"写什么"。它有三种类型。

1. 对象化了的客观存在

也称第一写作客体,指作为写作主体表现对象的一切自然世界和社会生活。当这些客观存在游离于写作活动之外,没有与写作主体发生对应关系时,那只是哲学意义上的不以人的意志为转移的物质存在(客体);只有当它们进入写作活动,被写作主体所接纳,成为写作的描述对象时,才是写作客体。这一类写作客体是写作活动的本源,后列两类写作客体均由此派生,并受其制约。

2. 对象化了的精神产品

也称第二写作客体,指精神劳动的成果,如书籍、报刊、音乐、绘画、雕塑、影视、多媒体等。这类写作客体是对第一写作客体的反映,是第一写作客体的意化形态,因为经过人工的优化处理,所以信息密度高,但其可信度、有效性仍需以第一写作客体为参照,加以检验。

3. 对象化了的作者自身

也称特殊写作客体,指作者自身成为写作对象。从本质上讲,作者属于写作主体,只有当其被描摹(如写回忆录、自传式作品等)、被评述(如写自我鉴定、个人总结等)时,才暂时地、有条件地转化为写作客体。特殊写作客体是个有待发掘的领域,但无论怎样表现作者自身的情绪、灵感、无意识,都仍需将其置于第一写作客体所包容的那个历史的、时代的大背景中审视。

写作客体是构成写作系统的基础因素,是写作活动生发的前提条件。我们要掌握以上三类写作客体,既做"生活的有心人",又做"知识的探索者",并在此基础上认识自我、表现自我。

"我们的生活中不是缺少美,而是缺少发现。"[1]生活中蕴含着丰富的写作素材,要擢拔其中的写作价值,就需要有"发现"的能力。杜夫海纳在《审美经验现象学》中将"物象"

---

① 罗丹口述:《罗丹艺术论》,葛赛尔记录,沈琪译,人民美术出版社 1978 年版,第 62 页。

分出"艺术质料"和"物质质料"①,以区别艺术和非艺术,并指出只有通过"审美知觉"才能发现具有艺术价值的"艺术质料"。同理,客观世界中也存在着写作因素与非写作因素,只有感知能力强的人才能洞烛其中的写作价值,使之成为"题材"。那么,"写作价值"的特征是什么? 又如何去"发现"呢?

写作客体的写作价值集中体现在独特的"新意"上。客体之"新",可以对写作主体产生吸引力,对写作受体产生感染力,对写作载体注入生命力。这种"新",不只是"刹那的光华",有些能"历久而弥新",这就不仅是"物新"、"事新"和"人新",而是包孕着写作主体独自发现的"价值之新"。如果说美国新闻学家卡斯伯考证出"新闻"源于"new"这个词,认为新闻的特定内涵应该是"新鲜事",还是局限于新闻职业而注重"事新"的话,那么,契诃夫所说的"每一块砖和砖缝都可能产生出一个故事来","要找到前人没有注意过的东西"②,就明显地带有追求"价值之新"的倾向了。

发现写作价值需要"敏感"。新闻敏感被人形象地称为"新闻鼻",其实,一切写作都需要类似的"新闻鼻"。秘书之于形势,法官之于案件,教师之于课本,不都得有"新闻鼻"吗?"新闻鼻"所表现出来的敏锐的知觉能力,有着"直觉"的特征。直觉属于"直接领悟"③的能力,人们常称它为"第六感官",而且总把它和"神秘"连在一起,因为人们难以解释:为什么同时目击到新闻事件的两名记者,一个报道了独家新闻,另一个却写出了"客里空";为什么同样在农村深入生活的两位作家,一个能写出反映农民疾痛的《李有才板话》,另一个却只能炒作"高大全";为什么同在一片蓝天下的两位诗人,一个能走出精神的"荒原",另一个却只能写出"命不久长"的"如烟的诗"……今天的心理学足以解释这类神秘现象:"直觉"的产生不是"偶然"的,它虽然不告而至又转瞬即逝,但它与个人的心理需求有关。个人强烈的心理欲望构成一个人的"动情点",当人意识范围内的固有信息满足不了它时,它就隐伏在人的心理深层"潜意识"中,成为"海底冰山"。所以英国心理学家司托特用"统觉"的概念来讨论无意识的心理意向④,这说明了"动情点"虽然蛰伏,而始终作潜在的涌动,等待外因的诱发。这时,人的心理是否处于开放的状态就起了关键的作用。如果刻意追求,以理智意识为基本尺度,大量意识域外的印象因为受到压抑而变得模糊不清,不能成为"新"的刺激;人一旦排除外界事物的干扰,进入静思默想的"禅定"般的状态,由于理性逻辑思维的中止,意识域外储存的印象就被激活,就会产生自由起伏、无边无涯的"联想"。平时以按部就班的程式推导不了的,在这里会得到豁然贯通;以一般逻辑联想不到的,在这里可以发生交融。这是"潜意识里的大跨度跳跃式的联想"⑤。正是"动情点"的激奋,使全身布满了"神经捕捉器";正是"素心以默"、"冥然心会"的"虚静"思维状态,终于等到了捕捉动情点对应物的最佳时机,保证了大跨度跳跃式联想在时间交接点上的准确性,使"直觉"成为一种机缘巧合、刹那的"触电"。《西线轶事》的作者徐怀中在谈到采访体

① 米·杜夫海纳:《审美经验现象学》,韩树站译,文化艺术出版社1996年版,第118页。
② 庄涛、胡敦骅、梁冠群主编:《写作大辞典》,汉语大词典出版社1992年版,第856页。
③ 鲁·阿恩海姆:《艺术心理学新论》,郭小平、翟灿译,商务印书馆1994年版,第15页。
④ 唐钺:《西方心理学史大纲》,北京大学出版社1994年版,第195页。
⑤ 葛兆光:《禅宗与中国文化》,上海人民出版社1986年版,第152页。

会时说:"作者的思想探求和现实生活如同两块带电的云层,一经接触,必定会发出雷鸣电闪。"①

发现写作价值需要"深入"。王充在《论衡·别通》里提出"涉浅水者见虾,其颇深者察鱼鳖,其尤甚者观蛟龙"的逐层深入法,仔细分析起来,有五个层次:不入水者,临渊羡鱼——外层;浮水面者,随波逐流——表层;涉浅水者,略知其味——浅层;其颇深者,必有所获——深层;其尤甚者,能见其观——秘层②。逐层深入既是一个"实践"深入的过程,也是一个"认识"深入的过程。"实践深入"强调的是"身历目见"、"眼见为实"。"身之所历,目之所见,是铁门限。"(王夫之:《姜斋诗话》(卷二))新闻记者不能道听途说,训诂学者不能望文生义,政策研究不能主观臆测,思想评论不能空穴来风。然而,在有了现代化的观测手段、信息手段(如数码相机、电脑网络等)的今天,是否还有必要坚持"身历目见"?在"媚俗化写作"、"平面化写作"之风鹊起的时候,是否还有必要坚持"深入"? 答案是肯定的。搜集题材要取得突破性的进展,要让写作客体展现出新的价值,就必须"亲历"和"深入"。所以我们毫不奇怪杰克·伦敦为了写新闻特稿,在日俄战争前夕冒着生命危险潜入长崎、仁川,随日军北上;朱自清收到读者来信后,对要不要删去"月夜蝉声",不仅请教了昆虫学家,还多次进行实地考察;新华社记者陆拂为在山西保德县与"野人"张候拉一起"泡"与"滚",才揭开了"野人"发射"卫星——献树精神火箭"之谜。"认识深入"强调的是"透过现象看本质",分析事物的内在根源、人物的心理矛盾,体现出"思想的深刻"。

发现写作价值需要"超脱"。"超脱"就是要打破人们"习惯的固执",消除心理定势。没有先入为主的成见,就可以发现事物的另一片"天空"。庄子就提出过"至大无外"、"至小无内"的思维新视角。按通常的思路,天尊地卑、山高泽低是不言而喻的事,但从至大无外的宇宙俯瞰,或从超越世界的角度透视,便无所谓"高"与"低"的分别。在普通的时空观念中,太阳东升西坠,万物生生死死,但从至小无内的时空角度看,太阳的升坠与人的生死,何尝又有什么变化呢?③ "解构"作为一种思维的方法论,其意也在于破除人们心中对所谓中心与边缘的狭隘理解,将观察者以自己为圆心画出的宇宙转换成"散点透视"所画出的新宇宙。写作题材要想"俗中见新",从"就事论事"走向"高屋建瓴",获得新价值,就要改变原有思维视角,超越陈见。

获取"写作题材"需要付出艰辛的劳动,不"敏感"就没有线索,不"深入"就没有收获,不"超脱"就没有高度。很多在写作上有建树的作家、理论家,就是在"聚材"上倾注心血而留下佳话的。

写作客体对写作主体的适应与制约体现在:特定的写作题材期待着相应的作者,作者的写作必须植根于客体的"土壤",才能永葆写作的"青春"。彪炳千古的题材,等候着"太史公"的如椽大笔;千夫所指的题材,企盼着"鲁迅式"的匕首投枪;生离死别的题材,渴求着"曹雪芹"的字字血泪;幽昧不明的题材,呼唤着"康德型"的纯粹理性;青春气息的题材,翘望着"莎士比亚"的浪漫激情……而一旦离开了写作客体的"源泉",写作主体的创造灵

① 转引自庄涛等主编:《写作大辞典》,汉语大词典出版社1992年版,第852页。

② 林可夫主编:《高等师范写作教程》,福建教育出版社1991年版,第62页。

③ 参见葛兆光:《中国思想史》(第一卷),复旦大学出版社1998年版,第297页。

感也会中止。这就是为什么果戈理要烧毁第二部《死魂灵》、王蒙要从创作转向评论、金庸要"大侠封刀"了。

写作客体对写作受体的适应与制约体现在:写作客体在尊重读者、满足读者,也在引导读者、陶冶读者。写作客体经过主体加工后才与读者发生联系,写作客体对读者的影响在相当程度上含有作者的导向。写作应该掌握"读者心理学",最大限度地满足读者的需要,甚至超越读者的期望值,特别是文化产业化、出版市场化的今天,更要从读者需求出发。"孤芳自赏"的题材必将湮没在时代的洪流之中。但这不等于说可以媚俗,满足读者是为了熏陶读者,适应读者是为了征服读者,征服读者是为了造就读者——一代新人。

写作客体对写作载体的适应与制约体现在:写作客体在选择体式、遵守体式,又在突破体式、扬弃体式。守护形式规范,是写作做到"写什么像什么"的前提,实用写作的相对稳定格式是为了突出重要信息、凸显行文目的,文学创作的体裁也是为了遵循艺术规律,不至于写得"四不像"。但人间沧海桑田,"其为物也多姿,其为体也屡迁"(陆机:《文赋》)作为社会文化之折射的写作,就不可能固守一"体",旧体式的消亡、原体式的变种、传统体式的革新发展和新体式的应运而生,也就成了必然。

# 第三节　写作受体

写作受体指写作成品的阅读者,具有对文章进行破译、解读或再创造能力的人。

美国学者霍兰德说,写作要"把读者与本文之间的沟通当作己任"[1]。这话纠正了一种观念,即把写作仅仅看作写作者自己的事情。写作是社会文化信息的传播活动,写作主体可以独自决定却无法独自实现这一活动。这一活动的实现有赖于接受者对写作载体的阅读行为。当具备一定语言文字基础的读者对载体进行逆转换的"解码",信息从语言符号系统中转换成特定的意义,激起了读者的反应时,这一活动才真正实现。因此,写作主体在写作过程中就不仅要考虑传递什么信息,还要考虑如何传递才能使读者欣然接受,他不仅在传递实际所要传递的信息,也在创造传递信息的各种条件。这些条件本身不是所要传递的信息,却必须附在信息中同时传递出去,为读者充分接受信息提供可能。

写作活动必须关注读者的反应,但个人的写作行为又不可能包含阅读活动。当一次阅读活动真正开始的时候,一般说来写作行为往往已告结束。阅读活动是以写作行为的终点为起点的。这就意味着,写作活动对阅读活动的包含不是一种实际的包含,而只能是主观假想的包含。也就是说,写作主体在进行写作行为之前和之中,需要主观地去设想读者将如何来阅读、这种阅读会产生怎样的效果、这个效果与自己的写作动机之间是否能够统一,等等,并以此来调整、矫正写作行为。这种在写作活动中事先去设想读者的意识就是我们常说的读者意识。

读者意识的建立有一个前提,即写作主体承认读者与自己具有相同的社会心理基础(或称文化心理结构),双方拥有一个共同的"理解模式",这样,他就会尊重读者,而不是鄙

---

[1] Norman Holland: *5 Readers Reading* (New Haven: Yale University Press, 1975), p.248.

视读者。伊瑟尔认为"理想的读者"往往存在于"同时代读者"中,这是从时代相近而理解模式相近的角度来说的。他还对写作主体头脑中的"假想读者"即写作活动中的"潜在读者"作过阐述:

> 潜在读者概念是一个先验的模式,它使人们有可能描述文学本文的结构效能。它指示的是可以按照本文结构与结构化行为来界定的读者角色。通过为读者造成一个立足点,本文结构遵循了人类感知的基本规则,就像我们对世界的观察总是具有一种透视性一样。①

尽管伊瑟尔对于"文本"(未经阅读流通的写作成品,即纯文本)与"作品"(经读者接受的写作成品,即阅读文本)的不同界定,对此我们还有待讨论,但上列这一段话却给了我们很多启发:写作主体为潜在读者设立一个"立足点"、"支点",其意就在于构造一个相互间的理解模式。有了这一理解的通道,文本中原汁原味的写作意图才"有可能"被描述。而要使理解的通道畅达,写作主体就要将自己也纳入"感知的基本规则"中。写作活动中读者意识的渗透就表现在写作主体以潜在读者为范型进行理解模式的建构。在当代思维学研究的成果里,曾有学者认为在人的"思维组块"中存在着两类信息,一是"样例信息",一是"类别信息"②。如果事实如此,那么,在写作主体根据假想读者所构造的以供互相理解的"预置模式"里,"样例"指向作为理解基础的共同经验,"类别"指向双方共同使用的比较分析的思维方法。在这一前提下,无论是"指定读者"(如公文读者)、"非指定读者"(如文学作品读者),还是"非指定的指定性读者"(如新闻、广告读者)③,都会共同推进写作活动的最终实现。当广告商人用"像花瓣一样柔和"来代替眉笔时,当李商隐用"春蚕到死丝方尽,蜡炬成灰泪始干"来比喻情感的永恒时,他们的写作活动都无一例外地显示着读者意识,又无一例外地受到读者的肯定。

同样是对接受理论、对读者意识,理解起来却各异其趣。罗兰·巴特就认为文本有"可读"与"可写"两种类型④:可读的"透明",与读者的理解模式对应,读者是被动接受的,但它能给读者以"愉悦";可写的"不透明",不符合读者的理解模式,读者可以主动参与"写作",它能给读者带来创造的"极乐"。假如巴特的论断仅止于此,尚属合乎情理,因为这阐明了文学作品的多义性给读者带来的审美张力,说得很有道理。但接下来,他对这个道理进行了"颠覆",认为要加重语言中模糊、含混、诡谲的成分,用语词对读者构成一种冲击力,使读者在语言的"惊涛骇浪"中享受写作的极乐,他对读者提的口号是"来吧! 来和作者一起游戏!"而游戏的结果是:读者非但没有享受到"极乐",反而精神倍受折磨。对这种"游戏"的写作方式,清醒的作家和学者不以为然,他们认为"语言游戏是可以冒充和伪装的",而"在托

---

①　伊瑟尔:《阅读行为》,金惠敏等译,湖南文艺出版社 1991 年版,第 49 页。

②　杨治良:《当代思维研究》,载《当代心理学研究》,北京大学出版社 1993 年版,第 85 页。

③　对读者的这种分类法可参见裴显生主编:《现代实用写作学》,江苏教育出版社 1996 年版,第109-112 页。

④　金元浦:《接受反应文论》,山东教育出版社 1998 年版,第 263 页。

尔斯泰式的小说面前,一切的伪装都无济于事,它将完全暴露作家的真实水平"①。

关于读者对文本的再创造(参与写作)问题,杨匡汉提出的"以召唤结构呼唤期待视野"的说法可资借鉴②。所谓"召唤结构",是指意义多元和意义空白构成作品的基础结构,这无以尽言的"朦胧"之美,往往是暗示性、象征性、开放性的综合。对西方文学里倾国倾城的绝代美人海伦,有的画家集中雅典城里全部美人的最美部分画了海伦画像,有的诗人从皮肤到眉毛、从双腮到颈项作了精雕细琢,但都失败了。荷马显然要聪明得多,他在《伊利亚特》第三卷里写海伦登上城墙观战,无一字描绘美人的容貌仪态,只用三句话设计出一个"朦胧"的空间:"没有人会责备特洛伊人和希腊人,说他们为了这个女人进行了长久的痛苦的战争,她正像一位不朽的女神啊!"③"召唤结构"更注重"潜藏含义",等待接受者去发掘。所谓"期待视野",是指读者对一部作品进行接受的全部前提条件,如从已阅读的作品中获得的经验、知识,对不同文学体裁和审美规范的熟悉程度,以及读者个人的生活经历、文化水平、艺术素养、鉴赏能力、审美情趣等。不论作者承认不承认,当他投入写作活动时,总要考虑如何适应、提高或超越读者的"期待视野"。一方面是"缀文者情动而辞发",另一方面是"观文者披文以入情"(刘勰:《文心雕龙·知音》);一方面是"召唤结构"唤起读者的阐释力和想象力,另一方面是"期待视野"催动作者的吸收力和创造力,如此配合,如此呼应,如此互补,写作活动也在创造的链条中得以拓展与延伸。当然,实用写作不宜作这样的提倡。

写作受体自从开始接触写作主体提供的精神产品时,就要接受写作主体的文化趣味,包括他的审美视角、思维特点、抒情方式、语言系统等。虽然可以批判地"看",但首先要接受地"读"。不过,写作受体也有能动的一面,即可以作为"社会效应"对作者产生影响,并在写作活动中作为预设的潜在读者实施"监控"的功能。读者蜂拥而至,可以使作者的作品一炮走红,一版再版;读者拂袖而去,也可以使作者无声无息,一蹶不振。因此,作者如果期望自己的作品具有"社会效应",总要争取读者的支持与承认。出于读者的强烈要求,茅盾给《腐蚀》的女主人公赵惠明馈赠了一条自新之路,给作品的结尾加了一条"光明"的尾巴,而柯南道尔也在《归来记》中让福尔摩斯死而复生……

写作受体无疑要接受写作客体所展示的那个沉甸甸的传统、那个激荡的时代大潮,才能进入作者设置的文本空间,读者在"继承传统"、"跟上时代步伐"和"弘扬时代主旋律"方面应该努力与作者同步。而读者的心理需求也会左右作者去选择相应的写作客体:"文化大革命"之后,大家普遍关注知识分子的命运和科教兴国的战略,于是前有《哥德巴赫猜想》《地质之光》等报告文学,后有《教育,我们有话要说》《沉疴》等激扬文字,产生了"轰动效应";20世纪80年代的琼瑶热、三毛热、气功热、王朔现象,90年代的武侠热、性文化热、足球热、还珠格格热、余秋雨现象,21世纪的选秀热、舌尖热、"凡尔赛文学"现象,都是

---

① 孙绍振:《小说内外之九——小说与语言》,《小说评论》1995年第5期。

② 杨匡汉:《缪斯的空间》,花城出版社1986年版,第200页。

③ 转引自杨匡汉:《缪斯的空间》,花城出版社1986年版,第196页。可参见荷马:《伊利亚特》第三卷,罗念生、王焕生译,人民文学出版社1994年版,第72页。其译文为:"为这样一个妇人长期遭受苦难,无可抱怨;看起来她很像永生的女神。"

写作受体对写作客体强烈催化的结果。

写作受体要了解和掌握文体形式，这是阅读的基础；写作受体的热衷与冷漠也会导致写作载体的此长彼消。文凭热带来了教材的铺天盖地，网络热带来了微信的走俏，娱乐热带来了通俗文学的无孔不入，不难看出是读者的消费观念在从中操纵。只怕真正高品位的作品因无人问津而被"打入冷宫"，不堪入目的文字却登堂入室、畸形繁荣，文化市场"失控"，那将是另一类意义上的社会性灾难。这需要作者与读者共同的"理性自觉"来驾驭、来防范。

## 第四节　写作载体

写作载体是写作的物化形态，是写作活动的成品。

写作载体一般包括四个基本因素：主题、材料、结构和语言，即写作意图、描述对象、总体框架和表现符号。写作载体是这四个因素的有机统一。

写作载体按社会功能分一般可采用三分法，分为文学文体、实用文体和边缘文体（也称交叉文体、杂交文体）；另一种分法认为写作载体可分为直接作用于情感活动的文学文体、直接作用于思维活动的理论文体和直接作用于行为实践的应用文体，这三种文体"构成人类能动地欣赏、认识、改造世界的文体总系统"[1]。写作载体按结构篇幅可分为词式载体（如一字文），句式载体（如楹联、标语），段式载体（如寓言、工具书中的条目），篇式载体（如新闻）和书式载体（如长篇小说、专著）。写作载体按训练要求可分为侧重表达方式的（如记叙文、说明文、议论文），侧重思维训练的（如想象作文、辩论稿、主持人讲话稿、演出串联词、公关礼仪书信）和侧重训练形式的（如听写、仿写、缩写、扩写、改写、续写、译写）。

写作活动没有读者，不能算完全意义上的实现；写作活动没有形式，就算不上真正意义上的写作。"无论作者在内心受到多么强烈的感动，但如没有与之相应的、好的形式来传达，也就不能成为作品的令人感动的内容"[2]，内容与形式两者本来无可分拆，可在"文以载道"的片面强调之下，写作论坛上充斥着"内容决定形式"、"神"重于"形"、"文以意为主"等轻视形式的说法，可能这些观点产生之初是用来矫正片面追求形式的风气的，但蔓延开来，却成了一种误导。试问，没有风度气质、言谈举止这些"形"的"具象"，又何从见出"心灵美"的内涵？无怪乎有人说："没有酒的形体，哪里还有酒的味道？"不存在无形式的内容，而且形式拙劣的内容，也注定是苍白的。形式不再是"捞鱼的网"、"逮兔的夹子"，而是自身具有一种"本体"的蕴含，"它不是把你摆渡到'意义'对岸去的桥或船，它自身就既是桥又是岸"[3]。当然，我们不必像俄国形式主义所做的那样，为了追求形式的"陌生化"效果对观众形成新鲜刺激，而从另一个极端强调形式的"独立性"，但至少，我们可以从写

---

[1]　林可夫：《论现代应用文的基本理论范畴》，载《现代写作学：开拓与耕耘》，南京师范大学出版社2002年版，第134页。

[2]　章培恒：《从形式看〈诗经〉》，《文汇读书周报》1997年3月29日第6版。

[3]　黄子平：《得意莫忘言》，《上海文学》1985年第11期。

作"内外兼修"的角度来倡导"有意味的形式"。

形式之所以有"意味",是因为其本身就是以人的思维为基础抽象、积淀而成的。苏珊·朗格认为形式是人类"运用各种思维方式加以修饰了的本能的生命"①,而石虎认为"汉字字像有思维意义"②。《易经》里阳爻与阴爻交替组合的形式,就是古代哲学家创造的"思维的对象"③,而且,《易经》不注重"非此即彼"的对立,而注重"亦此亦彼"的融合、"由此及彼"的转化,如"剥"极而"复"(冬尽春来)、"泰"极而"否"(乐极生悲)和由"屯"至"鼎"(初创到极盛),这又与中国传统的"圆性"思维、系统性和"全息性"思维有关。西方结构主义也以"二元对立"为基本模式,如索绪尔就把语言分析为"语言/言语"、"能指/所指"和"历时/共时"等对应的范畴,所不同的是,这体现了"矛盾分析"的思维特征。基于对形式与思维这种内在的互联关系的体认,杨义在《中国叙事学》中揭示了写作中叙述时间的"中国模式",认为"年—月—日"由大到小的顺序,包孕着"天地之道的整体观";而法国热奈特的"时间模式"显然另出机杼,从平行的角度指出了"故事时间"与"演述时间"的差异;叶维廉的《中国诗学》总结出中国古典诗歌的语言策略、传释方式是由"感"入"思",所以,"绿垂风折笋,红绽雨肥梅"在诗歌句型上以颜色字起首,形成了"视觉形象强烈"的效果。

既然形式与思维有着这样的内在关联,写作上非但不能轻"形式",而且要自觉尊重形式规范,加强"成品意识"。所谓成品意识,指的是一定的文体感与对某一作品所作的预期。"文体感"保证了写作过程不会"走样",而对具体作品的预期则是写作各因素紧密合作的凝聚力与驱动力。在"成品意识"的示范下,写作活动从零星到系统、从芜杂到简约、从粗浅到深刻、从模糊到清晰、从困惑到升华,最终诞生了"精神的新生儿"。"成品意识"最突出的特点是它的"总体性"与"有机性"。丹纳在《艺术哲学》里说过,艺术品"总是一个由许多部分组成的总体"④。总体的各部分应该是而且必须是互为配合、相得益彰的。格式塔学派提出的完形理论就强调主体知觉活动重新组织或建构经验中的"整体",并以"简洁律"来规范各部分之间的组织。这种组织之所以是"有机"的,还在于它不是一种僵化的模式,不是一种完全按照"黄金分割"进行的比例分配,它是一种动态的嬗变形式,与表现的情韵同一节拍。写作历来讲究不做作、不生硬,没有刀斧之痕,以"自然"为最高品格,便是要求各部分之间的有机组织达到"浑然一体",正像毕达哥拉斯所说的,"美在和谐"。

写作的形式以"语言"为标志,这似乎是定律。但当代文化有"向视觉汇聚的趋势",以及在重构"声景"上的努力,特别是多媒体、电脑网络、视频电话的问世,使写作面临挑战。这些现代化工具的出现,对向来以"文字传达"为特征的写作到底有多大的冲击力、会不会改变写作的本质,这是值得写作学界深思的未来之谜。

写作载体受写作主体控制以实现写作意图,又通过写作主体的反复实践使写作主体对某类文体产生偏爱,并宁肯痛苦也不违背特定文体的特殊写作规律。所以,托尔斯泰最终没有将安娜·卡列尼娜写成一个坏女人。写作载体要最充分地展现写作客体,但又通

---

① 苏珊·朗格:《情感与形式》,刘大基等译,中国社会科学出版社1986年版,第380页。

② 石虎:《汉字思维》,《诗探索》1996年第2期。

③ 黑格尔:《小逻辑》,贺麟译,商务印书馆1980年版,第173页。

④ 丹纳:《艺术哲学》,傅雷译,人民文学出版社1963年版,第30页。

写作客体就范。当用电影的形式改编鲁迅的小说《祝福》和《药》时,就要增加贺老六的材料,对夏瑜作正面刻画。写作载体受制于读者的阅读定式,反过来又影响着读者的阅读趣味,以内在的智慧与情感去俘虏读者。在西方,不少失恋的青年在读过《少年维特之烦恼》之后,也穿起燕尾服。中国的百姓,在读了李瑛的《一月的哀思》后,为中国失去一位伟人而失声痛哭。

# 第五节 四体化一

## 一、"四体"共感互动的交融关系

关于写作的基本要素有以下几种主要说法:美国当代文艺学家艾布拉姆斯认为有"作品、艺术家、世界、观众"等四个要素;美籍华人学者刘若愚提出"作品、作家、宇宙、读者"四个要素;叶维廉归纳为"语言、作品、作者、世界、读者"五个要素。写作学界比较一致的看法是"四体",即上文所说的主体、客体、受体、载体,并认为这四体与一般观念中的作者、世界、读者、作品不同,而特指进入写作活动的四要素。也有的学者提出"五体"①,可以合并到四体中去。

写作的四体分别决定着"谁来写"(写作主体)、"写什么"(写作客体)、"为谁写"(写作受体)和"怎样写"(写作载体),其中,写作主体是写作活动的统摄因素,写作客体、写作受体和写作载体的作用是分别给写作奠基、指归和赋形。写作四体的作用各不相同,缺一不可,它们之间既有相互吸附、相互配合的一面,又有相互制约、相互排斥的一面,正是在写作活动中,才使既对立又统一的写作四体得以相互适应、相互调适、各得其所,并最终融为一体,使写作活动得以完成。对写作四体之间相互关系的探索,就形成了写作行为的第一条基本规律。

## 二、写作主体是写作诸因素的核心

对四体孰重孰轻的认识,文艺思想史上因着眼点的不同导致了不同的研究方法,如重客体的社会文化研究、重主体的作家心理分析和精神原型研究、重载体的文本形式研究和重受体的接受美学研究。在写作活动中,四体之间也不是并列关系,主体是"统摄因",客体是"基础因",受体是"归宿因",载体是"赋形因"。四体以写作主体为核心,一切有关写作的心理的、思维的活动,都是由主体发出的,主体始终处于中心地位。在主体的统一调度下,客体、受体、载体才能合成为本次写作行为的特定因素,才能成为与他人写作行为、与前一次写作活动不同的"这一个"。没有主体的能动吸附作用,客体缺少主体的提炼和加工,写作就沦为自然的摄像和复制,只做到了"源于生活",而忽略了"高于生活";没有主

---

① 如王强模在《当代写作学》中另立"中介"——语言;美国学者迪恩与福兰克提出"语码"——思维与语言联系的象征,见《写作》1989 年第 6 期。

体的主动调节作用,就处理不好写作与读者的关系,写作主体头脑中读者意识淡薄,写成的东西读者就看不懂,也就失去了它的社会意义;没有主体对载体的自觉遵循,稳定的形式规范将被肆意更改,载体的审美功能与社会实用功能将遭到损抑,反之,没有主体对形式的创造性运用,载体也会千部一腔,缺乏独特的风格。写作各要素离不开主体的作用,主体应是四体的核心。

写作主体认识到自身的核心地位,就要不断突破自我、表现自我,同时,又必须认识自己的短处,并时时克服自身的局限性,不断地完善自我。而在写作研究中,因为写作主体的特殊作用,就要把对写作主体的内在结构与外部关系的研究,置于突出位置,实现写作研究从"以'文'为本"到"以'人'为本"的转变。

### 三、从"四体"到"四意"再到"一体"

明确了主体的中心地位,还不等于揭开了四体在写作过程中互相黏合的"奥秘"。刘若愚认为四体之间是双向运行的彼此能够沟通的关系,童庆炳则指出四体构成一个整体,是"一个流动的活动过程"①。王玮提出"万象归'一'","'一'是一个动态的、开放的过程"②。从写作生成的角度看,写作过程是四体相互选择、适应、渗透,最后结合为一体的过程,是四体"由感知层次上的聚合,到思维层次上的缀合,到最后实现表述层次上的融合这样一个化合为写作成品的过程"③。简要地说,即"四体化一",四体只有化成一体,才能融合为统一的写作成品,不然,主、客、受、载四体各自独立和相互排斥,写作行为将被分割得面目全非。如果无视客体的现实源泉和受体的阅读需求,就不会诞生"俄国历史的一面镜子"和"中国国民性"的"解剖"之刀、救治之"药"那样的作品;如果无视载体的形式规范,《诗经·卫风·氓》也可以拉长为巨著《红楼梦》。因此,四体一定要化作一体,而"化"的方式是四体在主体统摄之下产生作用:没有进入写作主体视野的客体、受体、载体,和没有与客体、受体、载体发生对应关系的主体,都与写作行为无关;双体交汇或三体交汇表示它们曾在写作进程中受到写作主体的关注,但由于与另外两种或一种因素不相融,最终被排除、舍弃在写作成品之外;只有四体相依相融的那一部分,才能化合为一,最终构成写作成品。

认识了"四体化一"之后,我们还要进一步讨论其中的"一"是什么。关于"四体化一"的"一"的含义,林可夫主编的《高等师范写作教程》中有一段相应的说明:

> "四体化一"并不是现实生活中四种物质实体的直接结合,而是物质实体移入写作主体大脑后演化成的观念形态——人格意识、题材意识、读者意识、成品意识——在写作行为活动中的融合。因此,每一次融合都深深打下了写作主体的烙印。

---

① 童庆炳主编:《文学理论要略》,人民文学出版社1995年版,第8页。
② 王玮:《文学的一》,载《我的文学观》,上海社会科学院出版社1987年版,第268页。
③ 林可夫主编:《高等师范写作教程》,福建教育出版社1991年版,第8页。

这段话对"一"作了诠解:四体是在主体大脑中转变为观念形态(意识),四体化一是四体形成四种意识后,再融合为一种写作的整体意识,即主体大脑中的写作成品"图式"。当我们感知到四体交融时,我们仿佛听到了写作母腹中新生命的躁动。

以下为"四体化一"示意图①:

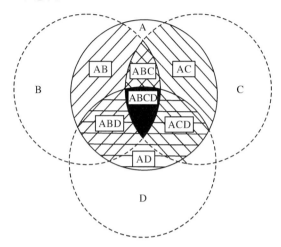

(1)A、B、C、D四个圈分别代表写作的主、客、受、载四体,四个圈有一部分交汇于A圈,这既表明写作的构成因素包括四体,又表明写作行为是在A圈即写作主体的统摄之下进行的。

(2)没有进入写作主体(A圈)关注范围的B、C、D,与写作行为无缘;没有与进入写作主体的B、C、D发生关系的A(即A圈中的空白部分),虽然是主体的一部分,也与写作无涉。

(3)进入写作主体的AB、AC、AD(以斜线和横线表示)代表双体交汇;ABC、ABD、ACD(以交叉线表示)代表三体交汇。它们曾经在写作进程中受到写作主体的关注,但由于与另外一种或两种因素不相容,而最终被舍弃在写作成品之外。

(4)只有ABCD四体相依、相融的那一部分(以全黑表示),才能化合为一,最终构成写作成品。

## 【延伸阅读】

1.裴显生主编:《写作学新稿》,江苏教育出版社1987年版。

2.林可夫主编:《基础写作概论》,福建人民出版社1985年版。

3.潘新和主编:《高等师范写作三能教程》,人民教育出版社2002年版。

4.尉天骄主编:《基础写作教程》,高等教育出版社2017年版。

5.梅琼林:《论网络写作的"超位性"及其对写作主体的审美重塑》,《东方丛刊》2009年第1期。

---

① 详见林可夫主编:《高等师范写作教程》,福建教育出版社1991年版,第121页。

【**思考与练习**】

1.你认为文学写作与实用写作在素质方面的要求一致吗？你觉得自己适合写文学作品还是实用文？请根据你所学专业的特点，谈谈自己应当如何调整写作的素质结构。

2.请根据时代特征和写作要求，对以下看法进行具体分析，并发表自己的见解。

(1)文学创作需要天才。

(2)实用写作就是按照规范格式填空。

(3)发送微信是忙碌并快乐着，所以大众写作不需要多少文化素养。

(4)天下文章一大抄，就看你会抄不会抄。

(5)写作贵在创新，而要创新，就要突破框框。因此，用程式来约束写作，只会扼杀作者的创造力。

3.写作要解决"为谁写"的问题，考虑写给谁看，要有"读者意识"。你认为是尽量适应读者的阅读趣味重要，还是超越读者的期待视野、引领读者向前走更重要？

4.实践活动：在"大漠孤烟直，长河落日圆"或"日落江湖白，潮来天地青"这两句诗中任选一句，改写成散文，然后与原诗比较，体会写作载体对写作活动的影响。

拓展资料

# 第二章 写作行为论:写作的创造机制

## 第一节 内化:感悟

### 一、敏锐的感知是内化的基础

写作的内化,是指变身外之物为心中之物,变客体之物为写作主体大脑中的感知之物,并与写作主体的内在情意融合。

内化是写作的准备和积累阶段,在这一阶段中,写作主体感知能力的强弱将直接影响到材料积累的多寡与优劣。感知是"感觉"和"知觉"的合称,感觉是以视觉、听觉、嗅觉、味觉、肤觉等来直接反映客观事物的个别属性,获得对客观事物的"第一印象",这种初步印象虽然是单独的、零星的、粗糙的,但它是进一步体验和认识的基础;知觉是对外界刺激物整体属性以及各个属性之间相互关系的直接反映,知觉具有组合的功能,能形成关于对象的比较完整、系统、连续的映象,虽然它由于未经深思而显示出"不定性"和表浅化、还相对模糊、不十分清晰,尚不能像想象和思维那样带来形象的具体丰富、认识的独特深刻,但它已经具有写作进一步"构思"的前提——"总体印象"和"基本概念"。所以,在积聚材料中,感知能力是第一位的。

敏锐的感知能力需要一双发现写作价值的"慧眼"。这里所说的"慧眼",不是仅指高超的视觉能力,更是指各种感官互相配合、协同作用,形成立体的"触角"。这既提高了捕捉客观对象的敏感性,可以产生由此及彼的连锁反应,又扩大了取材的视野,好像为作者的感知安上了一个"广角镜头",对外物的反映更全面、更丰富。这等于是加强了作者"发现"的整体综合能力。要具备这种整体的发现能力,就要"开放五官"[①],运用五官一起来体察生活,有时还需要"心觉"(被人称作"第六感官")的参与,去获得与众不同的感知。余光中写作散文《听听那冷雨》就是"开放五官"的范例:

> 听听,那冷雨。看看,那冷雨。嗅嗅闻闻,那冷雨,舔舔吧,那冷雨。雨在他的伞上这城市百万人的伞上雨衣上屋上天线上,雨下在基隆港在防波堤海峡的船上,清明这季雨。雨是女性,应该最富于感性。雨气空蒙而迷幻,细细嗅嗅,清

---

① 林可夫主编:《基础写作概论》,福建人民出版社 1985 年版,第 33 页。

清爽爽新新,有一点薄荷的香味,浓的时候,竟发出草和树沐发后特有的淡淡土腥气,也许那竟是蚯蚓和蜗牛的腥气吧,毕竟是惊蛰啊。也许地上的地下的生命也许古中国层层叠叠的记忆皆蠢蠢而蠕,也许是植物的潜意识和梦吧,那腥气。①

作者运用了"听"、"看"、"嗅"、"舔"等感觉,观察到雨的声、形、气、味,并由土腥气联想到"蚯蚓和蜗牛的腥气",赋予植物以"潜意识和梦",充分体现了感知的丰富性和独特性。

敏锐的感知能力还需要一颗"善感"的心灵。人们往往将"问渠哪得清如许,为有源头活水来"这句诗理解为生活是写作的源泉,其实,"源头活水"之所以永远保持鲜活的气息,还跟人的心灵的活跃与灵动分不开,对于一颗封闭的心灵来说,喧哗的世界也是一潭死水。因此,"善感"首先表现为一种"活"的思维状态,也就是"经常思考"。这样,思维的"长流水"既可以和奔腾的生活激流汇合,也可以激活看似平静的生活之水。心灵的敏感,等于是给了作者摄取外界有用信息的"活"的法门。以灵敏的眼光观照外物,可写的东西真是太丰富了,"郁郁黄花,无非般若",大自然皆成为有情物;以敏锐的思维体察事理,可研究的事物还真是不少,"天不变其常,地不易其则",万事万物皆有规律可循。

其次,"善感"表现为强烈的期待心理。在感知过程中,作者需要"多思",寻找写作的多种可能性;同时,也需要苦苦寻觅、痴痴等待能真正体现写作价值的"这一个"素材。这种期待排除了感知过程中其他因素的干扰,保持了感知的"纯洁性",使感知能够全神贯注、孜孜以求。心理学上认为这可以在大脑皮层的相应部位形成"优势兴奋中心",它能够有效地抑制无用信息,让感知进入"聚焦"的状态。一旦有价值的信息出现,感知就不会被多余的信息遮蔽、阻拦,而能与等待已久的写作素材"一见钟情"。由于期待过程中总是怀着饱满的情绪,因此,当作者的主观情意与感知对象激情遭遇的时候,双方的"信息流"就能获得最充分的交融。作者不仅可以全面感知对象的现状特征,还可以推想它的过去和未来,甚至还可以"于微细处见精神",从每一个可能被忽略的细节中找到有价值的东西。这样,感知便有了"望远镜",也有了"显微镜"。作家张承志在《黑骏马》中借主人公白音宝力格的感慨表达了他内心的启悟:"我长久地观察着她的一举一动。我觉得自己似乎看见了她过去的日子,也看清了她未来还要继续度过的生活。"②

"善感"还表现为开放的心态,让外界信息"扑面而来"。这就是常说的"做生活的有心人"。感知,需要"众里寻他千百度"的艰苦追求,也需要"无心插柳柳成荫"的机缘巧合。要获得这种"机缘",就要对生活充满好奇心。有了"好奇心",就有了随时随地接纳外界新信息的主动心态,就有了"时刻准备着"去感知外界事物的良好习惯。所以,陶宗仪"积叶成章",而整理成《辍耕录》三十卷;果戈理抄写餐馆里的菜单,为他的小说提供了更广阔的社会背景;托尔斯泰随身携带笔记在基辅公路上散步,戏称"我这是在上大学",后来他的作品被公认为反映俄罗斯社会的"一面镜子";契诃夫在火车上没有笔,就用火柴烧出的炭黑来记录旅客的交谈,因而他的小说常常"平中见奇",有一种别人难以企及的深刻与凝

① 余光中:《听听那冷雨》,载《余光中集》(第5卷),百花文艺出版社2004年版,第183-184页。
② 张承志:《黑骏马》,载《张承志作品精选》,长江文艺出版社2006年版,第229页。

炼,以至于享有"英国契诃夫"之称的卡特琳·曼斯菲尔德在给丈夫的一封信中说:"我愿意将莫泊桑的全部作品换取契诃夫的一个短篇小说。"①

## 二、心灵的"同化"是内化的基本方式

宗白华先生说过:"一切美的光是来自心灵的源泉:没有心灵的映射,是无所谓美的。"②但他也说过:"世界最心灵化的艺术,而同时是自然的本身。"③如何理解这两句看似矛盾的话呢? 一方面,心灵是聚集材料的一面滤镜,不经过心灵的筛选,外部世界只是纯客体,而不能充当写作客体,因此,外物要进入写作的视野,就必须经过心灵的过滤;另一方面,心灵对外物的影响作用又是以外物的客观属性为条件的。即使是神话,也是人对自然界和社会形态的幻想所致,也有它的现实基因,电影《星球大战》中的外星人都是以地球上的动物来构型的。从这个意义上说,心灵的作用是以"自然的本身"为基础的。

那么,在"心灵化"与"自然物"之间,哪一个对写作起决定作用呢? 同样一个自然物"月亮",不同的作家写到作品里来的时候就会呈现出不同的意趣:张若虚的"春江潮水连海平,海上明月共潮生"温馨怡然,王维的"深林人不知,明月来相照"宁静自适,李白的"明月出天山,苍茫云海间"空阔辽远,杜甫的"露从今夜白,月是故乡明"传递乡愁,白居易的"东船西舫悄无言,唯见江心秋月白"感伤失意,苏东坡的"新月如佳人,出海初弄色"恬淡婉约,寒山的"吾心似秋月,碧潭清皎洁"则浸润在澡雪精神的禅境里。是什么使同一个外物发生了如许的变化? 是写作主体的心灵对外物的"同化"。

"同化"是指把写作客体纳入写作主体原有的心理结构之中,化解、融合为一个统一的结构,使原有的结构进一步丰富发展。皮亚杰称这种原有结构为"反应常模"(也称"心理图式")④,就是说任何外来刺激要引起人的神经反应,必须与大脑中已有"图式"发生"同化"作用,否则,人就不能作出相应的反应。如同要欣赏小提琴协奏曲《梁祝》或者莫扎特的交响乐,就需要有"音乐的耳朵"。所以,只有当生活与作者的心理图式一致时,才能被"同化"。皮亚杰还指出过主体有可能接受外来强有力的新鲜刺激以改变原有结构,产生主体对客体的"顺应",实际上,主体对客体的接受本身是一个主观能动的选择过程,接受还是排斥,接受此还是接受彼,都是由主体的心灵来决定的,"顺应"说到底,还是一种更广义的"同化",是一种既改造对象也改造自己的"同化"。

北宋方回在《心境记》里说:"顾我之境与人同,而我之所以为境,则存乎方寸之间,与人有不同焉者耳。"这里强调的是作者思想情感之"心"对客体之"境"的改造和重构功能,作者独有的心理特征在写作过程中不断地"同化"表现对象,使物境与作者的心境在内在结构上同形或契合,心在境中,所有的"境"都是作者心灵的对象化和形象化。

当然也有例外的说法,叶维廉在《中国诗学》中用现象学的观点来分析中国的山水诗,反而认为优秀的诗作之所以成功,恰恰是排除了诗人的"知性"认识系统,是直观的"以物

①　朱逸森:《〈契诃夫小说选〉前言》,载《契诃夫小说选》,人民文学出版社1992年版,第1页。
②　宗白华:《艺境》,北京大学出版社1987年版,第151页。
③　宗白华:《艺境》,北京大学出版社1987年版,第84页。
④　高觉敷主编:《西方心理学的新发展》,人民教育出版社1987年版,第113页。

观物"的结果。即诗人先要获取一双"自然之眼",站在自然客位的角度去观察体验自然,才能以旁观者的纯朴眼光去直觉把握"物自体"的本真面貌。如此看来,诗作中的自然之物完全是"自呈自现"的,诗人的情感渗透是多余的。其实,所谓不带个人情感和主观意念的纯客观写作(罗兰·巴特称为"零度写作")是不存在的。现代诗人公刘在《诗的构思》中就说过:"不论作者愿意不愿意,他的艺术都必然'辐射'出他的思想的原子来。"①至于叶维廉所提倡的"自然之眼",实际上指的是写作主体与自己的情感之间要辟出一个距离来,他自己对于这情感要变成一个站在客位的观赏者,而不是说不要情感。正如朱光潜所说的,"艺术所用的情感并不是生糙的而是经过反省的"②。鲁迅在《两地书》第三十二封信中也说过:"我以为感情正烈的时候,不宜做诗。否则锋芒太露,能将'诗美'杀掉。"③鲁迅自己就一贯主张写作一定要在"痛定思痛"之后落笔,才能保证艺术质量,这是鲁迅出于艺术家的敏感和良知,对写作规律的尊重。

这实质上是讨论写作感知的"心理距离"问题。不仅文学创作需要"心理距离"来摈弃平庸、保证艺术的魅力,实用写作也需要"距离",不带成见,以形成"客观的态度",发现事物的本真面貌。所谓"旁观者清,当局者迷"说的就是这个道理。钱锺书生前倡导"谈艺论文,一秉至公,极力消除势力门户之见",他这样说,也这样身体力行。尽管他十分感戴石遗老人的赏识,但石遗老人称颂陈宝琛,他就很不以为然,指出陈的书法"终似放脚婆娘,不甚自在"。正是距离的分隔,使作者避免了感情用事或意气用事,获得了真切地谛视事物本质的能力。

### 三、采集材料是内化的目的

"内化"的目的就是尽可能多地采集材料,为"构思"打基础。材料丰盈,构思时就能左右逢源;材料匮乏,思想也会因此而萎缩。唐弢在《文章修养》中曾形象地将缺乏材料的写作比作"依赖天花板",可见,材料如果"饥饿"是写不出好作品的。积累材料应该"多多益善","应当把所有事实收集起来。也许你记的笔记连一半都用不上,但是你在写稿的时候有更多的材料可供选择"④。如果是写作科研论文,更要广罗材料,把能找到的材料都整理好。材料越完整,研究就可能越严谨,就可以不重蹈别人研究的老路,有所超越,在前人基础上迈出一小步。茅盾在《有意为之——谈如何收集题材》里说:"采集之时,贪多务得,要跟奸商一般,只消风闻得何处有门路,有货,便千方百计钻挖,弄到手方肯死心,不管是什么东西,只要是可称为'货'的,便囤积,不厌其多。"⑤茅盾以"奸商"挖货来比喻搜集材料,是很有眼光的,取材就需要这种"钻"和"挖"的能耐,当然这要付出艰辛的劳动。当积材富庶时,蕴含的"意"会在胸中聚汇、撞击,将写作推向"意化"阶段。

---

① 转引自周姬昌主编:《写作学高级教程》,武汉大学出版社 2009 年版,第 252 页。

② 朱光潜:《谈美》,开明出版社 1994 年版,第 19 页。

③ 鲁迅:《两地书》(第三二,1925 年 6 月 28 日),载《鲁迅全集》(第 11 卷),人民文学出版社 1981 年版,第 97 页。

④ 杰克·海敦:《怎样当好新闻记者》,新华出版社 1980 年版,第 24 页。

⑤ 茅盾:《有意为之——谈如何收集题材》,载《茅盾论创作》,上海文艺出版社 1980 年版,第 520 页。

# 第二节　意化:沉思

## 一、开拓思维是意化的前提

意化,是在写作主体的心理融合下,将内化的感知之物化为既有物象又有情意的意象,达到主客观的深度交融,并梳理思路,确立意旨,塑造形体,描画轮廓,构建框架,孕育雏形。

现代心理学、脑科学研究的新发展,也为写作的创造性提供了理论依据。现代心理学认为"心理学"不都是"脑理学",不都是关于人的意识的学说。人的心脏的血液循环特点、速度和流量都会影响人的性格和气质,人的精神状态不仅取决于"脑",也取决于"心"。在心理现象中,不仅智商在起作用,情商也在起作用,心理是有"情"有"意"的复合体,这可以用来解释写作中的非理性和理性相互交织的现象,也可以用来解释写作中作者的个人风格与独创精神。现代思维学则认为自由思维是创新思维的基础。"情感和热情汹涌,各种力在灵魂中互相斗争"[1],思维的"各种运动程序有几种拷贝,每一种拷贝在大脑中竞争空间"[2],呈现出发散思考的特征,思维作多角度展开,各种思绪朝着各自的方向作往来穿梭的思维"弹道运动"。这个时候的思路没有固定的方向:有时单行,有时并行,有时交错;可正可反,可顺可逆;可以把结合的东西分开,也可以把分开的东西结合起来;可以利用表象来组合意象,也可以通过想象来刷新意象。而现代脑科学认为,具有创新特质的顿悟思维实际上是三维思维。处在中心一维的是大脑高级神经系统的"建构"活动,它主要表现为信息密码的自动生成能力。问题是:写作思维的复杂无序是如何变得清晰有序的?

## 二、从"混沌"到"参悟":意化的关键

只要潜心去探究写作思维的"黑箱",就会发现要清晰地描述思维过程的"全息图像",并提供可操作的方法,是一件极不容易的事。

"内化"到"意化"的过程,是由"感"到"思"的过程。而这里的"思",并非单指理性的抽象思维,一般来说,文学创作多用形象思维,实用写作多用抽象思维,而在实际运用中又并不尽然,两种不同的思维形式是相互作用、附着缠绕的,往往会出现"左手画圆,右手画方"的现象,可见,两者之间是互补互动的。科学家爱因斯坦就认为自己的创造思维离不开"随意地再生和组合"的联想活动。两者虽有主次之分,但往往是相伴随的。要量化地统计出两种思维方式在一次写作行为中的比例是困难的。即使是主要使用其中一种思维形式,怎么使用? 使用到什么程度为止? 思维的起迄点和中介又是什么? 这些问题都会因为作者感情的对应物和思维对象的不同,因为写作时空的差异,因为作者素养的高低,因为写作心理状态的悬殊,因为文本的约束,因为读者趣味的期待,而千变万化。这就更复

---

[1]　玛克斯·德索:《美学与艺术理论》,兰金仁译,中国社会科学出版社 1987 年版,第 177 页。

[2]　威廉·卡尔文:《大脑如何思维》,杨雄里、梁培基译,上海科学技术出版社 1996 年版,第 82 页。

杂了,每一个作者的每一次写作,其思维过程都不可能完全一样。写作的思维带有很大的随机性和个别性。正如有的学者所指出的,写作的思维过程,"不是以线性因果的形式逐一按时间顺序生成,而是以空间展开的方式,在互为因果、互为条件的关系中逐渐生成的"①。各个层次和构成因素之间也不是稳定不变的结构,"可以从一个构成层次跳到另一个构成层次",具有"非线性和非稳态"②的特征。这就是模糊,就是混沌,它是"不稳态、不可预测、不连续、不规则、无序的代名词"③。

写作思维的混沌、不可测,是否意味着我们学习写作时就束手无策、听之任之呢?也不是的。"混沌"不是真正的无序与紊乱,混沌只是一种假象,它的背后隐藏着另一种令人惊讶的精致结构和秩序,具有稳定性,即所谓"有序扮成随机"。任何混沌都受一个称为"奇怪吸引子"的东西所吸引、制约。"混沌学"的目的之一就是在混沌中寻求有序结构。

那么,写作思维由混沌到有序的"奇怪吸引子"又是什么呢?应该是"领悟",是"意化"过程中作者对形象的特定内涵和事物的本质意义的独到"领悟"。

写作上的领悟,如同"参禅妙悟",有"渐悟"与"顿悟"之分。"渐悟"靠的是"去粗取精",渐入佳境;"顿悟"借助于"灵感突至",豁然贯通。但无论是"渐悟"还是"顿悟",都是苦思的结果。朱光潜认为"苦思"在写作的运思中能够"剥茧抽丝,鞭辟入理"④。我们认为,"苦思"有三种功能:一是可以逼出灵感,如王阳明龙场悟道"体验探求,再更寒暑",一旦领悟则"沛然若决江河而放之海也"⑤;二是具有思维的深度,思路不至于落俗,如杜甫写诗"两句三年得,一吟双泪流";三是经过苦思的训练,思路逐渐娴熟,将来能够驾驭类似的甚至更加繁难的构思活动。有人很羡慕李白所说的"倚马可待"的快速构思法,很希望自己的思维畅通无阻。其实,思维的流畅有两种,一种是自始至终流畅者,一种是经过艰苦经营然后流畅者。入手容易的难免肤浅,由困难中获得容易的大半深刻而耐人寻味,这是铅锡与百炼精钢的分别,也是王安石所说的"看似寻常最奇崛,成如容易却艰辛"。一旦由"苦思冥想"而至"恍然而悟",就如同在一团乱丝中拣取一个丝头,整个丝球应手而解,虽然还不免要绕弯穿孔解结,但已心中有数。拎起了一根线,就等于把所有的组件都提挈起来。"领悟"就如同一架自动编织机,纷繁芜杂的思绪一进入领悟的程序,便转换成各得其所的"自组织系统",材料、主旨、层次、布局都完成了它们各自的定向、定位和定序,像一个变幻多端的"魔方"获得了有序的整合。"领悟"又如一粒火星,在思维的黑幕中划开了一线光明,就在这一闪之间,"羽毛丰满的戏剧便在诗人心中出现,旋律的格局便在作曲家耳边震响,画家便看见他的图画,雕刻家则见了他的雕塑"⑥。

有人认为从混沌到有序是文学创作的专利,这也是一种误解。科学研究中的立论难道不需要经历"百思不得其解"到"开窍"的过程?当然,日常应用文比之长篇小说和学术专著,其复杂性自然有所不及,但不等于说没有从思维模糊到思维清晰的过程。资禀出众

---

① 马正平:《写的智慧》(第三卷),西南师范大学出版社 1995 年版,第 914 页。
② 颜纯钧:《论文学创作过程》,《文艺理论研究》1996 年第 5 期。
③ 马正平:《写的智慧》(第三卷),西南师范大学出版社 1995 年版,第 914 页。
④ 朱光潜:《谈文学》,安徽教育出版社 1996 年版,第 48 页。
⑤ 王阳明:《王阳明全集》,上海古籍出版社 1992 年版,第 240 页。
⑥ 玛克斯·德索:《美学与艺术理论》,兰金仁译,中国社会科学出版社 1987 年版,第 177 页。

的人其领悟力往往要超出常人,中国"两弹一星"专家彭桓武读小学时就能写赋,被语文老师惊为"奇才";训练有素的人因为熟能生巧,其思维的敏捷性又要超过未经训练的人,只要他不被心理定势所困,那么其领悟的能力也要胜出一筹,如此,初习者以为复杂的,熟练者就会认为简单。而写作态度严谨的作者,即使面对简单,也不会松劲,仍然以获得新的领悟为自己的追求目标。每一次新的收获都会给他们带来或多或少的惊喜,大有一种"悠然心会,妙处难与君说"的感觉。

照此说来,写作的"意化"都要经过"领悟"才能拎起思路的总纲,将各种因素安排就绪,那么,所有的写作都要"悟"吗?如果所有的写作都有"悟"的成分,这就是说平庸之作也是"悟"的结果,岂不是抬高了平庸的作品吗?平庸作品之所以平庸,恰恰就在于缺少"悟",它们不是拾人牙慧,就是不假思索写成的急就章,直接从感知的"内化"就到了行文的"外化",而省略了"意化"这个主要阶段。"领悟"是"意化"的关键,平庸之作绕过了"意化",当然不可能有"悟",所以大多粗制滥造。而好作品那独特的生命恰恰是"悟"的结晶。

### 三、虚拟成品是意化的标志

"领悟"的目的是要把"意化"时涌现出来的千头万绪巧作安排,形成一个整体,孕育出一个"胎儿"来。如果"意化"不能"成型",非但"意化"的任务完不成,"领悟"也是白辛苦一场。

意化也是写作的运思过程,运思必须"有一个胚胎化的目标",才是"一种有效的思维活动"①。胚胎化也叫"雏形化"②,是用思维这一内部语言把相关因素按照写作意图(领悟的结果)统一起来,构成有头、有身,有手、有足的,有相对完整性的隐形"胎儿"——"意态文"。这个"雏形"就是作者大脑中的"写作蓝图",主要指"立意"和"塑体"。

立意即确立主题,有了主题,写作就有了"聚光点",整个作品就会贯注生气,可以说是"水不在深,有龙则灵"。古人对主题多有"灵魂"、"一身之主"(黄子肃《诗法》)、"统帅"(王夫之《船山遗书》)、"将军"(程端礼《程氏家塾读书分年日程》)、"主人"(袁枚《续诗品》)、"主脑"(李渔《闲情偶寄》)的美誉,主要指它具有纲举目张的作用,它使写作"成竹在胸"。

塑体即在心理上为"意态文"赋形,对写作的体式、结构、语言以至于每一个细节,作出大致的安排。或者是写详细提纲,或者是形成成熟的腹稿,虚拟出成品的整体形态。虽然这时的内部语言与将来行文的外部语言还不完全一致,在行文的过程中还要想一想,想得更深更细,甚至推翻"雏形"的某些构想,但没有"塑体"搭起的"炉灶",行文就无法操作。朱光潜说得很有道理:"不想就不能写,而不写也就很难想得明确周全。"③"塑体"为行文设计了"线路图",它使写作"初具轮廓"。

到了这时,作为写作"外化"的表述已经是水到渠成、瓜熟蒂落的事了。

---

① 　金长民:《写作意化过程论》,《信阳师范学院学报(哲学社会科学版)》1990 年第 4 期。
② 　裴显生主编:《写作学新稿》,江苏教育出版社 1987 年版,第 37 页。
③ 　朱光潜:《漫谈说理文》,载《朱光潜全集》(第 10 卷),安徽教育出版社 1993 年版,第 347 页。

# 第三节  外化:表述

## 一、意义的实现是外化的终极指向

外化,就是将意化的思维成果书面化、外观化,即通过语言文字对运思中孕育的"意"进行表述和传达,用词语、句子、标点、体式和语言色彩把意义定型下来。

但在实际的写作过程中,作者未必都能做到像汉代扬雄所说的"言为心声",语言未必都能够完全充分地传达我们心中的意义。出于对语言表达意义的有限性的估计,古人揭示了"意不称物"、"文不逮意"(陆机:《文赋》)的现象,反映了认识的曲折、表述的艰难。德国语言哲学家雷格林把"物"、"意"、"言"三者关系用三角形表示出来:

三者之间彼此的距离是显而易见的。《庄子·天道》就说"意之所随(在),不可以言传也";老子认为用语言传递意义总有损耗,要把握完整的意义,就要超越语言去直接把握意义,他提出了著名的"道可道,非常道"(《老子》第一章)和"知者不言,言者不知"(《老子》第五十六章)。孔子用"正名"的办法来确立人的名位与社会规范,强调"名"(语言)对"实"(世界)的规定性,认为即使世界改变了,象征着神圣秩序的语言系统不能变。而惠施、公孙龙一系的"名辩"思想却认为语言可以更改思想而作任意挪移,于是出现了"白马非马"的诡辩。这些认识都向我们展示了言、意之间的分离与矛盾。

问题还不止于此。中国思维方式具有综合性、模糊性的特点,本身就很难用线性的清晰的语言来表达。当言不尽意的时候,就"立象以尽意"(《周易·系辞上》),所以中国多比喻一类的"形象化的语言"。"意的层次是无穷无尽模糊不清的,外化为言,言的层次也是无穷无尽模糊不清的。"[1]有人就提出过中国所代表的东方思维与西方思维的差别在于"曲线哲学"与"直线哲学"的不同[2]。现代语言学家索绪尔将语言分为两个层面:能指(声音)与所指(概念),能指是滑动的,所指是稳定的,两者不完全一致,但在特定的"语境"中,能指与所指可以达到同一。而中国的模糊思维给语言带来的是表意的多义、笼统与含混,虽然有人认为这是一种优势,但毕竟造成了理解上的障碍。

难道我们的语言真的只能对"意"兴叹吗?

现代哲学、文化学的研究已经"朝语言转向",语言不再是一种外在于意义的符号与单纯的交际工具,而是民族文化的地质层,在无声地记载着这个民族的物质与精神的历史。

---

① 季羡林:《门外中外文论絮语》,《文学评论》1996年第6期。

② 谢宝笙:《龙、〈易经〉与中国文化的起源》,中国社会科学出版社1999年版,第121页。

语言是一个民族看待世界的样式,是对一个民族具有根本意义的价值系统和意义系统,言的本身即含有表意的功能与人文的内涵,而不是思考完成的默写。对写作而言,语言在构思阶段就以"内部语言"的方式成为思维的基元,在表述阶段则以"外部语言"的方式构成写作成品,因此,"语言"穿越写作的整个过程,并始终与"意义"形影相随。尽管心理学家们曾大胆假设动物没有语言但有处于原始水平的思想,艺术的思想(如音乐和绘画的思想)在某种意义上也可以脱离语言,从而得出语言和思想可以互相独立的结论①,但较复杂的思维活动不能没有语言却是常识。美国神经生物学家卡尔文说过:"如果没有句法,人就比黑猩猩高明不了多少。"②我们照样可以大胆假设,在人类的幼稚时期或许存在着思维和语言的分离、不对应关系,语言不等于思想;当人的思维、语言的习得日渐成熟的时候,语言和思维就会产生牢固的胶合状态。即使是一个沉默寡言和不事写作的人,他的思维和内部语言照样结合在一起,一旦他开口或书写,他的语言马上能反映出他的思维水平。

语言是与本民族的文化心理、写作习惯、表意特征相符合的,分析思维有线性语言与之对应,综合思维有模糊语言与之相配,所以从本质上说,言、意还是对应的。由于东方智慧与西方文明在历史上多次撞击与融混,汉语写作在言、意关系上必然吸收分析性思维与语言的长处,使写作语言在表意时能融汇传统语言与西方语言的两大优势,做到既丰富又清晰。

写作的意义是能够实现的。

## 二、符号化:外化的主要方式

自从卡西尔创造性地指出"人是制造符号的动物",符号就成为"人"从自然人进入文化人的标志。

写作的文本(成品)就是一个由符号系统构成的意义综合体,它把我们的一切印象、感情和思想用文字符号固定下来,构成一个话语体系。每一个话语体系都有它独立存在的价值,它遵循语法规则(语言)又超越语法规范,在新的语境中创建灵活独特的表达方式(言语)。卡西尔说:"科学家的太阳只有一个,而艺术家的太阳每天都是新的。"③符号的表意功能令无数作家对语言符号如痴如醉地膜拜与追求,自觉地要求"回到语言","从语言开始到语言为止"。孔子追问过:"不言,谁知其志?"(《左传·襄公二十五年》)杜甫说得更干脆:"语不惊人死不休。"法国语言学家海然热则说,"母语即母乳",它哺育着一个作家的文化修为,作家应该独创出一种别人无法复制的"元语言"④。还是马克思一语中的:"语言是思想的直接现实。"⑤

正因为语言对写作具有最终实现的意义,以前我们总以为没有语言的写作是不可想

①　列夫·维果茨基:《思维与语言》,李维译,浙江教育出版社1997年版,第130页。

②　转引自李波、王馨雪:《语用学视角下的言语行为理论与教学研究》,新华出版社2015年版,第54页。

③　恩斯特·卡西尔:《人论》,甘阳译,上海译文出版社1985年版,第184页。

④　克洛德·海然热:《语言人:论语言学对人文科学的贡献》,张祖建译,三联书店1999年版,第390页。

⑤　马克思、恩格斯:《德意志意识形态》,载《马克思恩格斯全集》(第3卷),人民出版社1960年版,第525页。

象的。而在高新科技日益普及的今天,制作代替了写作,文字符号是否还能高居写作的"霸主"地位就令人心生疑窦了。

有人不禁要问:文字符号的作用还能维持多久?

人工智能的问世,势必促使单一运用文字符号的书面制作行为从内容、形式、制作方式直至写作观念都发生变革。的确,书写工具从笔到电脑到移动通信设备的突破性变革,将带来从写作形式到思维方式的一系列转变。"人工智能写作"从根本上说,不仅指用电脑、手机输入代替用笔书写,而且指运行一定的写作软件,在既定的程序中输入本次写作的特定信息,由人工智能自行生成写作成品。

但万事有利就有弊。如果把人工智能自动生成的写作程序当作写作至高无上的法宝,仅仅满足于结构形式和表述方式的套用,以为人工智能完全可以代替人的创造性脑力劳动,那也是一种浅薄。人工智能的普适是以牺牲个性为代价的,规范是以扼杀创新为前提的,神速是以蔑视质量为条件的。所以,软件产品的"智能化"实际上是"傻瓜化"①。如果我们在高科技的时代还去追求生存的质量,如果我们不满足于精神的"克隆儿"和文化的"快速面",如果我们还觉得创造性是人的标志,那么,且慢对智能程序化的操作"乐此不疲"。用人工智能程序制作小说,可以生产出外观看来相当于三流的小说,但层出不穷的是语言的粗糙拙劣、似是而非、忽高忽低和版本拼贴。可见,没有一定的语言文字功底,稍高层次的写作就会令人捉襟见肘。

还有人预测各类图表、图像、音频、视频等信号的大量充塞也会改变文字符号独占鳌头的局面,所以带有预见性地指出写作符号的范围应当扩大,可以包括"负载信息的抽象符号"和文字以外的"其他语言符号"②。我们认为,今天的写作中虽然会运用到多媒体,穿插其他符号,但往往受到专业的限制,如音乐专业的五线谱、数学专业的算式等。从写作的普遍性特征来考察,从写作的恒定的共同特征、主要标志来看,则仍然是"文字+"的形式占主导地位。

如果真有那么一天,写作与文字绝缘,或文字退居次要地位,那时,自然要对写作另下定义。

### 三、修辞:外化的基本策略

当我们用文字符号将思想情感定型下来的时候,应该有一种"尽善尽美"的意识,尽量把意思表达得更好。

这就是古人所说的"修辞立其诚"(《周易·乾·文言》)。对此,叶圣陶解释为"修就是调整,辞就是语言,修辞就是调整语言,使它恰好传达我们的意思"③。叶圣陶对"好"的理解是"诚实"和"精密",诚实就是"有什么说什么",写出真切的感受;精密就是组织好语言,

---

① 见李国杰为赵另辉博士的著作《激动人心——电脑史话》写的审查报告,浙江文艺出版社 1999 年版,第 4 页。

② 余国瑞:《写作本质再探索》,《写作》1991 年第 6 期。

③ 夏丏尊、叶圣陶:《文心》,开明出版社 1996 年版,第 209 页。

充分表达心中的情意,而不"漏失它们的本真"①。要达到诚实和精密,离不开锤炼语言的功夫和"自铸伟词"的创造能力。福楼拜提出的"一词说"可以让我们明白如何去修辞:我们不论描写什么事物,要表现它,唯有一个名词;要赋予它运动,唯有一个动词;要得到它的性质,唯有一个形容词。我们须继续不断地苦心思索,非发现这个唯一的名词、动词与形容词不可,仅仅发现与这些名词、动词或形容词相类似的词句是不行的,也不能因思索困难,用类似的词句敷衍了事。

而杨义对鲁迅小说语言的评价又以具体的个例启发我们:

> 《呐喊》、《彷徨》、《故事新编》三本小说集加在一起也只有二十几万字,但是,谁读了它们不感到心中沉甸甸,拿着它们不感到手中沉甸甸呢?这就使我们懂得了,漆黑的墨汁是怎样变成金子的,比金子还要光亮,比金子还值得珍视。不得不承认,鲁迅是以最经济的笔墨,写出最深刻,也最具沉重分量的人生的世界艺术大师。②

古今中外的写家们在修辞上是不遗余力的。白居易的诗"老妪能解";左思的辞赋"洛阳纸贵";曹雪芹半部《红楼梦》"字字是血";钱锺书一本《围城》妙语连珠;李卜克内西回忆马克思在语言上"有时到了咬文嚼字的程度";杰克·伦敦把好词好句抄在小纸片上,挂在窗帘上、衣架上、柜橱上、床帐上,像记单词一样,在刮脸、穿衣、睡觉前后都能随时看一看、记一记,由于掌握了大量的词汇,写起来就左右逢源;海明威为了不写空话和废话,经常用一只脚站着写,这种"金鸡独立"的独特写作方式,就成为海明威严肃写作态度的"活"的塑像。

修辞的最高境界是素朴自然,正像大技巧就是无技巧一样,最好的修辞也就是"无修辞的修辞"。修辞自古有"辞采"与"本色"之分,前者讲究"错彩镂金"(华丽浓艳),后者追求"初发芙蓉"(清新自然),两者各擅胜场,用哪一种,一要看情感需要,二要看作者风格,三要看文体要求,不可一概而论。不过,语言的修炼程序倒可以像苏东坡所说的"绚烂之极归于平淡"。平淡的境界很不容易达到,"作诗无古今,唯造平淡难",这是人生阅历、心境和语言高度融合的结晶,即所谓的"渐老渐熟,乃造平淡"。没有生活积累和语言修养,"平淡"只能是语言的肤浅苍白,只能是语言的淡乎寡味。语言的质朴,是以生活和思想的优质为前提的。林语堂有一个绝妙的比喻:只有鲜鱼才可清蒸。平淡不能刻意求得,只能是广采博学,熔铸新词,功到自然成。

① 潘新和:《中国现代写作教育史》,福建人民出版社 1997 年版,第 518 页。
② 杨义:《鲁迅作品综论》,人民出版社 1998 年版,第 485 页。

# 第四节　三重转化

## 一、双重转化到三重转化的理论发展

刘锡庆在《基础写作学》中提出"事物"到"认识"、"认识"到"表现"的"双重转化"。即：

$$\text{"物"} \longrightarrow \text{"意"} \longrightarrow \text{"文"}$$
（物质存在）　（主观认识）　（文字表达）

这个提法有《板桥题画诗跋集》里说的"眼中之竹"、"胸中之竹"、"手中之竹"为印证。据作者自己所述有两个理论来源，一是传统写作理论的"物意文模式"，二是苏联著名心理学家科瓦寥夫的变换理论——创作过程不是别的，而是双重的变换过程，就是：第一，把外部刺激的能量变换成知觉的显示或者现实的形象；第二，把形象变换成作为形象客观化、物质化的体现的文字描写。"双重转化"，在一些学者仔细分解看来，乃是"三重转化"。由"物"到"意"，即由存在变为认识，实际上不是"一步"，而是"两步"，即由存在转化为写作主体头脑中的感知，再由感知转化为思维，感知和思维是"统一的辩证过程的两个阶段"[1]。在"物→意"之间补充了"感知"阶段"感"的环节，加上思维向语言文字的转化阶段，就构成"物→感"的内化、"感→思"的意化、"思→文"的外化这样一个"物→感→思→文"三重转化的递变过程。即：

$$\text{"物"} \longrightarrow \text{"感"} \longrightarrow \text{"思"} \longrightarrow \text{"文"}$$
　内化　　意化　　外化

也有学者提出"三级内化"或"多重转化"[2]，都是对上述理论同一含义的不同说法，或在操作环节上所作的具体分解，并未形成新的理论体系。

## 二、"物意文"模式的质疑与重新审视

"物意文"模式一经提出，有些学者就觉察到这是对写作行为的转化过程作了简单化和绝对化的描述，实际上的写作过程应该具有非线性、非稳态和无序等特点。于是凭借波普尔的"证伪"理论举出"反例"进行质疑：作者头脑不是一块白板，而是具有"自组织、自加工"的能力，每一次的写作行为不一定都从生活开始，有的可以"主题先行"；写作有时候

---

[1]　罗森塔尔、尤金：《简明哲学辞典》，人民出版社1955年版，第656页。

[2]　如文必汉就说过"认识"、"观念"、"腹文"三级内化，见《论写作的"三级飞跃"和"三级内化"》，《贵州师范大学学报》1991年第3期；郭兆武提出"储备"、"研究"、"构思"、"表达"、"修订"五个阶段的飞跃，见《论写作过程的多重转化性》，《西北大学学报》1995年第2期。

"意在笔先",有时候又"意随笔生"。因此用"物意文"这一线性的理论模型去描述写作纷繁复杂的现象是难以涵盖周全的①。

传统的理论、旧的模式也的确存在着不完善的地方。其忽略了由"感"到"思"的复杂的"意化"过程,把写作的运思看成简单粗糙的思维流,这无疑贬低了写作的创造性价值。而在"物意文"的线性模型中,有些简单化的表述更容易令人产生误解。仅就"意文"的过程来说,就容易使人误解为构思成熟后的整篇默写,其实"意"只能是一个大体的框架和基本的雏形,"行文"中仍然会新见迭涌、灵感突至,甚至有时事态的新的变动也会造成"文"的从头做起,重起炉灶。所以"意"只能表示整体构思,而许多细节上的问题,只能在表述成文的过程中通过再思考来完成。"意"与"文"的矛盾统一是一个反复作用的过程,不是一次完成的。写作的关键就在于解决好"意"与"文"的矛盾,促进思维与语言的和谐对应。

### 三、"物感思文"的双向流转特性

鉴于"物意文"模式的简单化与片面性,学者们开始探寻写作的复杂性规律。复杂性规律是对"众多因素相互作用的复杂结构"、"非线性"、"随机性"的动态演化系统的揭示②。金长民在《写作感知学引论》中指出转化是"内外信息相撞"的"双向互逆"关系;周姬昌主编的《写作学高级教程》认为写作模式已由单向传递转化为双向沟通;林可夫主编的《高等师范写作教程》认为"物意文"是与"四体化一"、"四环操作"相结合的一条规律,而不是唯一的一条规律。这些观点相辅相成,一起描述着写作行为内部的复杂机制。

"物意文"三重转化的"双向传递"关系实质上是一个多次反复融合、流动递变的过程。每一次小的递变(发生在物与感、感与思、思与文之间)都最终归到大的递变(由客观之物到精神产品)上来,共同将写作行为推进到完成阶段,产生写作成品。

感知生活不是一次完成的。它可以从客体对象对本次写作行为的触发开始,也可以从早已贮存的生活积累开始,甚至可以从以前经验所提供的某种观念开始(主题先行),不过这些从本源上说,都来自生活。当它们作用于写作主体的感知时,难以做到与写作主体的需求毫厘不爽、完全重合,它们不可能一次性地满足作者的感知要求,写作主体也不可能一次性地完成感知任务。有时要作进一步的积累,有时要由此及彼地去调动另外的生活库存,这就出现了采集中的反复观察与多次深入,生活之"井"就越掘越深。从"物"到"感",是多次复合递变的结果,感知的羽翼是逐渐丰满起来的,最后所得有时可以超出本次写作所需,为以后写作铺路。从"感"到"思"也是如此,深思的过程并不排除感知的存在,它一直都需要"直接感知"来开阔视野、打开思路,"感"与"思"是形影不离的。有时由感到思,有时边感边思,有时思后再感、感后再思,有时加速,有时减速,它们总是互相促动、互相催化,推进思维的深入,去触及事物的本质或者人的心理潜意识。而写作构想的"思"与表述的"文"也不是机械割裂的两个阶段,构想过程有表述的内在尝试,而且会想想写写,记下点滴的思考与心得,列出简要提纲,或在纸上涂画草稿;在正式行文时,也并非每一个人都能做到一气呵成,写写停停、再想再写的情形是很普遍的。所以,从"物"到

---

① 详见颜纯钧的论文《对"物意文"理论模型的质疑》,《写作》1990年第1期。
② 张嘉同、沈小峰主编:《规律新论》,中共中央党校出版社1993年版,第81页。

"感"到"思"再到"文",是双向流转、复合递变的复杂过程,而不是单向顺延、线性发展的简单过程。当然,从写作行为的整体性上看,"物意文"三重转化是总的流向。

## 【延伸阅读】

1.刘勰:《文心雕龙》(校注本),中华书局2021年版。
2.朱光潜:《谈美》,北京大学出版社2022年版。
3.夏丏尊、叶圣陶:《文心》,生活·读书·新知三联书店2021年版。
4.于冰:《写作构思技巧》,中国青年出版社1991年版。
5.《文学描写辞典》,中国青年出版社1982年版。
6.余华:《说话》,春风文艺出版社2002年版。
7.康·巴乌斯托夫斯基:《金蔷薇》,人民文学出版社2022年版。

## 【思考与练习】

1.案例分析

王安石一次担任主考官,发现一位考生的试卷里写了这样的诗句:明月当头叫,黄犬卧花心。

王安石觉得这样的诗句有违生活的真实性,就提笔改为:明月当头照,黄犬卧花荫。

那位考生当然是落榜了,后来王安石来到广东潮州,发现当地有一种小鸟叫作明月,有一种细小的昆虫叫作"黄犬",才知道自己误判了试题而后悔不迭。

你怎么评价王安石作为主考官对写作的态度?那位考生的写作有没有不妥之处?请分别从王安石和考生的角度分析这则案例中包含的写作原理,并指出它对今人有什么启发。

2.莫言获诺贝尔文学奖的作品《蛙》中有两处描写:

两行蜂蜜般的泪水,从他枯干的眼窝里流出来。(第一部第三章)

姑姑说她想跑,但跑不动,小路上的泥泞,像那种青年人嘴巴里吐出来的口香糖一样,牢牢地粘着她的鞋底,她每抬一下脚,都要使出全身的力气,她看到在鞋底和路面之间,牵拉着一道道银色的丝线,她挣断了这些丝线,但落脚之处,又有新的丝线产生。她抛掉了鞋子,赤脚走在泥路上,但赤脚之后,对地面泥泞的吸力感受更加亲切,仿佛那些银色的丝线都生出了吸盘,牢牢地附着脚底,非把她脚底的皮肉撕裂不可。(第四部第四章)

(1)结合具体语境,说说"蜂蜜般的泪水"和"口香糖的银色丝线"这两个意象对表达人物的特殊心理起了什么作用?如何处理好写作语言的精准到位和形象生动之间的关系?

(2)课外搜集和整理若干个著名作家或网络写手关于写作语言的论述、锤炼语言的故事以及他们作品中的精彩语言,写一篇体会文章,阐述锤炼"比金子还要光亮"、"沉甸甸有分量"的语言的基本方法。

拓展资料

# 第三章　写作现象论:写作的存在状态

## 第一节　前写作:文化积淀

如果仅仅就单独的一次写作行为而言,很可能存在着为了写作需要去搜集材料、提炼主题和遣词造句的"现炒现卖"的做法,而就一次接一次的连续性的写作活动来看,必然有一个写作"资本"的原始积累过程。

写作需要原始积累,意味着写作是一个日积月累、厚积薄发的过程。没有一定的积蓄,没有一定的写作功底,在写作的过程中就会捉襟见肘。某一次写作的动机,可能是被某一外因所诱发,而这一次写作全过程的完成,仅仅依靠诱因是远远不够的,它离不开作者写作能力、写作经验这一内因,甚至离不开写作个性、写作基础这一基因。这些"内因"和"基因",都不是在写作动机被点燃的时候瞬间发生的,而是早已埋下了"种子",逐渐地发芽和成长起来的。"种子"的形成方式是复杂多样的,而这些复杂多样的种子恰恰是写作生长发育的前提,前写作的资源越丰富,写作过程就越顺利。

那么,应该怎样利用自身的"前写作"资源呢? 从遗传上说,一个作家,其父母是作家的少而又少,隔代遗传的可能性也微乎其微,不能指望每个人都出身于书香门第、有着家学渊源,但是有不少人的家长是做教师、干部、文职人员的,耳濡目染,不能说没有影响。在人的成长道路上,一位高素质语文老师的作文指导,一位同窗好友痴迷文学的榜样,都会给人以激励,有时候,甚至一本名著、一篇作品,都可能会点燃写作的欲望,启迪写作的灵感。而平时的生存环境、童年记忆、日常接触的三教九流,说不定都能成为日后写作的素材。学习写作时,不要忽视这一笔"原始财富",而要通过读书、阅世和思考、体验,去积聚写作的资本,培育写作的潜能。

## 第二节　写作:自我实现

一次写作行为是从写作意念的萌发开始,到写作成品的完成结束,其间经过了写作动机的发生、构思的内部整合和表述的符号化这几个基本阶段。许多人喜欢用"受孕"、"怀胎"和"分娩"来描述写作过程,别林斯基就说过写作过程与生育过程"不乏相似之处","并且颇不乏类似这一生理动作的痛苦——当然,这里所说的是精神的痛苦"①。具有明显可操作性的写作行为,其过程和特征已在上一章和本章作了阐发,这里不再赘述。对于学习写作来说,重视写作行为的操作过程是必要的,但不要仅限于此。古人所说的"功夫在诗外",就是指写作能力的培养和提高还有赖于更为广阔的人生背景。

## 第三节　后写作:与读者互动

写作成品完成之后,作者需要了解读者阅读后的感受、这种阅读会产生怎样的效果、这个效果与自己的写作动机之间是否能够统一等,并以此来调整、矫正写作行为。关于读者对文本的再创造(参与写作)问题,杨匡汉提出的"以召唤结构呼唤期待视野"②的说法可资借鉴。所谓"召唤结构"是指意义多元和意义空白构成作品的基础结构,它往往是暗示性、象征性、开放性的综合。这在文学作品中比较多见。"召唤结构"注重的是作品的潜藏含义,等待接受者去发掘。所谓"期待视野",是指读者接受一部作品的全部前提条件,如从已阅读的作品中获得的经验、知识,对不同文章体裁的熟悉程度,以及读者个人的生活经历、文化水平、阅读能力、审美情趣等。作者投入写作活动时,总要考虑如何适应、提高或超越读者的"期待视野"。一方面是"召唤结构"唤起读者的阐释力和想象力,另一方面是"期待视野"催动作者的吸收力和创造力。不仅文学写作是这样,实用写作也是如此。从阅读接受的规律上说,读者一般是习惯于从"已知"走向"未知",对"熟知"的东西会产生厌倦心理,也总是希望在阅读中获得"新知"。作者为了实现与读者的交流,就必须努力建立连接"已知"与"未知"的通道,将"深"的内涵融入"浅"的阅读方式,使读者的每一次阅读都能被激起潜藏着的"跃升"的欲望。读者的阅读反馈对作者就会形成有力的促进和推动。

写作应该掌握"读者心理学",努力满足读者的需求,甚至超越读者的期望值。特别是在文化产业化、出版市场化的今天,更要从读者需求出发。但这不等于媚众,满足读者是为了熏陶读者,适应读者是为了征服读者,征服读者是为了造就读者成为一代新人。

## 第四节　三环互动

我们把萌发写作动机到完成写作成品的写作过程称为显写作现象;把可能导致写作活动的各种潜在因素,例如遗传背景、气质禀赋、心理图式、思维定势、生活阅历、无意观察、非采集性阅读等,称为潜写作现象,或称前写作;把写作过程结束之后的载体流通、信息传递和阅读反馈等将影响下一次写作的种种后继因素称为后写作现象。三个链环分别

---

① 古典文艺理论译丛编辑委员会:《古典文艺理论译丛》(第11辑),人民文学出版社1966年版,第69页。

② 杨匡汉:《缪斯的空间》,花城出版社1986年版,第200页。

表示写作的"前因"、"过程"、"后效",具有一定的完整性;三者构成了一次写作活动的总系统,具有相对的独立性;三者又互为因果,写作素养的优化配置带来写作的高效率,而写作的高质量将带来社会的正效应,反之则产生负效应。一般来说,三者之间的相互推动呈正比关系,具有相对和谐的特点。

但"三环互动"并不是一个自我封闭的系统,而是一个开放的系统。其一是写作的"三环"各自具有吸收、凝聚、创化的可能性,可以随机获得补充、调整和变化。如一个人长大后根据职业特点改变自身的写作智能结构,原先具有诗人气质的作者到了机关后,可能学会了兼写或者是主要写公文。其二是"三环互动"不是一次性完成的,每一次写作都有它的"三环",一组三环引出下一组三环,后三环可以将前三环作前因,前三环可以将后三环作后效,环环相连,互相套叠,源源不断地向前滚动,使写作的"生命链"无限地延续下去。"三环互动"链式图如下所示:

写作"三环"之间的链式运动并不是简单的互相复制,而是一种步步累积、重重叠加和层层延伸的复杂运动。一环和另一环之间不是完全像上图所显示的那样呈现为规整的、等量传递的链式反应,而是按加速度进行能量的聚集和运转。"三环互动"递变表如下所示:

| 前写作Ⅲ | | 写作Ⅲ | 后写作Ⅲ |
|---|---|---|---|
| 前写作Ⅱ | 写作Ⅱ | 后写作Ⅱ | |
| 前写作Ⅰ | 写作Ⅰ | 后写作Ⅰ | |

由表可知,写作的"三环互动"不是对称和等量的简单重复,而是动态的变化发展。第一次写作的前因、过程和近阶段的后效都可以成为第二次写作的基因,第二次写作的基因、过程和近阶段的后效又可成为第三次写作的资本,这样,"前写作"所代表的写作基础就会越积越厚。但有时候环境的强制和人为的因素也可能会减弱这种积累,如作家出身的行政官员,写作活动长期让秘书代劳,就会导致自身写作能力的退化。

## 【延伸阅读】

1.曹雪芹:《红楼梦》,人民文学出版社 2013 年版。

2.喻守珍:《唐诗三百首》,中华书局 2016 年版。

3.唐圭璋等:《唐宋词选注》,北京出版社 1982 年版。

4.吴楚材、吴调侯:《古文观止》,浙江古籍出版社 2010 年版。

5.鲁迅:《野草》,人民文学出版社 2015 年版。

6.路遥:《平凡的世界》,北京十月文艺出版社 2009 年版。

7.博尔赫斯:《博尔赫斯全集》(小说卷),浙江文艺出版社 1999 年版。

## 【思考与练习】

1.著名作家叶文玲曾经讲过这样一段话：

我认为，一个人气质的形成，有先天的(遗传)，也有后天的(环境、经历)因素。我在秉性上受母亲的影响最大，热情、爽直，敏而好学，富有同情心，而且喜怒皆形于色。当然，人的性格也是多层次的，比如我从小喜合群，但有时在集体活动时，又常会产生对周围人的"离群"心理和某种突然而生的孤独感——这要归结于我的敏感，在许多旁人认为不值一顾或不屑关注的小事，都很牵引我的思绪。我童年时个儿瘦小，心理却很早熟，也许是上学早和喜欢阅读的缘故，小时候就常爱自思自想，想一些和年龄不相称的事。

你认为一个人的气质在写作中起什么作用？读了叶文玲关于个人气质的成因，你觉得"前写作"对"写作"有何影响？

2.金圣叹在《读第六才子书西厢记法》中说："《西厢记》断断不是淫书，断断是妙文。今后若有人说是妙文，有人说是淫书，圣叹都不与做理会。文者见之谓之文，淫者见之谓之淫耳。"而李渔说："读金圣叹所评《西厢记》，能令千古才人心死。"据此谈谈社会效应对写作的影响。

3.在下列题目中任选一题写作文，完成后在班上交流，听取不同的反馈意见，然后综合分析，对自己的作文进行中肯评价，最后修改完善。

(1)偶然

(2)过去的好时光

(3)春之声

(4)我有一个梦想

(5)遥望星空

(6)像孔子一样儒雅，像庄子一样潇洒

(7)漫谈"粉丝文化"(或"偶像文化")

(8)互联网与隐私权

拓展资料

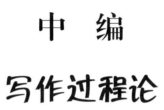

中　编

写作过程论

# 第四章　写作能力

## 第一节　观察、积累

### 一、观察

观察原是心理学上的概念,属于知觉的范畴,指的是有目的、有计划的认识活动,用专业话语来说,是一种伴随着积极的思维活动,有意的、主动的和系统的知觉活动,相当于持续性的有意注意。走在大街上,漫不经心,左顾右盼,不能算观察;在集市上,注意顾客挑拣东西时的神色,倾听他们与小贩的交谈,嗅嗅那里特有的气息,如果是食品,不妨买一点尝尝滋味,还可以用手摸摸商品的质地,这才是观察。由此可见,观察的方法就是通过眼睛看、耳朵听、鼻子闻、嘴巴尝、皮肤触摸这样一种"开放五官"的方式来全方位地感知事物的方法。写作中的观察与心理学、医学上的观察既有联系又有区别。它们都是主动的认知活动,都以摄取信息为目的,始终都有思维参与其中,与心不在焉地随便看看有着本质的不同。写作的观察有它特定的内涵。其一是受写作动机的驱动。为写作搜集第一手材料,观察的对象与写作的目标具有一定的对应性,虽然有些观察素材在写作进程中被弃而不用,有时候又必须根据写作需要补充观察素材,但凡此种种写作中的"插曲",并不改变观察伊始即围绕写作宗旨展开这一基本原则。比如,写一篇有关贫困生伙食的文章,观察点就会落到贫困生的一日三餐上。路遥曾在小说《平凡的世界》第一部里将县中学的学生餐分为甲菜、乙菜和丙菜,又以欧洲、亚洲和非洲来形容白、黄、黑三种馍,学生的家庭经济状况和生存境遇随着饭菜的等级划分,一下子就抓住了读者,吸引着读者去关注主人公的读书前景与人生命运。其二是有情感的渗透与参与。一般观察仅仅有思维的参与,而写作的观察还有情感的作用。文学创作的观察伴随着作者的情绪流动,这一点无须赘言;实用写作的观察也会融入作者的好恶之情;科学观察一般比较客观,而且要努力避免主观感情的干预,不过对观察物的选择本身有时也体现了作者的偏好,只能说尽量做到使观察结论趋向"纯客观",但无法保证将感情都抽空。其三是以新的发现为质量标准。一般的观察都要求深入细致,不失真,而写作的观察还要求不重复,要有新的发现。因此,写作所需要的是观察力,在一定程度上也可以说是发现力。

无论是科学家还是艺术家,都将观察当作创造性发现的起点。达尔文积二十年之功,在观察日记的基础上完成了《物种起源》,他自己就曾说过:"我没有突出的理解力,也没有过人的机智,只是在觉察那些稍纵即逝的事物并对其进行精细观察的能力上,我可能在众人之上。"①《金蔷薇》的作者巴乌斯托夫斯基指出:成为作家的先决条件是"能够看见许多别人觉察不到的东西"②。可见,在科学研究和艺术创造中,都离不开"观察"的独到眼光。

1. 观察的类别

根据观察的心态和目的,观察可以分为不同的类别,它们分别适用于不同文体的写作。

(1)实用观察。实用观察是一种具有直接的目的性,注重利害关系、实际功用和实用价值的观察。观察的眼光往往关注对象本身固有的状态、性质,注视着经济效益和社会效益,讲究观察的应用性、实效性和现实意义。在2020年武汉抗疫的日子里,援鄂医疗队男护士、年仅29岁的张明轩表现非凡,李春雷在报告文学中以纪实手法作了如下报道:

### 纸尿裤

张明轩写下"请战书"加入援鄂医疗队后,正式上岗之前是简短而严格的培训。

重症病室护理实施6小时工作制,即每天轮岗6个小时,但实际时间远远超出。

病毒传播多以气溶胶为载体,悬浮空中,无声无息、无影无踪、无孔不入。因此,上岗前后的防护异常关键,项目繁多。比如,他们最重要的"铠甲"——全套防护装备,包括两层医用口罩、医用防护帽、护目镜、两层橡胶手套、连体防护服、高腰鞋套等。仅仅穿戴,就需要10分钟。

由于沉浸重症病房6小时,浑身沾满亿万病毒。出来之后,必须进行最严格的消毒。

顺便说一下医护人员的防护等级:一级防护,需穿工作服、隔离衣,戴工作帽和医用防护口罩;二级防护,增加医用外科口罩、护目镜、鞋套和手套,也就是医生进行重症手术时的装束;而三级防护呢,则需要再加穿一次性防护服,戴防护型口罩、双层橡胶手套等。

而脱下防护装备的程序更为冗长、烦琐。

简而言之,需通过4个密闭专区,前后27个步骤,仅手部消毒就多达12次。特别是最后的全身洗消,必须依次进入3个沐浴间……

整个卸装洗消过程,至少需要50分钟。

现在,问题出来了:在病房期间的排泄问题,如何解决呢?

这可是一个永恒的世界难题啊。

于是,纸尿裤隆重出场了!

纸尿裤,最早起源于20世纪80年代的航天领域,目的是解决航天员尿急问

---

① 法兰士·达尔文主编:《达尔文生平及其书信集》(第1卷),叶笃庄、孟光裕译,生活·读书·新知三联书店1982年版,第86页。

② 康·巴乌斯托夫斯基:《金蔷薇》,李时译,上海译文出版社1980年版,第220页。

题,后来引入现实生活。

但,这是婴儿专利啊。

虽然过去某些危重病人大小便失禁,偶尔使用,但今天,本人,29岁,身体健壮,一个生猛的大男人啊。

张征劝他,若不穿纸尿裤,至少要连续禁水绝食18个小时,对脾胃有损。即使不吃不喝,如果闹肚子呢? 孩子,还是穿上吧,有备无患,免得尴尬啊。

他仍是犹犹豫豫,给妻子发微信,征求意见。

妻子也是一位重症护理护士,虽然也没有类似经验,但经过综合考虑后,还是做出慎重决定。

就这样,他红着脸,平生第一次穿上了纸尿裤。

## 发明人

患者使用无创呼吸机,肺部插管后痰液和其他分泌物增多,会引发呛咳,产生大量的气溶胶和气沫,从而导致病毒扩散。

必须定时为患者吸痰。吸痰后要对痰液进行采样,留置标本。

呼吸机与吸痰器是通过软管相连的密闭系统,所以痰液采样时,必须将吸痰管断开,不仅操作程序烦琐,而且还会致使气溶胶溢出,病毒扩散风险大大增加。

能不能使吸痰器与痰液标本留置装置直接密闭连接呢?

这,无疑是亘立在医护人员面前亟待解决却又难以攻破的壁垒!

张明轩细细观察,暗自琢磨。

注射器、输液器、留置针、医用胶带、一次性医用导管等常用器材,他逐一研究,但无一可用。

最终,他惊喜地发现了医用玻璃接头和负压吸引软管。

对吸痰器和标本留置装置进行简单改装,然后用玻璃接头和负压吸引软管进行密闭连接。经过反复试验、改进,竟然有效攻克了这一难题。

同事和科室领导见状,倍加赞赏,笑称这项技术完全可以申请实用新型技术专利。

张明轩淡淡一笑,随即将成果在微信群里公开。

而后,这项技术从第七医院出发,飞遍了武汉市全部的重症治疗室。只是,大家都不知道它的"发明人"是谁。

秘密公开了,"专利"失效了,但整个前线重症医疗的质量明显提高了。

## 与死神拔河

重症患者,也是病危患者,多数处于重度昏迷状态,长时间同一姿势卧床,极易引发血流不畅和压疮,因此必须定时为其翻身。

由于患者身上装有氧气管、吸痰管、鼻饲管、输液管、导尿管、生命体征监测仪线路等管线,为其翻身前后必须妥善整理,仔细检查,确保正常。接着要为患者拍背,以防引发坠积性肺炎而导致病情恶化,同时还要进行吸痰……

所以,为患者翻身护理,必须多人通力协作。

张明轩与同事为 15 名患者翻一次身,需要一个多小时。而每隔两个小时,就要重复一遍。间隔期间,不仅要为患者测量体温、脉搏、呼吸、血压,而且要清理排便、擦洗身体等。

他们时时刻刻的努力,都是在与死神拔河!

患者病情陆陆续续好转,从而转入轻症病房,从而走向新生。①

作者从防护之严实、消毒之繁复折射出疫情之复杂、传染之风险。而"纸尿裤"的使用更突出了重症护理的劳动强度,以及男护士为了抗疫救人将一切都"豁出去"的旷达、无私的品格。吸痰器与痰液标本留置装置直接密闭连接,这一"专利"的发明充分凸显出这位男护士的专业护理水平和技术研发能力。为重症病人翻身、拍背、吸痰、测量等工作又透露出男护士与死神"拔河"、与时间赛跑的仁心医德和优质高效。尤其是对其中一些细节的报道,譬如消毒步骤、痰液采样、翻身护理等,如果没有深入一线进行细致观察,就很难写得这样到位、真切。作者对男护士张明轩的系列报道体现了观察的深度。他深入一线,跟踪观察当事人,询问同事,联系政府,实地考察,多方搜寻客观事实,认真听取专家分析,以支撑其报告文学的"真实性"。作者自己就说过:"大疫期间,逆入武汉,可能是我一生最重要的决定。"他和男护士张明轩一样,也是一位逆流而上、逆风而行、勇赴国难的仁人志士。作者对疫情护理"隐秘"层次的"发现",对危难之际人性、心理的理性"探索",就属于实用观察。这种观察的主要目的是透过社会现象探寻其本质,是以伦理道德和社会良心作为价值标准的。一般而言,实用观察适用于新闻、应用文的写作。

(2)科学观察。科学研究中的观察方法讲究客观性、准确性和真实性,以求真为目的。它有时还要借助一定的科学仪器去考察、辨析和确认自然现象。科学观察的基本方法有三种:一是历时性的跟踪观察,也叫动态观察,即由始至终地观察事物的成长过程和发展变化的脉络;二是共时性的透视观察,也叫静态观察,即用类似解剖的方法,由表及里地观察事物的本质特征;三是超越时空、打破类别限制的跨越性观察,也叫比较观察,即由此及彼地观察事物的横向联系,从中发现事物的特殊性。科学观察适用于科技说明文和科学论文的写作。

竺可桢的《中秋月》就是综合运用这三种观察方法的典范:

月到中秋分外明。月亮究竟亮到何种程度?要晓得这一点,我们要以地球上所能看到最明亮的东西,即以太阳为标准。作个比喻,太阳在天顶时,在每平方英寸平面上有 60 万支烛光的亮度。普通用的洋油灯,每平方英寸相当于 4 到 8 支烛光,洋烛每平方英寸为 3 到 5 支烛光,而月亮在天顶时,她的光度每平方英寸只有一又三分之一烛光。月亮虽可普照半个地球,但在一定面积上光度甚小,所以我们在月光下看书是模糊不清的。月亮离开天顶愈远,她的光亦愈弱。

---

① 李春雷:《感谢纸尿裤》,《男护士》,载《武汉纪事》,江西高校出版社 2020 年版,第 88-120 页,有删改。

这有两个原因：一是太阳或月亮离天顶愈远则其离地平的角度愈小，而地面上每一单位平面所受到日、月光的多少是和离地平角度的大小的正弦成正比的；二是在天顶时日月光线经地面空气的厚度来得少，到了天边时日月光线要到达地面，经过的空气层要厚得多。假使在天顶时，月光到达地面所经空气厚度当作 1，那么到月亮离开地平面 30°时，所经过空气层就要为 2，到 10°时就是 5.5。到离地平面 4°时，所经过的空气层厚度就要达 12.5。所经过的空气层愈厚，被空气所吸收、反射的光线亦愈多，到达地面的月光自然愈少。而中秋的月亮，除非在热带的地方，否则绝不会到天顶的。

古人说："冬日可爱，夏日可畏。"最重要原因，就是冬天太阳离地平线低，而夏天离地平线高。相反地，月望时，月亮离地平线的角度是以冬至附近为最高，夏至附近为最低。满月最亮之时，实在冬至前后（即阴历十一月十五日左右）。"一年几见月当头"，这就是月当头的时候。今年中秋月的高度，即离地平线的角度为 45°57′。而阴历十一月十五日，月亮的高度为 87°45′。若是空气一样透明，则十一月月中的月亮一定比八月中的明亮。

"一年明月今宵多"，这句诗也是指中秋月而言的。但是实际上冬至前后月照时间最长，夏至最短，中秋适介乎其间。大概中秋之夕从月出到月落不过 12 小时，而在北京纬度、冬至月当头时，从月出到月落可达到 15 小时之久。总之，"月到中秋分外明"这句话要改成"月到中冬分外明"才比较合乎事实。

若以月亮之大小而论，肉眼是不可靠的。《列子》卷五有"两小儿辩日"，一儿以日始出时去人近，一儿以日中时去人近。而月亮在天边时离地面要比在天顶时远 4000 英里，所以无疑月亮在天边要比在天顶时稍远一点，直径可差六十分之一。但是眼睛看来月亮初升时好像要大得多，这完全是一种错觉。到了近来，哈佛大学的生理学教授博林研究这种错觉，才知道与我们视觉神经有关。凡看物体直看看得大，下看或上看看得小。假使一人横卧在地上，就觉得天顶月亮大，天边月亮小了。至于八月半的月亮是否比其他月份月望时大，可要看月亮绕地球在近地点还是在远地点。月亮离地心顶远可到 257000 英里，最近不过 211000 英里，大约为 19 与 17 之比，每 27.55 天为一周期。今年中秋节月亮适在远地点，所以中秋节的月亮只会看得小，不会看得大。除非特别钟情于中秋节的人，即所谓情人眼里出西施，那又另当别论了。

中秋月何以特别受人注意？照上面讲来，中秋月既非分外光明，也非特别圆大，又不照临长久，那为什么受我国千余年顶礼崇拜呢？去年中秋大公园地文章说，中秋月出时姗姗来迟，有装模作态的样子。这不免把中秋月看得贵族化了。实际中秋月是最平民化的，无论贵贱、贫富、雅俗均可共赏中秋月。中秋月的特点不在其出山迟，却相反地因中秋以后的月亮出来特别早。

假使我们把今年杭州（北纬 30°）中秋前后数天月亮出山的时间和正月十五即上元节前后数天月出的时间来比较一下，就可看出中秋月的特点了。

杭州 1948 年上元节和中秋节月出时间表（地方时）

上元节　正月十五日　下午 5 点 50 分

正月十六日　下午 7 点 00 分

正月十七日　下午 8 点 08 分

正月十八日　下午 9 点 18 分

中秋节　八月十五日　下午 5 点 54 分

八月十六日　下午 6 点 20 分

八月十七日　下午 6 点 47 分

八月十八日　下午 7 点 13 分

从表中可以看出：上元前后晚间月亮出来，每晚相隔时间要一小时以上；而中秋前后月亮出来，每日相差只有二十六七分钟。从中秋到八月十八，这 4 天夜月上来离黄昏统不远，这是中秋月优越的一点。中秋月有这特点的原因，可以这样解释：在温带里边日月行到春分点时，黄道和平地相交的角度最小；而日月的赤纬天天在增加，所以日月出来每天要提早。在春分时候，每天旭日东升要比前一天早半分钟；到中秋时月亮走近春分点，所以月亮出来的时间也要天天提早。中秋时节农民开始收获的时候，昼渐渐短而夜渐渐长，将近黄昏有了月亮可以帮助农民在田间多做几十分钟的工作，这于民生不无裨益。我们的民族向来以农立国，四时节气如惊蛰、清明、谷雨、芒种统和农民有关。中秋月之所以被崇拜着、留恋着，想来和农民收获有关。所以中秋月值得我们留恋，而中秋节也是值得保留的传统节日。①

竺可桢的动态观察，是根据月亮离开地平面 30°、10°、4° 时空气层厚度的发展变化，得出空气层愈厚，到达地面的月光愈少、亮度愈弱的结论，并由此认为月光的明亮度取决于离地平面角度的大小和经地面空气的厚薄这两大因素。而静态观察，是针对肉眼所见月亮初升时好像更大这一错觉，援引哈佛大学博林教授关于视觉神经的观点，得出凡物体直看则大、下看或上看则小的基本规律，从而发现横卧地上，就觉得天顶月大、天边月小的视觉原理。最后进行比较观察，通过杭州当年上元节和中秋节月出时间的比较，指出中秋月出离黄昏不远，可以帮助农民延长在田间工作的时间，这才是民间特别崇拜、留恋中秋圆月的根本动因。这样的观察，既有利于捕捉到事物的关键细节，又有利于摄取到完整而准确的科学依据。

（3）艺术观察。艺术创造中的观察方法"不仅是一种反映，同时也是一种建构"。艺术观察活动"总是同时包括感知认识活动与情感体验活动两个方面"②，感知受到情感的冲击，尤其是受到比较强烈的情感的冲击，就会发生"变异"。对于天涯浪子来说，举目无亲的孤寂感，会让他觉得眼前的一片阳光不是明媚的，而是凄凉的③。由于审美主体的情感参与，客观对象为主体情感所同化，客体事物就由物理客体转变为审美客体——"含情

---

① 竺可桢：《天道与人文》，北京出版社 2016 年版，第 10-17 页，有删节。

② 金开诚主编：《文艺心理学术语详解辞典》，北京大学出版社 1992 年版，第 87 页。

③ 孙绍振：《论变异》，花城出版社 1987 年版，第 86 页。

物",审美主体的观察也由单纯的"看"转变为"悟"①。它同样不是单凭肉眼,而是用心灵去体悟客观事物,讲究观察的情感性、多元性和个性化,以"求美"为原则。

以艺术的眼光来观察景物,一切景语皆情语,物我之间在进行着一场无声的对话。艺术家触物起兴,景物激荡起艺术家心中的涟漪;或者是,艺术家移情于物,使景物染上了"我"的心情。而观察的结果是景物中浸染着艺术家的心灵色彩,意象中透露着生命的底蕴。因此,屈原眼中的橘树自有一种高洁的气质,杜甫在触目伤怀的情绪中发现花也在"溅泪",失恋的方鸿渐看到风里的雨线像一条"水鞭子"……艺术观察适用于文学创作。当然,艺术观察中最难的还是透析人的心理。这在下文中将会详述。

(4)日常生活中的准科学、亚艺术观察。日常生活中的观察方法,即以感官去捕捉普通生活中的具体场景。它包括对天气变化的观察,如"朝霞不出门,晚霞行千里"、"鱼鳞天,不雨也风颠"等;对周围人物和环境的观察,如"父亲是个胖子"、"电话里的声音悦耳动听"、"这所房子已经破败不堪了"等。这种观察不乏科学知识的引导,但不可能像科学观察那么严谨,最多只能是"准科学的观察";这种观察不乏审美情感的驱动,但不可能像艺术观察那么丰富,最多只能是"亚艺术的观察"。在一般记叙性文章的写作中,经常运用的就是这样的观察。

下面是学生去一家四星级酒店餐饮部所获得的观察结果:

> 酒店设有宴会厅、风味餐厅、东方快车、德容厅等。各种餐厅都别具风格,同时又有不同的消费标准。德容厅是一个高档次的餐厅。内设小厨房,这样既方便上菜,又能保证菜肴的独特风味。洗手间设在门外,这样就不至于影响顾客的食欲,一切都为顾客着想,留给顾客的都是美好的一面。电视音响等一应俱全,而且衣架和鞋具也与众不同。单说衣架吧,许多酒店用的是柱式直立衣架,虽然占的空间少,但容易受到碰撞跌倒,让人有岌岌可危的惊险之感,或者是壁挂式,又容易使外套沾染墙灰。这家酒店采用的是特制的横向钢管衣架,有稳固的底盘,克服了上述两种衣架的弊端。最让人感到印象深刻的是餐厅里颜色的搭配和对细节问题的处理。我们此次前去正值夏季,整个餐厅呈现为一种浅绿色的夏之清秀;别具一格的碗具和玻璃下精巧别致的立体图案,也给人一种自然清新的感受,唤起人们良好的食欲。碗具的摆放也很能体现精致的特点,如牙签与筷子之间的摆放和间距都有严格的规定,当然也不是因循不变的。

这里对衣架和碗具的观察,都没有达到定性、定量的细致程度,观察时还带有"如何有效地刺激消费"的功利导向,但作为日常生活中的实用观察,还是观察到了餐厅布置的具体种类与个性特征,观察结果具有较高的清晰度。当然,不同类别的观察也不是截然分开的。有时候,同一种文体的写作可能同时使用多种类别的观察。

2.观察的方法

(1)敏感地捕捉事物的特征。观察事物不能眉毛胡子一把抓,而要有敏锐的触角,对

---

① 童庆炳:《艺术创作与审美心理》,百花文艺出版社1992年版,第80页。

事物的关键性因素明察秋毫,努力看出事物的特点和问题的症结所在,善于发现事物与众不同的"这一个"特征。具体的方法是从整体到个别再到细节的步步深入。

第一,以点带面:观察事物要抓住重点,也要具有整体感、立体感。

观察不可能面面俱到,只能把目光锁定在观察对象身上;但事物又不是孤立的,因此观察不能狭隘地停留在一事一物上,如果隔断了它与周围事物的联系,事物就失去了它赖以生存的"背景",自身也就难以清晰地凸现出来。观察从来都是有重点的、整体的观察,"由观察所获得的知觉映象比一般知觉映象更鲜明、更细致、更完整"①。下面是魏巍在抗美援朝前线写的通讯《谁是最可爱的人》选段:

> 战后,这个连的阵地上,枪支完全摔碎了,机枪零件扔得满山都是。烈士们的尸体,做着各种各样的姿势:有抱住敌人腰的,有抱住敌人头的,有卡住敌人脖子,把敌人捺倒在地上的,和敌人倒在一起,烧在一起。还有一个战士,他手里还紧握着一个手榴弹,弹体上沾满脑浆,和他死在一起的美国鬼子,脑浆崩裂,涂了一地。另有一个战士,他的嘴里还衔着敌人的半块耳朵。②

魏巍观察的重点在"还有一个战士"和"另有一个战士"——他们同仇敌忾、视死如归、英勇壮烈的革命英雄主义形象,但对周围环境也有细致的观察——阵地上枪支及零件随处可见,烈士们和敌人同归于尽的姿势各异,呈现出松骨峰战役之惨烈。

第二,着眼特殊:观察事物要抓住特征。

应该说,观察最基本的任务就是发现与众不同的地方。如果只观察到事物的共性,写作就容易雷同化。福楼拜曾要求莫泊桑观察时不至于把"这一个"杂货商和"这一个"守门人同任何别的杂货商、任何别的守门人混同起来,后来莫泊桑自己也悟到观察要全神贯注,才能从中发现迄今还没有人看到与说过的那个方面。如果观察的结果与其他事物混同,这样的观察是不能给写作提供新颖材料的,也是无法提供新的内涵价值的。写作的观察要像鉴赏古董那样,善于辨析、鉴别,着眼于细微差异乃至"蛛丝马迹",观察的结果才能呈现出个性化。记者只有捕捉到事件的特殊意义,才算发现了新闻价值;秘书只有找到了工作中的亮点,才算是创新。不过,寻找特殊性不等于猎奇,观察差异也不仅限于横向比较,也包括同一事物在不同阶段的变化。

第三,把握细节:追求细节的圆满。

细节是事物具体而微的部分。当作者把观察的目光投射到细节的时候,作者已经从事物的表层进入到深层,从粗线条的掠影进入到精细的凝视。注意细节是观察深入的标志,也是获取独特材料的前提。记者黄钢抓住了李四光每步的跨度总是 0.85 米这个细节,刻画了李四光的气魄与胆识。柏生在采访竺可桢的过程中,一直期待着发现竺可桢不同于李四光的自身特征,后来他观察到竺可桢有一只铜壳的温度表,它在竺可桢身边"工作"了 40 年,竺可桢把温度表装在上衣兜,每天为了记录天气情况要掏出装进好几次,以

---

① 朱智贤主编:《心理学大词典》,北京师范大学出版社 1989 年版,第 247 页。
② 魏巍:《我怎样写〈谁是最可爱的人〉》,《人民日报》1951 年 8 月 19 日。

至于衣兜盖磨损得比衣服别的地方快得多,他爱人总是为每件衣服准备两个上衣兜的兜盖儿。柏生就利用这个细节写活了竺可桢,突出了他的兢兢业业、一丝不苟。

(2)深入透析人的心理。同是观察,对人的观察往往难于对景物的观察,其原因就在于"人心隔肚皮",摸透对方心理很难。观察人的特征,如果仅仅停留在表层外貌特征,不能进入其内心深处,就难以发现人的真正个性。因为人的本质特征主要体现在心理、灵魂的差异上面。从这个角度说,人的内在特征比起外在特征来,更能反映人的本质。只有通过对象的神态、言行去透析他的心理活动,打开对方独特的心灵世界,才是成功的观察。

观察心理活动有相当大的难度,但不等于说我们对此束手无策,现代心理学研究的进展为我们提供了窥探人心灵的基本路径。

第一,以习惯性来透视人的心理倾向。人的口头禅、习惯动作往往会流露出其一贯的思想、性格与气质。很多学生都有这样的经历:老师的一些明显特征——口头禅、习惯动作等——在每一节课里都会表现出来,这往往跟老师的兴趣爱好、心理倾向有关。"下意识的语言正是内心世界的真实写照"①,所以,心理透析的第一步是捕捉人"习惯性"的特征,以此透视人的心灵奥秘。而口头禅和习惯动作就是人不经意之间流露出来的"意有所指"的心理倾向,是人的一种无意识、下意识的本能反应和条件反射,是人在情不自禁之下宣泄出来的心理隐秘。因此,写作中抓住人的口头禅和习惯动作,就能深入观察到人物的心理秘层,发现其独特的精神世界。

鲁迅在《祝福》里写到祥林嫂老是对周围的人说"我真傻,我真傻……"。小说通过"我真傻"这个"念念碎"式的习惯语重复,展现出祥林嫂深层的心理世界。她到处诉苦,而且没完没了地倾诉和唠叨,以至于鲁镇的街坊邻居对她由同情变为厌烦,这刻画出祥林嫂失去唯一精神寄托之后的心灵创伤和心理崩溃,极度痛苦、极度自责到了无法自控的地步。

契诃夫小说《苦恼》中的马车夫也有祥林嫂式的"口头语"。张天翼小说《华威先生》中的华威总是说自己很忙,总是以"领导形象"出现在人们面前,浮现出华而不实的性格和到处炫耀权力的官僚心态。有一部电影叫《剪刀手爱德华》,这是一部哥特式电影的代表作。女主人公说得最多的话语是"我但愿他记得我年轻时的模样"、"你有时会看到我在雪花中翩翩起舞"。可以看出最令人难忘的是"雪花意象"和"青春情结",是年轻时的浪漫情怀和一段刻骨铭心的情感。男主人公总是在进行冰雕,冰雕的寓意是:要用雕刻的时光去超越自然的时间,永恒地守望着心中纯美的爱情。可见,善于捕捉口头禅和习惯动作是心理刻画高手们共同的成功之道。

第二,以反常化来透视人的真实性情。观察人的习惯性行为是深入观察人心理的一种重要方法,但不能仅仅停留在这一点上。某一个人平时性格温和,但在一个特定的场合,或者在某一特殊条件的刺激下,他会"火山爆发",好像变了一个人,怎么看待这种现象呢?这是人本性的暴露,还是外来刺激对人的本性的强力扭曲?

精神分析学指出:人的心理秘密较充分地表现在意识和无意识所构成的内在矛盾冲突上。一方面,人要服从社会秩序,实现自我,就要做一个理性的人;另一方面,人又有强烈的内心需求,要获取个人的自由,自然会滋生"非理性"的因素。人一旦摆脱了理性的束

---

① 　陈崇君编译:《口头禅与性格的关系》,《日语知识》2001 年第 11 期。

缚,失去了外部力量的控制,他那被压抑和隐藏很深的潜意识就会"浮出水面",冲破理性的大门决泄出来。人在无意识之中或失去控制的时候所展现出来的行为往往是真实心理需求的反映。

当人在一个特殊的非常态的环境中不再保持其"人格面具"时,才有可能显示他的"庐山真面目"。中国古代对君子和小人的考察,常常要看他们在"独处"时的表现。在法国作家雨果的小说《巴黎圣母院》中,副主教在来客面前信誓旦旦,说自己信仰上帝,但在无人的夜晚,他的欲望原形毕露,指使敲钟人抢走吉卜赛女郎爱斯梅拉达。这一反常的行为可以暴露出人性的另一面,使面具掩饰下的人的本性浮现出来。

需要指出的是,人的反常化行为在很多时候不是其自身选择的结果,而是外力对人本性的一种扭曲,是环境对人的一种压抑。一些精神分析学家往往津津乐道于人的反常化行为,以为这便是人的灵魂本质。其实不然。如果仅仅看到人的本能欲望这一点,并在写作中大加渲染,就会对读者产生误导。把人的本能欲望当作人的全部,等于认为人只有低层次的动物本能,这种看法是极其片面的。

第三,以多重性来透视人的复杂品格。人并非单一的、脸谱化的,人在多种因素的交织中才显出其真性情,既有反常化的特点,也有一以贯之的心理倾向性,而且还常常表现出某种矛盾性。杨绛在《〈傅译传记五种〉代序》中就观察到了一个多重性格的翻译家傅雷:

> 说起傅雷,总不免说到他的严肃。其实他并不是一味板着脸的人。我闭上眼,最先浮现在眼前的,却是个含笑的傅雷,他两手捧着个烟斗,待要放到嘴里去抽,又拿出来,眼里是笑,嘴边是笑,满脸是笑。这也许因为我在他家客厅里、坐在他对面的时候,他听着锺书说话,经常是这副笑容。傅雷只是不轻易笑;可是他笑的时候,好像在品尝自己的笑,觉得津津有味。
>
> 傅雷的严肃确是严肃到十分,表现了一个地道的傅雷。他自己可以笑,他的笑脸只许朋友看。在他的孩子面前,他是个不折不扣的严父。阿聪、阿敏那时候还是一对小顽童,只想赖在客厅里听大人说话。大人说的话,也许孩子不宜听,因为他们的理解不同,傅雷严格禁止他们旁听。有一次,客厅里谈得热闹,阵阵笑声,傅雷自己也正笑得高兴。忽然他灵机一动,蹑足走到通往楼梯的门旁,把门一开,只见门后哥哥弟弟背着脸并坐在门槛后面的台阶上,正缩着脖子笑呢。傅雷一声呵斥,两个孩子在登登一阵凌乱的脚步声里逃跑上楼。梅馥忙也赶了上去。在傅雷前,她是抢先去责骂儿子;在儿子前,她却是挡了爸爸的盛怒,自己温言告诫。等他们俩回来,客厅里渐渐回复了当初的气氛。但过了一会儿,在笑声中,傅雷又突然过去开那扇门,阿聪、阿敏依然鬼头鬼脑并坐原处偷听。这回傅雷可冒火了,梅馥也起不了中和作用。只听得傅雷厉声喝,夹杂着梅馥的调解和责怪;一个孩子想是哭了,另一个还想为自己辩白。我们谁也不敢劝一声,只装作不闻不知,坐着扯淡。傅雷回客厅来,脸都气青了。梅馥抱歉地为客人换上

热茶,大家又坐了一会儿,辞出,不免叹口气:"唉,傅雷就是这样!"①

　　文中写出了翻译家傅雷是个集快乐与严肃、友善与暴躁于一身的人。人的心灵往往是多侧面、多元化的统一,这就是英国小说家福斯特在《小说面面观》中所说的"圆形人物"和我国学者所说的"性格组合"。只有认识到人的心灵的多重复合特征,才能较为完整地观察到人丰富的内心世界。

## 二、调查

　　调查是一种通过向他人了解情况来获得写作素材的采集方式。观察所得的第一手材料固然可贵,但作者不可能对万事万物都目见耳闻、亲身经历,利用调查的收获来弥补亲历亲闻的局限,也是一条有效的聚材途径。调查所得的虽然不是自己的观察结果,但他人的观察结果也等于是延伸了自己感知的"触角"。

　　1.调查研究的基本思路

　　按调查对象的性质分,调查可以分为普遍调查——对所有对象进行逐一调查(如人口普查)、典型调查——选择有代表性的对象进行调查(如优秀交警拒腐蚀调查)、抽样调查——在不同种类的对象中各抽取"样品"进行调查(如来自沿海开放城市、内地、贫困山区的大学生每月消费情况调查)、个案调查——对某一个个体进行追踪调查(如动画片《喜羊羊与灰太狼》成功原因调查)。

　　按调查的具体方式分,调查可以分为口头调查、书面调查和实地考察三种。口头调查包括开调查会、直接采访等,书面调查主要指问卷调查(含网上调查),实地考察包括现场调查、参加巡视和蹲点寻查等。

　　调查研究包含以下基本思路。

　　(1)有的放矢:以目标为导向,设计调查提纲。央视记者和主持人水均益曾说,观众在屏幕上看到的流畅自如是因为"有备而来",采访前要"设想各种可能,将采访对象研究透了之后,抢占主动"②。有经验的记者也认为,采访前自己要先沉下去,沉到事件的最底部,了解事件的全过程,做到心中有数,然后再浮上来,理出头绪。这样一来,整个报道需要采访哪些人,需要提哪些问题,头脑就比较清楚了,心里也就踏实了。当然,调查与采访并不完全一致,但无论是口头调查、书面调查还是网上调查,借鉴采访的成功经验,事先做好充分准备,均会获益。当你进行调查前的准备时,有几个问题是绕不过去的:

　　第一,本次调查想了解什么? 可以分哪几个方面去了解?

　　第二,调查对象有什么特点? 什么问题将是他们感兴趣的?

　　第三,怎样提问才能获得真实的答案?

　　第四,怎样提问才能拓展调查对象的思维空间?

　　第五,如果调查对象不合作,有什么转败为胜的绝招?

---

①　杨绛:《杨绛文集》(第2集),人民文学出版社2004年版,第358-359页。

②　俞虹:《节目主持人通论》,杭州大学出版社1996年版,第258页。

调查提纲应围绕调查目的来设计,根据上述几个问题,形成调查的基本思路。

调查提纲例文:

### 调研活动方案

时间:11月5日(本周五)14:00—16:00,夜住市区

地点:成州昆剧院团部会议室

调研对象:著名戏曲司鼓演奏家王庆丰

参加人员(3人):

王超:男,42岁,某大学艺术学院院长;

侯思源:男,30岁,某电视台记者;

尤芳华:女,65岁,原剧团优秀演员。

剧团相关领导,希望能有一位熟悉剧团业务的领导参加。

调研主要内容:

1.请剧团领导介绍王庆丰相关事迹;

2.与王庆丰对话、交流,调研组人员相关问题咨询;

3.请剧团提供相关老照片、老档案供翻拍、查阅;

4.参观王庆丰家。

附:提问主要内容

1.您在司鼓行当里工作了几年? 获得过哪些荣誉? 感受最深的是什么?

2.听说您从小是跟着父亲学习司鼓,他对您的严格要求和深沉的父爱有哪些具体表现? 在您遇到困难时,他在思想上、心理上、技艺上如何引导您?

3.在学习、练习司鼓的过程中,有没有遇到一些瓶颈? 您是如何突破的?

4.后来您去了北京和西安的剧团学习,得到过哪些名家的熏陶和指点? 在艺术上有什么独特的感悟?

5.司鼓其实就是乐队的指挥,您是如何理解剧本、沟通演员、协调主胡,并驾驭全场音乐的? 能否以《牡丹亭》"游园"一折为例,谈谈您的具体做法?

6.在戏曲界,司鼓与演员的关系是"焦不离孟,孟不离焦",您在与演员的配合中,最喜欢哪几位演员,有哪些趣事、细节?

7.因为怎样的机缘,您后来去了省昆剧团? 而且一干就是数十年,省昆剧团令您最为感动的是什么特点、什么精神?

8.昆曲在音乐方面应该如何进行传承、弘扬与改革、创新?

9.昆曲应该如何赢得年轻一代的喜爱? 如何保持优势,使之代代相传?

调查提纲的作用是确立调查的总体思路和基本范围,对将要展开的调查提纲挈领,至于调查时需要了解的具体细节,还可以通过专门制作调查问卷来获取。

(2)善于质疑:以问题为中心,注意谈话方式。调查不全是采访和提问,它还包括开座谈会、巡视和蹲点等方式,但提问是其最常用、最基本的方式。耶鲁大学前校长查德·莱文在接受中央电视台记者采访时,就大学生在校期间的三大任务发表了自己的看法。他

认为对于大学生来说,首要任务"就是对任何事情都进行质疑"[①],有好奇心的学生喜欢挑战性的生活。作为一名大学生,在进行社会调查时,就应该独立思考,提出高质量的问题,了解事实真相,写起文章来才能言之有据、言之有故。

不过,善于提问并不是一件容易的事。提问既是一门学问,也是一门艺术。它与一个人的知识结构、文化涵养、思维水平、临场反应、表述能力、个人性情以及对调查对象的了解程度都有关系。其中有两条最关键。一是问题要有刺激性,能一下子击中对方的"兴奋中心",搔到对方的痒处,让对方主动打开话匣子。中央电视台节目主持人白岩松就认为"作为主持人一定要刺激采访对象",问题要有震撼力,但又不能刁难对方。二是问题不能大而空,要细而实。你想了解五星级大酒店餐饮部的经营情况,与其问"你们企业的核心理念是什么",不如问"你们凭什么与同行竞争"。善于提问离不开事先的充分准备和临场的随机应变。记者毫无准备地去采访一个人,很容易在采访中碰钉子。美国记者斯诺有句名言:"要采访一个人,尽可能先了解他,了解到像一个未见面的老朋友一样。等到见了面,又要有捷径,找到沟通双方思想的桥梁。"[②]意大利名记者法拉奇采访邓小平时就显得轻松自如:

> 法拉奇:"明天是您的生日?"
>
> 邓小平:"我的生日? 我的生日是明天吗?"
>
> 法拉奇:"不错,邓小平先生,我从您的传记中知道的。"
>
> 邓小平:"既然你这样说,就算是吧! 我从不记得什么时候是我的生日。就算明天是我的生日,你也不应祝贺我啊! 我已经七十六岁了,七十六岁是衰退的年龄啦。"
>
> 法拉奇马上说:"邓小平先生,我父亲也是七十六岁了。如果我对他说那是一个衰退的年龄,他会给我一巴掌呢!"
>
> 邓小平笑着说:"他做得对。你不会这样对你父亲说的,是吗?"[③]

显然,法拉奇对邓小平的有关资料进行过非常细心的研究,每当问题看上去似乎遇到反弹力再也难以深入的时候,法拉奇总能够"马上"奇兵突出,峰回路转,使采访"柳暗花明又一村"。这不仅是因为法拉奇反应敏捷,更主要的是因为法拉奇花了大量的时间作准备。她有几套预案,可以临场随机调整。

(3)勤做笔记:以数字为依据,健全统计环节。调查时,除了书面调查、网上调查可以根据调查问卷统计结果外,其余的调查方式需做笔记才能对调查结果进行分析研究。一般而言,调查中主要应记录以下几个方面的材料:基本观点、事件梗概、重要数据,典型事例、通篇话语的关键、生动的细节和重要的原话。有些写作者生往往对枯燥的数字、百分

---

① 中央电视台《对话》栏目:《来自北大耶鲁校长的"颠峰"对话》,《文汇报》2004年1月25日。

② 蓝鸿文主编:《中外记者经验谈》,中国人民大学出版社1983年版,第487页。

③ 陈洪澜:《勇敢地战斗——20世纪"国际政治采访之母"法拉奇》,《世界文化》2024年第4期。另见万锦宜:《法拉奇采访邓小平始末》,《党史纵横》2010年第3期。

比之类的数据不太感兴趣,其实数据在写作中有很重要的作用。写应用文尤其是经济类应用文,就应该在调查过程中记录具体的数据,以便在列表说明和文字阐释中体现出实证的力量,一组实在的数据胜过一大番空洞的渲染或议论。即使是文学创作,在事实说话的时代,也不能低估数字的作用,如反映新世纪现实生活的报告文学,就不可能脱离数字而"遗世独立"。当然,写进文章中的数据不是堆砌、罗列,而需要恰到好处地说明问题。某高校学生撰写的《关于大学生超市食品的调查报告》,其概述部分就较好地运用了调查所得到的数据:"大学生超市创办于1999年,地处学校第一食堂底层,占地面积约为776平方米,现有员工12人。该超市经营范围广泛,涉及食品、日用品、文化用品及体育用品等,商品共计100多种,并设有台球桌,是大学生购物休闲的好去处。超市生意兴隆,年销售额约为18万元。随着学校招生规模的不断扩大,大学生超市的发展前途一片光明。"运用数据说话,简洁明了,使读者一目了然。

**2.调查问卷的编制方法**

编制调查问卷是书面调查之前的重要准备工作,它无法像采访提纲那样始终由调查者控制,可以在采访过程中灵活调整,它要直接寄到或送至被调查者的手里,一旦发出,就无法更改,因此,它要比采访提纲更严密、更规范。可以说,编制调查问卷的水平在很大程度上决定了调查研究的质量。

编制调查问卷要注意以下几个方面的问题。

(1)调查问卷的题目类型[①]。

第一,简单判断题。也称"是否式",在一个问题后面提出"是"与"否"供被调查者选择,两者必居其一,具有鲜明的排他性。

例:您今年是否已经成为健身俱乐部成员?
○是　　○否

第二,单项选择题。问卷中的问题是针对被调查者的感受程度(满意不满意)以及其他意见的,被调查者从中选择符合自己实际情况的一项作答。要注意的是,所供选择的答案应当具有全面的包容性。

例:梁晓声有部获茅盾文学奖的长篇小说《人世间》,您对改编自这部小说的同名电视剧印象如何,觉得其改编之后在感人力量和艺术水准方面算是成功吗?
○非常成功　　○比较成功　　○无所谓　　○不成功

第三,多项选择式。提出一个问题之后,提供几种备选答案,被调查者可以同时选择其中几项。

例:您利用微信经常做些什么?

---

① 参见李东:《浅谈调查问卷的写作》,《应用写作》1993年第6期。本书作了较大调整。

○聊天　　○快速传输文件(含图片、视频)　　○微写作　　○记录心情
○转载深度好文、段子或视频　　○发美图　　○晒美食

第四,表格组合题。也称"矩阵式",对问卷中的几组问题异中求同,集中同类问题,组合成表格,让被调查者选答。

例:您对本次文化产业培训开设的课程是否满意?(请在适当空格内打√)

| 项目 | 感受程度 | | | |
|---|---|---|---|---|
| | 满意 | 比较满意 | 一般 | 不满意 |
| 时间安排 | | | | |
| 课程结构 | | | | |
| 授课质量 | | | | |
| 考察活动 | | | | |

第五,主次排序题。在问题后列出各种备选答案,由被调查者根据重要、次重要的先后顺序排出序号。

例:您目前如果选择购买新能源电动汽车,会对下列品牌如何排序?(将最喜欢的品牌排为"1",其次为"2",依此类推写在方框中)

比亚迪　　　　　　　☐
特斯拉　　　　　　　☐
蔚来　　　　　　　　☐
小鹏　　　　　　　　☐
华为问界　　　　　　☐
广汽新能源　　　　　☐
极氪　　　　　　　　☐
零跑　　　　　　　　☐
奇瑞QQ　　　　　　☐

第六,文字表述题。指问卷中的问题有一定的复杂性,依靠简单的判断和选择不能全面完整地反映被调查者的真实想法,需要被调查者用一定数量的文字进行综合回答,这有利于更充分地了解情况。

例:您认为解决食品安全问题的关键是什么?该如何处理这一关键问题?

除此之外,还有连环追问题(设置的问题环环相扣,需要被调查者多角度回答)、网上

调查链接题(网站设计调查问题并发布,由问题和答案统计构成超链接文本,点击后就可以查看各选项的统计结果,从而掌握民意倾向)等较为复杂的调查类型,可参看社会调查方法的有关书籍,逐步熟悉、掌握。

(2)调查问卷的编排原则。调查问卷的题目编排应符合以下几条原则。

第一,便于回答。问题要有价值、有趣味,能引起大家参与的兴趣。问题的设置要严密,要经得住推敲,不要有明显的漏洞,或出现"无解"的题目。题目的文字表述要做到逻辑性强,而且题目要分类,力求简明清晰。调查问卷的编排一般应按照先易后难的次序,这样可以维持被调查者的兴趣。还要注意问题不能触及个人隐私,否则被调查者有权拒绝合作。

第二,易于操作,便于数据的统计和分析。为了调查工作的顺利进行,必须在设计问卷的时候就充分考虑到后续的数据统计和分析工作。即使是主观性的题目,也应该对读者答题提出规范要求,这样才能使调查环节更好地衔接起来。

第三,可经受检验。一份调查问卷是否成功,很关键的因素在于是否符合被调查者的接受心理。人们往往不愿意接受一份繁杂冗长的问卷,因此问卷应该简洁明了、言简意赅、通俗易懂。如果问题较复杂,应该有相应的文字说明,使被调查者容易理解,使其在填写时能愉快地配合。

第四,即使是一份很出色的问卷,也不能担保一次成功,必须要经过实践的考验。所以在问卷初步设计完成时,应该在小范围内请人尝试填写,并根据结果反馈及时进行修改和润色。

3.调查材料的鉴别整理

调查得来的只是原材料,需要经过鉴别和整理才能成为写作的材料。这是一个搜集具体材料与梳理思维脉络相互渗透的过程,摄取材料和探究真相始终相伴,美国作家兼教育家卡洛斯·白克曾说"学习写作就是学习思考"[1]。调查所获得的写作材料,假如没有思维的过滤和清理,毕竟是芜杂和散乱的。因为"每个材料往往不是单纯的,而是各种类型、各种性质的材料掺杂、交织在一起的。基本真实的材料里可能含有需要挤掉的水分,而虚假的材料也许会给我们提供某些有益的启示"[2]。鉴别和整理调查材料的具体方法包括以下三点。第一,根据调查目的进行筛选,剔除与本次调查无关的材料。不过,有些调查结果出乎预先的构想,属于"无心插柳"的意外收获,对本次调查有重要的参考价值和启迪意义,理应收入本次调查的视野,甚至可以反客为主,刷新原来的写作思路,成为本次调查的重要材料。第二,在调查笔记中对可用材料进行分类和概括,理出头绪,形成关于材料的清晰脉络,有必要的话,可以编排次序,注明序号,以便写作时随时取用。第三,在材料上用笔勾画,在材料旁边写出自己的点滴感想,为材料注入思想的力量。既要用思想去统摄材料,又不能先入为主,主观臆断,要跟着材料走,实事求是地得出结论。如果调查呈现的结果比较复杂,还需要对材料进行归纳、综合。梳理材料是形成思想的基础,以思想来统帅材料是整理材料的归宿。

---

① 转引自唐纳德·麦奎德、罗伯特·阿特温:《写作思维训练》,吴其馥等译,中国广播电视出版社1991年版,第2页。

② 潘新和主编:《写作:指向自我实现的人生》,科学出版社1999年版,第158页。

### 三、阅读

阅读是一种依靠读书读报、浏览杂志、检索网络资源和数据库来获取写作材料的聚材方式。阅读可以增加作者的文化底蕴,改变一个人的精神气质;阅读可以丰富写作素材,形成"广征博引"的写作特色;阅读还可以为写作找到范例,向经典文本学习写作技巧。爱读书的人不一定会写作,而会写作的人没有不爱读书的。特别是对于大学生来说,事事亲身实践的机会毕竟不多,主要的知识来源是阅读。不经常动手写作的人,凭着"隔雾看花"的朦胧感觉,总认为写作一般的文章,特别是应用文,只要认识常用字,格式正确,无需多少文化素养就能完成任务。其实这是一种误解。如果要让文章充分体现自己的意图,对自己的工作起到推动作用,为自己找到更好的生存和发展的空间,使文章成为事业的奠基石,或者要让自己的看法被对方欣然接受,从而在社会上为自己赢得一席之地,那就不仅要把目光停留在格式和程序上,还要有巧思。而巧思的形成,离不开相应的文化底蕴。

**1.阅读与写作的辩证关系**

(1)阅读是写作的基础。学习写作有一个从"吸收"到"流淌"的过程,培养写作功底往往从阅读开始。写作历来有"厚积薄发"之说,即通过阅读的日积月累,蓄积成深厚的学养,然后融会贯通,别具匠心,抒发出来就是好文章。

(2)阅读是写作能力不断提高的动力之一。从写作的角度说,阅读能力就是对积累的知识进行消化、整合和应用的能力,使之成为自身素质的有机组成部分。其一,要有积累的引导机制。积累要有一定的方向,不能把自己变成"杂货仓",要追求杂与专、博与精的有机统一,追求丰富性与系统性的有机统一。其二,要学习文本写作的范式。其三,要注意各种写作方法之间的互补作用,借用多种写作方法的合力来增强写作效果。其四,还要注重语言的积累,汲取名家名篇的语言营养,扩大自己的词汇量,增强语言表现力。

(3)写作促进阅读的深化与活用。不带有明确的写作目的、自然积累式的阅读对提高写作水平同样也有不可低估的作用,甚至怡情养性、自娱自乐的休闲式阅读也会增进一个人的精神趣味。但是,在写作动机驱动之下的阅读更有利于阅读的专注与深入,也更容易达致融会贯通、豁然开朗。有过此类经验的人都能体会到,转化为写作的阅读是更有深度的阅读。再者,从学以致用的角度来说,写作就是阅读的活用过程。阅读所得只有在写作过程中才能被真正消化和真正使用。口头表述虽然也在学以致用,但总不如写作来得全面、严谨、深刻。从这个角度说,写作又是对阅读质量的有效检验。

**2.阅读策略**

(1)文献检索与数据库"导航"

文献检索:利用图书馆的资料进行阅读,先要熟悉文献检索方法,掌握图书分类法。可以分别从图书分类目录、书名目录、著作者目录等方面检索到自己所需要的图书资料,还可以通过书目和索引找到散见于图书报刊中的资料,从而比较迅速、系统、全面地了解学科研究的历史与前沿。如想阅读关于写作研究的文章,可以查找上海图书馆编印的《全国报刊索引》,在"语言、修辞"栏内可以查到一系列写作学论文①。

数据库"导航":随着电子信息技术的发展,互联网的应用在资源共享方面发挥着巨大的作用。通过互联网搜集资料,信息量大、快捷、及时,不失为一种获取材料的好渠道,但要注意材料的准确性、可靠性与权威性。比较好的中文学术性网站有中国知网、读秀、中国人民大学书报资料中心复印报刊资料全文数据库等,比较好的外文学术性网站有Journal Storage(过期期刊数据库,含文学、历史、哲学、政治、经济、艺术、教育等门类)、Artstor(收集艺术作品数字图像的在线系统)等。只要你拥有这些网站的进入权,就可以运用"标题"、"作者"、"主题词"、"内容提要"等要素迅速查到你所需要的文章,还可以通过模糊检索查到相关的文章②。

(2)细读(close reading)与品味(taste)

接受美学的代表人物之一、德国学者伊瑟尔认为,写作主体在写作时,有一个潜在的读者(假想的读者)。写作主体要为潜在读者设立一个"立足点"、"支点",即构造一个相互间的理解模式③。有了这一理解的信道,文本中原汁原味的写作意图才有可能被描述。而要使理解的信道畅达,写作主体就要将自己也纳入"感知的基本规则"中,以潜在读者为范型进行理解模式的建构。

作者是通过阅读获得传统文化的丰厚资源和精神底气的,而外来的文化又为他们输入了新鲜的血液。要将这些中外文化贯通血脉、融为一体,就要采用国外流行的"细读"法,回到文本,审视内部,细细品读。它与中国传统的"品味"方法相似(如金圣叹的评点方法),要求逐字逐句地咀嚼玩味,深入理解其中的精义。当然,细读也不完全是脱离文化语境的全封闭阅读,适当地参考语境,更能读出文字背后的丰富内涵。鲁迅《野草·秋夜》的第一句话:"在我的后园,可以看见墙外有两株树,一株是枣树,还有一株也是枣树。"马上让你对这篇作品有了很特别的总体印象。对这句话的解读,学界众说纷纭,几成悬案。有学者比较《水浒传》第十回"林教头风雪山神庙 陆虞侯火烧草料场"的句式:"忽一日,李小二正在门前安排菜蔬下饭,只见一个人闪将进来,酒店里坐下,随后又一人入来。看时,前面那个人是军官打扮,后面这个走卒模样,跟着也来坐下。"金圣叹点评说:"闪入来妙,偏不写两个人,偏写作一个人,又一个人,妙。"④而酒毕散场时,《水浒传》写"管营、差拨先去了。次后那两个低着头也去了。"在酒店吃饭有两组人,一是陆谦与富安,二是管营与差拨。《水浒传》不写"四人吃完饭一起去了",或"四人吃完饭后先后走了"。却故意分成两次,金圣叹对此又点评道:"去得有节次。"⑤"偏又加'低着头'三字,笔中真有鬼耶? 何其诡谲灵幻,一至于此!"⑥学者认为鲁迅的这句奇语,也自有其古典文学的渊源。《水浒传》

---

① 如果需要进一步了解文献检索方面的知识,可参考彭斐章主编的《目录学教程》或叶鹰主编的《信息检索:理论与方法》,高等教育出版社2004年版。

② 参见沈固朝主编:《网络信息检索:工具·方法·实践》,高等教育出版社2004年版。

③ 伊瑟尔:《阅读行为》,金惠敏、张云鹏译,湖南文艺出版社1991年版,第49页。

④ 施耐庵:《水浒传》,金圣叹评,刘一舟校点,齐鲁书社1991年版,第206页。

⑤ 施耐庵:《水浒传》,金圣叹评,刘一舟校点,齐鲁书社1991年版,第208页。

⑥ 刘洪强:《鲁迅〈明天〉渊源考——兼论〈孔乙己〉与〈秋夜〉的含义与来源》,《上海鲁迅研究》2015年秋季号。

将人物进场退场分批次叙述,是为了刻画这几个人鬼鬼祟祟、干着见不得人的勾当,因此为了避人眼目要分批次走,而且还怕别人认出,故"低着头"。那么,鲁迅又为什么要将两棵枣树分开来写呢?贾平凹认为,"一株是枣树,还有一株也是枣树。若平常看,这话多啰嗦,可通过这两句话,传达了作者苦闷、无聊的情绪"①。日本东京大学学者丸尾常喜指出,这是给枣树这一物体赋予"独立的人格"。而李长之以文论人,说这是鲁迅的一种孤傲倔强和深文周纳的本色,表现于字里行间。这正应了废名的那句话,"句子的不平庸,也便是他的人不平庸"②。我们联系《影的告别》中的话,"再没有别的影在黑暗里。只有我被黑暗沉没的孤独的'影'"③,还有《求乞者》说,"顺着剥落的高墙走路,踏着松的灰土。另外有几个人,各自走路被虚无缠绕的无边的无奈与孤独"④。鲁迅借两棵"枣树"的"分写",透露出自己倔强又苦闷、坚贞又彷徨、独立又孤寂的复杂心情,以及"荷戟独彷徨",独战大多数,以强力意志顽强地与"无物之阵"战斗的精神。可见,语言经过作家的熔铸提炼,可以使有限的字句扩大容量,增强表现力,这是语言的锤炼,也是艺术的匠心。

当然,以泛读的方法扩大阅读面,也是一个有益的途径,有些外围性的书刊可以当作快餐文字来读,但对于自己本专业的乃至相关学科的经典著作,则需要潜心攻读。朱光潜说得好:"你多读一本没有价值的书,便丧失可读一本有价值的书的时间和精力","你与其读千卷万卷的诗集,不如读一部《国风》或《古诗十九首》,你与其读千卷万卷谈希腊哲学的书籍,不如读一部柏拉图的《理想国》"⑤。

(3)摘录、储存与整理

阅读获得的信息不能全凭大脑记忆,传统的做法是做读书卡片。有两种具体做法:一是做摘录卡片,记录所读书中有价值的内容,并注明出处和页码;二是做研究卡片,"研究卡片是拾取、记录和研究所需信息的最基本的单位。它是一种有双重作用的工具:一面在科学阅读中拾取信息成为收集工具;另一面在资料收集完成后,对比、分析、判断、组合、结构、验证、阙疑、反驳、提升、推理而成为整理的工具。"⑥随着信息技术的普及,摘录卡的功能部分被网上的搜索引擎所代替,一些稀有资料或是网上难以查询的,也可以通过复印、拍照保存下来。而研究卡片仍在起着应有的作用,许多人都喜欢在研究卡片中记录自己的思想火花,不时地加以推敲、琢磨,力求在前人的基础上推进一步,直到有朝一日豁然开朗,卡片中的东西就成为写作的素材。

(4)网上浏览与信息过滤

网上浏览所占空间小,而且阅读、复制、下载都很便捷。但是网上的信息不完全可靠,除了一些刊登在网上的正式出版物,许多张贴在网上的文章都是未经严格审核的,是精华

---

① 贾平凹:《关于小说语言——在苏州大学的演讲》,载王尧、林建法主编《我为什么写作——当代著名作家讲演集》,郑州大学出版社2005年版,第123页。

② 转引自邵宁宁:《奇崛幽深中的繁复心理世界——从〈秋夜〉看鲁迅的文风特征与精神迷思》,《文艺争鸣》2019年第9期。

③ 鲁迅:《野草·影的告别》,载《鲁迅全集》(第2卷),人民文学出版社1981年版,第165页。

④ 鲁迅:《野草·求乞者》,载《鲁迅全集》(第2卷),人民文学出版社1981年版,第167页。

⑤ 朱光潜:《谈读书》,载《朱光潜全集》(第一卷),安徽教育出版社1987年版,第7页。

⑥ 朱青生:《十九札——一个北大教授给学生的信》,广西师范大学出版社2003年版,第62页。

或是垃圾多不能定,而且讹误错漏的比例较高,直接引用往往靠不住,也缺乏权威性,因此需要对网上信息进行必要的过滤。另外,电子书虽然取用方便,永远如新,但是利弊共存,比起纸质书来,自有其捉襟见肘之处。很多学者、作家喜欢在书中写眉批,电子书就让他们感到很不方便;有人喜欢边读书边踱步思考,在读电子书时想久了,电脑就会自动转入休眠状态,也是极大的不便。这就是为什么电子书风靡一时而纸质书仍然经久不衰的重要原因之一。在电子传媒席卷而来的时代,快速点击浏览的阅读方式牺牲了"沉思"与"内省",在图像化时代,"读图"成了很多人"学习知识"的主要方式,虽然也会有一定收获,但所得的知识往往是片断的、零碎的、浮泛的。一位研究生仅凭蔡志忠的漫画来写作关于《论语》的论文,一时传为笑谈。要形成系统的、深刻的认识,还是要扎扎实实地"读书"。尤其是大学生,应当保持对于阅读的爱好和良好的读书习惯。在以"点击浏览"和"观赏视频"为时尚的风气下,只有不轻易疏离"书香世界"——一个由文字构筑的沉思和内省的精神世界,才能体验读书的温馨和幸福。

# 第二节　回忆、体验

## 一、回忆

总体上看,观察、调查都是向"当前"要写作素材,表现为写作取材的"现在时态",而回忆则是向"以往"要写作素材,表现为写作取材的"过去时态"。回忆就是要挖掘出作为"过去式"的人或事件所包含的价值内涵,使之成为写作材料的有机组成部分。

1. 回忆在写作中的特定内涵

心理学上的回忆指表象①的目的性的再现,而写作中的回忆指特定情境②的复原。

著名心理学家布兰斯基将记忆分为四类,分别对应四个方面:情绪记忆——感情;形象记忆——生活;运动记忆——实践;词汇记忆——知识。

实用写作偏重于运动记忆与词汇记忆,而文学写作的"回忆"以情绪记忆为触发点,由它引起回忆,并贯穿回忆全过程,成为回忆的"内聚力"。形象记忆是回忆的具体表现形式,它的最大特点是"意象"流动。即使是时间延续性较强的过程性回顾,也会由于遗忘的必然出现而使记忆的连续性出现几段空白,所以断断续续的"意象"漫流是形象记忆的基本特征。所谓"记忆之河",不是简单的历时性的时间之流,而是经过情绪的过滤、感悟的遴选、片断的情景重新组合之后的空间之流。不过这种组合因为更注重内在的整体性,更注重对当时特殊感觉的集中化处理,从而具有更真实、更艺术的效果。

就写作而言,几种不同的记忆各有其作用:情绪记忆为回忆"释因",形象记忆为回忆"赋形",运动记忆为回忆"构史",词汇记忆为回忆"提要"。回忆的离散聚合、此起彼伏都

---

①　表象:心理学概念,指发生过的事情留在大脑中的印象。

②　特定情境:这里指当时的场景与特有的感觉。

是四种记忆相互作用的结果。

2.回忆的方法:寻找"动情点"

这里所说的"动情点"指的是往事中触及灵魂深处和情感根系的事件、场景或某种情怀,它一直蛰伏在潜意识里,需要按照一定的写作动机去触发它、调动它、恢复它。回忆要进入到"痴情不改"的感情深层,即发掘对往事、对某人的一种执着的怀恋、一种难解的"情结"。如一位学生回忆自己的爸爸为了不忘记女儿托他买的书,在衬衫口袋上、旅行包拉链上都贴满了书名。这些煞费苦心的标签其实都写满了"父爱"的痴情。所以,动情点在某种程度上说就是感情的着迷点。

寻找"动情点"就是深入细致地还原"动情点"的细节部分,通过细节的逐渐铺展来推动情感逐步升温,达到"于微细处见真情"的表达效果;或者反复出现这个感情的着迷点,形成情感的起伏回旋和画面的移动变化,来表现梦魂萦绕、挥之不去的心灵震颤。

3.捕捉"动情点"的关键:对"遗忘"的恢复

对"动情点"的捕捉,实际做起来当然不是那么容易,这不仅是因为初学者对"动情点"的敏感性、经验性还不够,而且因为"动情点"往往被一般性的"回忆"所遮蔽,在意识的屏幕上只投映出平庸的生活细节;而那些不平庸的、曾经给我们的生活以强烈刺激的部分,由于超过了心理意志所能承受的压力而被"遗忘"了,封存在潜意识里了。所以对"动情点"的捕捉就要进入潜意识的深层去寻找那久已遗忘的角落,去激活"遗忘",去拾回那写着激情与欢欣、写着血和泪的一页。在写作中,要寻找"动情点",就要进入特殊的回忆——将"遗忘"恢复①。

遗忘有两种:一是对琐屑平庸之事的忘却,这属于"该忘"的范围;二是曾经历的强烈刺激被现实所压抑,沉睡在潜意识的深层,等待被唤醒,这对清醒的意识来说是一种遗忘,但这种遗忘并没有完全把以前的刺激驱逐出心灵之外,它只是深埋在心底,在一定条件下会还原为原先的强烈感觉,甚至产生灵魂的悸动。写作所谓的恢复遗忘指的是后一种遗忘。

当然,完全把回忆当成一种潜意识的"内心独白"也是不全面的。沈括写雁荡山、苏轼写石钟山,都是凭借回忆,其中都有意识的参与,都对山的地质状貌作了科学的探索,这种客观回忆虽然也有大量的形象回忆成分,但与鲁迅的《朝花夕拾》、郁达夫的《水样的春愁》、李广田的《野店》等所还原的鲜明意象不同,后者有更多的情绪记忆渗透其中。游记和说明文所要恢复的是客观的物象,而抒情散文要恢复的却是在记忆深处将被"埋没"的情感经历。

巴金在他的散文名作《怀念萧珊》里就说过他的回忆经历:

在五十年前我就有了这样一种习惯:有感情无处倾吐时,我经常求助于纸笔。可是一九七二年八月里那几天,我每天坐三四个小时望着面前摊开的稿纸,却写不出一句话。我痛苦地想,难道给关了几年的"牛棚",真的就变成"牛"了?

① 格非:《小说与记忆》,载《塞壬的歌声》,上海文艺出版社 2001 年版,第 12 页。

头上仿佛压了一块大石头,思想好像冻结了一样。我索性放下笔,什么也不写了。①

这表明巴金对亡妻的情感在阴霾笼罩的环境里深受压抑,冰封于记忆深处,无法钩沉,成为一种"遗忘"。而在另一篇《再忆萧珊》里,巴金谈到自己记忆恢复的过程:

后来"文革"收场,给封闭了十年的楼上她的睡房启封,我又同骨灰盒一起搬上二楼,她仍然伴着我度过无数的长夜。我摆脱不了那些做不完的梦。总是那一双泪汪汪的眼睛。总是那一副前额皱成"川"字的愁颜。总是那无限关心的叮咛劝告。好像我有满腹的委屈瞒住她,好像我摔倒在泥淖中不能自拔,好像我又给打翻在地让人踏上一脚……每夜每夜,我都听见床前骨灰盒里她的小声呼唤,她的低声哭泣。②

由于环境的改变、精神枷锁的摘除,沉积在潜意识里的记忆重被唤醒,尘封十年的情感终于冲开了闸门,决泄而出。

回忆是获得写作材料的重要途径之一。高质量的回忆总是与"动情点"的充分展现有关,而"动情点"不是浮在表层显而易见的,它往往沉潜在作者的潜意识里,似乎被"遗忘"了,所以习作者更难捕捉到它。有效的回忆应该去唤醒和还原沉淀在潜意识深层的那种遗忘。

## 二、体验

体验指作者的情感、思想与客观生活相碰撞之后所形成的独特心理感受。它要求作者沉浸在生活中,用全部身心去感受生活的酸甜苦辣。有了切身的体验,写作才能入木三分,不至于隔靴搔痒。作者的切身体验,有利于写作主体的情感与写作客体的物象水乳交融,这样才能写出至情至性、洋溢着真善美的文章。有了体验的参与,即使是表现静态的事物,也能赋予事物以生命和灵性,让静物流光溢彩。体验,这种"内省"的活动,可以挖掘出写作对象的神韵。无论是表现一个壮阔的场面,还是表现一个细微的事件,无论是刻画一个独特的人物,还是描绘可爱的动物和植物,只要投射进作者的心灵体验,就不仅能见其形,而且还能传其神。文学写作离不开体验,一般记人、叙事的文章要写得有点韵味,也需要体验的介入。

### 1.体验的独特性

初习写作的人,如同初学素描的人一样,依样画葫芦,容易在写形上多花力气,却往往忽略自己的情感体验,把写作对象当作概念的图解。下面是学生习作《同龄人》中的一节:

---

① 巴金:《怀念萧珊》,载《随想录选集》,生活·读书·新知三联书店 2003 年版,第 174 页。
② 巴金:《再忆萧珊》,载《随想录》,人民文学出版社 2000 年版,第 565-566 页。

　　她是个充斥着矛盾的混合体。她会因为小说、电影中动人的情节而热泪盈眶，有时会因为一点小事而紧锁双眉，感慨万分。但她也会因一句笑话而想想笑笑，笑笑想想，也会和同伴在街上大笑引来阵阵目光……她那丰富细腻的思想世界和她那高大的身材、粗线条的外表成反比。她想得很多，她知道自己所处的环境是什么颜色，却命令自己不能为那些浊色而左右；她追求一种崇高圣洁的感情，却告诉自己不能苛求太多。也许初窥红尘使她失望太多，她自尊而又自卑因而很敏感。

　　文中说到人的性格特点时充满了抽象的议论，看似富有哲理，实则像是背诵教科书，缺乏"人之常情"的流露，又缺少对"敏感"的具体展示，这就是体验"空白"所造成的。而要跳出概念化写作的圈子，就需要将体验渗透进来。另一位同学写的《同龄人》如下：

　　她是个女孩子，高中职业班读了两年后，就进了绣衣厂当工人，整天上班——干活——下班，重复一个小工人的单调生活，"感觉日子像牛皮糖，嚼得越烂，拉得越长，没有尽头"，她常常对女友们这样说。其实友人们也一样如此，除了偶尔去跳几次舞，看几场电影，生活枯燥如吃过的甘蔗，没有一点爽口感。男朋友也已经换了好几个，却总找不见"白马"，这样的日子何时是尽头，她常常独坐窗前，看西天绚丽的晚霞叹息，夕阳映着她的影子在墙上，仿若一个老妇人的背影。

　　作者写这位青年女工的生活，不是"旁观"式的，而是"进入"要写的生活之中，带着对这种生活的品评。关于日子枯燥乏味的两个比喻，既是来自生活的内容，又是来自作者内心的体会和感受。尽管这里的体验还比较初步，但由此可以看出，有没有体验，写作的效果是不一样的。

　　不过，一般的体验仍然不能产生写作的独特效果，体验要努力超越"人之常情"的体会，追求个性化的特有感受。有一道测验题，请学生用一句话写出看到以下四组短语时的心理感受：

　　三月桃花　　霏霏细雨　　压顶高山　　秋霜落叶

　　第一类同学的答案是看到"三月桃花"令人喜悦，看到"秋霜落叶"令人伤感。这属于普通的答案，缺乏独特的体验。第二类同学的答案是看到"压顶高山"想起"大丈夫处世当顶天立地"，看到"秋霜落叶"想起"人生能有几度秋"，有性别特点而无个人趣味。第三类同学的答案是看到"霏霏细雨"，觉得"伞是多余的"，看到"秋霜落叶"，就想"拣一片夹进书里做书签"，这才近于有灵性的独特体验。人之常情提升为个人化的特有感悟，已经初具文艺写作的韵味。正是在这个意义上，细致、独特的体验通常被认为与"艺术气质"相关联。德语诗人里尔克就说过："如果你觉得自己的日常生活很贫乏，不要去指责生活，应该指责你自己。应该指责自己还缺少诗人的气质,因此还不能利用生活中的瑰宝。"①

2.独特的体验需要"善感"的心灵

人们往往将"问渠哪得清如许,为有源头活水来"这句诗理解为生活是写作的源泉。其实,"源头活水"之所以永远保持鲜活的气息,还跟人的心灵的活跃与灵动分不开,对于一颗封闭的心灵来说,多彩的世界也是一潭死水。因此,"善感"首先表现为开放的心态,一种"活"的思维状态,也就是"经常用心体会"。情感的"长流水"既可以和奔腾的生活激流汇合,也可以激活看似平静的生活之水。体验,既是积累事实性材料(被体验过的生活内容记忆更牢靠,更容易进入写作领域),也是积累观念性材料(对生活的感受、体会和思考)。有了体验,还可以促进联想、想象,扩大写作材料的范围。茅盾见到白杨树而体验到它的精神,并联想到华北平原上抗战的农民;朱自清体会到了梅雨潭纯洁温柔的灵性,把潭水想象成一个活泼可爱的小姑娘。其次,"善感"表现为强烈的期待心理。在感知过程中,作者需要"多思",寻找写作的多种可能性;同时,也需要苦苦寻觅、痴痴等待能真正体现写作价值的"这一个"素材。这种期待排除了感知过程中其他因素的干扰,保持了感知的"纯洁性",使感知能够全神贯注、孜孜以求。心理学认为,这可以在大脑皮层的相应部位形成"优势兴奋中心",它能够有效地抑制无用信息,让感知进入"聚焦"的状态。一旦有价值的信息出现,感知就不会被多余的信息遮蔽、阻拦,而能与等待已久的写作素材"一见钟情"。作家余华说,他在小说《活着》中,要写出福贵将儿子有庆埋在树下后对月光下小路的特殊感觉,一直找不到合适的情感体验方式。他以前在《世事如烟》里曾经形容过"月光下的道路像一条苍白的河流",但用在一个刚刚死去儿子的父亲身上,未免太轻飘飘了。直到有一天,余华看到了盐,眼睛一亮,就写下了"月光照在那条路上,像是撒满了盐",盐对于福贵来说,每天都在吃,这符合农民的审美视角,同时盐撒在伤口上的感觉也是人物此时的心理特征②。正是余华的渴盼,使盐的出现与表达的欲望一拍即合。

2021年,在越剧纪念活动中,我们曾采访著名越剧演员、第19届中国戏曲梅花奖得主章瑞虹,看到她写的一篇回忆录,兹录如下:

我在台州越剧团的时间并不长——从1979年到1985年年初,不过短短五年,但回忆起在剧团的点点滴滴,依旧那么清晰,那么温暖。虽然那些记忆平常、琐屑,却如同阳光洒在湖面,水波荡漾、璀璨斑斓,是一个少女对于未来的五光十色的梦。这五年,是人一生中最美好的青春年华。台州越剧团,也是我艺术人生的起点,梦开始的地方。

1979年,我16岁,长途汽车载着我离开家乡,去往陌生的城市——台州。盘山公路蜿蜒险峻,望着窗外的崇山峻岭,我心中忐忑又带着一丝兴奋。翻过山,就是一个全新的世界。

在越剧团的日子,练功、排练、演出几乎是生活的全部。回想那段日子,艰苦、简单却又充实、快乐。我们是随团学员,姐妹们吃住都在一起,演出在临海影

---

① 里尔克:《给一个青年诗人的十封信》,冯至译,生活·读书·新知三联书店1994年版,第2页。
② 余华:《说话》,春风文艺出版社2002年版,第58页。

剧院,平时晚上演出,白天就在剧院里集体练功。

当年的演出条件远不如今天。台州的山特别多,去山里演出,车子开不进,村民就用拖拉机把演员和道具载进山里。遇到下雨天,山路泥泞,拖拉机也开不动,我们就和村民一起推着独轮车、背着行囊步行进山。"舞台"也多半是临时搭起的草台,村民们拎着各自家中的板凳来看戏。有时一场突如其来的大雨,台上台下就都成了"落汤鸡"。晚上睡觉,女孩子们就打通铺睡在一起,一晚上窃窃私语,说不完的悄悄话。垫在身下干稻草微微有些硌人,却带着大自然的青草香,是今天生活在城市里,睡在席梦思上的人们再也闻不到的味道。

在临海越剧团,我学会了唱越剧,也学会了独立生活。在家中,我是在父母姐姐呵护下长大的小姑娘,到了剧团,洗衣、拆洗被褥样样事情都要学着自己干。一群年轻的女孩相约一起到河边洗衣服、被子。洗干净的被面就放在河滩上晒干。晚上盖在身上,就会有一种阳光的味道。直到今天,我闻到类似的香味,思绪还会立刻跳回那段时光。

那时候剧团有"歇夏",但每年冬天春节前后却是最繁忙的时候。初五左右演出就要开始了。在家中过完年来的同事们都会带上各自家乡的特产与大家分享。老师把我们叫到家中,准备了几十种菜,大家用台州当地的特色——麦饼裹着吃,就像一家人一样,其乐融融。

在台州的那几年,正是少年不知愁滋味的年岁。除了一门心思唱好戏外,我心中最记挂的大概就是——"吃"。台州周边的美食特别多。海边的梭子蟹鲜嫩华美,黄岩的桔子特别甜,有一次我一下吃了一大盆,结果生火流鼻血,才知道再美味的东西也要适可而止。印象最深的是影剧院边上有个小卖部,每个月发工资(当时工资是 24 元一个月),我都会迫不及待地去那里买一份鸡蛋糕细细品尝,那便是人生最满足的时刻了。后来,我尝过各式精致的中外糕点,却总觉得不如那一块鸡蛋糕来得香甜。

临海越剧团是我艺术起步的地方,这里也有我诸多启蒙老师,是她们手把手地教我,耐心、细心地呵护着我踏上艺术道路。我最初学的是花旦,后来因为"迷恋"范瑞娟老师的梁山伯,立志改学小生。从《情探》中王魁的 D 角开始,尹瑞芳老师教我《梁祝·楼台会》,胡榕珍老师教我《小姑贤》、《盘夫》,王香樵老师指点我咬字、发声……剧团老师带着我们到上海观摩学习上海越剧院的演出,后由王萍老师执导,为我们排演了《玉镯记》、《花中君子》。1983 年,我被剧团推选到浙江省艺校培训班学习,也就是在那里见到了我敬仰多年的范老师,并在范老师的引荐下,踏进了上海越剧院的大门。

1985 年的新年演出,是我在剧团的最后一段时光。前一年年底,我已经接到了上海越剧院的调令。但因为春节前后演出特别多,剧团好几出戏又都是我主演的,因此剧团领导和越剧院协商,让我参加完这一轮演出再去上海。离别在即,我对于这一年的每场演出都格外珍惜。剧团的姐妹们也想着趁这段时光为我准备一份礼物——毕竟,那时候的交通远不如今日便捷,临海到上海往返一次很不容易,大家都不知道重聚会在何时。她们商量着给我织两件绒线衫,因为那时候的女孩都时兴穿"纯手工定制"的绒线衫。于是,那一年春节台州越剧团的演出出现了一道独特的风景线——侧幕放着绒线、棒针,台上演员下来了,拿起来织两针,上台换另一位继续。因为演出实在太繁忙了,大家见缝插针地赶工,才终于让我带着这两件针脚有疏有密的绒线衫,踏上了开往上海的长途车,踏上了又一段全新的人生旅途。

台州越剧团解散后,昔日的老师、同学有去别的剧团的,也有转行的。而我有幸至今坚守在越剧舞台。有时会想,这份坚守的力量,也许有一部分就来自在台州越剧团的这五年。几十年的艺术生涯,每每遇到挫折和迷茫,我就会想起在台州的日子,想起与越剧的"初恋"如此美好,想起阳光下、溪水边姐妹们的笑声;想起带着阳光香味的被褥,想起香甜的鸡蛋糕。还有,那两件织进姐妹们浓情厚意的绒线衫。

本文中很多生动的场景和细节都是作者对以往生活的"反刍":山区演出之后睡觉,"垫在身下干稻草微微有些硌人,却带着大自然的青草香",没有亲身经历,写不出这种特殊的感觉;晚上将自己亲手洗过并在河滩上晒干的被子盖在身上,"就会有一种阳光的味道",亲手洗过、晒过,这种独立生活的历练和自己劳动的收获,本身就给人以成就感,心里感到温暖、明亮,再加上自然阳光的融入,因此被褥所散发出来的那股子阳光的干净、舒爽的清香,就特别令人回味;一生尝过各式精致的中外糕点,"却总觉得不如那一块鸡蛋糕来得香甜"。在物质贫乏的年代,因为情感的单纯和精神的明亮,"一块鸡蛋糕"也成为稀罕之物,成为那个年代的美好记忆和一种念想。本文的高潮是临别之际姐妹们为我"纯手工定制"的两件绒线衫。那一年春节演出时,"出现了一道独特的风景线——侧幕放着绒线、棒针,台上演员下来了,拿起来织两针,上台换另一位继续。因为演出实在太繁忙了,大家见缝插针地赶工,才终于让我带着这两件针脚有疏有密的绒线衫",踏上了人生新旅程。这种独特而深挚的姐妹情义所带给作者的心灵体验是无可替代的,以至于多少年之后,作者仍然怀想着"那两件织进姐妹们浓情厚意的绒线衫"。

也许有人会问:网上跟帖的一句话、一个词语甚至一个字的写作,也需要如此深致独特的体验吗,那会不会把人累着?这个问题应该一分为二:如果是浅尝辄止的大众化抒情,自然不需要"独到体验"那种沉重的负担,看了一则人家的美食小品文,来一句"哇哦,我想吃——"就可以点击发表,或者下载一个表情来表达喜爱或厌憎的同类情绪,的确是轻而易举的事情;如果是高质量见功力的跟帖,在跟帖中尽显个人的思想和才情,发表的是自己的真知灼见,则仍然离不开独特的体验。有人将跟帖当作大段文章来写,苦心经营,这或许背离了"跟帖"文本的体例特征,但跟帖要在寥寥数语之中做到言简意赅、余味无穷,也非得用心体验、精心打造不可。

# 第三节 想象、整合

## 一、想象

想象，并非像一般理论著作中所说的那样，仅仅是一种写作取材的方法，而是英国诗人柯尔律治所说的"一切人类知觉所具有的活力和首要功能"①，是创造性的心理能力的统称。心理学家曾到幼儿园、小学、中学和大学进行过想象力测验，在黑板上画了一个圆，然后问学生这是什么。幼儿园的小朋友们回答：大饼、月亮、镜子、呼啦圈、唱歌时圆圆的嘴唇、陈佩斯的光头……小学生们回答：茶杯口、井、车轮……中学生异口同声地说：零。大学生们一致沉默，大家心中都在思考：心理学家画了一个圆是什么意思……生活中这样的现象屡见不鲜，随着年龄的增长，童趣在消逝，理性的思维能力也许有了增强，但是想象力却日渐收缩。对人类的全面发展来说，这实在是一种损失。

在具体的写作实践中，不仅文学写作需要运用想象，写其他文章也常常需要运用想象来拓宽题材、深化意蕴。如黄仁宇在历史著作《万历十五年》中写海瑞直谏嘉靖皇帝，引得龙颜震怒，嘉靖把奏折往地上一摔，喊道："抓住这个人，不要让他跑了！"在一旁的宦官黄锦说海瑞已经买好棺材，召集家人诀别，是不会跑的。嘉靖听完，长叹一声，又从地上捡起奏本一读再读②。《明史》卷二二六《海瑞传》中有类似的说法。但这里嘉靖的高喊与长叹，与其理解为严谨的纪实，不如理解为作者的想象更符合实际。

### 1.想象的特性

意大利美学家维柯认为，"想象不过是扩大的或复合的记忆"③。想象是对已有的表象进行加工改造而创造新意象的过程。想象需要三个要素：表象、重组、新意象。由此，想象具有受制约性、变异性和反逻辑的特点。

所谓受制约性，指作者的想象受其生活经验、艺术修养、文化积累的限制，体现出想象和现实相携相悖的关系。想象需要以现实为基础，但又必须对现实加以变异，如果等于现实，就等于抹杀想象。变异分"形变"和"质变"两种。形变是创造性想象活动中对表现对象原始形态的改造和变异，将某一方面加强、浓缩、凸显，对另外方面削弱、冲淡、抑制，如"燕山雪花大如席"就是形的夸张；质变是对表现对象内容、性质的改造和变异，将人的精神气质、心理根源、事物发展的关键等进行改变。一般来说，形变不一定引起质变，但质变一定引发形变。想象结果的反逻辑性正是变异导致的结果，反逻辑给予了想象超越时空组合的巨大能量，如征服自然的神话、铲除邪恶的骑士小说、追求幸福的民间故事、窥视未来的科幻小说。

———————

① 柯尔律治：《文学传记·第十三章》，载伍蠡甫主编《西方文论选》，上海译文出版社1984年版，第124页。

② 黄仁宇：《万历十五年》，中华书局1982年版，第139页。

③ 维柯：《新科学》，朱光潜译，人民文学出版社1986年版，第104页。

想象是人的潜在理想的超现实兑现、潜在能量的超水平展示,是理想和现实矛盾的冲突、激化的一种超限度、超强度的空前突破。它在写作中丰富和补充着感知,具有"化腐朽为神奇"的效力。

2.想象的方式

(1)象形想象(抽象——具象)。通过某一特定的具体形象以表现与之相似或相近的概念、思想和感情,这是模拟事物原来形状的思路。它可以将抽象概念转换成形象世界,可以将浓缩词语转换成生动画面,可以将文章概述转换成细节描绘。据说宋代的画师要经过严格的考试才能进入国家级画院,其中的考试题目就是将某一句唐诗画成一幅形象生动、含蕴丰富的画作。譬如"深山藏古寺"画一个在绵延不尽的山路上挑水的僧人;"万绿丛中一点红"画一个在翠竹楼上眺望远方的红唇少女,或者是万顷碧波中的一轮红日;"野渡无人舟自横"画一叶扁舟,一位撑船的艄公在悠闲自在地吹奏笛子。

(2)象征想象(具象——抽象)。以具体的事物(意象)为媒介,间接表达某种抽象的观念、复杂的情感。这是托物寓意,揣摩事物象征意义的思路。展示的是具体意象与其象征意义之间的关系,如孔子用"岁寒,然后知松柏之后凋也"来隐喻君子的气节。

(3)类比想象(具象——另一具象)。即联想,打破时间、空间、类别的限制和已知、未知的界限,由此及彼,把两件以上的事物的某种相同或相异之处加以类比,从而得出某种启示,用以表示某种比较深邃的哲理。如秦牧《榕树的美髯》中写道:"松树使人想起志士,芭蕉使人想起美人,修竹使人想起隐者,槐树之类的大树使人想起将军。而这些老榕树呢,它们使人想起智能、慈祥、稳重而又饱经沧桑的老人。"[①]钱锺书说,对于婚姻,有人想冲进去,有人想逃出来,由此联想到金丝笼,联想到围城;意识流小说家伍尔夫从"头发飞扬"联想到"赛马会上一匹跑马的尾巴",都属于类比想象的范例。

(4)推测想象(已知——未知)。由已知推想未知,由熟悉推想陌生,由现在推想过去或将来,它与逻辑推理截然不同,它不是为了获得一个理性的抽象结论,而是推测假想出一个具体的情境,甚至是具有多种可能性或偶然性的情境。日本作家星新一擅长写科幻小说,他当年的名气与今天写《流浪地球》的刘慈欣差不多。他的作品《梦与药》从药的迷幻效果推想出研制生产一种"会做梦的药",让梦中人既看到可爱的狗熊,又看到可怕的狮子,对梦境又爱又怕,从而昭示出科学的两重性:既可以提升人的生存质量,又可以降低人的自我调节机能。如果人的精神空虚,只能靠药物来刺激快乐,那么这种医学只能滋生精神的侏儒。有一年高考作文的题目是"妈妈只洗了一只鞋",提供给考生一个开头"小乐回到家,看见自己的一只鞋已洗得干干净净地晾在门口,但另一只鞋妈妈没有洗",要求靠推测想象续写下面部分。结果当年绝大多数考生都千篇一律地写成了妈妈教育儿子自力更生的作文,让人大跌眼镜。儿童文学作家郑渊洁尝试着写了一篇下水作文,他没有任何的条条框框,把所谓的母亲教子的良苦用心以及孺子可教、小乐肯定会接手洗完另一只鞋的僵化老套的思路,统统抛到了九霄云外。在当代现实生活的大背景中,推演出一个"突发"性事件:下岗的爸爸妈妈赖以生存的煎饼车被没收了,这导致了妈妈气极猝死。因为没有钱买骨灰盒,小乐便用那只妈妈最后给他洗过的鞋来保存妈妈的骨灰。在骨灰鞋前,小乐

---

① 秦牧:《榕树的美髯》,载《秦牧选集》,四川人民出版社 1981 年版,第 123 页。

发誓,长大要混出个人样来,为好多好多人创造就业的机会。小乐的誓言表明了他在经历人生痛苦和磨砺之后的成长。这样的想象可以称得上是"意料之外、情理之中"。

(5)合成想象(群体——个体)。就像鲁迅所说,杂取种种人,合成一个,"往往嘴在浙江,脸在北京,衣服在山西",创造出新的人物、故事、环境。就像中国的龙图腾是由牛头、蛇身、鹰爪等元素想象合成的。

## 二、整合

整合就是对写作材料的分析—综合。写作,除了"思接千载,视通万里"的想象之外,还需要抽丝剥茧的思辨能力。人们常说"事实胜于雄辩",那是为了反对"为辩而辩"、歪曲事实的诡辩、狡辩而提出的,或者是针对无凭无据、架空分析而言的,并不是说只要事实不要道理,也不是说事实比道理更优越,例子比理性分析更重要。明摆着的事实,如果缺乏分析的眼光,那么,不是停留于表象,满足于就事论事,就是只见树木,不见森林,不能形成全面的、本质的看法。更何况,同样的事实往往也是"仁者见仁,智者见智",会形成思想上的"交锋",这种"交锋"不是事实本身所能解决的,需要正确的理性思考,对事实作出合理的判断,这就是"真理越辩越明"。黑格尔有句名言"凡是合乎理性的东西都是现实的"[1]。康德也说过,一切知识与其说是关于对象(事实)的知识,不如说是关于认识方式(理性)的知识[2]。因此,在写作过程中,面对着复杂的事实材料,特别需要人运用理性来梳理,需要透过现象看本质,而人的理性认识又离不开"分析—综合"的思维过程。

关于"分析",《中文大辞典》第4卷第234页将之释为"分解辨析";《汉语大词典》第2卷第573页的"分析"词条里说:"今指把一件事物、一种现象、一个概念分成各个部分,找出这些部分的本质属性和彼此之间的关系。"

《说文》释"分"为"刀以分别物也","析"为"破木也";朱熹的《大学》注与王阳明的《大学问》都曾对"物"赋予人文内涵的解释,认为"物相当于事","物者事也",故"分析"不仅是针对"物理",也是针对"事理"。"分"与"析"是找区别,辨是非、利害,研究疑问、原理、根源等的思维方法。总而言之,分析是为了避免"笼而统之"的模糊认识,而把事物"化一为多",研究事物的各个部分、各个阶段、各个侧面以及各因素之间的联系,从而形成对事物的比较鉴别,把握事物的特征,进而认识事物的本质。

1.分析的基本方法

(1)矛盾对立分析法。分析方法可以由"二分法"开始,就是摆出矛盾对立的两极,如善恶、是非、敌我、强弱、利害、优劣、物质与精神、情感与理智等,进行比较衡量,得出符合客观实际的结论。比如,梁启超的《论毅力》把人生之路分为"顺境"、"逆境"两大类,再把人的行为分为"有毅力"、"无毅力"两大类,这样就把毅力面临的每种情况都展开了,也就说清了毅力在人生历程中的作用。墨子将楚国攻打宋国比喻为"舍弃粱肉,窃其糠糟",竺可桢将风沙袭击的方式分为"游击战"和"阵地战",俞敏洪将人生价值追求归纳为"草"和

---

① 黑格尔:《法哲学原理》,贺麟、张企泰译,商务印书馆1996年版,序言第11页。
② 康德:《纯粹理性批判》,邓晓芒译,人民出版社2004年版,导言第19页。

"树",都显示了非常清晰的分析思路。

(2)两极交叉分析法。矛盾有对立也有统一,分析也不能只是瞄准两极对立,事物之间往往会产生两极之间的交叉、合并、融通的情形和中间状态,就像在晴天和雨天之间还有阴天一样。

这种"三分法"与中国传统文化心理结构中"以三驭多"的思维特征不谋而合,"三思而行"、"三年不窥园"、"三过家门而不入"即是范例。L.霍格本认为,在上古时候,人类只看得见两只眼、两个耳朵、两条胳臂,要表达更多数量的"一堆"或"一群",只能用"三"这个数字。因此,在原始思维里,"三"是作为最大数、最多数而存在的,甚至可以用"三"代表无穷大①。日本社会公共关系学家多湖辉在《自我表现术》中也说过,把要点说成三点,可以使别人认为你表达能力很强。只有一点,总觉得单薄;有两点,感觉还不够充分;如果是三点,"就会变成稳稳地如三足鼎立般,而使人油然而生出安定踏实的感受"②。法国学者列维·布留尔的《原始思维》也提到南非洲布须曼族用"三"来代表无穷大。如学生习作《评几种人生观》就将人生观大致分为事业型、享乐型和超脱型,《评几种恋爱观》将恋爱方式分为"来亦易,去亦易"型、"来易来,去难去"型和"来亦难,去亦难"型③,体现了一定的思维完整性。

但"三分法"又不能仅仅指矛盾的两极加上中间状态,因为对立的双方还有可能呈现出相互转化、互动发展的趋势。《易经》就认为阴阳交替会产生"否极泰来"和"剥极而复"等发展变化模式;毛泽东在《论持久战》中指出,敌强我弱的形势也会因我们的不断努力而逆转;而朱光潜在谈论美学的时候,既承认自然界有两种基本的美感,就是"骏马秋风冀北"的刚性美和"杏花春雨江南"的柔性美,同时又指出这两种美有时也可以混合调和,老鹰有栖嫩柳的时候,娇莺也有栖古松的时候,犹如男子中有杨六郎,女子中有花木兰。

(3)意义类型分析法。"三分法"虽然能够以少驭多,涵盖比较周全,但面对复杂多样的事态,要作出准确的"三分"并不容易,特别是刚刚开始练习分析方法的习作者,很可能因为对这种分析法的迷惑而导致划分的不准确。如有人将友谊分为"男男型"、"女女型"和"男女型",显然只注意到性别差异,但是忽略了友情的本质内涵,这样的划分方式不利于深入探讨友情的真正价值。因此,在分析中还不能为了凑足"三"而刻意造作,而是要按照事物本身的意义和性质进行分门别类,围绕事物的核心意义(一次分类的总标准)展开多角度的分析,这样,既根据自身的理性思维水平容易操作,又能顾及事物的中心意义与各方面含义之间的内在联系,处理好"一"(核心义)与"多"(局部义)以及"多"的内部之间的互相关联,分析起来可以做到思路开阔、主旨集中,内涵丰富而无散乱之感。如学生习作《心目中的男子汉》:眼是亮的(明辨是非),血是热的(积极向上),心是正的(正直无私),腰是直的(不屈不挠),胸怀是宽广的(豁达大度),双手是温暖而有力的(乐于助人)。

写文章讲究"分合"。在思维阶段,分析之后还要有综合。分析是"化一为多",追求认识的丰富性;综合则是"合多为一",追求认识的统一性。

---

① 叶舒宪:《中国古代神秘数字》,社会科学文献出版社1996年版,第39页。

② 多湖辉:《自我表现术》,台北大展出版社1986年版,第29页。

③ 两篇学生习作可参见《我们似曾相识》,福建教育出版社1992年版。

2.综合的一般方法

综合是在分析的各层次含义之间寻找聚合点,对各种含义作出深层意义和本质意义的归纳。概括必须在分析的基础上进行,否则就只能是表象的笼统总括而不可能是本质的整体综合。而且,概括还不是事物几个层次的简单相加,而具有整体意义上的复合叠加作用,产生"总体大于部分之和"的情形;当然也可能针对分析的结果,用思维的雕刻刀去粗取精、突出重点,这又产生整体意义少于、精于各部分意义的状况。总之,概括是分析基础上的一次飞跃,将分析提高到总摄的层次,它使思维系统化、明晰化,并产生结论,使我们对事物的认识迈入一个新的进程。

综合的主要方法有"异中求同"和"同中求异"两种,前者侧重于概括共同性,后者侧重于概括特殊性。求同概括要防止概括过窄或过宽,过窄不能揭示事物的整体本质;过宽则悬浮于空中,脱离对象本身,穿靴戴帽,大而无当,又不符合实际。求异概括要抽丝剥茧、层层深入,摄取事物的特征,并将事物置放于它的发展状态中来考察,才能把握它的独特性。比较是它的常用方法之一。学生习作《论友情》的第一小节就是一例:

> 友情是指人与人之间以平等为基础,以共同志趣为条件,非功利、非血缘,自发产生的一种亲善关系。它是人性与社会性的和谐统一。它不像主仆之情那样建立在不平等的基础上,也不像师生之情那样带有规定的强制性,更不像亲情那样与血缘有着密切的关系。

这里比较了友情与其他几种感情的差异,在此基础上对"友情"作出界定,抽象、概括的逻辑前提是具体的,由此形成的综合才是可靠、稳固的。

3.以反例为切入点,推进思维深化

这是一种较有深度的综合方法。为了改变思维过程的简单化倾向,打破围绕观点套用材料的"六经注我"式思路,避免直线型、单向性的矢量思维方式,我们主张采用黑格尔的"正反合"的逻辑推论方法和波普的证伪理论。一个典型的例子是,无论你见过多少只白天鹅,都无法得出结论"天下所有的天鹅都是白的"。但你只要发现有一只黑天鹅这样的"反例",就可以"证伪"天鹅全白之论。所以我们的分析和思考就要不断地寻找"反例"和漏洞,通过追问形成一个曲曲折折的求证过程,以呈现层层递进、步步深入的理性思辨能力。

苏洵在《六国论》中开门见山地提出中心观点:"六国破灭,非兵不利,战不善,弊在赂秦。"然后就有一个追问:"六国互丧,率赂秦耶?"难道六国的灭亡,都是由贿赂秦国造成的吗?这里面肯定有反例,通过分析,作者得出一个更加完善的结论:"不赂者以赂者丧,盖失强援,不能独完。"所以说"弊在赂秦"。这样的说理才比较充分。

下面是一则老师的"下水作文"片断,体现的正是不断容纳反例、推进思维深化的过程:

> 大学时代恰恰是人的心智逐渐成熟、精力充沛、心境平稳的时期,给学业的

突飞猛进提供了契机。机不可失,时不再来,一旦出了校门,步入社会,身不由己,纷杂的事务会割碎你本可自由支配的时间,要想再保持一颗清纯的心灵与整块的时间来学习,就成了一种"奢望",我们很难重拾"过去的好时光"。当然,这不等于说,大学可以使人的学业"毕其功于一役",毕业后光吃老本就可以了,而是说有了大学基础来垫底,去吸附其他新的信息就能融会贯通,事半功倍。在这里,大学的基础如何,就成了衡量将来学业发展的尺度,基础厚实的人可持续发展的可能性就大,因为他每吸取新的知识都能融化为系统中的一部分,增补他自身的内功;基础薄弱的人,因为原来掌握的知识结构就缺乏系统,即使将来接触到大量的新信息,也会零打碎敲,茫然不知所从。当然,这里并不排除有些人出校门后认识到自己的不足而奋发有为,后来居上;有些人在校期间"死读书",有了思维定式,将来发展有限。但是从普遍性上来看,大学基础是人生道路的奠基石。

这里所探讨的核心问题是大学生活对人生的影响。文中首先肯定大学时代是人生的黄金季节,"用功"和"浪费"相比,总是珍惜光阴为好。接着作者提出一个反例:大学不可能"毕其功于一役",包治百病,解决一切人生问题。但大学是人生的转折点和关键性阶段,却是不争的事实,因此大学是人生发展的决定性时期。作者将问题推到这一层次,仍然没有就此罢休,又对自己的观点进行旁敲侧击:有些人在大学期间虽然虚度,但出了校门之后幡然醒悟,奋起直追;有些人在大学里"死读书",形成思维定式,影响了人生的突破性进展。那么试问:大学期间应该轻逸还是应该刻苦?这些现象都是客观存在的事实,如果无视这些事实,而一味给大学生活唱赞歌,强调大学生学习的重要性,那是难以"以理服人"的。文章在反复的辩难之中得出结论:虽然在大学生活中不乏特例,但就总体而言,"大学基础是人生道路的奠基石"。文中出现反例,非但没有削弱论证,反而因为视野的开阔和过程的"曲折",而使读者折服于理性的力量。文章阐释的整个过程都是在寻找反例、自我追问中促使思维层层推进。

想象与整合,一属形象思维,一属抽象思维,前者讲究思维的多向与拓展,后者讲究思维的定向与收束,它们在丰富写作材料的内涵、发掘写作材料的价值方面是不可或缺的两种能力。

写作必然要有一个摄入材料的过程。材料越丰富,写起来越能左右逢源。观察与调查是与现实生活的近距离接触,目的是扩大认知的范围;回忆与体验是写作主体从经历过的生活中发掘出有价值的内涵;想象与整合是形象思维与抽象思维在积累材料上的具体运用,既可以丰富原材料,又可以赋予原材料以新意。可见,写作过程与生活、与经验、与思维都有着密不可分的关系。无论是积累知识,还是加深感受,无论是心理的积淀,还是思维的运行,都共同推动着写作的进程。因此,在每一个具体方面做出的努力,都会促进写作能力的不断攀升。

## 第四节　语感、修辞

　　历代的大作家往往都是语言大师,正是精湛的语言使他们流芳百世,使我们能够通过语言文本这个中介与这些伟人进行跨越古今和国界的对话、交流。

　　从文本传播的角度来说是如此,而从写作的角度来理解,没有语言就没有写作。高尔基说过:"文学的第一个要素是语言。"[①]深刻的思想、丰富的情怀、鲜明的个性,这一切的一切,皆是由语言所承载、所催发。

　　古代的写作理论家们对语言的重要性是认识不足的,他们大多重"意"轻"言",认为"文以意为主"(杜牧《答庄充书》),认为"言"与"意"是两回事,二者是可分的;认为内容决定形式,在写作中立意与构思是第一位的,语言是第二位的,语言只是写作意图的物质外壳,只是思想的包装,只要想好了,找到与之对应的语言是轻而易举的事。这种观点忽略了语言在写作中的根本性作用。其实,语言不仅是工具,也是文化的承载体。"言"与"意"二者是"一体"的,是密不可分的,"语言是意识、思维、心灵、情感、人格的形成者","世界上各民族的语言都是其本民族的文化地质层,在无声地记载着这个民族的物质与精神的历史"[②],语言蕴含着丰富的文化内涵,不能只看作思想完成以后的表现形式。思想和语言是熔铸成一体的,没有语言,人的大脑里或许会漂浮着记忆的散片和场景的碎片,但无法凝聚起清晰的思路。语言在写作的过程中有内部语言和外部语言之分,采集材料、构思布局都离不开内部语言的组织,表述则离不开外部语言的体现。因此,语言贯穿整个写作过程,并不是当写作在完全构思好了的时候才用到语言的,在构思的过程中就已经有内在的语言活动。思维本身需要以语言为依托,一方面,语言是思维的外化形式;另一方面,语言又反过来影响着思维的质量,什么样的语言样式往往就反映着什么样的思维方式,从而影响到你能看到、想到什么。

　　语言对思维的促进作用给我们一个启发:人在写作中使用语言进行社会传播的同时,也在开掘着思维的潜能,也在开发着人的智力。写作语言不同于一般的社会用语,它比一般的口语表达要更集中、更凝炼,如果说口头语言锻炼了人的思维的应变能力和适应社会的灵活性,那么书面语言则可以培养人的思维的凝神观照习惯和独立思考的严密性、深刻性。在写作中能将语言运用自如的人,不仅靠写作成品证明了自身的素质和才华,而且也获得了作为知识人和一个自我实现的人的资格。语言的寒伧预示着思想的枯萎,语言的朗润显示了思想的丰硕,语言的活力总是和思想的生命力同步的。写作的实现要靠语言,思想的实现同样要靠语言。写作中的语言实在是作者文化修养、人格魅力、胸襟气度的写照。

　　海德格尔说过:"语言是人类存在的家园。"就是说人作为社会上的一分子,作为"宇宙的精华,万物的灵长",他要将生存的空间建设成充满诗意的居所、要守护自己的精神家

---

　　①　高尔基:《和青年作家谈话》,载《论文学》,人民文学出版社 1978 年版,第 332 页。

　　②　郑敏:《语言观念必须革新》,《文学评论》1996 年第 4 期。

园,首先就要回到语言上去。语言是建立社会秩序的基础,同样也是写作活动得以实现的基础,应用文中的法律条文需要语言来确立原则,总结报告需要语言来评价得失,更不用说作为"语言艺术"的文学作品了。语言是一切社会行为和审美活动有序推进的前提,它是人生存和发展的"根"。

现代作家又给我们提出了另一条写作中语言训练的思路:"我手写我口。"(黄遵宪《杂感》)这本来是倡导白话文运动时的一句口号,后来就衍化为"你怎么想就怎么写"、"你怎么说就怎么写"的理论。这从强调"辞能达意"、表达"明白如话"的角度上说是对的,而写作思维的实际情形却往往并非如此,而是"要怎么写便怎么想"。作家浸淫于写作,习惯成自然,形成了特定的审美优势中心和写作的特殊心理反应机制,以"我"的情感需要来测"人"、测"物",并将自己的独特感受外射到想、说、写的对象中去,使宇宙生命化、个性化。所以他的所"想"、所"说"总是和他的所"写"融为一体,他总是以"写"的眼光去"想"、去"说"。初学者由于缺少经常反复"写作"所形成的条件反射,所"想"、所"说"和所"写"之间总有这样那样的距离,关键是还缺乏写作所需要的那种"语感"——对语言的直觉感应能力,跟着感觉走就可以有写什么像什么的能力。

这又给了我们一个启发:我们要像作家那样得心应手地写作,就要训练自己的语感。而语感并非朝夕之间就能形成的,就像球感和乐感的获得需要反复练习、熟能生巧一样,"语感"也需要掌握要领、逐步培养。获得"语感"是日积月累,经过反复体验,阅读大量经典,喝了无数墨水的结果。但我们不能因为语感的难求而对它望而却步,写作中要恰如其分地运用语言,就不可能绕过"语感"这一关。

写作中语感的核心是一个"达"字。一般来说,语言的作用就是表白内心,"达"既是最基本的要求,也是最高的准则。孔子所强调的"辞达而已矣"和叶圣陶倡导的语言力求"清通"都不是指语言的单薄与肤浅,而是包蕴着"文质彬彬"(文采和内涵二者相称和谐)、"绚烂之极归于平淡"(语言应该是千锤百炼之后的"浓后淡",是语言的精粹、老成与练达)等要求。学习者要做到这样的"达",是不可能一蹴而就的,应该从"达"的基本要求做起,即做到文从字顺、条理清楚。同时,写作是为了给读者看的,要使读者能接受,作者的头脑里应该有读者观念,做到"目中有人",把复杂的思想表达得深入浅出、通俗易懂。即便要做到这基本的"达",也不能不从练习语感开始。

语感包含了对特定写作对象的敏感性、对特定语境的敏感性和对特定文体的敏感性等,这些都是"写什么像什么"的必要条件。

"语感"是一种对语言的感应能力。当语言经验积淀到一定程度、进入到一定境界之后,人对语言的感知力就发展为纯粹的"自然反应",这是一种"只以神遇而不以目视"的心灵感应,是一种可以"跟着感觉走"、挥洒自如地感知语言和指挥语言的能力。这看起来有点神秘,其实,"语感"就是对语言的整体直觉反应。掌握了语感,可以不靠字斟句酌就能体察微言大义,不靠条分缕析就能品味弦外之音,不靠苦心孤诣就能吟咏绝妙好辞;而要掌握语感,有赖于对语言的整体综合把握而不是局部的知识分解,有赖于对语言的快速直觉感知而不是逐步的认知辨析,有赖于对语言的敏捷反应、"一语中的",而不是模棱两可、"隔靴搔痒"。概言之,写作中的"语感",就是要具备"写什么像什么"的语言敏感性。而要做到无须字斟句酌就能运笔自如,就离不开平日对语言的字斟句酌、推敲琢磨、玩味揣度。

"不经一番寒彻骨",不经过"为伊消得人憔悴",就想悟到语言的神韵,谈何容易。

　　培养语感往往从阅读开始,正如创造可以从模仿开始一样。打一个简单的比方,我们练习书法,总是先临帖,然后才能脱帖,自成一种风格。学习语言也是如此,有一个从"吸收"到"流淌"的过程。阅读名家名作,既学到了运用语言的科学方法,也领略到了语言中蕴含的思想境界和人格力量,由表及里地获得了对语言的整体感知。当然,从阅读中培养语感,并不是要对名家名篇的语言进行"依样画葫芦"的死搬硬套,而是在广采博取的基础上融会贯通,灵活"化用"。阅读实际上就是接受语言范本的潜移默化的熏染,通过日积月累,培育语言的根基,修炼语言的内功,丰富语言的库存。读得多了,就会在不知不觉之间"悟"到运用语言的法门;语言积累深厚了,写起来就会得心应手、左右逢源。正所谓"读书破万卷,下笔如有神"。

　　从写作上培养"语感",首先考虑的是作者平时写作的时候有没有把问题想清楚,没想清楚就乱写一气,"以其昏昏,使人昭昭",是怎么也表达不好的。其次是作者的语言基本功怎么样,词汇贫乏、文法不通,最好的思想也会被糟蹋掉。再次是作者写作的背景,或称之为"语境",即作者所生存的特定的社会时空条件。瑞士语言学家索绪尔提出语境由"历时"和"共时"两种因素构成,"历时"指上下文的语言环境,"共时"指同一时间概念中的社会文化心理结构,即时代背景和心理背景,上述这诸多因素都影响着写作的语言表达,我们要做到语言到位、直觉敏锐,就非下大力气不可。因为"语感"是作者思想功力、文字功底、体验功夫和生存策略等综合因素织成的感觉之"网",这张"网"上布满了语言触角之"须",许多习作者在语言表达上存在种种不足,都是综合之网残缺、语感触须钝化的结果。

　　最后,需要阐明的是强调了写作语言中"语感"的重要性,强调了"辞达而已",会不会因此削弱写作的个性化问题。写作是创造性的劳动,如果没有个性,千篇一律,又哪里来的创造性?每一位作者都应该追求自己的语言风格,也应该追求个人的独特表述方式,在语言上给读者以新鲜感。良好的语感也包含着作者的语言独创性和个性化的写作风格。不过,个性化也应该建立在"辞达"的基础上,"辞达"是基本功,离开了这一点去奢谈写作语言的个性是不切实际的。语言的个性如果没有扎实的文字功底作为基础,则很容易滑向一味地求异、求怪、求新潮,其结果是沦为"语言的游戏"。

　　"辞达"离不开语感的培养,那么语感应该朝着哪个方向培养?

　　严复于1898年在论翻译时提出了三个原则:"信,达,雅。"(《〈天演论〉译例言》)这虽说的是翻译,但也堪称写作语言美学准则的经典阐述。时隔一个多世纪,这三个字非但没有过时,相反,人们对它的意义有了进一步的理解,其内涵也得到了丰富和发展。三个字中,以"达"为核心,展示了写作语言的三个基本要求。"信"是基础,语言首先要和事实统一,两者不能割裂,这关系到语言的质量问题;"达"是目的,语言的终极指向是传情达意,以"达"为宗旨,这关系到语言的价值问题;"雅"是手段,语言要精致,不能粗糙,要有精品意识,这关系到语言的效果问题。三个字互为配合,为"达"服务。语言表述的方法就是围绕这三个字展开的。

　　1. 以"信"为先

　　"信"就是"真",指的是语言要忠实于生活的真实、科学的真实和艺术的真实。根据不同的文体确定不同的"真"的要求。一般的文章语言要符合生活的真实,应用文的语言要符合科学的真实,文学语言要符合艺术的真实。写作语言如果在生活层面上犯了常识性的错误,将会影响到整篇文章的质量。有个同学这样写道:"此时他的脸因兴奋而红,真如一个快上轿的新娘。"我们暂且不说新娘上轿之前化过妆,红扑扑的脸蛋非常人可比,仅从心理因素考虑,新娘感受的丰富性也不是其他人所能体验的,有感动、有幸福、有温馨、有甜蜜、有依恋、有缠绵……新娘脸红后面的多种内涵不是"他"的纯"因兴奋而红"的脸所能匹配的。科学的真实指实验结论的精确、数据的确凿、理论的严谨自洽(自圆其说),即具有理性的真实。有个新闻不惜夸大其词,肆意粉饰,说某厂生产的浓硫酸浓度达 100％(硫酸最高浓度为 98％),这是读者一眼就能看出的语言骗局,文章的效果就可想而知了。艺术的真实不一定遵循理性的逻辑,它要以人物的心灵为依据,按照人物的性格、情感逻辑来塑造,追求心理的真实、灵魂的真实。曾经有一个学生写她的爸爸工作很忙,仍然十分关心女儿的学习,出差时为了记住给女儿买书,"在裤袋、衣袋,甚至箱子里都放着和贴着各种纸条,醒目地写着那本书的书名",这在常人看来是不可理喻的,但这个细节描写很能反映这位父亲爱女儿的痴心。

2.以"达"为本

"达"就是"通",指的是语言要流畅,使情感和思想毫无滞碍地流泻出来。以前说到"达",总是把它和"通顺"画等号,我们不否认"通顺"是"达"的基本含义,但如果语句通顺,却没有把该说的意思全部说出来,也是一种遗憾。"达"还应该指表意的充分和完整,语言的内涵质量要保证,要是表达的意思很肤浅,光通顺是没有用的。如果从读者接受的角度说,"达"还要求在理解上畅通无阻。可以这么说,"达"是三原则的核心,而充分地表情达意又是"达"的核心。王国维的《人间词话》提出以"不隔"为上品,"不隔"就是写物抒情清新自然、流利畅达,没有晦涩之感。以今天的眼光来看,即提倡语言和意义的统一,语言的主要价值就在于尽情表达;我们要反对游离意义去玩弄文字把戏和语言游戏的"失语症"。叶圣陶说得好:"要是我的语言杂乱无章,人家决不会承认我的思想有条有理,因为语言杂乱无章正就是思想杂乱无章。"①的确如此,"达"在语言表达上表现为思想的畅通无阻,这不仅是语言能力问题,也是语言习惯问题。我们知道,大师们的语言往往浅白如话,却感人至深,显得异常亲切,而这种"白"恰恰显示了语言的功力。

3.以"雅"为上

"雅"就是"美",指的是语言要简洁精致、清新自然,给人以美的享受。语言美不美,关系到作品美不美,毛泽东的《在延安文艺座谈会上的讲话》中指出语言有"文野"之分,"文"是凝炼、典雅、生动、丰富、有文采,"野"是芜杂、粗糙、呆板、贫乏、不规范。哪一种可以"永恒",哪一种只能"速朽",不言而喻。《左传》曾引孔子的话来说明语言"雅"的重要性:"言之无文,行而不远",意思是语言没有文采,没有美感,将很难产生深远的影响。名家名篇也是经过岁月的淘洗沉淀下来的语言金子,为我们提供了不可多得的语言宝库。推敲和揣摩经典文本的用词造句对提高我们的语言修养很有帮助。托尔斯泰的《安娜·卡列尼娜》写到列文去溜冰场找基蒂,"她的衣服和姿态看上去都没有什么特别引人注目的地方,

---

① 叶圣陶:《语言和语言教育》,载《叶圣陶语文教育论集》,教育科学出版社 1986 年版,第 638 页。

但是列文在人群中找出她来,就好像在荨麻里找到蔷薇一样的容易。由于她,万物生辉",
"他像避免望太阳一样避免望着她,但是不望着也还是看见她,正如人看见太阳一样"①。
列文不需要主动地去用眼睛看,也能感觉到她的光辉的照耀;即使眼不看,心里已经看得
数不清遍数了。这把一个"钟情者"的心理写得十分逼真。但语言要"雅",不是靠堆砌辞
藻、刻意雕琢和矫揉造作,而是要"平中见奇"、"俗中见新"、"朴素中见真情"。

　　写作语言要做到简洁、和谐、熨帖、自然,要做到"信、达、雅",就要下一番锤炼语言的
功夫,没有扎实的语言基础不行,没有良好的语言习惯不行,没有敏锐的语感不行,没有丰
富的语言表现力不行,没有精益求精、"十年磨一剑"的刻苦精神更不行。

# 第五节　贯通技巧:知识化为素质的实践路径

　　写作技巧即写作中的一招一式。在西方,技巧(technique)含有艺术才能的意思,兼有
修养与技艺的双重含义,因此,写作技巧不同于手工匠重复性制作的熟练技能,而是指作
者独创性的写作才华。写作技巧直接影响写作效果,而写作效果又是检验作者写作才能
的"实践标准",所以写作技巧具体运用的"迹象"常常暴露出作者写作能力的高下。作者
理想的写作技巧是:"招式"连绵,圆转如意,如行云流水,甚至达到浑然一体、"无招胜有
招"的最高艺术境界。

　　学习写作技巧如同练书法一样,先要从描红和临摹开始,从一招一式学起。在练熟了
"王体"、"颜体"、"柳体"诸体之后,才有可能有朝一日豁然贯通,脱化而出,创造出自己的
"张体"和"李体"。在没有学好基础性的招式之前,凭自己感觉信手涂鸦就想成为一个书
法家的,只能是欲速而不达。除非是天降"怪杰",对于普通习作者来说,不经过正规的训
练,急功近利求速成,很容易堕入学习的"魔道"。近年来有人提倡学习写作要靠整体感
悟,不必从琐屑的局部训练开始,这如果是从写作要重视整体感和清新自然的文风角度来
说,是有道理的,但如果认为写作可以因刹那感悟就一切迎刃而解,根本不需要从基本功
练起,那会使人误入歧途。写作技巧是写作的最基本招式,是写作的入门功夫,没有基础
性的"技",高层次的"道"就悬在半空,无处着落。

　　从招数开始,一招一式地练习,从传统的角度说,是循序渐进打好基础;从现代的角度
说,是纳入程序落实环节。程序的规范化是工业化、技术化携带而来的一种行为习惯和管
理模式。不可否认,现代工业所带来的实用主义、功能主义和技术理性势必造成以下的普
遍倾向:以规模化的技术替代个体化的艺术,以机械运动的模式替代手工制作的个性,以
设计的精准替代悟性的灵动,这是许多主张多元价值观的人所无法认同的,更不用说坦然
接受了。海德格尔曾认为艺术起源于人类创造的欲望,而如今,人类心底深处的艺术创造
的冲动却要被当作"审美盈余"而遭到厌弃②。尽管如此,就像我们不可能再以捣毁大工

---

①　列夫·托尔斯泰:《安娜·卡列宁娜》,周扬译,人民文学出版社 1989 年版,第 39 页。
②　阿尔布莱希特·维尔默:《艺术与工业生产——论现代和后现代的辩证法》,载周宪主编《文化
现代性精粹读本》,钦文译,中国人民大学出版社 2006 年版,第 262 页。

业生产的方式去恢复手工业时代一样,现代化即工业化已成为大势所趋,不可逆转,不可能回到虚幻的"美好的过去"。因此,要求人们按照预定的程序、步骤一步步予以落实、完成的工作思路,就不仅是受全球一体化这一外来潮流裹挟的结果,而且是人类社会发展到一定阶段要求提升文明秩序的内在需要。文明秩序必然要有新型的组织结构与之对应,如此,"精准"地掌握一招一式,就不但是现代社会发展对个体生存提出的自然要求,也是个体生存呼应现代社会发展的顺世之道。反过来,无论社会现实达到如何的"实用化"程度,都不可能泯灭人类心中的梦想和潜意识里的创造精神,艺术与工业、自由与秩序、个性与共性这几对矛盾统一体仍然可以获得双重超越,使文化与工业获得一种创造性的结合。

下面仍从实用写作和休闲写作两种不同需求来谈技巧方法。

学习实用写作的技巧可以从"格式"开始,这是一条捷径,它决定了"写什么像什么"的前提条件。不过要善于比较近似格式之间的异同,把握它们之间的微殊,探索格式的"规律性"(如公文的上行文、平行文、下行文的尾语),这样可以做到一理通百理融,以不变应万变。

学习实用写作又不能仅仅停留于"格式"上,那是小学生就能完成的事;一篇高质量的实用文章需要思路的清晰、语言的简洁,有时还需要思维的深刻性,表述准确到位,充分发挥应用文的功能,这却不是小学生所能担当得了的。应用文内涵的高质量来自对社会现实的敏感性和判断力,写大块文章(政府工作报告)尤其如此,这实际上是对同类问题反复研习的结果,即经验积淀。应用文表述能力的高水平既需要语言的丰富积累,也需要揣摩范文,以他山之石来攻玉。

下面是某大桥项目招标书的其中两节:

一、工程任务

1.工程名称:呼兰二道河子大桥。

2.工程地点:位于呼兰—朱家油房段的二级公路上,中心里程 5K+465。

3.工程规模与工程结构:本桥上部构造为普通钢筋混凝土 T 型简支梁,跨径 20 米 7 孔,桥面车行道宽 9 米,两侧各设 1 米宽人行道;下部构造为钢筋混凝土钻孔灌注桩基础,双柱式墩,框架式桥台;桥梁全长 144 米。此外尚有截水坝等防护工程(详见施工图设计)。

七、工程施工图中有关问题说明

1.三大材料:

(1)水泥,下部为亚沟水泥,上部为牡丹江建水水泥。

(2)钢材,1/3 国拨价格,其余 2/3 由乙方议价自行解决。在购议价材料时,应按当地建委规定的计划价格取费,价差列入预算第三部分。

(3)木材,全部按原木供给,价格 270 元/立方米。以上材料由建设单位按时供给。

2.保证工期奖惩办法,提前一天竣工按工程总造价的万分之三奖励,延期一天按总造价(中标标价)的万分之三罚款。

3.不可抗拒的自然灾害是指由甲方指定的混凝土预制场地和料场被洪水淹没,造成停工 20 天以上,预备费不足部分由建设单位负责。

从格式上看,招标书绝对少不了"工程任务"和"施工图中有关问题说明"这样的内容,所以,要将一份招标书写得像模像样,首先要做到格式规范。其次像文中"桥面车行道宽 9 米,两侧各设 1 米宽人行道"这句话用了一个"各"字就非常精确,表示人行道每边宽 1 米,如果缺少这个"各"字,就容易发生歧义,可以理解为每边宽 0.5 米。还有文中对"不可抗拒的自然灾害"的概念界定非常清晰,不会引发日后的争议。从这样一些表述方式中,我们可以肯定作者不仅有着丰富的工程招标经验,而且有着专业的桥梁工程技术的学识,显得很内行,不容易给人钻空子。具备了这样的素质,才能拥有实用写作的娴熟技巧。

学习休闲写作的技巧,则需要体味文学作品幽微精妙之处。因为文学中的技巧运用往往是作者匠心独运、韵味悠长的地方。如刻画人物的心理隐秘,雨果在《巴黎圣母院》里多次写到卫队长弗比斯对漂亮的姑娘说"我的身体,我的血液,我的灵魂,完全是属于你的,完全是为着你的。我爱你,除了你我谁也没爱过",表现了这位美男子见一个爱一个、善于花言巧语骗人情感、讨人欢心的花花公子品性。人的心理隐秘有时会不由自主地流露出来,这往往体现在人的习惯成自然的无意识的行为中,如口头禅、习惯性动作等。因为在长期的社会实践中,人的心理积淀会形成特定的心理倾向,这种"倾向"将会贯穿在其平时的一举一动中,而习惯性行为就是这种心理倾向的"外化"形态。所以,心理刻画的技巧之一便是捕捉人的"习惯性"特征,以此透视人的心灵奥秘。例如 1988 年高考作文题"习惯",其成功的作品恰恰是刻画了人的习惯性特征的文章,将人物的个性写得栩栩如生。其中一篇写自己被应试教育逼得成了"机械人",渲染自己死记硬背所带来的生活中的"条件反射"——将生活中的一切都与课本知识对号入座,反映出应试教育禁锢学生心灵的危害性。

要掌握写作的基本技法,可以选读一些相关的书籍。如叶朗的《中国小说美学》(北京大学出版社 1982 年版),重点分析了金圣叹、毛宗岗、张竹坡、脂砚斋等人对小说技法的论述,阐释系统,深入浅出,具有很重要的参考价值;胡怀琛编辑的《古文笔法百篇》(湖南人民出版社 1984 年版),选例精当,评语言简意赅,起到画龙点睛的作用;金健人、郑广宣主编的《中外写作技法大观》(上海教育出版社 1994 年版),从运思、结构、表达、行文四个方面搜集了 439 条写作技法,聘请各路学有专长的学者对这些技法进行梳理和深入研究,既有对技法概念的界定、对技法知识的介绍,又有学理性的探讨,并不乏创见。由于编写人员自身素质较高,所以本书虽然名谓"技法",实质上是从技法入手,探讨写作的基本规律,是"技"、"道"并进的一部高质量的著作[①]。另外,李振起、刘占先所著的《文章写作技法》(山西教育出版社 1992 年版),简明扼要,举例典型,有一定新意;袁昌文等编写的《写作技法大观》(贵州教育出版社 1991 年版),洋洋 90 万字,资料翔实,虽然在体例上略显粗疏,但收入了像"陌生化"之类的新术语,颇有现代气息;庄涛主编的《写作大辞典》(汉语大词

---

[①] 徐中玉:《中外写作技法大观·序》,载金健人、郑广宣主编《中外写作技法大观》,上海教育出版社 1994 年版,第 4 页。

典出版社 1992 年版),收入了一些实用写作的技巧,有一定的参考价值。初学者可以选读其中的一两本书,从基本技法练起,把一招一式练到位。

将各种技巧融会贯通,可以臻于"无技巧"的最高艺术境界。所谓"无技巧",实在是技巧高明到了没有斧凿之痕、看不出用了什么技巧的地步,似拙实工,自然而然,这是功夫到家之后的随意挥洒,达到了"等闲拈出便超然"的艺术化境。茅盾在《关于艺术的技巧》中有一段十分精辟的话,说到了技巧"有"与"无"的关系:

> 技巧不同于技术,技巧中包含技术,但掌握了技术不一定就有技巧。比方说,甲乙二人演同一个戏。观众认为甲的表演"够味",而乙演的"不是那么一回事"。乙在演出中,并没唱错一句,也没走错一步;也就是说,乙的唱白和做工,都合规格。但尽管都合规格,可惜整个表演都缺乏神韵。合乎规格的唱白和做工,是技术;没有这技术,根本就不能上台;然而还需演得神韵盎然(也就是说,能把戏中人物的随时在变化的思想情绪,恰到好处地表现出来),这才算是有技巧。这一点技巧,是演员的丰富的生活经验,以及长期的艺术实践所积累的深湛的艺术素养等的高度集中的表现。①

茅盾所说的技术相当于我们说的技巧,茅盾所说的技巧相当于我们说的无技巧或技巧的出神入化。清初画家石涛曾提出过类似的见解:"法无定相,气概成章耳","无法之法,乃为至法"②,说的就是由法度到自然的创造能力的升华过程,即所谓的巧夺天工,渐至化境。这需要经过长期的训练,熟能生巧,然后才能抵达写作的自由王国。

# 第六节　移动互联网背景下的读与写

阅读与写作的关系,历来是写作学研究的基本命题之一。"以读带写,以写促读",是传统读写关系的一条金科玉律。现代语言学家张世禄在《读书和作文》中特别阐释过读、写的互动性,认为阅读固然增加读书经验,却也在无形之中"长进了写作的能力",而写作对阅读而言,也"增进了解和批评的能力"③。概言之,阅读加固了写作的功底,写作提高了阅读的水平。而在移动互联网普及的今天,大众化的读和写,其功能关系不再被"功底"和"水平"所限制。正如麦克卢汉的《理解媒介》所言,"我们用新媒介和新技术使自己放大和延伸"④,我们已经进入"从技术上模拟意识的阶段"⑤。今天所谓的读、写能力,就普遍具有文化基础的人群而言,主要指掌控并使用媒介、技术的能力,技术的深度即意识所能

---

① 茅盾:《关于艺术的技巧》,载《茅盾论创作》,上海文艺出版社 1980 年版,第 573-574 页。
② 道济:《石涛画语录》,俞剑华标点注译,人民美术出版社 1962 年版,第 62、第 74 页。
③ 张世禄:《读书和作文》,《国文杂志》1943 年第 2 卷第 2 期。
④ 马歇尔·麦克卢汉:《理解媒介》,何道宽译,商务印书馆 2000 年版,第 20 页。
⑤ 马歇尔·麦克卢汉:《理解媒介》,何道宽译,商务印书馆 2000 年版,第 100 页。

抵达的程度,运用媒介和技术的能力越强,读、写的时空就越广阔。如此一来,读与写的关系将被重新定义。

关于读、写关系,古人早有形象化的描述:"读书破万卷,下笔如有神"(杜甫《奉赠韦左丞丈二十二韵》),"熟读唐诗三百首,不会作诗也会吟"(蘅塘退士《唐诗三百首》序)。前者意指阅读能丰富和增强写作的文化底蕴,后者强调阅读对写作的范式意义,以及"阅读—写作"之间从临摹到化用的迁移过程。之后的学术讨论基本上是上述思路的延伸与深化。叶圣陶认为,教学生阅读的目的之一是给他们立一个"写作的榜样"。阅读,是一种涵养的积蓄与内化;写作,则是积蓄到"充实而深美"程度时的发表与外化。因此,阅读并非堆砌写作材料的仓库,写作也不是照搬阅读文本的程式和套路,写作时"愈不把阅读的文字放在心上愈好"①。在这里,叶圣陶倡导的是写作对阅读的化用与创新。朱自清和浦江清等人提出"以读带写"的理念,在为学生选择范文时,既保留《古文观止》这样的名篇佳作,又主张"应拿报纸上和一般杂志上的文字作切近的目标"②,实现了阅读的经典性和时代感的对立统一,同时彰显了读与写的紧密关系与互动机制。

当然,读与写的紧密关系也不是一成不变的,随着新技术、新媒介的不断涌现,读写之间的关系也在逐渐松绑和软化,呈现为"学以致用"的功利型与"聊以自娱"的休闲型的结合。在移动互联网的背景下,新型的读写方式裹挟着如下特征。

**碎片化**——从系统性到拼贴性,从完整性到零散性,从有序性到无序性,是读写的传统模式在当代转型中所体现的新特点。信息的微量化甚至粉状化使读写的对象、载体和方式均呈"碎片"状态。语言单位由"部"和"篇"转向"段"、"句"甚至"词",由语言的"面"变成字、声、像等临时拼合而成的星星之点。这在为读写带来轻松感、自主性和便捷性的同时,也伴随着读写的浅层化、芜杂化和瞬息感。

**伴随性**——传统的读写活动必须在图书馆、教室、家庭等固定时空中进行,而今天则可以"贴身相伴"。因为"移动互联网"是由移动通信和互联网结合生成,所依托的移动设备目前主要有智能手机和平板电脑等,它突破了时空限制,具有随时随地的方便性,能够满足在任何环境、任意条件下的读写需求。今天的读写活动不是在灯下、在桌上,而是在空隙、在旅途中。

**交互性**——移动互联网的信息传递具有双向、可逆、互动的特点。作家陈染就说过,这是"一个开放的空间",其"非功利性和平等参与的特点"③可以促进读写活动的多元和丰富。传统的"只读艺术"变成了"可读写艺术",浏览者随时可以点赞、发弹幕、评述、补充、修改,具有可下载、粘贴、改写的动态性,从而构成了作者与读者之间、圈友和友群之间的互动与交流。

**模板化**——软件模板是读写的基本工具。点击移动设备中的小方形图标,其实就是在运用"通用模板",而经常性使用的软件构成了我们的"桌面"。浏览新闻可能选择"头条",阅览电子书可能喜欢"爱问",电影爱好者钟情于"格瓦拉生活",而擅长图文并茂的写

---

① 叶圣陶:《论写作教学》,载《国文教学》,上海开明书店 1947 年版,第 37 页。

② 朱自清:《论教本和写作》,载《国文教学》,上海开明书店 1947 年版,第 150 页。

③ 陈染、康宇:《陈染的姿态与立场》,《艺术广角》2001 年第 2 期。

手则偏爱"初页"和"美篇"。如果仅仅将模板当作软件程序,在阅读"选择"和写作"填充"时仍然保持个人趣味和思想情怀,那么,模板化未必就等于模式化,同样的模板也会凸显个性风格和创新思维。

**新媒体**——所谓新媒体,即数字化媒体,以及由数字化媒体所营造的一种"万物皆媒"的传播环境。这个环境中充满了免费的、动态的、炫彩的、智能的、有趣的、便利的元素,读写活动由此变得"好玩"①,真正抵达"体验为王"的生活场景。新媒体和自媒体缔造了每个人都可以和世界分享自己的故事、"每个人都可以成为中心"的个性神话。好奇求新实质上是一种少年情怀,"崇尚少年精神"的文化肌理使更年期的文化"返老还童"②。

移动阅读之所以成为大众阅读的"新宠",是有多种原因的。

首先是技术层面的突破。智能手机和电子阅读器技术的成熟以及大数据与云储存技术的广泛应用实现了跨平台的阅读共享,并能精准地为用户提供个性化服务,从技术层面保障了大众阅读的高效率,带来了数字电子阅读市场的升温。第二十一次全国国民阅读调查结果显示,数字化阅读方式(电脑端网络在线阅读、手机阅读、电子阅读器阅读、Pad阅读等)的接触率为80.3%,较2022年增长0.2个百分点。其中,听书和视频讲书等新兴的数字化阅读方式受到越来越多的成年国民喜爱,数字化阅读正在深入成年国民生活③。

其次是阅读方式的转变。现代读者"快读"和"临时阅读"的需求得到了满足,据何琳等人的调查数据,移动阅读中以快速阅读为主的用户占据了89.37%④。

再次是消费方式和读者群体的结构变化。据调查,移动阅读吸引用户的因素,由高到低排列依次为"阅读资费低、界面美观简洁、下载资源方便、阅读速度快、不受时空限制、操作简单、携带方便",因此深受18～35岁的青年尤其是25～30岁的人群的喜爱⑤。

在关于"移动阅读"的讨论中,备受关注的是"浅阅读"问题。当阅读的"浅薄化"开始成为一种普遍现象,大家争议的焦点就集中于:这种"浅"究竟来自阅读媒介的新变,还是源自读者生活方式的转型和阅读素养的差异?⑥

不可否认,新媒体的阅读行为往往是"我需故我读",明显挟带着"快闪"的特征,有的甚至充当阅读中的"标题党",无论是文本选择、时间分配还是具体的阅读方式,都与"掩卷沉思"的纸质阅读不一样,与传统的"经典性阅读"有所区别。语文学家刘国正曾在《写作教学管窥》一文中指出,"阅读,主要是阅读名家名作","历代大家留下的名篇是政治史、文学史、思想史、文化史上的瑰宝","名家名作中凝结着运用语言的高超艺术……对于写作的影响虽不能立竿见影,却见无形的、深刻的、长远的效果,往往终身受用不尽"⑦。这里

---

① 李惠君:《App时代,"我们一起把阅读变好玩"》,《出版广角》2011年第11期。

② 吴伯凡:《孤独的狂欢》,中国人民大学出版社1998年版,第35页。

③ 见张勇、李苑、徐鑫雨:《第二十一次全国国民阅读调查显示:国民阅读方式呈现多元化特色》,《光明日报》2024年4月24日第009版。

④ 何琳、魏雅雯、茆意宏:《移动互联网用户阅读利用行为研究》,《图书情报工作》2014年第17期。

⑤ 李磊、徐红彩:《大学生手机APP阅读行为调查研究》,《中国教育信息化》2016年第16期。

⑥ 关于"浅阅读"的争议,详见茆意宏:《对新媒体阅读争议的思考》,《出版发行研究》2013年第9期;胡凯:《新媒体阅读争议辨析》,《出版发行研究》2014年第2期。

⑦ 刘国正:《写作教学管窥》,载《专家谈中学语文教学》,山西教育出版社1995年版,第125页。

所说的"终身受用"的长期效果,指的是阅读名家名作既学到了运用语言的高明方法,也领略到了语言中蕴含的思想境界和人格力量,由表及里地获得了对语言和思想境界的整体感知。这需要阅读时潜心研索,咀嚼消化。这就是朱光潜在《谈文学》中所说的"务求透懂,不放过一字一句,然后把它熟读成诵,玩味其中声音节奏与神理气韵,使它不但沉到心灵里去,还须沉到筋肉里去……可以由有意的渐变为无意的。习惯就成了自然。"①新媒体阅读似乎很难再产生百读不厌、意犹未尽、余韵无穷的深度阅读体验。

但"浅阅读"是信息时代读者的客观需要。"今天一份厚报的文字量就可能超过19世纪一个普通人一年的阅读量",以《新京报》为例,每份含20～30万的文字量和几百张图片,正常情况下一天无法读完。当资讯量呈几何级数递增,读者极可能在海量信息面前无所适从,而浏览式"浅阅读"的轻快感可以有效消解这种"信息焦虑"。何况,"浅阅读"也不是新媒体的专利,其实在传统阅读中也有精读和泛读之分,泛读就是浅阅读。因此,阅读的深浅和阅读的媒介不一定存在根本的关联。周国平就在《世上并无浅阅读》中说过:"纸质产品和数字化产品只是形式不同,关键在内涵,从网络上读孔子和柏拉图与从纸质书上读没有本质区别。"②有研究者甚至通过眼动追踪技术对数字阅读与纸质阅读进行了实证比较分析,结果并未显示数字阅读必然导致"浅阅读"。因此,与其说阅读的深浅状态取决于技术和媒介,倒不如说是取决于阅读中思考和感悟的深浅。是沉思品味还是浮光掠影,主要决定于阅读主体的文化素养和阅读习惯。

同时,"浅—深"阅读又是互为依存、依次递进的。浅阅读是深阅读的前奏和铺垫,深阅读是浅阅读的后续和深入,阅读主体通过"浅阅读"筛选出有价值的信息,然后在"深阅读"中拓进思考,而一次"深阅读"的收获又可能触发下一次"浅阅读"的动机。如果从读写关系来考量,作为写作范式和能量积蓄的移动阅读更需要一种由浅入深、回环往复的阅读体验。

本雅明在《机械复制时代的艺术》中曾预言,讲求韵味的艺术将被机械复制艺术所替代,读者对艺术品的凝神专注式接受也将让位给消遣性接受……而移动写作正面临着这样的困境。

显而易见,写作媒介发生了根本的变化。传统的写作方式必然以书面文字为载体,即"文本"才是写作的最终成果。对语言文字的驾驭能力在一定程度上成为衡量写作水平的重要标尺。即使在互联网盛行的初期,我们仍然认为,写作是主要运用文字符号,并通过特定文本或超文本,能动地展示精神的积淀、创造和传播过程的活动。写作中虽然穿插其他符号如表情、音乐或视频,"但文字表达仍然是写作的主要存在方式","读图"不能取代"读文"。而在移动互联网的背景下,新媒体的写作符号不再局限于文本,其内涵已经扩展到文、图、影、音等多媒体的综合运用。随着阅读从"读书"转向"读媒体",数字技术迎来立体传播的媒介方式,写作也从单一的文字撰写转变为一种多媒体或全媒体的写作。比较典型的是台湾"汤圆写作"软件,以手机为移动终端写作平台,利用手机的拍照、录像等多

---

① 朱光潜:《谈文学》,安徽教育出版社1996年版,第15页。
② 周国平:《世上并无浅阅读》,转引自胡凯:《新媒体阅读争议辨析》,《出版发行研究》2014年第2期。

种功能,并融入多媒体元素,凡文字、声音、图片、视频等均可成为创作元素,而且可以随时随地记录和存储。借用"互联网+"的表达方式,今天的写作是"文字+"或"+文字",文字未必位居中心地位,在新媒体的综合元素中,文字只是其中之一元。在"摄影+文字"、"音乐+文字"、"视频+文字"的新型组合中,读者未必会特别留意文字,除非他自己就是一个"文字控"。文字将更加浓缩和精炼,几乎就是"画龙点睛"的要求。照理说,这对文字质量的要求更高;但在读图、读媒体的视野下,如果其他方面做得不够到位,那么再好的文字也有可能被忽略。这就意味着今天的作者不仅要驾驭那"点睛之笔"的文字,而且要操控新的媒体。

而新媒体写作,其不可避免的"碎片化"特征主要对应于"微写作"这一载体,如微博、微信、微电影、微小说、微故事等①,或个人故事的分享,或社会事件的评述,或摄影佳作的展示,是将段子、美图、雅乐熔为一炉的"浓缩之精华"。移动写作表现为个人性、简约性、场景性、共享性、动态性等基本形态,它虽然有朋友圈内诸多图文的模板可以复制,无形中借鉴了"读"的力量,但超越模板独具创意才是移动写作的优质标准。

移动互联网背景下的读与写均离不开新媒体。麦克卢汉认为,媒介或技术的迭代创新将引起"人间事物的尺度变化、速度变化和模式变化"。人们终于醒悟,新媒体的介入必将引发读、写方式的划时代革命。以新媒体中技术相对成熟的应用"初页"和"美篇"为例,大致可以窥见图、文、乐并茂的阅读和写作形式。它们以读者或作者的文化艺术素养为根基,以个人的摄影和文字为主要内容,以新媒体操作技术为工具,以圈和群的分享为主要传播方式,由此打造新媒体读、写的新境界。

"初页"和"美篇"建构了移动互联网时代读与写的新范式。这一新范式具体表现在:首先,读写流程的简易性。电子阅读软件的辅助和写作模板的选择代替了逐行逐字的翻阅和煞费苦心的构思。其次,读写交互的实时性。传统方式中"写作—发表—阅读—评价—反馈"的漫长时序被即时点赞、弹幕、评论、修改所取代。最后,读写主体的兼容性。读者又是写作的参与者,作者又是作品的传播者,在读写活动中,主体具有多种身份、多重角色、多种功能。而"读—写"的教学也从此跨入了一个新时代。像近年出现的"蓝墨云班课"等手机辅助教学软件使百人规模的课堂考勤仅需 20 秒,学生参与的互动交流可以达到全覆盖。而"初页"和"美篇"便于教师将教学内容和相关资讯及时分享给学生,并就某一话题与学生进行实时互动,从而将读写教学延伸到了课堂外,便于学生在手机上查看上课签到、作业提交、提问质疑、期末作品上传等情况,从而彰显了"读—写"教学的高效性能,并增强了学习者在充分的交互活动中的"社区感"和"幸福感"②。

"初页"和"美篇"创设了移动互联网时代读与写的新体验。美国高校曾运用"O2O"(online to offline)教学模式,即将线上共享的丰富教学资源与线下的互动交流相结合,使移动互联网平台成为理论与实践、教师与学生以及学生之间资源共享、经验分享和问题探究、思想交流的往来终端,以此促进学生的自主性学习、过程性学习和体验式学习。而"初

---

① 李文月、徐雪芹:《浅析微写作》,《写作》2014 年第 10 期。

② Michael G. Moore. Editorial: Three Types of Interaction. *American Journal of Distance Education*, no. 3(1989):1-7.

页"和"美篇"既可以是教师课程内容的在线资源,是学生的阅读对象,又可以是学生线下学习收获、社会实践和生活体验的成果呈现,是学生的写作载体。像优秀传统文化的读与写,教师以"初页"和"美篇"展示《论语》和《道德经》的微言大义,供学生阅读感悟,而学生则将线下考察中国传统村落和历史文化古街的实践经历制作成"初页"和"美篇",上传到线上进行交流。线上是一网打尽的信息与资源,是科技与时尚;线下是可触可摸的场景再现,是亦真亦美的体验狂欢。

"初页"和"美篇"开启了移动互联网时代读与写的新思维。毋庸讳言,"初页"和"美篇"以新媒体为传播方式,解构了读写传统模式的沉重感,带有明显的"轻逸"特征,但其图、文、乐三位一体的表现方式又具有较强的观赏性和审美性,吸引人们沉浸其中,细细品味。或许,人类在经历了快闪的生活方式之后,又会渴望慢生活的精致,又会回归对人性本源、初心的寻找。甚至无论万物如何流转无常,人类心底深处对真善美的追求、对创造的渴望从未离弃和泯灭。"美篇"作品《一世独殇》获"最美人间五月天"大赛一等奖,究其原因,评委任斌认为,在每一张看似轻松的画面背后,都是精心组织的画面、语言、光线、构图、色彩,读者在如临其境的感觉中窥见作者深厚功底之一斑。另一评委汤曼觉得,画面具有浓浓的异域风情和神圣感,"配上简洁而富有诗意的文字,将人引入遗世独立的意境中"。可见,新媒体的读与写非但不是文化素养的萎缩、创新精神的终结,反而是艺术创造的复活。

## 【延伸阅读】

1. 王志彬:《20 世纪中国写作理论史》,南京大学出版社 2002 年版。

(选读第四编第二章)

2. 孟建伟:《实用写作技术》,中国社会出版社 2003 年版。

(选读第五章"实用写作的摄取技术")

3. 劳丽·罗扎斯基:《创造性写作》,辽宁教育出版社 2002 年版。

(选读第四、五章"写作过程")

4. 曹文轩:《小说门》,作家出版社 2002 年版。

(选读第三章"虚构")

5. 余华、王尧:《一个人的记忆决定了他的写作方向》,《当代作家评论》2002 年第 4 期。

6. 徐善伟:《想象史研究述评》,《学术研究》2002 年第 7 期。

7. 刘绪义:《论网络传播视野中的网络写作及其走向》,《云梦学刊》2005 年第 3 期。

## 【思考与练习】

1. 想象作文两题。

(1)根据下列提示,任选一题写一篇想象作文,不少于 1000 字。

① 荆轲刺秦王成功以后　　② 项羽打败了刘邦　　③ 武松被虎吃掉

④宋引章进宫成王妃　　　⑤杜十娘百宝箱失窃　　　⑥方鸿渐娶了繁漪

(2)《丑陋的日本人》一书里讲过一个故事:

有一次,西班牙人、德国人、英国人和日本人在同一桌宴席上,面对着满桌珍贵但不知如何吃法的菜肴,抢先的总是西班牙人,毫不客气,狼吞虎咽。德国人冷眼审视,还有什么更好的吃法? 英国绅士慢条斯理地讨教标准的食用方法,随后拿起刀叉。日本人则把刀叉拿在手里,摆好姿势,装作内行的样子,模仿着旁人的动作,对也好,错也好,第二名总是日本人。

现在假如他们一道来到海滩,准备去游泳时,西班牙人、德国人、英国人和日本人又会怎样表现呢? 写出你的推测想象。

2.在爱情问题上,古人有"曾经沧海难为水"与"天涯何处无芳草"两种境界,如果要选择一种,你倾向于哪一种? 为什么?

3.古人说过"熟读唐诗三百篇,不会写诗也会吟",又说过"纸上得来终觉浅,绝知此事要躬行",请对"重阅读"和"重体验"这两种观点作出简要评价。

4.请从观察和体验的角度,分析下面这篇学生习作《夏夜,一个永恒的童话》所存在的问题,并进行修改。

　　　夏日的夜晚,温馨的暖风吻着人的脸,痒痒的,甜甜的;满天亮晶晶的小星星,像无数荧光闪烁的眼睛,又宛如无数颗嵌在淡墨色夜幕上晶莹的宝石,闪闪烁烁;那如银盘高挂的又大又圆的一轮皓月,毫不吝啬地给大地洒下一片银辉;蛙声从不远处的田野上传来,像是为挑灯夜战抢收抢种的村民们擂着战鼓。而那些畏惧光明喜欢黑暗的夜游虫,爬在墙角或土坎下,一个劲地唱着老调。

5.在矛盾对立分析法、两极交叉分析法和意义类型分析法中选择一种方法,或综合运用这几种方法,对你所了解的"手游"现象进行分析,自拟题目,写一篇评述文章,1500 字左右。

拓展资料

# 第五章　写作流程

## 第一节　立意、选材

### 一、立意

立意就是确立主题,形成自己的价值判断。"主题"一词源于德国,最初是音乐术语,叫"主旋律",它传达一种完整的音乐思想,是乐曲的核心。后来,这一概念被推而广之,适用于文学艺术创作以及各类文章的写作。有了主题,写作就有了"聚光点",整个作品就会贯注生气。古人对主题多有"灵魂"、"一身之主"(黄子肃:《诗法》)、"统帅"(王夫之:《船山遗书》)、"主人"(袁枚:《续诗品》)、"主脑"(李渔:《闲情偶寄》)的美誉,主要指它具有纲举目张的作用,它使写作者"成竹在胸"。

根据写作时不同的运思方式,确立主题的途径有两条:一是感悟,主题来自作者对生活的感受和体验,来自生活经验给作者的启迪和暗示;二是提炼,主题来自作者对所得材料的分析、归纳和提升。

#### 1.感悟

感悟是一个由"感"至"悟"的过程,是受到客观事物的触发和撩拨而产生的"恍然大悟"的心理体验,也就是"由一件事感悟到其他的事","从蝉声悟到抑扬的韵律,从日影悟到明暗的对照,从雷阵雨感到暴力的难以持久,从雨后的清凉悟到革命的功用"[①]。写作中的感悟能使运思产生突破性的进展或者改变其方向,激发出立意中的创造性思维。感悟带有强烈的个性化色彩。面对同样的生活场景,各人的感触是色彩斑斓的。"仁者见仁,智者见智"的结果使立意具备了独特性。同样一个作者在不同时间面对同一现象,也会有不同的感悟与收获,这不仅呈现为认识由浅入深的深化发展,而且还会产生一前一后迥异其趣的两个结论、两种意蕴。有人认为感悟是文学创作的专利,这是一种误解。感悟是人们认识事物过程中质的飞跃,它的产生需要有一个量的积累过程。写作上的感悟虽然带有极大的偶然性,但它终究不是天赐的灵感,它是从苦思开始的。只有当作者的思想成为一片"带电的云层"时,才能引发电闪雷鸣。许多有经验的科研工作者都有类似的体

---

[①]　夏丏尊、叶圣陶:《文心》,开明出版社 1996 年版,第 90-91 页。

验:为了写一篇学术性的论文,先在记录纸上勾勾画画,分门别类,并注明自己的心得,然后不忙动笔,"做不出来的时候,也决不硬做"①,在一段时间里可能吃饭、走路甚至睡觉都在苦思冥想,直到某一天,心中忽有所动,来到书房笔走龙蛇或者敲击键盘,就写出了论文。可见,苦思能逼出灵感。美学家朱光潜说:"灵感就是潜意识中酝酿成的情思猛然涌现于意识。"②钱学森认为,灵感实际上是一种潜思维,平时想不起某些信息,并不意味着这些信息的消失,而是这些信息在人脑的另一部分里面加工,只是人没有意识到而已。一项调查显示,中科院院士25人里,在科学创造过程中灵感发生很频繁者占4%,经常者占12%,时有者占40%,偶有者占28%,从未发生者占16%③。当然,写作与科学创造不完全相同,但也自有其相通的地方。在写作中,灵感降临也是常常会出现的现象。

2.提炼

作者在实施一次写作行为之前,即使明确了自己的写作任务,知道了要写什么,但对于最终要表现怎样的主题仍然是不确定的,有一点四顾茫然的味道,这就需要作者在搜集到的材料的基础上进行分析、归纳、提升,逐步形成比较深刻的认识。

第一种方法是筛选法。根据材料,从不同角度提出多种意蕴,经过比较鉴别,去粗取精,优胜劣汰,确立其中的最佳方案为本次写作的主题。

例如,电视节目《吐槽大会》深受观众喜爱,要评价它的亮点和特色,可以根据媒体的相关报道资料,经过整理归纳,罗列以下几种备选答案:

之一:吐槽,源自日本"漫才"(站台喜剧)的汉语翻译,是一种喜剧脱口秀表演形式,也是一种年轻的沟通方式,传达了"吐槽是门手艺,笑对需要勇气"的理念。吐槽走的是轻松搞笑路线,为大众提供段子和笑梗等娱乐笑料,让观众在享受演员们放肆吐槽、戏谑调侃、幽默互怼的过程中,看别人的热闹,笑别人的槽点,来缓解心理压力,获得精神快感,因而被誉为"国民综艺"。

之二:对于明星的幕后生活,观众都有很强的好奇心。通过吐槽的形式展示出明星的私人化生活真相,则满足了观众们对明星的好奇心。而《吐槽大会》的悬念还在于,面对其他嘉宾的吐槽,嘉宾究竟会怎么回应一直以来网络上关于自己的言论,如何绝地反击,这也是观众们最为好奇的对象之一。节目组抓住了观众的猎奇心理,这也是《吐槽大会》能够一直吸引观众的原因。

之三:《吐槽大会》体现了融媒体时代的互联网精神,即讲求"平等"和"真实"。而被吐槽的嘉宾勇于直面接受自己的槽点,并进行自嘲和"自黑",不再遮遮掩掩,而是大方承认,也让观众看到了一个褪去华丽外表的真实明星。通过吐槽,明星得以回归平凡生活,有意识地弱化了明星效应,释放了草根文化,以"大咖坐镇,草根主导"的新模式,颠覆了"引进版权,明星出演"的老套路。

---

① 鲁迅:《我怎么做起小说来》,载《鲁迅全集》(第四卷),人民文学出版社1981年版,第514页。
② 朱光潜:《"读书破万卷,下笔如有神"——天才与灵感》,载《朱光潜美学文集》(第一卷),上海文艺出版社1982年版,第529页。
③ 张光武主编:《思维科学研究》,中国人民大学出版社1999年版,第364页。

之四：《吐槽大会》在节目编排上围绕年轻人感兴趣的热点话题进行"吐槽"。每期嘉宾在吐槽过程中，都会渗入自己的理解和认识。正是由于很多嘉宾敢于直言坦言，敢于直面自己的"黑历史"，以积极乐观、幽默豁达的态度面对人生路上的槽点、糗事，树立了求真的人生态度，从而在一定程度上起到了人生价值的正向引导作用，为节目赋予了正能量。但是《吐槽大会》也曾一度被人们认为是一档给带有争议的名人明星"洗白"的脱口秀节目。因此，在吐槽娱乐的同时，也要理性吐槽，避免低俗内容，做到提升品位，净化人心。

之五：在传播方面，《吐槽大会》，结尾设置了"Talk King"环节，选择本场最佳吐槽嘉宾，颁发奖杯。此环节消解了节目进行中的对抗意味，无形中增加了节目的游戏性和趣味性。观看者还可以通过弹幕的形式与同时观看节目的人以及节目本身产生互动，在弹幕中享受全民狂欢性吐槽。而且节目中融入了当下网友使用频率较高的网络流行语、表情包、花体字幕、鬼畜剪辑等元素，将观众迅速带入吐槽的环境气氛中，从而增强了节目目标受众的活跃度和黏性。

之一至之五的评论角度分别为"幽默性""猎奇性""平等性""价值性"和"交互性"。比较而言，方案之一为普及性的知识介绍，缺乏新意，弃之不选为好。方案之二瞄准的"猎奇"心理、方案之五凸显的"网络"元素，都是《吐槽大会》节目成功的要素之一，但其他的大众娱乐节目也会兼有这些元素。而这个节目的最大优势，应该就在于超越其他综艺节目所达到的新高度上，在于价值内涵与表现形式的完美结合上。比较而言，还是选择之三和之四的结合，明星的平实化和价值的正向性才是综艺节目的成功之道，更能彰显这个节目的标杆意义。傅守祥、陈奕汝有篇文章的题目即取《论综艺节目的内容生产与思想启蒙——从网络自制综艺节目〈吐槽大会〉〈脱口秀大会〉等说开去》，虽然作者不会按我们的思路来构思，但他也选择审美情调和价值引领为主旨，必然会有类似的梳理过程。

第二种方法是联系法。寻找材料的"闪光点"，联系实际，剔除其不符合时代潮流的因素，提取其中的当代精神，弘扬时代的主旋律。

比如，要写一篇关于苏泊尔股份有限公司生产经营特点的调查报告，了解到苏泊尔炊具的研制过程是先收集社会上大量的饭铲，研究它们的倾斜角度，然后再设计炒锅的相应弧度，使铲与锅的配合非常"默契"；炒锅手柄设计成柔和的流线形，握上去手感非常舒服。写作者可以根据这些材料，再联系当前科学发展理念，从材料本身的技术含量问题转向以人为本话题，挖掘出其企业精神中的人性化内涵。

当然，在采用联系法提炼主题时，不能纯粹为了赶时髦硬攀上所谓的时代主题，牵强附会，生拉硬扯，这样反而会造成读者的反感。

第三种方法是反推法。反其道而用之，对常见的材料进行逆向思考，推出一个出人意料的新主题。毛泽东的《卜算子·咏梅》即采用了对陆游的《咏梅》反其意而用之的立意方式。王安石的《读孟尝君传》也是反向思维的范例，对世人盛传孟尝君礼贤下士、广揽人才的说法进行了质疑。明朝的李贽在《焚书》卷五《党籍碑》中有一段别出心裁的见解：

公但知小人之能误国，不知君子之尤能误国也。小人误国犹可解救，若君子而误国,则未知何矣。何也?彼盖自以为君子而本心无愧也。故其胆益壮而志益决,孰能止之。

刘鹗的《老残游记》里也有一段同样意思的话:

> 赃官可恨,人人知之。清官尤可恨,人多不知。盖赃官自知有病,不敢公然为非;清官则自以为我不要钱,何所不可?刚愎自用,小则杀人,大则误国!

"清官"之所以可能比贪官更可怕,就是因为"清官"自恃在道德方面无可指责,无所顾忌,做起坏事来更加不择手段。应当说,这种见解比一般的习惯性看法更有深刻意义。当然,李贽与刘鹗讥笑假正经的道学家,挖苦那些刚愎自用的"清官",是有其现实针对性的,不能由此推导出李贽欣赏小人、提倡贪官。而且刚愎自用的"清官"该不该叫"清官",这本身就可以讨论。因此运用逆向思维"做翻案文章,容易学,很有效,但也是个很大的陷阱"[①],弄不好会将个人的成见当作反传统的宣言,将漏洞百出的偏激之词当作片面的深刻,逞才使气,哗众取宠。

写作中采用逆向思维立意应当审慎,不可意气用事,故意剑走偏锋。在提炼主题的诸种方法中,筛选法受到作者世界观、理论修养、文化功底的限制,理论修养好的作者自然能够利用该法选出满意的答案,而文化功底不足的作者就想不出较多较好的立意角度,即使想出来了,也不一定选得对,所谓"最佳答案未必最佳"。联系法要求作者"文章合为时而著",体现时代精神,但不要将文章的主题变成当代话语的图解。反推法可以另辟蹊径,推陈出新,但要注意防止偏激和冲动,需要用辩证思维来调节矫正。

## 二、选材

选材,顾名思义,即对材料的选择与使用。搜集材料应在确立主题之前,但选用材料却应该在立意之后,根据表现主题的需要来进行挑选和加工。如果将材料比作文章的"血肉",那么材料过少,形销骨立,苍白无力,空洞无物,固然不好;而材料堆砌,叠床架屋,臃肿不堪,冗长乏味,也不是成功的写作。材料选用不当,"下笔千言,离题万里",会变成旁逸斜出的累赘,而选用贴切的材料,却能够以少胜多,引人入胜。

### 1.历时性角度

选材的方法,从历时性的角度来说,主要有以下三种类型。

第一,发现新鲜材料。随着写作过程的深入,一些鲜为人知的材料也随着时间的推移和作者的不断挖掘而浮出水面。发现新材料是选材的质的飞跃,它在丰富材料的同时,也在深化着主题的价值内涵。例如,一般人述及蔡元培"兼容并包"的大学理念,不是从德国大学那里找源头,就是从蔡元培性情温润、气量恢弘上做文章,而陈平原却发现了梁漱溟

---

① 陈平原:《从文人之文到学者之文——明清散文研究》,生活·读书·新知三联书店 2004 年版,第 22 页。

评价蔡元培的一段材料,开辟了一条理解"兼容并包"思想产生原因的新路径:

> 关于蔡先生兼容并包之量,时下论者多能言之,但我愿指出说明的:蔡先生除了他意识到办大学需要如此之外,更要紧的乃在他天性上具有多方面的爱好,极广博的兴趣。意识到此一需要,而后兼容并包,不免是人为的(伪的);天性上喜欢如此,方是自然的(真的)。有意的兼容并包是可学的,出于性情之自然是不可学的。有意兼容并包,不一定兼容并包的了;惟出于真爱好,而后人家乃乐于为他所包容,而后尽管复杂却维系得住。——这方是真器局,真度量。①

从个人天性爱好来谈论兼容并包的思想缘起,确是梁漱溟的新见解、新体会。冯友兰也认为蔡元培具有春风化雨的人格魅力,这是从他本人的精神境界发出来的,因而很难仿效,也无法弄虚作假②。在梁、冯的写作中,这样的新见属于"炼意",而在陈平原的写作中,则是属于发现新鲜材料。他援引这些新材料来证明蔡元培"兼容并包"的深刻意蕴,是很有说服力的。

再譬如清代学者顾炎武,与同乡归庄等人一起参加了复社,两人共同参加了苏州守城,与清军血战。苏州失守后又有昆山起义。《亭林文集》中有《吴同初行状》记载"北兵渡江,余从军于苏,归而昆山起义兵,归生与焉",归庄参加了,至于顾炎武本人是否参加,存疑。后来日本学者井上进找到了一条关键性的材料,解决了这一疑惑。在黄宗羲早期编撰的《明文授读》卷二十五所收的顾炎武《吴同初行状》里,有一段异文"余从军于苏,亡归昆山为墨守,归生与焉",黄宗羲一书编于清朝统治巩固前,所以不像顾炎武门生所刻《亭林文集》那样刻意模糊反清言辞,因而更为可信。正是这则新材料的发现,使顾炎武守昆山的历史成为定案。

第二,替换平庸材料。杜夫海纳在《审美经验现象学》中将"物象"分为"艺术质料"和"物质质料",以区别艺术和非艺术,并指出只有通过"审美知觉"才能发现具有艺术价值的"艺术质料"③。同理,写作主体面对的材料中也存在着写作因素与非写作因素,而写作的"题材"只能由具有写作因素的材料构成。感知能力强的人自然能够选择那些有写作价值的材料,去替换那些"物质质料",而感知能力弱的人则往往把握不准,迷失在材料的"丛林"之中。有些同学在回眸自己的中学生活时,不善于取材,错把"该忘"当作"难忘",常常会出现妈妈给我送雨伞、老师叫我出板报、同学帮我补功课的"三套曲",有的甚至为了拔高老师的敬业形象,不惜造假材料,写老师带病坚持上课晕倒在讲台上。这些雷同化和编造的材料,只能属于"物质质料",因为既缺乏观察生活的独到眼光,又没有个人化的心灵体验,就很难写出与众不同的"这一个"。真正的写作因素只能蕴藏在那些能充分展示个

---

① 梁漱溟:《纪念蔡元培先生》,载陈平原等编《追忆蔡元培》,中国广播电视出版社1997年版,第145页。

② 冯友兰:《我所认识的蔡孑民先生》,载陈平原等编《追忆蔡元培》,中国广播电视出版社1997年版,第168页。

③ 米·杜夫海纳:《审美经验现象学》,韩树站译,文化艺术出版社1996年版,第118页。

人独特经历、能突出人物个性的材料中。用"写作质料"去替换"物质质料",也就是用有价值的材料去置换平庸的材料,选择一些不可复制的材料。这样才能使文章因有了闪光的材料而焕然一新,别具神韵。

第三,增减原有材料。选用材料其实有一个"试错"的过程,一方面量体裁衣,根据写作需要选材;另一方面材料是否合身,又不可能都是"一眼看中",应该允许"试穿",增加那些富有表现力和说服力的材料,而要舍得将那些看似有趣但游离于主题之外的材料丢弃,从而使写作披上熨帖的材料"锦衣"。王瑶在他的专著《中古文学史论》中,对史实的掌握几乎到了竭泽而渔的地步,引述的历史资料不仅丰富而且具有权威性,不仅揭示史实而且探寻史料之间的内在规律性。这样的以"史"论"文",不是对史料的"搬用",而是对史料的"活用";这样的材料扩容,不是简单的材料罗列和堆砌,而是材料的相互印证和相互诠释,从而为论述提供了强有力的论据,避免了阐释过程中的"孤证"。王瑶的"加料",不仅不显得臃肿,反而显得充实,体现了一个严谨的学者寻找多重证据追求实证的治学态度,也反映了一个成熟的作者追求合体的写作意识。

2.共时性角度

选材的方法,从共时性的角度来说,要处理好以下三方面的关系。

第一,真实与虚构的关系。人们非常痛恨写作材料的失实,认为这是对读者的欺骗,因而常常把材料的真实性放在第一位。其实,真实有不同的内涵:日常生活中的人们追求的是感觉的真实,他们对炎热和凉爽、嘈杂和宁静,都是基于自己的一般感受;科学家追求的真实是用科学仪器测量出来的真实;而艺术家追求的真实则是情感的真实、心理的真实。艺术作品中的虚构,在生活中可能与事实不符、与情理相悖,但在人的感情世界里却可能具有"深度的真实"。

因此,不能仅仅用生活真实的唯一标准来衡量材料的"真实性",而应该尊重材料真实的多重内涵。有一位女生,在生活中留着短发,却写了一篇作文《长发的故事》,文章分三部分:第一部分写小时候妈妈天天为自己梳头扎辫子,说"我"留长发好看;第二部分写自己上了外地的中学,学习较忙,妈妈亲手剪下了"我"的长发,说这样每天可以节省梳头的时间;第三部分写自己上了大学,妈妈来信劝"我"还是留长发好看。文章结尾写寝室的同学邀"我"一起去理发,被"我"婉言谢绝了。在"我"的内心深处有一个执拗的声音:"我"的长发为母亲而留。据这位同学自己介绍,这是一篇受流行歌曲《长发为君留》的启发而写成的虚构之作。在实际生活中,这位女生并非长发飘逸,从事实的逻辑来看,这篇作文与生活的事实似乎不一致,但是在情感逻辑里却是顺理成章的:一个自幼在母亲哺育之下成长起来的女孩子,无论时间和空间如何变换,都会与母亲之间缔结一种精神上的依恋关系,为了这种精神的依恋,甚至牺牲生活中的方便性原则也在所不惜。与生活真实不符,但很可能在情感世界里却更逼真、更感人。

第二,统一与突破的关系。选材要围绕主题,达到材料和观点的一致性,这几乎是一种写作常识。但这也容易将那些与主题不一致的"反例"排除在视野之外,结果或使文章的内容过分"清纯"、单薄,或导致主题以偏概全,结论成为"孤证"。所以在选材的时候,可以吸纳波普尔的"证伪"说,容纳与原先设想不完全一致的"反例",突破固有的框框,使结论更加辩证、全面。关于三国名士嵇康柳下锻铁的原因的探讨,《晋书》中说:"初,康居贫,尝与向秀共锻于大树之下,以自赡给。"如果据此就下定论,认为嵇康锻铁乃出于生计的需要,这是非常粗率的。《文士传》中就有反例:"家虽贫,有人就锻者,康不受直。"不收报酬,对生计又有何补益?学者在此基础上经过深入研究认为,因为打铁可以散发药的热力,而铁屑又具有镇静的作用,因此,嵇康锻铁之举是躲避政治迫害的韬晦之法,也是养生之道的调养之术和取药方式①。

第三,新颖与平实的关系。选材提倡新颖,"新鲜出炉"的材料才能给读者耳目一新的感觉。但写作也提倡"平中见奇"、"俗中见新",在平常的材料中挖掘出新意,见出写作的功力,而反对"逐奇失正"。季羡林在散文《我的中学时代》里,由"幼无大志"起笔,写到自己高中"六连冠"获得甲等第一,最后得出"勤"、"苦"的学习真谛。文章看上去平淡无奇,结论也是老生常谈,但在回忆任课教师和自己勤奋学习的过程中,写到了自己知识的积累、人格的培育、趣味的养成,全文展示了自己脚踏实地、奋发向上的求学历程,每一次学业上的进步都使自己深受鼓舞,"但也并没有飘飘然觉得自己有什么了不起"②,这就铸成了日后一个"人文学家"的品格:潜心向学,朴质无华。有才华,但不"横溢",不让自己的才华任意挥霍,而是聚焦在一点上,扎根下去,结出硕果。文章写出了一般的回忆录所不能达到的思想深度。

# 第二节　构思、赋形

## 一、构思

构思就是作者在大脑里勾画"草图",从内涵到体式对写作进行全面的预构,即梳理思路,描画轮廓,构建框架,并策划可操作的程序。一句话,就是设计完整的写作蓝图。如果说立意和选材解决了"写什么"的问题,那么从构思开始,就是解决"怎样写"的问题。

1.构思过程的特征

构思过程是写作的酝酿和设计阶段,这个阶段大体是由"浮想"到"深思"再到"收束"③。构思之初,应当浮想联翩,"想得很多很多",思维不受时空限制,不受成见约束,甚至可以不着边际地"胡思乱想"。想得越宽广,越能给深思提供更多的选择余地。这时,可以是"寂然凝虑,思接千载,悄焉动容,视通万里"(刘勰《文心雕龙·神思》),即调动所有的情绪、记忆、想象、思维去加工材料,为"深思"创造充分有利的条件。浮想阶段的思维活动毕竟是肤浅而杂乱的,要形成具体鲜明的艺术形象或认识事物的本质规律,有待于层层深入的思索。古人说:"凡作文发意,第一番来者,陈言也,扫去不用;第二番来者,正语也,停止不可用;第三番来者,精意也,方可用之。"(元代陈绎曾《文说》引戴师初语)这讲的是

① 范子烨:《〈世说新语〉研究》,黑龙江教育出版社1998年版,第289页。
② 季羡林:《我的中学时代》,载《我的中学时代(名人回忆录)》,福建教育出版社1999年版,第10页。
③ 于冰:《写作构思技巧》,中国青年出版社1991年版,第8页。

"深思"中的"梳理"。对于思维的深入,列宁也说过:"人的思想由现象到本质,由所谓初级的本质到二级的本质,这样不断地加深下去,以至于无穷。"①这指出了认识的层次性和思维过程的层递性。也有的写作学者把思维的深化过程表述为从客体的"无限"到主体认知的"有限"、从认识的"无向"到立意的"有向"、从思维的"无序"到表述的"有序"、从思想的"无形"到载体的"有形"②。思维到了有限、有向、有序和有形,就基本上完成了构思的过程,写作提纲或者"腹稿"也已经呼之欲出。

构思的"草图"从孕育到完成,还表现出由零星的思绪逐渐趋向整体性的特点,大脑中丰富的意象元素逐渐构成像生活一样完整的、立体的整个世界。作者构思的"心理流"从部分趋向整体时,有时还带有"自律运动"的特点,或摆脱作者主观意志的控制,或抛开预定计划的束缚。许多作者在构思开始前是编写提纲的,但后来的构思却很少照着提纲按部就班地进行,甚至把提纲的计划全部打乱,作品中的人物或者生活中的事件会"带着作者向前走",如托尔斯泰笔下的安娜卧轨自杀,就是作者始料未及的。不仅文学创作如此,其他写作也有类似情形。记者本想通过 1960 年版的 5 元人民币的背面图案,即阜新露天矿的大型电镐作业场景,揭示露天矿在为新中国发展作出巨大贡献的同时,也给阜新的生态环境留下了难以愈合的"伤疤"。但通过深入采访原露天矿 6608 号机组司机长闫士彪师傅,发现露天矿经过环境治理,已经种树复绿,闫士彪带着记者用脚步丈量了他栽种过的树木和草坪,于是记者提炼出这样的新闻主题:海州昔日被刨尽挖绝的金山银山,如今又通过治理变成绿水青山。这篇《涅槃中的海州露天矿》曾几度获得新闻大奖③。究其写作思路变化的原因,一种可能是由于作者深入生活、深入思考,改变了初衷;另一种可能是由于写作的内在规律发挥了调节的功能,它更正了写作意图中违背规律的地方,对写作起到了"自律"的作用。另外,在公文写作中,作者还要根据组织的意图及时调整自己的写作思路。

**2.不同文体写作的构思程序**

构思过程中应该始终贯穿着载体意识,每一次构思都会受到"形式规范"的制约,那种不顾体裁特征信马由缰的构思方式,最后写出来的肯定是"四不像"的东西。所以明朝的吴讷在《文章辨体序说》里开宗明义地提出"文章以体制为先"。尤其是实用写作的文体更是要遵守规范。当然,这不等于说实用写作就毫无创新的因素。实用写作的创新主要体现在内涵质量方面,在形式规范方面要尊重既定的传统。

下面分别探讨实用写作和文学写作的构思程序。

(1)实用写作的构思程序(以论文写作为例)

程序一:整合相关资料,理清写作思路。

整理工作的主要任务是:摘录书刊的重要观点,注明优秀案例所在书名、页码,将书中介绍的新理念、新方法归纳为几种主要类型。

程序二:浏览中国学术期刊网上的相关文章(一般大学图书馆电子阅览室均可查阅)。

---

① 列宁:《哲学笔记》,人民出版社 1974 年版,第 278 页。
② 林柏麟:《写作易行,规律难知》,《信阳师范学院学报》1990 年第 4 期。
③ 吴师川:《浅谈新闻主题的提炼与深化》,《文化产业》2022 年第 6 期。

浏览期刊上论文的主要目的在于：了解别人已经做过哪些研究，自己还可以做些什么，为自己的研究和写作寻找新的切入点，同时也可以适当吸收别人的看法，作为自己写作的依据。具体做法是：对自己觉得有新意、有启发性的文章，下载后打印出来，边阅读边画出有用的资料，并做上一定的记号。如果文章较多，还可以为所画的内容编一份索引，这样便于写作时查找。

程序三：搜寻网上的新信息。获取网上信息快捷、方便，可以从中了解最新的资料和信息。但网上的文章因为没有正式发表，不能引用作为自己观点的注脚，它只能提供一个新的视角，引发思考。再加上网上信息比较混杂、零散，更需要写作主体去筛选和整理。

程序四：梳理可供写作的主旨。根据以上搜集的资料，分门别类，逐步整理出有写作价值的几种主旨。然后根据"喜欢写"、"能够写"、"值得写"三原则来锁定目标，最终确定某一个方面的主旨。

程序五：进行必要的实地考察。开始考察之前，应预先设计好思考题，有的放矢才能有收获。如果在考察的过程中这些问题的答案都被找到了，收获肯定很大，写作的思路也就更加清晰了。

程序六：阅读类似的文章，体会文本范式，使写作有一个参照系，这样写起来才不容易失序。

程序七：列出具体可操作的写作提纲。提纲一般包括：开头引出论题，主体部分列出每个论层的分论点以及论据材料、论证方法，结尾综述本文的中心论点及其学术价值或应用价值。

（2）文学写作的构思程序（以短篇小说创作为例）

程序一：阅读经典短篇小说。

阅读的关注点是经典短篇小说在叙事模式、性格刻画、情调创设和语言表述上值得借鉴的地方。如苏联米哈依尔·安德拉莎《第二次出嫁》的非凡想象力、欧·亨利《两块面包》的心理错位和陈启佑《永远的蝴蝶》的抒情笔调。

程序二：浏览流行小说。

浏览流行小说的主要目的在于了解最新的小说潮流与表现手法，真正参与到时尚的休闲写作中去，尝试写一两篇短篇小说，练练笔。也可以适当地阅读网络小说，不过，网络上的一些小说只是作者闲来抒怀的即兴之作，虽然其中某些作品或许会沉淀下来，但也有一部分经不起推敲，甚至有些小说还有不健康的成分，因此，阅读时要有鉴别眼光，借鉴时更要去芜存菁。

程序三：读一点相关的创作理论。

阅读理论的目的是：运用理论来指导写作实践，吸纳前人写作的有益经验，免得自己从头开始摸索。

程序四：选择可供自己写作的小说类型，如生活类、言情类、武侠类，或者幽默类、讽刺类，然后设想大体的情节线索、故事框架、人物性格和活动场景。

程序五：找一篇网络小说进行分析，培养自己的审美眼光，使写作能有较高的起点，不至于写出等而下之的作品。

程序六：确立将要写作的短篇小说的主要情节模式。

(3)网络写作的构思程序(以网络跟帖写作为例)

程序一:阅览主题帖,读懂其中含义。

所谓跟帖,也称"踩一脚",就是在他人写作的基础上紧跟着发表赞成、反对的意见或其他见解。因此,对主题帖("楼主"的写作)的阅读理解就成为跟帖的前提条件。跟帖可以不受拘束,自由发挥,但不可以无的放矢,空发议论。对主题帖理解得越透彻,跟帖就越有可能提高质量,越有可能一语中的。

程序二:捕捉个人的感受。

阅读之后,对自己的读后感进行准确的把握。主要包括这样几个方面:一是感受和主题帖之间的关系,是否具有针对性;二是感受和个人知识背景之间的关系,是否准确贴切;三是感受和论坛中写作群体之间的关系,与"沙发"、"椅子"、"板凳"(或"1 楼"、"2 楼"、"3 楼")相比,是否具有独特的体验。虽然简单地表示"顶"、"晕"、"汗"在跟帖写作中也属正常范围,但要写出个人的独特见解,予人启发,就应该超越"灌水"、"纯净水"(无价值、无实质内涵的跟帖)这一层次。

程序三:提炼自己的想法。

跟帖可以是刹那的感悟、点滴的思绪,也可以是完整的思考。但无论何种跟帖,都有一个从模糊想法到清晰思路的构思过程。即便是那种独词句,也有喜怒哀乐的情感价值判断。而且从跟帖写作的普遍现象分析,也很少从"1 楼"至"8 楼"全部都是一字到底。跟帖而不跟思路,这是跟帖个性化的标志。进而言之,个性鲜明、见解独特的帖子才会赢得更多的"粉丝"。

程序四:即时发表和"弹"出自己的看法。

近年出现的网络视频弹幕也是写作的一种新形态,具有即兴构思、随看随想随写的特征。请看下文:

> 以往观众在影院里看电影,是处在封闭的空间、黑暗的环境以及集体的氛围之中,看电影具有仪式化的性质,并且观众是被动接受的,被"束缚在座椅上","甘愿受骗"。弹幕观影则改变了这种机制,"手机和网络成了电影的基本设备,而且更多操纵在观众手中"。观众用手机编辑评论短信,影院网络平台将其投射到银幕上,覆盖在画面之上,或是投射在侧面墙壁之上,相比于以往影院观众专心致志地观看,弹幕电影需要一边看银幕,一边看手机,这是一种更具互动感的观影方式。由此,传统的电影机制中的"观众"身份跃然转变为"手机用户"的身份,"手机用户"兼具了观看者(接受者)和评论者。
>
> 弹幕功能、互联网技术尤其让电影文本与观众之间更加紧密,甚至出现电影产业链从下游向上游"溯流"的现象,制片公司会根据弹幕评论采取制播结合的模式,让受众也参与到电影故事的创作中。弹幕电影的发展是在应势而为,"兴起于 20 世纪末的世界性对话主义浪潮,经过当代新技术的实践突破,已经真正进入现实操作的领域"。"对话、交往在这个文化多样化的时代,已经上升为一种哲学的和美学的'主义'。"因此,不管从哲学高度还是从美学高度,弹幕电影所建立的新型的观影模式,呼应了当前世界性交流与对话的文化潮流,并且这种观众

与作品之间同步、互动、对话的紧密关系,也是未来电影技术革新的方向和趋势。①

弹幕的主要功能包括文本解读、社交互动、原创吐槽等。因弹幕具有碎片化、即时性等特性,加之内容短小精悍,以及瞬时滑过屏幕等一系列呈现方式,都十分符合多数受众的碎片化阅读习惯,潜在地调动了受众的参与热情,从而引发观众的或共鸣或批判的个性化弹幕,与视频内容、作者或者弹幕积极互动,在观看视频的同时获得高度互动感。正像麦克卢汉在《理解媒介:论人的延伸》中所说,"媒介的影响之所以非常强烈,恰恰是另一种媒介变成了它的内容"②,具有"镶嵌画"的功能。

### 3.构思中的策划

策划,顾名思义,指的是决策和筹划,它是整个行动的战略性思考和技术性操作的结合。引申到写作上来,主要指对写作程序的设计、对写作效果的预期和对写作传播方式的运作。策划是构思的后期制作。构思是对写作进行全面的构想,在构思中,思绪从模糊到清晰,从散漫到凝聚,从无序到有序。它包括对写作意图的反复推求、对写作方案的选择敲定、对框架结构的不断调整,这是一个在尝试中前进、在前进中更新、在更新中成熟的过程。当构思尚处于散漫飘忽、尚未凝聚成形的时候,策划是派不上用场的,策划是构思到了基本明朗的阶段,具体制订本次写作的操作程序。如果说构思是设计图纸,那么策划就是安排执行图纸的具体步骤。

下面以大型活动操作方案写作为例,谈谈策划的具体运用。

操作方案指的是举行较大规模的活动之前所拟就的执行草案。它既是上报审批的依据,要求思路严谨、理由充分,又是实际操作的蓝本,要求具体详尽、简明可行。操作方案是近年来新兴的一种事务文书,它有利于规范操作程序,并通过策划过程中的深思熟虑、精益求精来提高工作质量,体现创新精神。

首先,策划操作方案要有总揽全局的意识。方案要有总体思路,对工作目标进行分解和具体分工。譬如承办会议的操作方案可以采用表格式,它有几样好处:一是目标清晰。承办会议这件事需要做哪几样具体工作、分别由哪些部门来承担,一目了然。二是分工明确。每样工作由谁负责,落实到人。三是步骤到位。对每件工作的时间、地点、顺序都有清楚的交代,如合影照字幕的具体内容、用车的几套方案等。

其次,策划操作方案不要遗漏掉任何细节。现代决策的关键就是"多准备几手"。只有这样,才能做到胸有成竹,以不变应万变。切忌"差不多了"、"好像行了"、"大概没问题"之类的念头。策划操作方案时,提倡采用"自我追问法",譬如邀请领导参加会议,就要事先在纸上写清楚:邀请哪几位领导;领导要不要发言;由谁准备讲话稿;两个以上领导讲话,谁先谁后;万一领导讲话时出现了话筒问题及其他偶发事件,临场应急的措施是什么。对于策划来说,有一句话应当谨记:细节就是圆满。

---

① 李侃:《弹幕电影:媒介与艺术的博弈与融合——论媒介语境下电影弹幕的三次生成》,《学术论坛》2018年第2期。

② 马歇尔·麦克卢汉:《理解媒介:论人的延伸》,何道宽译,译林出版社2011年版,第31页。

再次，策划操作方案要突出"创意"。简洁地说，创意就是"点子"，就是有特色、个性化的智慧。策划要给大家留下深刻印象，甚至让人终生难忘，并达到宣传自我形象、扩大知名度、提高实际收益等目的，就非有创意不可。如北京王府井大街边上的"馄饨侯"餐馆，为了招徕顾客，构思好了要在墙上写一段话，以体现百年老店的特有风貌。怎么写才有特色呢？如果从20世纪50年代办店开始写，总共才几十年功夫，体现不出"老字号"的优势，因此要往前追溯馄饨上千年的历史，再简要叙述北京卖馄饨由挑担改成摆摊再改成开店的变迁过程，以及老北京人讲究吃馄饨就芝麻烧饼的传统风俗。这样既交代了"馄饨"的由来，又介绍了"馄饨侯"的来龙去脉，可以给顾客留下较深的印象。为了强化古色古香的效果，又在语言文字上出新招，以白话为主，间以文言，既做到通俗与古雅兼而有之，又颇有古店遗风。经过这样有创意的策划，这家餐馆无形之中平添了历史和文化底蕴，结果生意火爆，供不应求。因此对于策划来说，还有一句话不能忘记：创意就是震撼。

叶茂中策划的圣象地板柔性广告语，就是一则蕴含着生命关怀和哲学思考的创新范例：

### 让生命与生命更近些

生命是自然创造的一种神奇，我们应该尊重、珍惜每一个生命，如同尊重、珍惜我们自己，并对自然充满敬畏与感激。

而自然万物皆有生命。

不是吗？在心中空无一物通透澄明的纯粹状态下，如果你仔细谛听，用心触摸，你就会感受到生命无所不在。从一颗尘埃、一滴水珠、一缕清风、一次呼吸，到一粒种籽、一朵花、一棵树、一株草，从一只蚂蚁、一条小狗、一尾小鱼，到一匹马、一头狮子、一只大象，都是生命的一种存在。

地板也是有生命的，它是那些曾经美丽的招摇于风中的树木的精魂。如果你知道地板会呼吸，再看一看它温暖而纯净的光芒——那是磨难锻造铅华洗尽的生命之光，如涅槃的凤凰、蛹化的蝴蝶——你就会知道，那些美丽的树木其实从未死去。从树木到地板，只不过是生命换了一种形式而已。它依然清新，依然友善，依然美丽，守护着生命最初的纯真而执着的本色。圣象了解这一切，所以圣象是那样地热爱着每一个生命，渴望着与每一个生命近一些，更近一些。①

## 二、赋形

构思必须"有一个胚胎化的目标"，才是"一种有效的思维活动"②。胚胎化也叫"雏形化"③，是用思维这一内部语言把相关因素按照写作意图统一起来，构成有头、有身、有手、有足的，有相对完整性的隐形"胎儿"——"意态文"，也就是通常说的"心中的文章"。

---

① 叶茂中：《圣象品牌整合策划纪实》，三峡出版社2000年版，第258-259页。
② 金长民：《写作意化过程论》，《信阳师范学院学报》1990年第4期。
③ 裴显生主编：《写作学新稿》，江苏教育出版社1987年版，第37页。

　　赋形即在心理上为"意态文"勾画具体形态，对写作的体式、结构、语言以至每一个细节作出大致的安排：或者是写详细提纲，或者是形成成熟的腹稿，虚拟出成品的整体形态。虽然这时的内部语言与将来行文的外部语言还不完全一致，在行文的过程中还要想一想，想得更深更细，甚至推翻"雏形"的某些构想，但没有"赋形"搭起的"炉灶"，行文就无法操作。"赋形"为行文设计了"线路图"，它使写作"初具轮廓"。

　　要提高"意态文"的质量，就要加强"成品意识"。所谓成品意识，指的是一定的文体感与对某一作品所作的预期。文体感保证了写作过程不会走样，而对具体作品的预期则是写作各因素紧密合作的凝聚力与驱动力。"成品意识"最突出的特点是它的整体性与有机性。丹纳在《艺术哲学》里说过，艺术品"总是一个由许多部分组成的总体"[①]。总体的各部分应该是而且必须是互为配合、相得益彰的。格式塔学派提出的完形理论就强调主体知觉活动重新组织或建构经验中的"整体"，并以"简洁律"来规范各部分之间的组织。而在具体的写作中，整体和部分并不矛盾，"整体是由部分构成的，没有部分就没有整体；但整体又不等于部分，是部分的有机总和，部分只有在整体中才能成为部分"，因此部分和整体总是"同向"的[②]。譬如关于电脑软件的说明，步骤分解是必不可少的，但所有的步骤都必须围绕这个软件的整体特色和功能来展示，不可能与整体的总方向相违背。

　　要加强"成品意识"，就要安排好内部的组织结构，这要求作者思路清晰。以说明书的写作为例：刚练习写说明书时，很可能会陷入"言不尽意"的矛盾痛苦中，但只要对说明对象了然于胸，对它的内在构造、相互作用、时空背景等认识清楚，分清主次，把握总体和局部的关系，通过一段时间的锻炼，就可以做到重点突出、层次分明。此外要注意设计写作的顺序。常用的说明书结构有条款式、短文式、复合式三种。例如，产品说明书多采用条款式结构，分门别类、有条不紊地逐一介绍对象的特征、功能和操作方法。较常用的写作顺序是：程序和步骤—使用方法—注意事项（也可省略）。而作品说明书可采用短文式结构，介绍作品的主题、人物、故事情节、艺术风格等。短文式有头有尾，结构完整，既突出重点，又兼顾全面，有较强的整体性。它虽然不如条款式那样带有极强的可操作特征，但详略得当，对重点内容的说明具体、充分。条款式和短文式各有利弊，因此一些较复杂的说明书往往根据说明的需要，取长补短，采用复合式结构。

　　在"成品意识"的示范下，写作活动从零星到系统，从芜杂到简约，从粗浅到深刻，从模糊到清晰，从混沌到升华，最后会迎来一个"精神的新生儿"。

# 第三节　表达、修改

## 一、表达

　　表达就是将构思的成果书面化、外观化，即通过语言文字对构思中孕育的"雏形"进行

---

①　丹纳：《艺术哲学》，傅雷译，人民文学出版社 1963 年版，第 5 页。
②　林可夫：《现代写作学：开拓与耕耘》，南京师范大学出版社 2002 年版，第 291 页。

表述和传达,用词语、句子、标点、体式和语言色彩使"心中的文章"最终成为书面的文章。表达不仅是把意义定型下来,它对原先的构思还有深化作用。

1.表达要重视语言的锤炼

写作的表达所使用的语言是文字符号,这是它与绘画、作曲等不同的地方。语言是建立社会秩序的基础,同样也是写作活动得以实现的基础。法律条文需要语言来确立原则,总结报告也需要语言来评价得失,更不用说作为"语言艺术"的文学作品了。语言是一切社会行为和审美活动有序推进的前提,它是人生存在和发展的"根"。写作中一切美妙的构想,只有实实在在地落实到语言上,才能化为现实。

司空图在《诗品》中专门列了"洗练"一条,认为语言的锤炼要"如矿出金,如铅出银"①,经过千锤百炼才能达到出神入化的境界。老舍在谈到运用语言的过程时说:"要先想好了句子,看站得稳否,一句站住了,再往下写第二句。必须一句是一句,结结实实的不摇摇摆摆的。""每写一句时,我都想好了,这一句到底说明什么,表现什么感情,我希望每一句都站得住。"②而要每一句话都站得住,就非得在语言上苦心经营不可。这种经营,一要依靠积累,没有丰富的语汇作为支撑,炼字炼句就没有挑选余地,锤炼就成了一句空谈;二要舍得割爱,对看似漂亮实则不熨帖的表达能够狠下心推倒重来。叶圣陶在《文章例话》里就十分欣赏老舍的做法:"下笔之前,不只想一句,而是想好了好几句;这几句要是顺当,便留着;否则重新写过。"③卡尔维诺在《未来千年文学备忘录》中将语言的"确切"列为文学必备的五大品格之一,并强调要培养纯正的语感,来抵御语言瘟疫——官僚之风、学院派之风、媚俗之风——的侵袭。

2.表达要重视表达方式的综合运用

表达方式是语言表达的基本体式,它是按照表达的功能来分类的。这里着重谈谈各种表达方式之间的区别以及具体的写作方法。

(1)叙述的写作程序

从写作程序上说,如何叙述才能娓娓道来、引人入胜? 叙事学中有一个重要的理念,就是叙事不同于事件的复述,所"讲"的"故事"不再是原来的那个"故事",不是平铺直叙的那个故事的原坯,而是经过作者精心打造和艺术加工的"新"故事。因此要谋篇布局,处理好叙述线索、叙述视角、叙述声音、叙述时空等要素的具体安排。

就叙述线索而言,叙述一件事或几件事,必有主线贯通,这是作品的情感线索,是文本中运动着的、将所有要素连接起来的"精神之流"。在传统文论中,情感线索所代表的"文脉"直接关系到文本内在意蕴的贯通。"凡文章必有枢纽,有脉络,开阖起伏,抑扬布置,自有一定之法"④,不少作品还用关键词、主题句标识出情感线索,谓之"文眼"。"文眼"其实就是点睛之笔。鲁迅的《从百草园到三味书屋》就以"但那时却是我的乐园"这句话作为全文之眼,全文都未曾离开"乐园"这条主线。

---

① 郁沅:《〈二十四诗品〉导读》,北京大学出版社 2012 年版,第 37 页。
② 老舍:《关于文学语言的问题》,载《作家谈创作》,花城出版社 1981 年版,第 361 页。
③ 老舍:《我不肯求救于文言》,载叶圣陶《文章例话》,上海文艺出版社 1999 年版,第 73 页。
④ 刘埙:《隐居通议》卷十五,载王云五主编《丛书集成初编》,上海商务印书馆 1937 年版,第 153 页。

就叙述视角而言,第三人称叙述是客观描述性口气,具有"全知全能"的宏大视野,如曹雪芹的《红楼梦》;第一人称叙述则是主观沉浸式语调,具有所见所闻所思的"限制叙述"的独特视域,以突出"亲身经历"的感觉,强化叙述的逼真和亲切。

就叙述时空而言,叙述时间是对"元时间"的再造,可以平叙,可以插叙,可以回叙。而叙事空间,既为叙事设置静态场景或背景,又构成人物动态运动的空间轨迹,它不仅是一个地理符号,更是作者"观念、思想和情感的寓所"。《桃花源记》虽然写捕鱼人偶遇桃源的经历,但时间的疏密、节奏的快慢、叙事的详略,都经过了艺术创造。"桃源内"洒脱的慢生活和"桃源外"世俗的快节奏,"心无负累"的"幻境"与"心为物役"的"实境",既是两条不同的时间河流,也是两个迥然有别的生存空间。

（2）描写的写作程序

描写与叙述不是截然两分的,但也有比较清楚的区别。一般来说,叙述侧重于交代发生了什么和发生的经过,呈现人物的成长历程和事件的动态发展序列,以纵向的"历时性"为显著特征;描写侧重于表现怎样发生和发生的形态,刻画人物的形象并渐次铺展事件的细节,以横向的"共时性"为主要特征。陈望道在《作文法讲义》中认为,描写呈现了一种空间的情状,体现为一种"如画"的表达能力[①]。下面说一说描写的具体写作程序。

进行细致描写的关键是突出细节。

就景物描写而言,即对具有独特内涵的意象进行具体细腻的描绘,达到"细致入微"的要求。兰色姆在《新批评》中将细节描写形容为"肌质"、"纹理",并认为这种"丝毫毕现"的细节描写恰恰是"文学性"的集中体现。郁达夫《故都的秋》对槐树落蕊的描写是"声音也没有,气味也没有,只能感出一点点极微细极柔软的触觉",还有那"灰土上留下来的一条条扫帚的丝纹"。如此细到触觉、细到丝纹的感知,却不是一般作者所能体验到的心灵幽境。生命虽然凋零,却仍然有"柔软的触觉"那种温暖的弹性,有"扫帚的丝纹"那种随性的画痕。而朱自清《荷塘月色》则采用形象的比喻绘声绘色绘形,突出了荷花的雅洁纯美。

就人物刻画而言,即对具有典型意义的神情举止进行细节刻画,以突出人物的精神境界和个性特质,所谓"于微细处见精神","传神写照,尽在阿堵中"。其方法就是将"细节"设置成一个"特写镜头"。萧红笔下的鲁迅先生,每次寄书都是亲手"把书包好了,用细绳捆上,那包方方正正的,连一个角也不准歪一点或偏一点,而后拿着剪刀,把捆书的那绳头都剪得整整齐齐"。这一"包书"的细节,透露出鲁迅先生为人处世一丝不苟、追求完美的个性特点。特写的具体方式是:①特征放大。毕淑敏《汗血马尾》中的方老,咳嗽"每一声都像风干了一百年的枯柴骤然断裂",可见他对音乐艺术呕心沥血。②动作放慢。如朱自清的《背影》描写父亲爬上月台的"慢镜头",父亲力不能胜的一系列动作"走—探—穿—爬—攀—缩—倾",凝结着对儿子的深沉挚爱。③角度放多。在《珍珠鸟》中,冯骥才为呈现人鸟之间相互信任的温情画面,由远及近、多维度地刻画了珍珠鸟的动人姿态:"小脑袋从叶间探出来",随后在屋里飞,从"柜顶"到"书架",再到"啄着书背上那些大文豪的名字",不久还放胆跑到稿纸上,"绕着我的笔尖",小红爪子在纸上发出"嚓嚓"声。最后,"它完全放心了。索性用那涂了蜡似的小红嘴,'嗒嗒'啄着我颤动的笔尖"。叶间、屋里、纸

---

① 陈望道:《记载文和绘画及雕刻》,载《作文法讲义》,文心出版社 2017 年版,第 35 页。

上、笔尖,通过四个维度、层次的细节摩画,作品立体呈现了珍珠鸟与人之间的亲和。

(3)说明的写作程序

说明应体现"想读者所想"的宗旨。一般来说,写作者本人或许是精通本专业的"内行人",但在写作时却要站在一个"外行人"的位置,从一个"外行人"的理解模式和接受能力的角度来撰写,才能达到说明白、易接受的效果。所以,在写作过程中,写作者经常要列出事物内部构造的"线路图"和操作程序的全部"菜单",其目的在于保证读者操作的正确和规范。因此,有人认为,说明应该写成"傻瓜教科书"。如果连"傻瓜"都能明白,那肯定是一篇"简单明了易操作"的说明文。而简明扼要、科学严谨、浅显通俗是说明的总要求。具体而言,要言之有"物"——说明事物特征做到准确、鲜明;言之有"序"——安排说明结构做到优化、合理;言之有"度"——运用语言表达做到严谨、简明。尤其是援引数据说明时应做到准确无误、一丝不苟,对说明的科学性不能有丝毫的损害。

说明顺序,一般认为有时间的先后次序、空间的方位顺序以及意义上的逻辑序列。时间顺序如烹饪的步骤,空间顺序如建筑物的布局,这都容易理解,唯独逻辑顺序较难掌握,需要深入探讨。这里试举一例:

> 对于画眉的学唱,《画眉笔谈》中说:"欲试画眉能否教以语音,可于雏鸟未能鸣唱之前,置山溪流水间,若能自鸣,该鸟可教。然后于夜间令其醒,教之以音,日久习惯即能仿效。最名贵画眉以能仿人教语音外,还能独仿飞禽鸣声。"这种"教之以音"的方法比较困难,但遛鸟却是画眉鸣唱好坏的关键。遛鸟的方法是每天清晨或傍晚手提鸟笼将鸟带至空旷的田野、园圃处游散一番,让其接触自然的景色和清新的空气。遛完以后将笼挂在鸟多的地方令其鸣唱。雀友们清晨将笼挂在一起时应注意,画眉鸟喜欢争强好胜,死要面子。在发情季节不能让雄鸟听到雌鸟的叫声,为了炫耀自己的歌声而博得雌性的青睐,雄鸟往往拼死鸣叫而不愿停歇。有的画眉往往因鸣叫过度而累死。当几只鸟笼打开笼罩排叫时,有的画眉因鸣叫不敌对手,会在笼中乱跳不安或头顶羽毛竖立起来,这是示弱的表现,此时应及时把笼提走。否则,示弱的鸟下次来到原地,听到其他的鸟鸣叫便缄口不语、甘拜下风。刚开口学唱的画眉更不能与鸣叫突出的画眉挂在一起。①

这段话先区分了训练画眉鸟的两种方法:"教之以音"和"遛鸟",这是由古至今、由难入易的驯鸟方法。文章的第一层次以分类介绍作为说明的逻辑顺序;第二层次针对"遛鸟"提出两个注意事项(一是在发情季节不能让雄鸟听到雌鸟的叫声,二是鸣声普通的画眉不能与鸣叫突出的画眉挂在一起)。第一层次在逻辑上体现为并列结构,第二层次在逻辑上体现为总分结构,而在这一总分结构里,分项说明部分又是一组并列关系。

语言的严谨性是由说明的科学性这一特点决定的。说明是对事物的特征、本质和规律性作出科学解释的表达方式,它要求客观、冷静,不介入作者的个人情感,也不作过多的主观评判。它讲究准确甚至是精确地反映事物的"自然本相",这就离不开语言的严密性。

---

① 华文编著:《鸟经》,成都科技大学出版社1993年版,第63页,有删节。

茅以升《中国石拱桥》中"大拱的两肩上,各有两个小拱"的这个"各"字就非常精准。

(4)议论的写作程序

如何使议论能够"论起来",而不至于沦为简单粗浅的举例说明?刚开始练习议论这种表达方式时,写作者很容易过早地提出观点,然后寻找与之对应的论据,却把可以"反驳"这一观点的材料排斥在视野之外,结果以偏概全,留下破绽,容易被人驳倒。因为一味地选择与自己想法一致的事实和道理,而把原本客观存在的事实与言之成理的道理驱逐在外,这样的"自圆其说"很可能变成"自以为是",既有举证不全的危险,又有阐释幼稚的弱点。"论起来"的能力主要体现在曲曲折折的论述程序中。

优质的议论,为了打破"论据与论点相统一"的单向直线型思维倾向,避免"六经注我"、"削足适履"的简单同一化论证思路,有时会采用更为丰富曲折的"思辨"和"互驳"的路径。有意识地寻找自己理论的错误,在发现错误、排除错误的过程中完善自己的论证思维①。理论正是在"证伪"的过程中被不断地超越和创新,始终处于动态发展之中。在这方面,傅谨《戏班》的"序言"可谓典范:

> 戏班的研究,一直处于不受重视的学术边缘。戏剧对于人类的意义,首先是艺术的而不是其他方面的。从艺术的层面,尤其是文学与音乐的层面看,戏班并不是特别重要的因素,甚至从文学角度看,连表演也没有足够的重要性,这就无怪乎戏班以及演出制度的研究,必然要受到忽视。
>
> 实际上整个人类的人文传统,都会不同程度地指出艺术的本质与演出市场的商业本质之间既相容并存又互相冲突的特征,并且遭遇这种冲突时,毫不犹豫地站在艺术立场而非商业立场。此一观念用中国话语表述,就是"君子言义不言利",或"富贵于我如浮云"。那些优秀的、具有理想主义情怀的艺术家或学者拥有的人文操守,不屑于趋附潮流,而是超越社会现实需求,指向根本价值和终极关怀,因而拒绝成为商业的奴隶。
>
> 而戏班以及它的演出运作,始终带有浓厚的商业色彩,也就必然要处于研究的边缘。如果从更广阔的视野看,这种研究重心的选择,显然有其片面性与局限性。事实也正是如此,即使远在文化人的研究视野之外,即使一直受到知识分子的歧视,戏剧也同样能够一直以非常健康的状态生存与发展。只要人类自然的需求和真实的情感与欲望有比较顺畅的表达渠道,戏剧的这种自然生存状况就不会改变,它的生命力也就有了充分的保证。只有在某种非常特殊的时代与社会环境里,人们追求商业利益、满足个人欲望的自然行为,才需要寻求合法性的证明。②

作者首先指出,"戏班的研究一直不受重视",究其根源,是受到戏剧研究传统的影响。那么,戏剧研究就没有重视过"戏班"的表演研究吗?这是一个明显的反驳,因而作者紧接

---

① 波普尔:《客观知识》,舒伟光译,上海译文出版社1986年版,第75页。

② 傅谨:《戏班》,北京大学出版社2010年版,第3-6页。

着在第二段进一步论述了戏班运行模式之所以被边缘化的更深层次的原因，并进一步追问：被边缘化的商业因素，是否真的可以被研究者所忽略呢？第三段具体阐释了人类自然的需求以及戏剧的自然生存状况，其始终带有浓厚的商业色彩，所以，如果从更广阔的视野看，重商业轻艺术的做法固然有违艺术法则，但片面重艺术轻商业的研究重心的选择，也显然有片面性与局限性。文章最后的结论是：戏班运作规律提供了中国戏剧原生态的活化石。假如没有经过这么一番曲折推进的论证过程，就对戏班运作模式研究作出简单的评判，那么论证既显得单薄，也显得草率，缺少说服力。

（5）抒情的写作程序

抒情的特质在于，或借景抒情，或托物言志，以抒发作者独特的主体情感和内心体验。"以情动人"始终是抒情的"生命线"。抒情虽有直接抒怀之段落，但总体上融情于景、移心于物，将内在感情"移入"外在客体，向景与物"灌注生命"，使之成为"有情物"。

林纾的《春觉斋论文》认为，古文是"后文采而先意境"。"耐人寻味的意境"是抒情最主要的元素之一。那么，又如何构建抒情的意境呢？叶朗认为，"意境"给人的美感，就是"在大自然的一草一木中，去体验那无限的、永恒的、空寂的宇宙本体"，从而超越具体的、有限的物象，进入无限的时空，对整个人生、历史、宇宙获得一种哲理性的感悟。这就是"意境"①。

苏轼的《赤壁赋》，首段写"苏子"陶醉于清风、明月交织而成的江山美景之中，兴发起"羽化而登仙"的超然之乐；次段写"客"对曹操等历史人物兴亡的凭吊，跌入现实人生的苦闷；末段写"苏子"从眼前水、月立论，阐发"变"与"不变"的哲理，在旷达乐观中得到摆脱②。全文以场景之变幻，寓心情之起伏，令人读后很难忘怀"惟江上之清风，与山间之明月"之意境。

3.表达要善于"修辞"

表达离不开修辞。对于修辞，叶圣陶解释为"修就是调整，辞就是语言，修辞就是调整语言，使它恰好传达我们的意思"③。下面说说写作过程中修辞的操作方法。

大学生学习写作，往往热衷于积极修辞，而容易冷落消极修辞。其实，不能因为积极修辞"易学"就认为它必不可少，因为消极修辞"难学"就认为一般的写作不需要它。在传统的观念里，消极修辞是基础，积极修辞是锦上添花。中国的写作传统一向提倡平实的文风而反对堆砌词藻，把素朴自然当作表达的最高境界。这当然没错，问题是，"素朴自然"是如何炼成的？这里有两种路径：一种是不加区分地反感优美的词句，认为普通的词句与踏实的工作作风是一致的，又何必花哨？所以一直都用简单朴实的语句来表达；另一种是开始时由于词汇量不足，只好用简单的贫乏的语句来应付，当词汇丰富以后，便写得绚烂多彩、文采飘逸，后来又觉得这样写太"轻浮"，没有分量，重新选择了朴素的文风。不过，这时候的朴素与开始的贫乏有天壤之别，虽然同样是一个简简单单的词语，但它的背后有语言的积累在支撑着它，有丰富的词汇库可供选择，一个普通词语用来特别准确、贴切。

---

① 叶朗：《说意境》、《再说意境》，《文艺研究》1998 年第 1 期、1999 年第 3 期。
② 王水照：《苏轼研究》，中华书局 2015 年版，第 273 页。
③ 夏丏尊、叶圣陶：《文心》，开明出版社 1996 年版，第 209 页。

这就是苏轼所说的"渐老渐熟，乃造平淡"，或者叫作绚烂之极归于平淡。贫乏—丰富—平实，是语言修炼必经的三重境界，它比"从简朴到简朴"的停滞不前要好，标志着一个作者在语言修炼上的突破与进步。

语言表达的风格自古以来就分为"辞采"与"本色"两派，前者讲究"错彩镂金"（华丽浓艳），后者追求"初发芙蓉"（清新自然），它们各有千秋。应该用哪一种，第一要看情感需要，跳荡着青春情怀的，自然要写得俊逸，沉淀下深沉情感的，自然要写得平稳；第二与作者风格一致，洒脱的要轻灵，严谨的要朴实；第三须区分文体，文学作品需要文采，实用文章先求准确，不能以同一标准要求。就一般应用文章的写作来说，适当对文词进行修饰，会使文章增加感染人的效果。

语言以精致典雅、平淡自然为上。平淡是语言经历文采斐然之后的升华与净化，是语言艺术趋向纯熟的标志。就像朗读，到了一定的境界，嗓音和气息都比较放松，没有任何的矫情和做作。汪曾祺有志于传承归有光以"清淡的语言"写事抒情的传统，以及"留白"的语言艺术，因而文笔清淡雅致，而余韵悠长。譬如他写的《荷花》短文，清新脱俗，具有白贲般的本色之美。"荷花开了，露出嫩黄的小莲蓬，很多很多花蕊，清香清香的。""雨停了，荷叶上面的雨水水银样地摇晃。一阵大风，荷叶倾倒，雨水流泻下来。""荷叶枯了。下大雪，荷花缸里落满了雪。"①荷花从"开"到"枯"，开得时候"清香清香的"，枯的时候"落满了雪"，中间还经历了风雨，"水银样地摇晃""流泻下来"。开花的欢悦、雨中的灵动、雪中的清寂，具有一种声音的流动美。启功说过，语言中这类节拍、辙调的作用，就如人的身体所不可或缺的"血小板"一样②，是艺术语言的传统"模子"，在汉语文学创作中发挥着经久不息的魅力。

## 二、修改

修改是指对文稿从内容到形式进行全面的加工、调整和修订。

即使是文章大家，在写完初稿后就能做到"不易一字"，也是极为罕见的，更何况是一般的习作者。反复修改是为了精益求精，提高文稿的质量。对于大学生学习写作来说，修改主要体现为深化认识、调整结构和润色语言。

1. 深化认识

下面是一位大学一年级新生写的议论文《大学生恋爱得失谈》中的一小节：

（恋爱）浪费情感。大学生谈恋爱，亦常会发现有失恋或单恋的现象。更遗憾的是，有的同学会由此唉声叹气、精神不济、失魂落魄，有的甚至颓唐绝望，产生轻生的念头，于是给人造成了感情和精力的巨大损失。所以要想把握感情与爱的真谛，就得多一份理性的思索——以理智战胜情感！

---

① 汪曾祺：《荷花》，载《汪曾祺全集》（第6卷），人民文学出版社2021年版，第127页。
② 启功：《汉语现象论丛》，香港商务印书馆1991年版，第5页。

这一节是就大学期间谈恋爱的弊端来进行论述。姑且不论"以理智战胜情感"的提法在爱情领域是否成立,仅就文章本身的说理来看,还没有达到自圆其说。首先,大学生谈恋爱为什么会常出现失恋现象? 有的同学唉声叹气,那么另外的同学呢? 恋爱为什么不是给人以鼓舞,而是给人造成感情和精力的巨大损失? 这些问题都没有得到合理的论证。文中感性的东西过多,缺乏深入的思考和独到的认识,说理简单、笼统。根据以上问题,修改时就需要充实内涵。下面是修改后的文章:

> (恋爱)浪费情感和精力。大学生涉世未深,谈恋爱不能不受认识范围的限制,常常以理想的爱情替代现实的爱情。其中固然也有将来能够转化为现实的,但因启动过早,必然要将本应投放到增进学业、锻炼能力方面的精力匀出一部分来用于谈情说爱,这就容易导致学业的黄金季节演变为爱情的浪漫季节。而进入社会后,随着人际交往面的拓宽、认识水准的提高,这种过"纯"的爱情又会面临种种挑战,它能否经得住考验还是未知数。这是一种情况。第二种情况是,随着交往的深入,一开始的相互美化发展成相互审美,如果两人之间的性格情趣不能互补或相融,这边感情已达到沸点,那边还是零度情感,就可能出现失恋。坚强的人固然能化挫折为动力,变恋爱的失败为学业上的成功,但总要经过一段情感的枯水季节,需要短期的精神复原;脆弱的人可能由此唉声叹气、精神不济、失魂落魄,有的甚至颓唐绝望,产生轻生的念头。倘若反思,情感和精力的双重损失终难挽回。所以要想把握感情与爱的真谛,就得多一份理性的思索——以理智驾驭情感! 所谓理智,一是要思考恋爱基础是否具备,包括物质的和心理的,二是要思考恋爱对象是否合适,三是要思考恋爱方式是否合度。唯有如此,才能避免情感与精力的无端耗损。

修改稿从原稿的空白处下手,阐释了恋爱成功者的浪漫爱情对学业的冲击,并进一步指出目前的成功不等于爱情牢固,过纯的爱情不等于爱情成熟;针对失恋问题,修改稿在分析了失恋的心理原因之后,分别从坚强者与脆弱者两种不同类型人的表现来阐述失恋所付出的代价,就显得比较全面。这种修改体现了思想认识上的深化。

### 2.调整结构

在古今中外作家传奇性的传记中,或许有着一气呵成、不易一字的记载。而在实际生活中,一般作者的写作不可能一步到位,第一稿就写得十全十美,而是需要不断地调整和修缮。即使是一个老到的作者,他的一气呵成与不易一字也是功到自然成,在一次性成功之前也同样经历过反复琢磨,不可能一蹴而就。因此,写作中的思路由模糊到清晰,文章的结构由无序到有序,那是很自然的事情。

下面是一篇申论考试作文中的一段:

> 推进新时代"数字政府"建设,应全面落实数据安全。进入大数据时代,数据价值日益凸显,疫情期间"随意赋红码""个人隐私泄露"等数据安全事件曝出,对政府、企业及个人在政治经济生活等各方面造成巨大损害,全面落实数据安全保

障刻不容缓。建设新时代"数字政府",在技术防范层面,要全面落实总体国家安全观,树立安全底线思维,始终绷紧数据安全这根弦,加强关键信息基础设施安全保障,强化安全防护技术应用,强化安全管理责任,切实筑牢数字政府多层次、全方位自主安全保障体系,持续提升数字政府安全保障水平;在法律制度层面,要加快推进数据安全、数据交易、数字产权保护等方面的基础性立法,健全国家网络安全法律法规和制度标准,完善数据分类分级保护制度,增强公众对政府服务的信任,不断提升人民群众的获得感、幸福感和安全感。

这位考生具有一定的写作功底,在文中也表达了自己对数据安全的独特见解。问题在于从技术和法律两方面阐述安全的举措,应该说言之成理,但逻辑关联略显模糊、内涵略显单薄,缺乏合理的论述层次,不能给读者留下思路清晰的印象。修改后的这段话如下:

> 推进新时代"数字政府"建设,须全面落实数据安全。进入大数据时代,数据价值日益凸显,疫情期间"随意赋红码""个人隐私泄露"等数据安全事件频频曝出,对政府、企业及个人生活均造成不同程度的损害,全面落实数据安全保障刻不容缓。建设新时代"数字政府",一手抓"数字化"推广应用,一手抓网络安全建设,两手都要硬。那么,如何在推进数字化建设过程中确保数据安全呢?第一在思想认识层面,要全面落实总体国家安全观,树立安全底线思维,始终绷紧数据安全这根弦;第二在技术防范层面,加强关键信息基础设施安全保障,强化安全防护技术应用,充分利用"大数据"筛选排查功能,持续提升数字政府安全保障水平;第三在管理责任层面,健全体制机制,理清管理层级,分清管理职责,切实筑牢数字政府多层次、全方位自主安全保障体系;第四在法律制度层面,要加快推进数据安全、数据交易、数字产权保护等方面的基础性立法,健全国家网络安全法律法规和制度标准,完善数据分类分级保护制度;第五在宣传普及层面,增强公众对政府服务的信任,不断提升人民群众的获得感、幸福感和安全感。

修改后的文章紧扣"数据安全"的五方面内涵——思想认识、技术防范、管理责任、法律制度、宣传普及,进行具体阐释,脉络清楚。在技术防范问题上,也不像原文那样只强调基础设施建设的一面,而忽略充分利用大数据的另一面,修改之后的思路就显得比原来更完整也更客观。

3. 润色语言

由于写作经验不足和语言积累不够,或由于写作时的仓促而未及推敲,运用语言时常常会发生不准确、不到位、不贴切的情况,甚至还会有语言使用不当而令人啼笑皆非的现象。不要说初习写作的人不可能毕其功于一役,要多次修改,就是著名作家也往往需要对语言反复斟酌,精心推敲。

心理学家曾经专门研究过作家精益求精的修改过程,认为"意图文章"与"实际文章"的差距导致了"改变的期望",而作家对自己文章的"诊断"是修改的中心环节。如果诊断准确,无论多好的文章都可以通过修改进一步提高它的品位①。只要读一读作家的手稿和发表后的作品,就可以体会到写作语言"渐进式"提高的精妙所在。鲁迅的《在酒楼上》中有这样一段话:

> 可是一到秋初,起先不过小伤风,终于躺倒了,从此就起不来。直到咽气的前几天,才肯对长富说,她早就像她母亲一样,不时地吐红(原为"血" 校 ②)和流夜汗。

"吐红"是"吐血"的婉曲的说法。这里改"血"为"红",表现了吕纬甫对顺姑的怜爱之情,即使顺姑已死,他在同友人谈起顺姑的病情时,仍然忌讳用"吐血"这样的字眼。《铸剑》里写眉间尺出城时的情景是:

> 他走出城外,坐在一株大桑树下,取出两个馒头来充了饥;吃着的时候忽然(原为"静中" 手)记起母亲来,不觉眼鼻一酸,然而此后倒也没有什么(原为"也没有哭" 手)。周围是一步一步地静下去了,他至于很分明地听到自己的呼吸。

原句的"静中"不符合眉间尺此时此刻的感受与心境,又与下文的环境气氛描写"周围是一步一步地静下去了"重复。改为"吃着的时候忽然",紧承上一句,很通顺。馒头是母亲所给,吃着馒头想起母亲,也顺理成章。此后"倒也没有什么"是接着"不觉眼鼻一酸"说的,表明眉间尺片刻之后恢复了平静。如果用"也没有哭",倒好像他本来哭过,反而不符合人物的特定心态了。

下面是学生习作中的一段:

> 不仅植物如此,人——有思想有见解的人,更是如此。古往今来,有多少人,在功名利禄的诱惑(原为"迷惑")面前,在灯红酒绿的熏染(原为"熏陶")之中,坚守节操,洁身自好。

原文中的"迷惑"指思路不清、方向不明,指主体的精神状态,用在表示外界影响方面不合适;"熏陶"指长期的耳濡目染产生的好的影响,是褒义词,用在表达"不良风气侵蚀"的语境中不恰当。应该用"诱惑"表示"腐蚀",用"熏染"表示"沾上",才恰如其分。

---

① 黄洁华、莫雷:《写作修改的认知过程研究新进展》,《心理学动态》2001年第2期。

② 表示出处为《〈鲁迅全集〉校读记》。下文的 手 表示出处为《鲁迅手稿全集》。两段引文见刘刚、但国干:《鲁迅语言修改艺术》,中央民族学院出版社1993年版,第11、第20页。

# 第四节 反馈、吸收

## 一、反馈

写作成品一旦产生，一般不可能束之高阁，总要进入流通与读者见面。写作本身就是有目的的精神生产，绝对"自娱"的写作是极少的，即使是学校里学生的习作，也要交给老师批改。在社会领域，写作成品总是通过一定的媒体传播给读者的。传播是写作行为接受读者检验，借以评估作品社会效果的过程，也是作者接收读者反馈意见的过程。

### 1.反馈对写作诸因素的影响

写作的目的不是孤芳自赏，而是要将作品投入社会，获得读者认可。如果完全漠视读者的声音，过分地敝帚自珍和极端地自恋，将会使自己的写作走向封闭，最终失去读者。读者在阅读作品过程中有能动的一面，即可以作为"社会效应"对写作产生影响。读者蜂拥而至，可以使作品一炮走红，成为畅销书；作品无人问津，也可能使作者的写作热情大受挫折，甚至一蹶不振。因此，合理地参考读者的反馈意见，包括评论家的看法，不但不会影响写作的质量，而且可以检测自己的写作能力和提高自己的写作水平。

作者应该从哪些方面重视反馈的作用呢？

首先，作者应重视反馈对写作立意的影响。反馈影响写作，最直接地体现在对立意的影响上。在以往的观念中，游戏总是与青年朋友休闲娱乐、调节放松相联系。所以，《王者荣耀》游戏设定之初衷，也是虚拟一个传统文化的场景，吸引玩家参加赛事和购买皮肤、兵器，并从中重温我们的历史文化和文学艺术。这是其当初的立意。但玩家渐渐不满足于这样的简单设定，而对线上游戏的集群式社交提出了新要求。根据赵红勋、侯珮桦等人对青年游戏玩家的访谈，玩家们对《王者荣耀》的反馈意见，其中有这么三条："我特别喜欢在王者里交朋友，……让我找到了很多志同道合的网友，可以说是游戏把我的交朋友的快乐又还给我了，所以我也比较依赖游戏。""我确实对王者有依赖，因为这个游戏在时刻吸引着我，他不断地出新英雄和新的游戏模式，让我在其中不断探索，欲罢不能。""我热衷于王者荣耀这款游戏，每次更新赛季、推出新皮肤的时候，群里会迅速沸腾起来，大家会从 QQ 群里讨论到游戏里，来回切换软件转场社交。"[①]其核心含义是希望游戏不断推出新英雄、新皮肤、新道具、新模式、新赛季，让玩家参与社群讨论，获得游戏竞赛和社交情感的双重快乐。因而，《王者荣耀》的立意也从休闲娱乐与传统文化熏陶，转向社交沟通与现代艺术创新，譬如在推出吕布的"方天画戟"时，就特地设计了中粗边细、祥云衬托的造型，表现为一种风元素的轻盈流动感，这既与吕布的皮肤"御风骁将"相互呼应，又吻合玩家天马行

---

① 赵红勋、侯珮桦：《媒介依赖视域下青年群体的游戏实践探析——基于〈王者荣耀〉青年游戏玩家的学术考察》，《青年发展论坛》2023 年第 3 期。

空、无拘无束的游戏思维,以及对道具皮肤"炫酷、靓丽"的要求,因而备受玩家喜爱和热议①。

其次,作者应重视反馈对写作选材的影响。"文化大革命"结束之后,社会普遍关注知识分子的命运和科教兴国的策略,于是前有《哥德巴赫猜想》、《地质之光》等报告文学,后有《教育,我们有话要说》、《沉疴》等激扬文字,产生了"轰动效应";随着读者对港台文化方式的接受,又出现了"金庸热"、"琼瑶热"、"三毛热";到了21世纪,随着信息技术的发达、市场经济的繁荣和人们生活质量的提高,读者对电脑书、企业管理书、时尚休闲书和名人传记产生了浓厚的兴趣,这些都会对作者的选材产生或多或少的影响。作者写作时,除了根据自己的积累和爱好外,还要根据时代的要求和读者的心理需求来选材。当然,对读者的心理需求也要进行正确的分析,不能迎合读者的畸形心理和庸俗趣味。

再次,作者应重视反馈对写作体式的影响。"文凭热"带来了教材铺天盖地的出版,"娱乐热"带来了通俗文学样式的泛滥,不难看出,是读者的消费观念在引导着市场。对此需要一分为二来看待。一方面,在商品化时代,"文化也是一种消费",写作不能不考虑经济效益,于是大众喜闻乐见的形式应运而生,如连续剧、网络文学、广告、抖音短视频等;另一方面,文化又是一种"精神消费",它与纯物质消费不同,不能简单地奉行"以消费者为上帝"的理念,为了提高大众的文化素养,对大众进行思想启蒙,要自觉摒弃那些低俗的形式。作者要根据社会效果来选择写作体式,也要发挥引领社会潮流的作用,随俗而不媚俗,努力创建雅俗共赏的形式。

### 2. 正确对待正负反馈

正反馈指对写作起同向作用、能促进其系统发展的信息反馈,如作品发表后受到肯定,增强了作者的信心。负反馈指那些对写作起反向作用、阻碍其系统发展的信息反馈,如作品受到出版者的冷遇、读者的贬斥、评论者的否定等。在一般情况下,正反馈有利于增强作者自信心,负反馈容易给作者挫折感,正如同表扬能够鼓舞人,批评能够打击人一样。但是辩证地看,正反馈与负反馈都可能含有积极因素与消极因素。

那么,应该如何对待正负反馈呢?

对于正反馈,一方面要积极利用它,增强写作的动力,将良好的写作习惯、写作风格发扬光大;另一方面也要看到,某些正反馈中也可能包含了不切实际的吹捧,不能因此而自我陶醉。假如自己的文章被人称赞为"大手笔"、"很大气",不要都信以为真,要实事求是地分析自己是否真的达到了这样的水平,不能因此丧失不断超越的动力,特别要提防被"捧杀"。对于负反馈也要进行具体分析。要调整好自己的心态,面对别人的批评意见,既不要忽视其中的真知灼见,又不要被其中的恶意批评所吓倒。确实属于写作中的问题,应及时修改、调整,以取得更好的社会效果。即使将来写作水平提高了,仍然会遇到善意的和恶意的批评。对待批评意见应该有自身的"免疫力",这样才能从批评中获得前进的动力,而不会被批评"骂杀"。当反馈意见体现为"误导"时,则应坚持立场,不作无原则的让步。还有一种情形,就是作品投放到社会后,同时收到了正、负两种不同的反馈,作品成为

---

① 申亦晴:《传统道具到游戏道具的演变及设计——以〈王者荣耀〉游戏中道具"方天画戟"为例》,《大舞台》2023 年第 5 期。

大家争鸣的焦点。这时候,不要急于判断自己作品的成败,而要相信历史是公正的,实践能真正检验出作品的质量。

## 二、吸收

有了外界的反馈信息,作者还需要通过"内省"来独立审视和处理读者提出的意见,不能完全迷信和附和读者的口味。一言以蔽之,就是既要尊重读者,又不能迁就读者,而是要在适应读者的同时,引领读者提高欣赏水平和文化品位。

### 1.适应读者与调整自我

作者在接受了读者反馈的信息之后,有三种反应方式。

一是以严谨的态度重新深入调查,考证读者意见的正误,而不是轻易认同读者观点。朱自清发表《荷塘月色》后,收到读者来信,说蝉在夜晚是不叫的,朱自清没有马上删去月夜鸣蝉的描写,而是去请教昆虫学家并进行实地考察,最后得出了蝉在夜晚不叫而在月夜鸣叫的结论,否定了读者的"成见"。记者在接到电话说新闻失实后,要不要纠正? 不能妄下论断,最好的办法就是去重新采访和了解情况。而在公文写作中,即使认为读者反馈意见正确,也可以暂时不做修改,因为考虑到政策的稳定性和延续性,对公文中某些条款中的有关规定需要维持原状,等到下次发文时统一修改。

二是及时吸纳正确意见,调整写作方法。如陈忠实听取"茅盾文学奖"评审专家的意见,出版了《白鹿原》的"洁本";而机关单位的秘书必须在正确领会上级意图的基础上,认真考虑领导提出的修改意见,大幅度增删自己的原稿,甚至推倒重来。还有些作者以读者的反馈为契机,对自己的写作进行重新定位,进行战略性的调整,改变自己的写作策略,结果转败为胜。如有些作者年轻时喜欢写诗,但成绩平平,读者反映冷淡,于是改写文学评论,成为文艺理论家;反之,也有些作者理论思维薄弱而改写散文,而后独树一帜。

三是认准目标,坚持正确的导向,引导和培养读者高尚的阅读趣味,营造良好的精神文明环境。如关于民俗文化的写作,就应该发掘其中的科学因素与审美因素,不能为了讨好某类读者的低级趣味而去写作媚俗乃至伤风败俗的作品。出于写作的使命感,一个严肃的作者应当坚守自己的文化立场。

### 2.引领读者与超越自我

作者要尽量满足读者的阅读期待,但最好能突破读者的期望价值,给读者以超值享受。作者的作品与读者的水平常常会出现不均衡的情况。有些作品是能够满足不同的读者层的,刘勰在《文心雕龙·辨骚》中说:"才高者菀其鸿裁,中巧者猎其艳辞。吟讽者衔其山川,童蒙者拾其香草。"意思是人人都学屈原,但由于各自的水平、情趣、志向不同,其所得也就各式各样了。按照阅读理解的一般规律,在优秀的作品面前,读者与作者在思想境界与艺术修养上都是有距离的,但是通过不断的学习和借鉴,可以不断缩短这一距离。对于读者来说,虽然不能达到阅读对象的水平,但却能产生一种趋向崇高品质的愿望。"心向往之"可以说是中国人阅读好作品过程中的基本心态,它表明了阅读过程中读者趋向作品水平的特征。

现代的解释学和接受美学更强调读者与作品的双向调适。不是所有的作品都有绝对确定的意义,只待读者去认识,有些作品是一个不确定的、开放的系统,有待读者去发掘、去解释,有待和读者一道建立一种新型关系。因此,只要作品不断地被流传,它就不断地进入新的参照系,就会不断变化,不断被赋予新的意义。因此从根本上说,作品的意义是无穷尽的,犹如西方文学批评中的一句名言:"说不完的莎士比亚。"这种"说不完",在于作品之外的参照系是无穷的。作者引领读者来到一个崭新的境界。读者在阅读过程中不完全是被动地接受,而是进行着"二度创作",在读者通过作品突破自己原有的阅读经验的同时,作品也通过读者突破了自己原有的意义。读者的"二度创作"一旦进入反馈系统,其合理的部分必然会对作者形成刺激,从善如流的作者就会作出及时的反应。即使是特别自信的作者,只要他的写作是为了赢得读者,也会因此对自身的写作模式进行重新思考,综合读者意见,不断地改变旧模式,创造新模式,使自己的写作日臻完善。再从作者的写作心理来看,只要一个作者的写作不是为了敷衍塞责,而是具有使命感的话,他就要向读者证明自己写作的生命常青,他们忌讳自己的作品被人称作"拾人牙慧"、"老调重弹",这种写作的"自尊心"驱使着作者总是努力避免重复别人和重复自己。因此,当"旁观者清"的读者提出了"另类"的建议时,明智的作者就会把它当作突破自身局限的契机,及时吸纳其中的有益成分,借此重塑自己的写作品格,超越原来的写作方式。

# 第五节 沉浸式、融媒式、实训式写作

在"新文科"背景下,写作教学也肩负着传承创新的使命。"新文科"的宗旨是培养"堪当民族复兴大任的新时代文科人才",而这一目标又是通过"专业优化""课程提质""模式创新"三大基本抓手来完成的①。一般认为,"新文科"体现为五个"新":顺应社会发展和产学结合的动能之新,实现学科跨越和交叉互补的融合之新,依托数字人文和人工智能的技术之新,坚持接轨国际和文明互鉴的视野之新,突出主体创造和实践体验的模式之新。就"写作"而言,则体现为与学科融合、与媒介融合、与时代融合、与民族经典文化融合②,实施沉浸式、融媒式、实训式等写作实践和作品传播新机制。

## 一、沉浸式写作:体验为王的快感

写作要言之有物,内涵丰盈充实,具有真情实感,除了"读万卷书"的文化涵养和深厚积淀,还需要"行万里路"的亲身体验和丰富阅历。苏辙的《上枢密韩太尉书》提到,太史公司马迁"周览四海名山大川","故其文疏荡,颇有奇气",人生经历给予写作的,是恢弘的视野和开阔的胸襟。更为难得的是,作者独特的情思与人生的阅历交织在一起,还会产生一种潜心揣摩和沉思感悟的心境,即《文心雕龙·神思》中所说的"寂然凝虑""神与物游"的沉浸式体验。那么,沉浸式体验有哪些具体特征?沉浸式体验又有什么优势?如何才能实现沉浸式体验呢?

---

① 吴岩:《积势蓄势谋势识变应变求变》,《中国高等教育》2021年第1期。
② 金永兵:《新文科与创意写作人才培养》,《中国大学教学》2021年第1-2期。

　　"沉浸理论"于 1975 年被首先提出。沉浸式属于一种有"代入感"的情境式体验,体验者被特定情境所吸引,全身心投入其中,如同演员之"入戏",将外界的任何干扰和心中的无关想法都过滤掉,从而达到一种废寝忘食的"痴迷"和"忘我"心境。由于完全是出于个人兴趣参与到活动中,因此不计较任何代价与付出,并在参与过程中将自己的潜能发挥到极致,同时体验到高度的愉悦和充实感。这种沉浸式的愉悦可能会带来"时光飞逝"、时间因快乐而缩短的心理体验。

　　这种沉浸式的愉悦感如同聆听音乐的前奏,它渲染出一种氛围,激荡着一种情绪,吸引你沉潜到音乐特有的旋律中;又类似于"闯关挑战"游戏中充当诱因的那个"饵",逗引并激发你的兴奋体验。在沉浸式体验中,若想持续这样的"兴奋",就要学会平衡"挑战"与"技巧"两者之间的关系。如果"挑战"的难度高于"技巧",体验者会上升到焦虑状态;如果"技巧"的水平高于"挑战",体验者又会回落到无聊状态。为了再一次体验令人愉悦的沉浸状态,体验者就会努力提高自身的技巧或迎接难度更高、更复杂的挑战,自觉投入到新一轮循环之中。

　　沉浸式体验的理论基石是建构主义学习理论。建构主义始终强调"我在场",强调以学习者为中心,强调对知识的主动探索、主动发现和对所学知识意义的主动建构,强调在"情境"中学习,认为沉浸式体验是一种最理想的学习状态,可以真正实现"知行合一"。他们认为,认知事物的性质、规律,最好的办法是让学习者到现实世界的真实环境中去感受、去体验,即将自己抛到、扎到实际的"海"里去,通过获取直接经验来学习,这比仅仅聆听别人介绍和讲解来获得间接经验要有效得多,这就叫作"锚式教学"(anchored instruction)①。

　　正因为沉浸式体验具有亲历性、直接性、内驱性特质,所以其突出了写作主体亲身感受、认知体悟、审美经验的重要性。就写作而言,这既继承了传统写作要求深入生活获取第一手素材的扎实作风,又吻合中国文化特有的直觉感悟的思维方式,而且契合了互联网时代"体验为王"的生存方式。而更重要的一点,则是构建了一条"体验—感悟—创新"的新链式反应通道。

　　不过,沉浸式体验倒也不是自今日开始,古人也十分重视它的特殊功能。沈括在《梦溪笔谈》的"书画"一节就认为沉浸式体验是获得书画"活笔"的重要一环。宋朝著名画家宋迪教陈用之画画时就曾指出,倚败墙之上"朝夕观之","高平曲折皆成山水之象","高者为山,下者为水,坎者为谷,缺者为涧,显者为近,晦者为远",沉浸既久,"神领意造""默然神会","恍然见其下有人禽草木飞动之象",于是就自然而然地学到了绘画的"活笔"。

　　这种沉浸式体验有时候表现为作者不知不觉之中的亲身经历和生活感受,这不经意之间的人生沉淀也是作者最真切、最深刻的个人体悟,所以在写作时就浸染着一种自传的色彩。巴金创作小说《家》,因为自己在那样的家庭里度过了 19 年的岁月,许多场面都是作者亲眼看见或亲身经历的,"那些人都是我当时朝夕相见的,也是我爱过和我恨过的"。莫言也说过,《透明的红萝卜》里那个黑孩子"实际上是我们那一代人的缩影",经过了自己的忍耐、奋斗,"他的原型就是像我这个年龄那一批生活在中国北方农村的孩子们"。因为有了自己的亲身经历,在生活中有了切身感受,早已将人和物都"摸透了",在脑子里"成

---

　　①　汪宇编著:《沉浸式学习》,上海交通大学出版社 2020 年版,第 18 页。

型"了,才能写出鲜活的人物个性和独有的事物特征来。夏丏尊和叶圣陶的《文心》曾提到,写《新秋景色》这样的作文,学生完全可以从自己熟悉的家中的"牵牛花"入手,这样的写作就显得特别的亲切自然和具有真情实感。

这种沉浸式体验有时候也表现为作者在构思过程中全身心的投注与浸润,写作思绪与写作对象同化,达到一种重返现场、身临其境、当下体验的效果。作家冰心回忆母亲向她讲述童年时"弥漫了痴和爱",她"在听时和写时都重新起了呜咽"。同样,朱自清以独处的心境完全沉浸在清幽、宁静的荷塘边,才有那细腻、纯美的文笔;郁达夫则泡一壶浓茶,以散淡的心情沉浸在牵牛花和槐树落蕊的趣味中,才有那深沉、淡雅的秋意。而卡夫卡和普鲁斯特虽然基本上足不出户,如同躲在"洞穴"中写作,但他们这种以"沉思"为表征的写作是以思绪沉浸之深来替代人生阅历之稀,以意念流动之奇超越世俗生活之常,反而有一种"现代派"和"陌生化"的艺术效果。

这种沉浸式体验有时候还表现为作者在写作过程中产生一种"逼真的幻觉","代入式"地把自己变成角色,进入到人物内心世界乃至潜意识里面去,与人物同悲欢、共命运,这样才能写出血肉丰满、栩栩如生的人物形象。所以,曹雪芹创作《红楼梦》是"情痴抱恨""字字皆血",巴尔扎克的朋友经常会听到作者在跟作品中的人物争吵,福楼拜写到包法利夫人之死,自己"满嘴都是砒霜的味道"。如此的感同身受,才造就了旷世的经典之作。

当然,我们今天所讨论的沉浸式写作体验,又不完全局限于亲身经历和生活体验的范围,而是具有更加开阔的视野和更为丰富的内涵。除了亲身经历的自传写作方式和同化体验的代入写作方式之外,沉浸式写作体验还可以呈现为以下五种方式:一是课外安排必要的实践活动,到农村进行创作采风,与农民同吃同住同劳动,割稻子、挖红薯、摘水果……融入乡村生活和质朴民风,将写作体验和劳动教育相结合,还可以渗透进中国二十四节气的传统文化意蕴与乡村振兴的现代文明养成教育;二是结合课程教学,到企业进行调研活动,了解企业的文化理念、服务特色和品牌经营策略,从中体会调研报告等实用写作的真实过程,并实现产学的高度融合;三是结合地域文化特色,开展文化研学旅行,寻访历史旧址、名人故居、驿道古迹和丝路(诗路)遗踪,在游记中彰显人文内涵和文化情味;四是在课堂教学中设计带有游戏性质和竞赛意味的题型,将课堂替换成"智力大冲浪",教师只担任电影导演或传艺师傅的角色,对学生进行必要的辅导,让学生自己担任主角,模拟"新闻发布会""与某某商榷的辩论会""大龄青年约会"①以及"剧本杀"等活动,在轻松、快乐和兴奋中体验到强烈的游戏感;五是充分利用虚拟仿真体验和全景教室等现代高科技场景,提取和综合海量视频,打造一座无所不至的现代写作沉浸空间。

## 二、融媒式写作:人工智能的超越

夏丏尊和叶圣陶在《文心》中提到一位"李先生",是一个打通媒介、说明写作原理的高手,他往往借助"绘画"这一媒介来教授"写作"的艺术手法。譬如"背景"在烘托气氛上的作用,"写作"就与"绘画"相通。"风萧萧兮易水寒"就是下一句"壮士一去兮不复还"的背景,画面中风凛水寒的背景就将与一个壮士长别的悲壮苍凉的情味渲染出来了。《红楼

---

① 李白坚、丁迪蒙主编:《大学题型写作训练规程》,上海大学出版社2004年版,第8、第427页。

梦》写黛玉之死也是如此,画面的背景是潇湘馆的竹声和空中的雨声,更增添了凄风苦雨的悲切心绪。你如果明白"绘画"的视觉效果,就更容易理解"写作"的画面感和氛围感。写作的"远近法"同样如此,譬如"月上柳梢头"这句诗,照常理讲,月亮显然要比柳树高出太多,可当柳树离人近的时候,就可以比月亮高,这就是视觉上的差异。近大远小才吻合"绘画"的透视原理。"接天莲叶无穷碧",莲叶可以接天,也是同样的道理①。媒介的融通可以延伸人的创造智能和写作技艺。

今天的"融媒体",当然不会再停留于"绘画"与"写作"、"音乐"与"写作"这样的一对一的媒介互动上,而是"互联网＋"的"全媒"出动。这显然要比"李先生"时代更具有"全觉立体"的色彩。麦克卢汉早就说过,媒介的形态决定人类社会形态。一种新媒介的产生,随之会创造一种全新的世界,创造出人人参与的大众文化新局面②。所谓"融媒体",就是这样一种"媒介融合"的新生活方式。它以云计算、大数据为技术支撑,以网络和移动通信为基本平台,以用户需求为服务导向,以跨媒体、跨平台为传播方式,促进文本信息、传播渠道、交互方式、媒介终端、经营模式的大融合,实现"万物皆媒"和各种媒介功能的一体化发展,从而达到"资源通融、内容兼融、宣传互融、利益共融"。

"融媒体"作为一种全新的革命性的写作与传播方式,其主要特征在于以下五个方面。

(1)新媒思维与新型文明。新媒思维,即以互联网思维对融媒体生产、传播及其文化价值乃至整个信息生态进行重估,尤其是对"媒介中的人",也就是新型媒介关系中的人的生存状态进行审视。人不仅是信息的受传者,而且深度参与媒介,"人人皆为媒介",人也是媒介本身,是驾驭各种媒介和创造新型媒介的终极媒介主体,是真正意义上的超媒介③,由此构建一种生活新模式和社会新文明。

(2)海量信息与全觉传受。大数据和云计算所带来的信息大容量与媒介全方位是融媒体的一大特征。文字、图片、声音、视频的叠加,报纸、广播、电视、网络的融合,构成了媒介形态的立体场景和集合形态,从而生成信息传播"聚合"与"拆分"、"遍及"与"碎片"、"在场"与"遥在"的多重可能性。

(3)量身打造与个性设置。人工智能所具备的"算法"功能能够对海量信息进行分析整合,瞬间筛查出"你是谁"、"你需要什么"、"如何找到我要的信息"、"如何令我的信息在众多的信息中被看到"等重要信号,以精准的"信息适配度"满足受众的个性化需求,通过即时推送和持续滚动相关内容,增强用户的黏性和忠诚度。融媒体所蕴含的人工智能让信息传受能够像人的感觉一样"自然",延伸人的心智功能和认知过程,越来越具有一种人性化的趋势。

(4)开放融合与互动交流。融媒体提供给用户的"不再是单一的媒介介质,而是带有不同符号标记的媒介场景入口"④,用户从不同入口进入场景,在"嵌入"与"交融"中感受信息的丰富与新奇。不同媒介之间的边际也渐趋软化和消泯,走向真正的融合。传媒与

---

① 　夏丏尊、叶圣陶:《文心》,生活·读书·新知三联书店 2008 年版,第 168-169 页。

② 　马歇尔·麦克卢汉:《理解媒介:论人的延伸》,何道宽译,商务印书馆 2000 年版,第 6 页。

③ 　李沁:《泛在时代的"传播的偏向"及其文明特征》,《国际新闻界》2015 年第 5 期。

④ 　张成良:《融媒体传播论》,科学出版社 2021 年版,第 40 页。

受众、用户与用户之间互动交往的机会更多、频率更快。以线上直播为例,观众不仅可以通过评论留言表达观点、交流意见,而且可以在线与直播主持人、现场新闻人物、专家学者等即时互动。

(5)全天在线与实时高效。融媒体不受时空因素制约,可以在任何时间、地点全网发布信息,受众根据自身习惯,任意选择渠道接收信息。而且5G时代处处体现出高时效和低时延,比如下载一部10G的高清电影,基本上不到1秒钟就能完成。新闻传输也不会再出现这边主持人提问结束了,那边的记者还要卡顿好几秒钟才开始说话的现象。

融媒体在新闻报道中的运用非常广泛。在传统媒体中,新闻采访主要靠人工采集信息,许多人力不可及的隐藏数据往往被埋没。而人机协作中传感器的出现大大突破了"肉身"的局限,在灾难、救援、自然景观的报道中由无人机参与拍摄,拓展了信息采集的新维度,诞生了所谓的"传感器新闻"。《纽约时报》在大数据支撑下,集文字、画面和交互技术为一体,以多媒体形式生动报道了"雪崩"的整个过程并讲解了雪崩的科学原理,荣获普利策新闻奖。交互式报道《亚马逊热带雨林滥伐问题研究》("Deforestation in the Amazon")以生物多样性的视频画面、鸟鸣和电锯声等自然声响、历史变迁的动态图片、卫星遥感的航拍镜头、原因解析和对策方案等文字叙述,全方位重现了巴西地区历史与现实、繁荣与衰败、开发与保护、国家立法与国际合作的撼人场景①。而央视联合百度推出的"据说春运"则利用GPS的可视化数据,描绘了春运期间中国人口大规模运动和迁徙的基本轨迹。

融媒体在文学艺术创作和传播中也影响非凡。福楼拜曾经预言,"艺术愈来愈科学化,科学愈来愈艺术化;两者在山麓分手,有朝一日终将在山顶重逢"。今天的融媒体时代仿佛就是文学艺术与数字技术在山顶"重逢联姻"的日子,这样的"重逢"将绽放出高手联袂出场的神奇魅力。湖南师范大学梦行者工作室开辟《为你读诗》项目,线上进行微信公众号推送,内容包括经典诗歌原文、翻译、赏析、作者和朗读者简介,线下则推广手绘明信片、插画设计等文创作品,一扫二维码就可以链接到朗读视频和相关介绍,实现了音、视、画、文的一体运作,这在中外经典诗文诵读传播、跨学科实践等方面都具有借鉴意义。而北宋名画《清明上河图》近年来经历了无数种"艺术+数字"的开拓创新,譬如数字图像,具有无损伤修复、无极限缩放的高清效果;数字绘画融入了潮流明星的街拍穿搭;此外还有3D数字动画、数字游戏、VR虚拟体验等②。多种媒介的参与融合使千年古画焕然生色,活力四射。

既然说到融媒体,自然也绕不过ChatGPT这样一种人工智能写作。

就ChatGPT的写作水平而言,莫言自述,曾用ChatGPT为余华写颁奖词,输入关键词"活着""拔牙""文城",瞬间生成了一篇莎士比亚风格的一千多字的赞语。他说,这样的文章,乍一看挺唬人的,但认真读一遍,全都似曾相识,好像好几个人的文章在一块搅和搅和,拌了一盘沙拉一样。没有独创性,更没有感情色彩。他还用ChatGPT写过七律旧体

---

① 张洁等编著:《融媒体写作实用教程》,四川大学出版社2022年版,第120-124页。

② 李沛莹:《论数字媒体介入经典名画的价值与意义——以〈清明上河图〉数字化项目为例》,东华大学美术学硕士学位论文,2022年。

诗,感觉没有一句能够流传下来。

对此,也有人发表过不同的看法。文学教授郭英剑在 2023 年 1 月 28 日注册了 ChatGPT,以英文指令它用"白雪"和"树林"写一首诗歌。几乎在半分钟之内,这位聊天机器人就完成了一首英文诗。当郭英剑将整首诗发给很多文学教授和文学博士时,大家都认为这首英文诗写得很好。同年 4 月,郭英剑再度指令 4.0 版本的 ChatGPT 重写一首关于"白雪"和"树林"的诗,虽然指令完全一致,但它并未重复前一次的诗作,不仅绝大部分词汇有了变化,而且韵律方面也截然不同,总体上看仍是一首好诗。这个饱尝世界经典文本、腹有诗书的 ChatGPT,似乎就是从经典中脱化而出了一首好诗。

无独有偶,作家韩少功曾将秦观的七言绝句《金山远眺》(西津江口月初弦,水气昏昏上接天。青渚白沙茫不辨,只应灯火是渔船。)与 IBM 公司写诗小软件所创作的四句诗(西窗楼角听潮生,水上征帆一点轻。清秋暮时烟雨远,只身醉梦白云生。)混放在一起,请大家一辨高下,许多人表示难分伯仲。让该软件用纳兰容若的口吻写词,倒也颇有几分纳兰容若的气质。

不仅文学创作中出现了此类现象,论文写作中也同样如此。北密歇根大学哲学教授安东尼·奥曼惊喜地读到了一篇"极好的论文",其严谨的论证和简洁的表述令人有惊艳之叹,询问之后方才知道文章是用 ChatGPT 写的。无怪乎语言学家乔姆斯基痛心疾呼"这是剽窃"。

关于 ChatGPT 的是与非,学者们普遍认为,在提升信息搜集能力、从更广泛的"互文"意义上为写作积累丰富的语料库、运用大数据和"算法"加强信息分析整合以及提高写作效率等方面,ChatGPT 确实具有刹那之间融万象为一体的巨大能量。但它的能力也确实存在着"天花板"。譬如情感体验的问题、个人风格的问题、独立思考和创造的问题,等等,都是 ChatGPT 一时之间难以逾越的门槛。王筠在《教童子法》中曾提到,普通人写作,"一开卷便是春草秋花等题目,知其外道也,掩卷不观矣"。ChatGPT 在写作上的软肋其实就是王筠所说的"外道",那种"一开卷便是春草秋花"的套话①。就像一个刻板而无趣的人,一本正经地满口说着正确的废话。ChatGPT 模仿海明威写《巴黎的作家,咖啡和猫》一文,虽然构思衔接相当"丝滑",远远超出互联网写作的平均水平,但比起海明威的原创作品《流动的盛宴》,其文笔毕竟难以与大咖作家的语言辨识度相提并论。本雅明在《机械复制时代的艺术作品》中说:"在艺术作品的机械复制时代,凋谢的东西就是艺术品的光韵。"②譬如"打开一扇窗"这一命题,在 ChatGPT 的文字处理中,会直接指向"推开了窗户",而在我们的审美想象里,则蕴含着更为悠远的美感和心境③。ChatGPT 所缺少的,恰恰是这种艺术光韵,因而也就缺乏动人心弦的力量。千篇一律的数据化生产毕竟难以取代人的个性化的无限编码,更难以张扬人类有血有肉的生命、价值观和理想图景。ChatGPT 那种潜在的算法操纵最终将使自己沦为思维的"茧房"和算法的"囚徒"。至于 ChatGPT 是否会带来抄袭剽窃问题,创意写作学教授许道军认为这倒"不必担心"——如

---

① 姚文晗:《写作教学视域下 ChatGPT 的教育价值审视》,《师道》2023 年第 4 期。

② 朱立元、李钧主编:《二十世纪西方文论选》(上卷),高等教育出版社 2002 年版,第 652 页。

③ 姚文晗:《写作教学视域下 ChatGPT 的教育价值审视》,《师道》2023 年第 4 期。

果 ChatGPT 成为公开工具,就像百度、谷歌一样,大家反而无法"藏匿"自己的行踪①。

ChatGPT 到底是一个独立完整的写作主体,还是只能起到秘书作用的辅助工具? 到底是一个饱读诗书、随机应化的"智能人",还是一个看似滴水不漏实则俗不可耐的"机械人"? 到底是只能现成组合,还是可以融会创新? 随着 ChatGPT 的迭代更新,让我们拭目以待。

### 三、实训式写作:技能素养的跃升

如果想靠写作"一技傍身",又不甘平庸,想写出高质量的文章,那就要切实训练和提升自己的写作技能。

自古以来,写作一贯重视"读书"对"下笔"、"熟读"对"吟诗"的影响和迁移作用。清代姚鼐在《与陈硕士书》中说,"学文之法无他,多读多作"。到了鲁迅,他也仍然强调"多看和练习"。他回忆自己在学校里学习写作,"一天到晚,只是读,做,读,做;做得不好,又读,又做"②。朱自清的中学作文经历也是"茫然地读,茫然地写"③。那时候的写作训练之所以强调从"读"到"写",是要取法乎上,从经典作品中汲取写作的营养,走的是"阅读—赏析—揣摩—模仿—写作"的训练路径。所以,当年的写作教材也将主要目光投注到"题材"、"主题"、"结构"、"语言"等"老八块"的静态文本要素分析上。

诚然,从素质养成的角度看,阅读为写作提供扎实的基础和优质的范本,自然是必不可少的。就是从语言积淀和锤炼的角度而言,阅读也是写作的丰厚滋养来源。潜心阅读经典,就像是拜识了一位无声的名师,经受年深日久的熏陶,自然是受益匪浅。朱自清所谓的"茫然",就是在浑然不觉之中学到了写作的"真经"。而这"真经"要转化为自身的觉悟和修为,又不能仅仅凭"念"的功夫就能达到,它离不开深切的体悟和努力的践行。书法从临帖摹写到脱帖破格,固然要以名帖为师,但无法离开自己的苦练。孩子自小是向父母学习走路和说话的,但如果自己不走不说,就不可能真正学会行走和交谈。

唐彪在《读书作文谱》中已经意识到这一问题,他引谚语说"读十篇不如做一篇",认为"常做则机关熟","不常做则理路生",并指出"学人只喜多读文章,不喜多做文章,不知多读,乃借人之功夫;多做,乃切实求己功夫"。在这里,唐彪丝毫没有贬低读书重要性的意思,他只是指出,要写出个性化、有特色、高质量的文章,必须"多做",才能悟到其中的机关诀窍,才能切实提升自己的写作水平,才能熟能生巧。关于这一点,叶圣陶说得很明白:"写作系技能,不宜视作知识,宜于实践中练习,自悟其理法,不能空讲知识。"④"自悟理法"的大前提是亲自动手,"于实践中练习"。写作训练始终要以提高写作能力为目的,转变到以"练"为主的轨道上来。

这里不妨打个比方。梅兰芳扮演京剧旦角,他的手势兰花指有"吐蕊"、"迎风"、"垂丝"等 53 种之多,外国友人曾专门到后台看他的手。"当然,从手上很难看出什么,因为通

---

① 许旸:《创意写作里,ChatGPT"抢"不走的是什么》,《文汇报》2023 年 2 月 14 日第 5 版。

② 鲁迅:《做古文和做好人的秘诀》,载《鲁迅全集》(第 4 卷),人民文学出版社 1981 年版,第 270 页。

③ 朱自清:《〈文心〉序二》,载夏丏尊、叶圣陶《文心》,生活·读书·新知三联书店 2008 年版,第 4 页。

④ 叶圣陶:《语文教育书简》,载《叶圣陶语文教育论集》,教育科学出版社 1980 年版,第 736 页。

过动作和身段体现出来的伟大艺术,是勤学苦练的结果,外加惊人的天才和民族戏曲的悠久传统。"[1]他那双闻名遐迩的手同世界名画中的手奇妙地相似,"而且受到中国演员的艺术规范和舞蹈的令人难以置信的严格训练"[2]。梅兰芳排演《霸王别姬》,私下练习剑舞,常常用一对相对沉重的钢剑,到了台上则运用一对轻轻的木制宝剑,这样,在翩翩起舞时,就不会给人一种漂浮或吃力的感觉。"几十年不断琢磨改进,可以说是达到了美、准、稳的境界"[3]。梅兰芳具有"惊人的天才",尚且如此刻苦训练,所以普通的作者要写好文章,自然不能放松"练习"。如果说梅兰芳是从"民族戏曲的悠久传统"和"中国演员的艺术规范"以及舞蹈、武术等相近门类中汲取营养,相当于写作从读书中得益,那么"几十年不断琢磨改进",就是"严格训练"。

写作训练同样需要这样的勤学苦练。今天的写作教材早已递变到"采集"、"运思"、"表述"、"评改"等"新八论"动态行为过程的训练上,讲究知行合一、动静互补,将视野拓展到写作活动的整个过程。写作的自身特性进一步彰显,"实践性"、"技能性"和"操作性"成为关键词,逐渐建立起写作的"操作性理论体系"。而这种操作性的根本属性是以"符号"传达出"创造意义"[4]。既然写作是一种具有创造性的精神劳动,那么写作训练也应该充满鲜活的时代气息和浓郁的生活情调,应该是一种"苦"中有"乐"的、具有丰富情韵和独特趣味的、富有激情和活力的实践活动。

之所以强调写作训练是一种实践活动,是因为在实践活动中,写作训练可以避免闭门造车,可以让作者更充分地贴近时代和生活,获得一种自然的生趣,此时写作就不再是一种"死"的练习,而是一种"活"的应用。而且在实践活动中,写作训练不再局限于"只写一篇文章"的短暂流程和狭隘范围,而是延伸到写作前的准备和写作后的反馈,作者体验到写作整个活动过程的曲折与甘苦,从而提升自身的综合素质。在实践活动中,写作主体不再是一个普通的参与者,也不再是一个在"命题"驱动下的应付型、被动型作者,而是一位主动迎接各种实践挑战的写作"运动员",在实践中得到最真切的体验和最实质的收获。

很多人认为,论说文因为逻辑严谨,所以训练时会比较单调乏味。而朱光潜在《漫谈说理文》中却说"说理文的写作和文艺创作在道理上也有很多相通之处","说理文也应该有艺术性,给人以美感"[5]。他自己就是一位说理的高手,他以老鹰古松、垓下哀歌的项羽和"骏马秋风冀北"表达刚性美,以娇莺嫩柳、葬花自怜的黛玉和"杏花春雨江南"表达柔性美,彰显了形象生动的"理"与"趣"。

这种"理趣"还体现于论证过程的曲折生动上。我们主张运用黑格尔的"正反合"逻辑推论方法和波普的证伪理论,在逻辑思维的训练过程中加入"找反例"的环节,打破"材料与观点统一"的固有框架,既看到与原来观点相同的材料,也顾及与原来观点相异的反例,不断弥补自己原有观点的漏洞。"找反例"的训练不仅使论说文更加周密严谨,也活跃了

---

① 梅绍武:《我的父亲梅兰芳》,百花文艺出版社 1984 年版,第 244-245 页。

② 梅绍武:《我的父亲梅兰芳》,百花文艺出版社 1984 年版,第 244-245 页。

③ 梅绍武:《我的父亲梅兰芳》,百花文艺出版社 1984 年版,第 253 页。

④ 林可夫主编:《高等师范写作教程》,福建教育出版社 1991 年版,第 4 页。

⑤ 朱光潜:《漫谈说理文》,载《朱光潜全集》(第 10 卷),安徽教育出版社 1993 年版,第 347 页。

思维,拓宽了视野,增添了趣味。

譬如"一分耕耘一分收获"的阐释过程,就可以通过"找反例"来丰富论证的曲折性:

> 一分耕耘一分收获,唯付出才有回报。不过,耕耘未必有收获,一分付出未必就得一分回报,但不耕耘绝无收获。如果只问耕耘不问收获,多多少少总有收获。有时候无心插柳,反而绿树成荫。

"一分耕耘一分收获"这句劝世名言肯定了付出辛劳的价值,"勤勉"与"怠惰"相比,总是发奋努力为好。但我们可以找到一个"反例",耕耘未必有回报,不是所有的努力都有结果,就像农民种田,遭遇旱涝等天灾可能颗粒无收,或者辛苦终年却遇歉收,一分付出仅存三厘收获,但农民不会因此灰心,放弃耕种。我们将问题推到这一层次,仍然不能就此罢休,可以对自己的观点进行更加深入的辨析,将遭遇挫折而不改初心归纳为另一句名言"只问耕耘不问收获"。只管努力不问结果,持续付出,总有积少成多的收获。这里又隐伏着另一个"反例"——如果刻意求成,欲速不达,也未必能成功。因此,"无心插柳柳成荫"就是我们在反复的辩难之中得出的结论。坚持努力,顺其自然,人终将自我化育,成长成材。文章阐释的整个过程都是在寻找反例、自我追问中促使思维层层推进。下文这篇英文演讲比赛颁奖仪式上的致辞(节选)也是关于"英语"与"母语"、"民族文化"与"文明互鉴"的辨析追问:

> 当前,英语作为传播广泛的语言之一,成为各国人们加强沟通、加深理解的媒介。学习和掌握英语的能力体现了一个国家的国际视野和开放程度,成为一个国家软实力、竞争力的标志之一。我们从来都不否认,一个国家自身的民族语言,自己的母语,是我们的心灵源泉和精神原型,是我们的文化遗传密码和永恒的精神家园。如果丢掉了母语,迷失了我们自身的文化,我们就会魂无所依。但热爱我们的母语,并不意味着就要盲目排外。学习外国语言,是为了更好地与世界对话。不仅为了掌握国际交流的语言工具,而且在学习先进技术、思想碰撞交流、思维融合创新乃至文化的共生发展上,都具有深远的意义。因此,在不忘母语,深深眷恋我们的祖国和家乡的同时,以开放的胸怀去拥抱世界,这也是当代青年应有的生存姿态。"学习强国"推出了外交部制作的一系列用英语介绍中国各地的视频,其目的也是通过英语与中国风光、中国人文的有机融合,让世界了解中国。

总之,写作训练着眼于素养的累积、文体的认知、语言的锤炼和技能的提升。正像杜威的核心教育理念所倡导的"在做中学",在读书中学范型,在练习中悟技法,在修改中求精进。训练中要正确把握"单项"与"综合"、"循序"与"跃升"、"合格"与"破格"、"精准"与"浑然"之间的关系,保持和强化写作生态的固有情趣,使每一次写作训练都成为有料、有趣、有效的实践活动,实现"真景"、"真做"、"真得"。

## 【延伸阅读】

1.夏丏尊、叶圣陶:《文心》,生活·读书·新知三联书店 2021 年版。

(选读十三"触发"、十七"语汇与语感")

2.老舍:《我怎样学习语言》,载《老舍生活与创作自述》,人民文学出版社 1997 年版。

3.于冰:《写作构思技巧》,中国青年出版社 1991 年版。

(选读"构思的基本方法")

4.潘新和:《高等师范写作三能教程》,人民教育出版社 2002 年版。

(选读第六章"写作行为论")

5.鲁迅:《我怎么做起小说来》,载《鲁迅全集》(第四卷),人民文学出版社 1981 年版。

6.徐岱:《去"经典化"的网络写作》,《浙江社会科学》2016 年第 1 期。

7.杜骏飞:《网络写作的 23 条戒律——写给年轻的一代》,《新闻与写作》2017 年第 2 期。


## 【思考与练习】

1.台湾作家王鼎钧的散文《创造你的知音》,把古代俞伯牙与钟子期的故事作了新的发挥和解说。下面是散文中的一段话:

俞伯牙是一个音乐家,他的琴艺造诣高超,当代几乎没有什么人能够欣赏领会,只有钟子期一个是他的知音,两人因此成为莫逆之交。俞伯牙常常在高山之下、流水之间,为钟子期一个人演奏,彼此的心灵在琴中融合为一,与大自然浑然俱化。不久,钟子期得了急病,猝然去世。俞伯牙失去了他精神上唯一的支持者,内心十分悲痛。有一段时间,他只顾擦自己的眼泪,忘了去擦拭琴上的灰尘。在沉思中觉醒,他知道他的艺术属于民族文化,是人人有权享用的一笔财产。只有一个钟子期是不够的,甚至只有一个俞伯牙也不够。于是他咽下悲哀,抖擞精神,一面设帐授徒,一面旅行演奏。他热爱听众,忘记疲倦,慢慢的,听众也狂热地爱他,对音乐不再有神秘和疏离的感觉了。到俞伯牙晚年,他的国家是当时音乐家最多的地方,是音乐人口比例最高的社会,是音乐风气最盛的国度。多少人崇拜他赞美他,说这一切都是他的成就。他听了这些话表情淡然,他真正想听到的是这么几句话:"钟子期没有死。钟子期已经复活。钟子期无所不在。"可是这几句话偏偏就没有谁对他说过。

这段话对写作有何启示意义?请从不同的角度挖掘原文的内涵,写一篇读后感,少于 1000 字。

2.请从新的角度立意,在下面的文学典故里任选一个,写一则故事新编。

(1)西子捧心　　(2)刘伶醉酒　　(3)韩信受辱　　(4)宋江杀惜

(5)悟空成佛　　(6)黛玉之死　　(7)梁祝化蝶　　(8)窃符救赵

3.请设计一张关于某本畅销书的调查问卷,在互联网上发布,然后整理网上读者的各种意见,写成一份修改建议,寄给作者。

4.下面是申论范文《青蒿素的"气质"》,请你从逻辑结构和语言表述两方面进行具体的评析。

青蒿素，"中医药给世界的一份礼物"，在瑞典卡罗林斯卡医学院，中国首位诺贝尔生理学或医学奖得主屠呦呦讲述的故事引起广泛共鸣。多年潜心研究，团队密切协作，执着科研攻关，从浩如烟海的中医典籍中获取灵感，终于发现和提取了青蒿素，使之造福人类。"呦呦鹿鸣，食野之草"，一株"中国小草"改变无数患者的命运，让世人感慨万千。这份"礼物"，不只是惠及苍生的科研成果，更是淡泊名利、专心致志的难得定力与精神境界。

科学研究是艰辛的事业，耐得住寂寞，坐得住冷板凳，方能有所作为。这是一种宝贵的定力。古人云："心心在一艺，其艺必工；心心在一职，其职必举。"古往今来，不管什么领域、什么行业，定力是成事之基，专注是成功之道。反之，心浮气躁，急功近利，无论为学还是创业、为政还是创新，都为大忌。

在谈及"当前文艺最突出的问题是什么"时，几位艺术家不约而同地说了两个字：浮躁。诚哉斯言！一段时间以来，追求"短平快"、粗制滥造等文艺"浮躁症"，深为社会诟病。现实中存在的浮躁风气，人们深有感触。从一些高校片面追求论文发表数量的科研浮躁，到一些干部热衷形象工程、面子工程，制造政绩泡沫，再到"赚快钱"、"走捷径"等功利心态在社会上颇有市场，浮躁的负能量，传播较广、危害不小。在反思中，一种社会共识日益凸显：今天的中国社会，在快速前行中，格外需要摈浮去躁，涵养定力，行稳致远。

摈浮去躁，涵养定力，就应树立高远之志，摈弃功利之心。《庄子》中载，鲁侯问木匠梓庆：为何能把镶做得鬼斧神工？梓庆说：将为镶，必齐以静心，不敢怀庆赏爵禄、非誉巧拙之想。所谓"静心"，就是心无杂念、志存高远，不贪一时之功，不图一时之利，正如屠呦呦总结几十年科研生涯，最深的感受是"科学要实事求是，不是为了争名争利"。世事纷繁多变，把目光投向远方，用正确价值观来导航，才能跳出眼前的一亩三分地，以思想定力开拓广阔天地。如此，领导干部才会防止短期效应，着力打基础、利长远，企业商家才会摆脱低俗营销、打造诚信品牌，"扎扎实实干事，踏踏实实做人"的价值主流才会不断壮大。

摈浮去躁，涵养定力，就应激发笃行之力，力戒虚浮之风。生活常识告诉我们，烧水如果耐不住性子总掀锅盖，必然是开得慢。现实中，抄"近道"、耍"心计"，最后栽了跟头的案例，更是发人深省。事物发展有其规律，拖不得，也急不得。饭要一口一口吃，路要一步一步走，大到建成全面小康，小到个人幸福生活，都需要咬定目标、久久为功。在福建宁德，班子换了几茬，但"拔穷根"一以贯之，一任接着一任干，创造了摆脱贫困的实践样本。不管是打赢脱贫攻坚战，还是啃下雾霾治理等硬骨头，没有捷径可走，树立愚公移山志向、拿出滴水穿石韧劲，一点一滴地改变，实实在在地推进，梦想就会逐渐照进现实。

最近，网上流行一个热词：主要看气质。一个人的气质，不决定于"脸"，而在于内在修养；一个时代的气质，也不能靠物质来定义，社会风气、社会心态才是最深刻的体现。在治国理政的大逻辑中，激荡着尚俭戒奢、务实治虚的风气之变，向精神世界注入了正能量。摈浮去躁，涵养定力，重塑变革时代的气质，这样的中国故事已经开始，它呼唤全社会精心书写，更期待我们每一个人去倾心投入。

拓展资料

下　编

写作文体论

# 第六章 融合新闻写作

## 第一节 融合新闻概述

### 一、新闻活动与新闻写作的变迁

新闻活动和新闻现象是人们认识世界的基本方式,是人类改造世界的基本前提。人类社会性的生产劳动实践对新闻内容的生产、传播起着决定性的作用,"劳动说"在解释新闻起源时具有合理性。人类社会早期的新闻活动只是简单的生产、劳动信息的传递,随着社会的发展,社会信息系统的整体运行赋予了人们的新闻传播活动以越来越丰富的含义和越来越多样的形式。

我国古代的烽烟传信,实际上是一种军事新闻信息的传递。唐代的《兵部烽式》对"烽烟"所传递的具体军事信息有详细的规定:"寇不满五百,放烽一炬;五百骑以上放三炬;千人以上放四炬。"我国唐朝的报纸"进奏院状",据考证是世界上最早的原始状态的报纸,从已有的材料看,进奏院状的内容主要有皇帝的活动、皇帝的诏旨、官吏的任免、臣僚的奏章、其他重要军事政治信息等。信息多数是由进奏官自己采集的,有的则是从他们所获知的朝廷动态消息中筛选出来的。那时的"进奏官",其角色特征就与我们今天的记者、编辑等新闻写作者十分相似。有资料认为,1566 年威尼斯出现了"手抄新闻",这些采集、誊抄的新闻内容包括商品行情、船期和交通信息,间或也报道政局变化、战争消息和灾祸事件。这种小报不定期沿街兜售,每份一枚硬币(一说张贴在公共场所,凡入内阅读须付一枚硬币)。当时的威尼斯硬币叫作"格塞塔"(gazzetta),后来这种小报流传到罗马以及欧洲各国,就被称为 Venice gazzetta(威尼斯小报)。那时在欧洲采集、誊抄新闻的一批人,可以看作早期的新闻写作者。

随着人类新闻传播活动的不断发展和繁荣,新闻事业开始形成,专职的新闻写作者也开始出现,新闻写作开始被人们重视和研究。

1609 年,世界上最早的印刷周报在德国出现。1660 年,德国又诞生了世界上最早的印刷日报。这标志着世界近代新闻事业的诞生,也标志着新闻写作走上了职业化的道路。在我国,近代国人自办报刊的典范当属报刊政论家王韬及其创办的《循环日报》。《循环日报》(1874—1947)创办于香港,是大型日报,主编王韬亲自撰写文章,评论时政,提出"富强即治国之本",率先喊出"振兴中国"的口号。王韬是我国报刊史上第一个报刊政论家。其政论主旨为"救时以内为本"、"治内以重民为先"、"图强以变法为要"、"变法以人为重"。其政论特点是内容广泛、篇幅短小,及时论述时政且论述透彻。参与维新运动的梁启超从《时务报》起,开创了新式报刊文体——时务文体,是从文言文向白话文过渡的形式,它生动活泼,夹杂着大量的俚语和外来语,雅俗共赏。梁启超自己总结说:"启超素不喜桐城派古文,幼年为文,学晚汉魏晋,颇尚矜炼。至是自解放,务为平易畅达,时杂以俚语、韵语及外国语法,纵笔所致不检束,学者竟效之,号为新文体。老辈则痛恨,诋为野狐。然其文条理明晰,笔锋常带感情,对于读者,别有一种魔力焉。"① 梁启超写出来的文章感情充沛,气势磅礴,自由放纵,不拘一格,对辛亥革命时期乃至五四运动以后的文风都有极其深远的影响。与梁启超大致同一时代的代表性新闻人还有黄远生、邵飘萍、范长江、邹韬奋、史量才等,形成了职业化新闻人的中国名记者榜单。

无论国内外,新闻活动的发展都离不开新闻媒介的变迁,新闻与传播的关系在不同的媒介时代下被探讨,"人类媒介发展史就是新闻传播发展史"的观点得到了不少学者的认同。该观点认为媒介作为信息传递、交流的工具和手段,经历了以口语传播与岩画传播为代表的口语传播时代、以文字符号传播为代表的文字传播时代、以印刷术的发明为代表的印刷传播时代、以电子技术信息的远距离传输为代表的电子传播时代、以互联网技术为代表的信息时代(网络时代),而在新的媒介环境下,新闻活动和新闻现象的传播方式发生了巨大的变化,媒介之间并不是互相替代的关系,而是呈现出媒介融合的状态,构成了当下新闻内容生产的融媒体环境。

融媒体时代的新闻写作顺应的是信息时效更强、信息多平台传播、信息互动加强、信息多元化的新闻报道趋势。传统媒体时代的新闻记者需要对其自身角色重新定位,对新闻采访与写作的思维方式进行创新,适应包括语言符号在内的多元化符号表达方式,使其新闻写作方式与融媒体时代新闻信息传播的要求相适应。同时,新闻记者的单一角色也在向拥有"融媒八技"(创、说、拍、摄、写、剪、编、评)的全媒体记者转变。得益于信息技术的支持,融媒体时代新闻内容的发现、写作、制作、发布、传播各环节得到有机整合,融合新闻写作实现了多种传播形态融为一体的全新媒体运作方式,具有全时在线(不管何时何地都可以接收新闻信息)、高频交互(新闻受众与平台、与其他受众的高频率互动)、个性化信息满足(利用大数据对新闻受众进行用户分析,精准定位群体特征以便确定报道主题、风格)等特征。可见,融合新闻写作更注重在传统新闻体裁的基本要求上,根据媒介变迁和用户需求等现实考虑,在报道形式上不断创新,形成灵活多变的融合新闻生态。

## 二、新闻定义与新闻真实

### (一)新闻定义

"新闻"这个词,据考证最早出自初唐孙处玄的"恨天下无书以广新闻"。也有人说最早见诸于唐代文学家段成式的《锦里新闻》,可惜《锦里新闻》已失传。而与其同时代的诗人李咸用则在诗作《春日喜逢乡人刘松》中写道:"旧业久抛耕钓侣,新闻多说战争功。"李

---

① 梁启超:《清代学术概论》,上海古籍出版社 2009 年版,第 83 页。

咸用的"新闻"两字,说的也是"事实":战争功。在《红楼梦》第一回中,曹雪芹也用了"新闻"两字:"当下雨村见了士隐,忙施礼陪笑道:'老先生倚门伫望,敢问街上有甚新闻么?'"显然,贾雨村问的是社会上发生了什么事。

关于新闻的定义,据说不下 200 种。资料显示,国外一批新闻传播界资深的编辑、记者、报业业主等人士常常语出惊人,在他们的眼里,所谓的新闻实际上是为了追求媒介利润最大化而用来吸引受众眼球的信息。他们的观点尚奇、求怪,缺乏理论色彩。兹举例如下:

(1)"狗咬人不是新闻,人咬狗才是新闻。"(19 世纪 70 年代,美国《纽约太阳报》编辑部主任约翰·博加特)

(2)"新闻是女人(woman)、金钱(wampum)和罪恶(wrongdoing)。"(20 世纪 30 年代,《纽约先驱论坛报》采编主任斯坦利·瓦利克尔)

(3)"凡是能让女人喊一声'唉呀,我的天呐'的东西就是新闻。"(美国堪萨斯州《阿契生市环球报》前主编爱德华·贺)

实际上,以下一些新闻学研究者的表述可能更为严谨准确:

(1)美国学者约斯特在《新闻学原理》一书中强调:"新闻是已经发生或正在发生的事情的报道。"

(2)日本学者小野秀雄在《新闻学原理》中给出的定义是:"新闻是根据自己的使命对具有现实性的事实的报道和评论,是用最短时间、有规律地连续进行广泛传播的经济范畴内的东西。"

而这也恰恰与我国新闻学研究者们的观点不谋而合。其中美国学者约斯特的表述与我国国内广泛采用的、新闻学前辈陆定一的观点高度一致:"新闻的定义,就是新近发生事实的报道。"[①]这一定义明确规定了事实与新闻的关系:新闻的本源是事实,新闻是对事实的报道;事实是第一性的,新闻是第二性的;事实在先,报道在后。在后续中国新闻发展的历程中,此概念一直被认可和使用。

**(二)新闻真实性原则**

我们的时代,是一个新闻传播活动高度发达的时代,传媒技术日新月异,新闻信息海量增长,让人眼花缭乱。也正是因为传播活动如此活跃,网络上经常出现一些让人真假难辨的新闻,今天刚刚披露的"内幕",明天可能就会"剧情大反转"。这些"鱼龙混杂"的新闻之所以出现得如此频繁,与新闻信息传播者专业素养薄弱、不遵循新闻写作的基本规律和要求,是有密切关系的。所以,在所谓"全民皆记者"的今天,重申新闻报道的真实性、重新审视新闻写作的基本规律、掌握新闻写作的规范就显得十分必要。

---

① 　陆定一:《我们对于新闻学的基本观点》,《解放日报》1943 年 9 月 1 日第 1 版。

中华全国新闻工作者协会第九届全国理事会第五次常务理事会于 2019 年 11 月 7 日修订的《中国新闻工作者职业道德准则》第三条指出：

> 坚持新闻真实性原则。把真实作为新闻的生命,努力到一线、到现场采访核实,坚持深入调查研究,报道做到真实、准确、全面、客观。
>
> (1)通过合法途径和方式获取新闻素材,认真核实新闻信息来源,确保新闻要素及情节准确;
>
> (2)根据事实来描述事实,不夸大、不缩小、不歪曲事实,不摆布采访报道对象,禁止虚构或制造新闻,刊播新闻报道要署记者的真名;
>
> (3)摘转其他媒体的报道要把好事实关导向关,不刊播违背科学精神、伦理道德、生活常识的内容;
>
> (4)刊播了失实报道要勇于承担责任,及时更正致歉,消除不良影响;
>
> (5)坚持网上网下"一个标准、一把尺子、一条底线",统一导向要求、管理要求。

我们必须承认,无论社会如何发展,媒介技术如何更迭,传播的时代如何变化,都不能改变新闻写作作为一种时效性很强的非虚构写作所要求的完全真实性。真实性是新闻的基本属性,也是新闻信息传播的基本原则,是新闻的第一生命。在新闻写作和传播过程中坚持真实性原则,对新闻工作者来说是一个根本性的要求。

**(三)新闻真实性的基本要求**

1.新闻写作必须完全真实

真实是新闻信息传播的前提和条件,这已经成为人们的共识。新闻报道的真实性起码包括两层含义:第一,微观真实,单篇新闻报道中的具体事实必须真实;第二,宏观真实,连续不断的新闻报道要反映社会生活的本质真实和发展规律。新闻写作也必须从这两个方面严格落实新闻真实性的原则。

(1)微观真实

微观真实是指新闻报道反映的事实必须与客观世界发生的事实相符合,包括新闻事实的各种组成要素和所有相关细节,既不可夸大,也不可缩小,更不可以合理想象。在新闻写作中具体事实必须真实准确,主要包括以下三个方面。

①确有其事。新闻必须报道真实发生的事,这是不言而喻的。这里重点强调是因为,很多新闻追查到最后,发现它的来源都是假的,是根本不存在的,虚假新闻产生的恶劣影响是每个新闻记者必须警惕的。

②新闻六要素必须准确无误。新闻的基本要素指构成新闻的基本成分,包括新闻事件发生的时间、地点、人物、事件、原因、过程等,用英语表达即 When、Where、Who、What、Why、How(5W1H)。无论哪一种新闻体裁,一篇新闻报道一般都包含这些要素。通过对这六要素的把握,新闻受众可以更迅速地了解其主要内容。这对于每天接触大量信息的现代人,快速筛选有用信息,提高阅读效率,无疑是有帮助的。新闻写作只有交代清楚人

物、时间、地点、原因、过程等,才能使受众觉得新闻实在可感、真实可信。构成新闻的任何一个要素出现真实性问题,都会影响整篇报道的可信度。这需要新闻从业者在采访和写作时深入细致、实事求是,确保在细节上落实新闻的真实性。

③新闻传播中所涉及的人物思想认识和心理活动等,必须是当事人所述,不能是新闻传播者的合理想象。要注意区分文学真实与新闻真实。文学性与新闻性结合,在一些新闻体裁中表现明显,使新闻具有可读性和耐读性。文学作品属于虚构写作范畴,内容可来源于生活而高于生活,可以对真实的现实生活进行艺术加工和改造,可以运用多种艺术手法进行创作,允许虚构和想象。有人说文学是用现实生活世界的材料搭建一个心灵世界,作家纳博科夫说:"好小说都是好神话。"新闻写作属于非虚构写作范畴,决不允许对新闻事实进行艺术加工,不允许想象和虚构,更不能代替新闻人物去说话、去思考。它要求完全真实,包括情节、细节的准确,建议采取直接引用新闻人物话语的方式。合理的想象和加工符合文学真实,但却违反了新闻真实的原则,是不可取的。文学真实与新闻真实的区别在于:文学要求"情真",而新闻要求"事真"。

（2）宏观真实

宏观真实是指连续不断的新闻报道要反映社会生活的本质真实,符合社会生活的发展规律,这是从传播的动态过程和历史的宏观角度提出的"高端要求",是一种动态真实。具体来说,宏观真实包括两个层次。

①对事实的概括必须真实。新闻报道不仅涉及具体事实的个别真实,还涉及新闻报道的概括真实。要善于从社会生活的整体真实来把握个别新闻报道的真实,新闻报道不能带着预设的主观判断或立场对事实进行概括,不能把局部当作全局、把偶然当作必然、把个别当作一般,从而导致对社会生活的反映和概括出现偏颇或者错误。

②从宏观上看,新闻报道要准确把握客观世界的整体性质和发展方向。新闻媒介应该通过全方位、多角度、连续不断的报道反映出社会生活的真实画卷。马克思把这种媒介运作称为"有机的报纸运动",他认为在有机的报纸运动下,全部事实就会完整地被揭示出来。

2.新闻写作要避免失实

造成新闻失实的原因是复杂的、多方面的,从新闻写作的角度该如何避免新闻失实呢？我们要掌握一个基本原则:培养质疑意识,注意核对新闻素材和相关资料。

一条重要的经验是:不要相信自己的记忆力。在一些媒体编辑部里,总能看到工作台上放着各种版本的词典和工具书,包括各类百科全书、地图集、人名录等。记者与编辑无一例外地要查阅这些书,这是他们的职业习惯。实践已多次证明,通过查阅有关资料并反复核实,可以避免出现常识性的错误。新闻写作需要广博的知识,写稿遇到有疑问的或自己不懂的地方,一定要及时查阅资料。

稿件中所引用的材料,包括采访中所获得的各种素材、背景资料、史料,都要通过不同的途径查询核对。西方新闻传播学有一条规则可以供我们学习和借鉴:新闻报道必须经过与所报道的事件或人物无关的、独立的、两个以上的来源证实,才能被认为"大致准确",才能在新闻写作中引用。这条规则也叫"三角定位法"。请注意,这里的"无关"、"独立"和

"两个以上"都是维护新闻真实性的关键字眼①。

由此可见,真实的事实是新闻写作的底线,和虚假新闻划清界限是每一个新闻工作者从事新闻工作必须绷紧的"思想之弦"。这是践行马克思主义新闻观的基本要求,本质是坚持了新闻的真实性和辩证唯物主义的反映论。新闻是历史的记录者,是时代的镜子,新闻的真实性对于塑造新闻"为人民服务"灵魂具有重要作用。

### 三、融媒体时代背景下的新闻作品体裁

新闻写作是把采访中采集到的素材加工成一定体裁的新闻作品的过程。白贵、彭焕萍在《当代新闻写作》中将体裁和报道方式分开,体裁主要介绍了消息和特稿,报道方式介绍了连续报道和系列报道②。中国人民大学徐泓教授认为,新闻写作有广义和狭义之分,广义的新闻写作包括新闻报道与新闻评论的写作;狭义的新闻写作一般仅指新闻报道方面各种体裁的写作。在我国,中国新闻奖代表着新闻界的最高成就,其评选出的新闻作品折射出国家的新闻价值观和媒介伦理观,堪称国内新闻从业者写作的行动指南。基于此,可以从中国新闻奖的评奖类别来明确新闻作品体裁。

中国新闻奖的全部奖项划分为"基础类"和"专门类"两个大类。"基础类"奖项以新闻体裁为主线,包括消息、评论、通讯、新闻专题、新闻纪录片、系列报道、新闻摄影、新闻漫画、副刊作品、新闻访谈、新闻直播、新闻编排、新闻专栏、新闻业务研究等14个类别。"专门类"奖项以报道题材为主线,包括重大主题报道、国际传播、典型报道、舆论监督报道、融合报道、应用创新等六个类别。经过梳理,我们发现中国新闻奖目前有两大变化,一是新闻评论跃居第二位,凸显了新闻受众在融媒体时代下对新闻深刻解读的需求,打破了通讯长期占据第二的格局;二是另开辟专门类通道,对报道形式新颖的新闻作品予以评选表彰,凸显了中国新闻界对融媒写作创新的鼓励、支持、包容的态度。

#### (一)消息

消息是各种新闻体裁中最常见的一种重要体裁,又细分为事件性消息、非事件性消息、描写性消息、分析性消息等多种类型。消息的写作要求简要、概括地反映新闻事实,这是它区别于其他新闻体裁的本质特点。消息重在用事实说话,重在对客观社会的真实反映,不提倡记者直接站出来发表意见或看法。

消息的写作常常采用倒金字塔结构,这种结构把最重要的新闻事实或新闻要素放在开头,然后依次把重要性递减的新闻事实或新闻要素安排在报道的主体和结尾,有较强的新闻冲击力。

消息的基本结构包括标题、消息头、导语、主体、结尾,有时须加上新闻背景。新闻背景不是消息的一个单独结构,它可以根据需要安排在主体或结尾处。

#### 1.标题

即新闻的题目,它是新闻内容的集中概括,评价新闻事实,点明事件意义,好的标题往

---

① 刘明华、徐泓、张征:《新闻写作教程》,中国人民大学出版社2002年版,第28页。
② 白贵、彭焕萍:《当代新闻写作》(第二版),中国人民大学出版社2018年版。

往能激发受众的阅读兴趣。目前,消息标题可分为单行标题、双行标题和多行标题。对新闻核心要素的概括往往被称为主题,在主题上方的为引题,在主题下方的为副题,引题和副题统称为辅题。标题要题文相符、简练生动,同时要巧用修辞,增加标题的魅力,打造"文眼"。

### 2.消息头

消息头是消息体裁的标志,需要表明新闻稿的发布单位,标示新闻作品的责任承担者,提供发稿的地点、时间等基本信息。格式为:媒体＋地点＋时间＋电/讯＋括号(记者 姓名 通讯员 姓名)。

### 3.导语

新闻导语是消息的开头部分,它紧接在消息头后面,是用来提示新闻要点与精华、发挥导读作用的段落。一般最具新闻价值、最有吸引力的事实、依托新闻事实的精辟议论会被写进导语,导语是消息体裁特有的现象。国内新闻界一般将导语分为叙述型导语、描述型导语、评述型导语三类,西方新闻界一般将导语分为直接式导语和延迟式导语①。

### 4.主体

主体是消息导语之后的部分,也被称为躯干、主干、正文,精彩的导语之后还必须有一个丰满的、文字讲究的主体,主体必须紧扣主题和导语进行材料的甄选,同时又要对导语内容进行细化、深化或补充,逻辑严谨,表现手法丰富,力求优美生动。

### 5.结尾

消息的结尾不同于文学作品,事实讲到哪里就在哪里结尾,不可卖弄技巧,给人以雕琢之感。结尾类型包括:总结式结尾、提醒式结尾、预见式结尾、背景式结尾、对比式结尾、反问式结尾等②。

### 6.新闻背景

新闻背景是指对新闻事实或新闻事实的某一部分进行解释、补充、烘托的材料。巧妙地应用新闻背景可以突出事物特点、揭示新闻事件意义、增加新闻报道的知识性、趣味性,甚至可以表达某种不便明言的观点。

## (二)通讯

通讯是一种详细、生动的新闻报道体裁。它不仅告诉人们发生了什么事,而且交待事情的来龙去脉,以及情节、细节和有关的环境气氛。通讯一般分为人物通讯、非限时性事件通讯、日常话题通讯等。中国人民大学张征教授认为,特写、专访也属于广义的通讯体裁。通讯在素材、结构和表现手法上与消息有较大的差异,在时效性上也稍逊于消息,但在真实性的基本要求上和消息是完全一致的。从这个意义上讲,后文所讲的华尔街日报体也可以归为通讯。

---

① 白贵、彭焕萍:《当代新闻写作(第二版)》,中国人民大学出版社 2018 年版,第 56-59 页。
② 白贵、彭焕萍:《当代新闻写作(第二版)》,中国人民大学出版社 2018 年版,第 70-72 页。

通讯的文体比较自由,结构也是多种多样,有些类似于散文体,在表现形式上给予写作者很大的自由空间。通讯写作可以从头到尾顺叙事实,也可以从尾到头倒叙事实;可以用白描手法再现人物和事件,也可以写景状物、表情达意;可以用第三人称,也可以用第一人称[①]。

通讯的写作可以从以下三个方面来把握。

1.确立主题

主题是通讯的灵魂。通讯篇幅较大,一般要确立体现时代精神、表现时代风尚的主题,反映人物和事件的本质和规律。有了明确的主题,取舍材料才有标准,起笔、过渡、高潮、结尾才有依据。

2.精当选材

通讯要通过事实材料的描述而不是情感的直接抒发来吸引受众,因此必须选择最能反映事物本质的、具有典型意义的和最有吸引力的材料,按照主题思想的要求掂量材料、选取材料。

3.安排结构

(1)纵式结构,是指按时间顺序、事物发展的顺序或作者对报道事物认识发展的顺序来安排结构。在这种结构里,时间发展的顺序、情节展开的顺序、作者认识事物的顺序成为行文的线索。在采用这种结构时,要详略得当、布局巧妙、富有变化,避免平铺直叙。(2)横式结构,是指根据时间变换或按照事物性质来安排结构。这种结构概括面广,要注意不同空间的变换,恰当地安排通讯所涉及的各方面问题。采用空间变换的方法组织结构时,要用地点的变化组织段落;按事物性质安排结构时,要围绕主题,并列地写出不同的几个侧面。(3)纵横结合式结构,是指以时间顺序为经,以空间变化为纬,把两者结合起来运用。采用这种形式时,要以时空的变化组织结构。

### (三)评论

评论是对新闻事件、热点话题、社会现象等进行评析和说理的新闻作品,包括社论、短评、编者按语、专栏评论、述评等,不包括杂文。其要求观点鲜明、逻辑清晰、论据准确、论证有力。在第31届中国新闻奖之前,为了区分传播媒介的不同,评论被分成文字评论、广播评论和电视评论。在第32届后合并为"评论类",仍指评析新闻事件、热点话题、社会现象的新闻作品。在融媒体时代,评论不仅要凸显传播环境和媒体特征,更为提供深刻观点、多角度看问题、回应社会争议热点贡献了力量。

新闻评论在评论对象上具有针对性,在时效性上具有相对新闻的时间性,在载体上以大众传播媒介为主,在语言上要求深刻且通俗,为受众的行为和观念提供建设性意见。因此,新闻评论以"评"为主,结构严密完整,包含标题、开头、主体、结尾四个部分,"犀利"成为评论的典型特征。

值得注意的是,经常贡献网络热词的《中国新闻周刊》等媒体,追随新闻的脚步,新闻

---

① 刘明华、徐泓、张征:《新闻写作教程》,中国人民大学出版社2002年版,第323页。

和评论"互嵌",做到了新闻和评论的同频共振,以平民化和口语化的语言为受众提供新闻事实和新闻观点,打破了新闻"述而不评"、评论"评而不述"的藩篱,新闻评论写作者以个性评价激发受众积极参与讨论的热情,呈现出一种"评论美学"的转向①。

# 第二节　倒金字塔体

在长期的发展中,新闻报道形成了几种典型的文体,包括倒金字塔体、华尔街日报体、新华体等。其中倒金字塔体是国际公认的一种新闻文体,华尔街日报体是美国《华尔街日报》新闻特稿的写作模式,新华体则是我国新华社通稿的写作模式。倒金字塔体作为国际公认的新闻文体,其发展已有一百余年,在当下融媒体时代,却依然没有过时。融媒体时代非常重要的传播理念就是"用户思维",从用户的需求和体验出发设计媒体产品。倒金字塔体新闻报道就是从读者的阅读体验出发,在报道结构和语言上把传播效率发挥到极致,从而为读者提供高效的信息服务。以下从倒金字塔结构、行文措辞要求、倒金字塔体组成和写作要领四个部分予以介绍。

## 一、倒金字塔结构

众所周知,金字塔是古代埃及法老的陵墓,建筑水平非常高,历经四千多年屹立不倒,成为古代西方文明的代表。后来,金字塔逐渐成为一种常见的象征符号,西方人喜欢借用它来说明一些抽象的概念,比如"金字塔式思维方式"、"金字塔式权力结构"等。新闻界则把金字塔"倒过来",用来说明一种新闻报道的结构。

新闻报道作为一种叙事类文本,对叙事者而言,按时间顺序进行叙述是最自然和方便的。但对读者而言,时间顺序未必方便。在现实生活中,这样的例子司空见惯,比如一位同学在学校参加篮球比赛受伤了,如果把这件事写到日记中,一般会按时间顺序把事情的起因、经过、结果从头到尾叙述一遍。但如果该同学打电话把这件事告诉家人,就不会按照写日记的顺序讲述,而是开门见山地告诉家人自己受伤了,家人马上追问怎么回事、严不严重,该同学先简单告知因为篮球比赛受伤,现在已经得到治疗、情况稳定,这时家人放下担心,才会慢慢追问前因后果。写日记是一种记录和自我反思,注重事实的完整,而打电话与家人交流则是一种事实报道,强调信息传递的效率和准确。假使一个部落的信使向村民报告他所发现的险情,他也绝不会完整地按时间顺序讲述事情的起因、经过、结果,而是会把最关键的险情开门见山告诉村民。但由于早期的报刊记者受传统史传文学的影响,仍然会在新闻稿中按部就班地讲述事件的起因、经过、结果,这就出现了与读者阅读需求的矛盾。

一个契机促成了新闻报道文体的转变。19 世纪中叶美国南北战争期间,由于电讯技术尚不成熟,前方战地记者的新闻稿在传送过程中经常意外中断,导致后方编辑不能完整接收全部稿件。而当时的新闻稿大都还是按照传统讲故事的方式写作,依事情起因、发

---

① 马正平、朱斌、邹华芬:《高等基础训练教程(第二版)》,中国人民大学出版社 2016 年版。

展、高潮和结局徐徐展开,最重要的战役结果要到稿件结尾才公布。因此,即便大部分稿件已经顺利传输,留一个结尾没传到的话,这篇稿件还是不能用。后方编辑鉴于此种情况经常发生,为保证最重要的战役结果顺利收到,于是要求记者先写战役结果,并且把重要的战场情况写在前面,次要的战争背景、影响意义写到后面。因为这种新闻稿在报纸版面上看起来是越上面的段落越重要(当时报纸版面往往采用竖分栏到底),西方新闻界便把这种写作结构形象地比作"倒金字塔",倒立的金字塔头重脚轻,以此来说明这种由重及轻的写作结构。

这种倒金字塔结构的新闻报道,其含义可以概括为一句话,即按照新闻价值由高到低的顺序安排构成一篇报道的各个事实材料。新闻价值一般包括新鲜性、重要性、接近性等因素,所以倒金字塔结构的新闻稿就是由新及旧、由重及轻或由近及远地展开报道。我们可以把倒过来的金字塔放到一个坐标系,这个倒金字塔代表一篇新闻稿,这里的纵坐标指的是新闻稿的长度,横坐标指的是新闻价值。可以看出,这篇新闻稿把新闻价值最高的,也就是最重要、最新鲜的事实放在开头,把新闻价值最低的,也就是最不重要的事实放在结尾。全篇新闻稿随着长度逐渐增加,新闻价值逐渐降低。

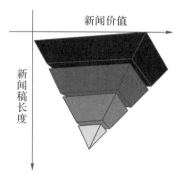

需要注意的是,不能把倒金字塔结构理解成倒叙。倒叙其实还是按时间顺序讲述,倒金字塔结构不是按时间顺序,而是按事实的重要程度进行讲述。假如一开始发生的事实很重要,同样应该安排在报道的前面交代。

从其起源看,倒金字塔结构是基于新闻报道的效率而产生的,所以它首先适用于政治、经济、军事、灾难等重大事件报道,即硬新闻。硬新闻最讲究时效性和信息量,而不追求艺术性。其次,倒金字塔结构也适用于日常的故事性不强的新闻报道,比如日常的会议报道、活动报道等。故事性不强的新闻没有曲折的起因、经过和结果,没有戏剧冲突,如果仍按时间顺序次第展开,很容易变成通常所说的流水账。流水账式的记叙文或说明文就是指不加分析地罗列一堆事实,看到什么写什么,仅仅是对事件的简单实录。而新闻报道不等于实录,新闻报道要对实录进行加工。因此倒金字塔结构能有效避免流水账式的写作。当然,那些故事性强的事件则不适合采用倒金字塔结构,就像剧情片不能随意改变叙事顺序一样。

新闻报道采用倒金字塔结构有很多好处。首先是提高了编辑处理稿件的效率。编辑可以很快拿到核心新闻事实,不必费尽心思搜寻稿件中的重要信息点,只须从前往后审稿,遇到版面限制需要删改稿件时,从后往前删改即可。其次,倒金字塔结构也节省了记者撰写新闻稿的时间和精力。以往记者为构思新闻稿要花费很多时间精力,记者为了把故事讲好,要照顾到新闻叙事的起承转合,很容易朝着文学创作的方向努力,虽然稿件文采斐然,但信息密度低,稿件篇幅长。最后,倒金字塔结构更加符合广大读者的需要。新闻阅读不同于文学鉴赏,获取信息是第一位的,审美鉴赏是第二位的,现代社会的新闻读者不是茶馆听众,没有时间和耐心听一个完整的故事。所以倒金字塔结构的报道有利于读者在短时间内获取重要的新闻资讯,为广大读者节省了阅读时间。但从写作艺术角度看,倒金字塔结构也有其弊端。对传播效率的追求必然在一定程度上牺牲了艺术效果,降低了阅读的审美体验。特别是对于读惯了文学作品的读者而言,他们会很不习惯倒金字塔结构的行文方式,初读起来感觉是一篇支离破碎、不够完整的文章。

进一步而言,倒金字塔结构的背后蕴含着一种写作思维,这种写作思维的核心就是对传播效率的追求。传统上我们对开门见山这种写作思维是不太习惯的,我们习惯于"好戏在后头",一般不会把最重要的材料放到文章开头,而是是先有一个铺垫,交代一些细节,甚至一些无关紧要的材料,然后再慢慢切入正题。所以,从写作思维上也可以反映出中西方的性格或审美的差异,东方比较含蓄内敛,西方更加直白外显。

## 二、行文措辞要求

倒金字塔体作为一种文体,其内涵就不仅在于结构一个方面,还在于其特别的行文和措辞方式。这种特别的行文和措辞方式主要是由于客观报道的需要而形成的。一般而言,新闻报道必须遵循真实、公正和效率这三大基本原则,但记者要在单篇报道中达到完全的真实和公正并非易事。于是,新闻工作者在长期的实践中总结出了一套方法,运用这套方法能够相对容易地接近真实、公正和效率这三大目标。这套方法就是客观报道。

客观报道是指报道者从客观实际而不是主观意愿出发,把报道重点放在可见可考的事实上,把自身的情感与偏见排除在报道之外。首先主观意愿导致人们内心希望看到某一方面的事实,但希望和实际往往是不一样的。主观意愿会让人们只去关注那些符合内心预期的事实,而忽略那些与内心预期不一致的事实,甚至在无意中篡改事实以符合自己的内心预期。记者主观意愿的存在是新闻报道难以做到真实准确的重要原因,所以记者不能从主观意愿出发,必须从客观实际出发。其次,报道事实更容易达到真实、公正和效率的要求。事实就是指可见的或可以查证的情况,这样的情况能够被定量或定性地测量、记录,因而人们对于客观事实不容易产生分歧,易于达成一致。而对那些不可查证的情况,比如内心的活动,是无法做到真实准确报道的。一般而言,获取外在的可见可感的事实是比较便捷的,而要报道人物的内心世界是比较费时费力的。记者出于报道效率考虑,也只能把报道重点放在客观事实上。最后,排除了情感与偏见的报道有利于读者独立自主地进行判断。每个人都有自己的情感和偏见,包括那些优秀的记者。有情感和偏见没关系,但不能把它们带到报道中去。情感和偏见不仅会干扰报道者对事实的呈现,还会干扰读者对事实的认知。情绪是互相传染的,而偏见又天然具有"蛊惑人心"的力量。所以记者应尊重读者自己的立场和判断,把对新闻事实的判断和评价的权利交给读者。有些媒体提倡记者"零度写作",有些媒体要求记者同时有一颗火热的心和一支冷静的笔,原因就在于此。

客观报道包含了一系列具体的规则,中外媒体在实际操作中有不同的要求。从新闻写作角度看,有以下几条通用的客观报道具体规则。

**(一)明确交代消息来源**

在新闻报道中,我们经常会看到"据悉"这个字眼,其实记者写下这个词,意在交代消息来源,只是并未明确交代。消息来源是为记者提供新闻报道所需情况的人或物(人证或物证)。哪怕最勤奋的记者也无法做到事事亲历,所以必须依靠消息来源开展报道工作。而在倒金字塔体新闻稿中就必须交代消息来源,又叫作新闻归属。一般情况均应交代消息来源,如果没有交代消息来源,则默认是记者亲眼目睹的事实或者是公认的事实。新闻报道中出现的具有新闻价值的观点,尤其要交代消息来源,有来源的观点可视为一种语言事实。报道中的背景材料和文献资料也应交代来源。

一般而言,一篇新闻稿至少要有两个以上消息来源,以便于互相佐证。如果通篇新闻稿只有一个消息来源甚至没有消息来源,则应质疑事实的真实性。1980年刊登于《吉林日报》的通讯员来稿《钱被风刮跑以后》,由于宣传价值高,曾被《人民日报》转载,后获得全国好新闻奖。但后来其被证实是一篇假新闻,奖项被撤销。这篇稿件通篇只有通讯员自己一个有名有姓的消息来源,其余在新闻稿中出现的"农民老大爷"、"戴红领巾的小学生"、"中年妇女"等皆是无名氏。如果编辑能核实一下消息来源,便可避免假新闻见报。再比如下面这篇"新闻":

> 2024年春节假期,"秦朗作业丢巴黎"的新闻曾占据多个热搜榜单,众多自媒体竞相跟进炒作,衍生出"秦朗舅舅"、"西场中学"等多个话题。直到2024年4月12日,杭州警方通报:该事件系网民徐某某(网名"Thurman猫一杯")与同事薛某共同策划、编造。涉案两人自编视频脚本,网购寒假作业本,用手机自拍、制作相关视频,并传播至多个网络平台,造成恶劣影响。

这一虚假新闻通过社交媒体迅速传播,根本原因在于缺乏专业新闻机构的审核和事实核查流程。新闻编辑一望便知道是虚假新闻,判断根据有三:一是新闻中未明确说明信息来源,缺乏权威媒体的确认,使得新闻的真实性存疑;二是所附的图片及视频无法保证其真实性,无法作为确凿证据;三是在缺乏官方证实的情况下,该虚假新闻却在社交媒体上迅速传播,存在流量推手的可能性较大。

**(二)多提供可见事实,慎作事实判断**

记者的天职就是提供事实和真相。但有些事实不是一目了然的,再加上为了保证发稿时效,很容易出现对事实的误判。1998年世界杯半决赛有关红牌的情况,有记者写下如下报道:

> 战至下半场第22分钟,法国队核心后卫布兰科因击打克罗地亚队前卫比利

奇的脸部,被罚红牌下场。法国队不得不以 10 人应战克队 11 人。①

记者在报道中写布兰科打比利奇,这其实是一种事实判断,而不是对可见事实的报道。事后其被证明是误判,真相是比利奇假摔。在真相还不能确认前,记者应尽可能提供可见的事实,而非进行事实判断。根据这一规则,再加上新闻归属,报道可修改为:

> 战至下半场第 22 分钟,克队前卫比利奇突然捂脸倒地,裁判认定法国队后卫布兰科打人,被红牌罚下。法国队不得不以 10 人应战克队 11 人。②

### (三)报道中不作价值判断,不夹杂评论

新闻报道中可以有事实判断,但新闻报道中一般不作价值判断。价值判断是以一定的价值尺度指出事实的价值。价值即事实与人的关系或事物对于人的价值。比如"明天会下雨,下雨真烦",前半句是事实判断,后半句则是价值判断。哲学家休谟说,人们经常喜欢在事实判断后面跟一句价值判断。记者在报道中要特别避免这样的写作思维。比如对一个民族进行报道:

> 这个民族有 30% 的人口是文盲,是一个落后的民族。③

这种价值判断是狭隘的,作者在报道中是以现代文明世界的眼光贬低该民族。作者应尽可能提供可见事实(去发现更多其他闪光点),抑制价值判断的冲动。有些涉及人物性格特点的报道也应力图避免偏见,比如对一位打工女孩的报道:

> 汪小玲十分喜欢赶时髦,虽然来自农村,却有意识地按照上海一些年轻人的样子把自己的头发染成金黄色。④

说某人喜欢赶时髦,这就是作者的偏见。假使当事人看到这样的报道,难免感到尴尬甚至不悦。染发的动机可能是自己对时尚的追求,也有可能是其他原因。这个时候,记者就应该补充采访,通过了解当事人自己对染发动机的解释进行准确报道。

### (四)全面、平衡地呈现各方事实与观点

记者应像法官一样全面、平衡地采集事实并反映各方不同意见。全面报道要求记者不能有意或无意忽略部分重要事实,忽略的部分事实往往会对事情整体的性质判断产生

---

① 李良荣:《新闻学概论(第 7 版)》,复旦大学出版社 2021 年版,第 329 页。
② 李良荣:《新闻学概论(第 7 版)》,复旦大学出版社 2021 年版,第 329 页。
③ 陈向明:《质的研究方法与社会科学研究》,教育科学出版社 2000 年版,第 350 页。
④ 陈向明:《质的研究方法与社会科学研究》,教育科学出版社 2000 年版,第 349 页。

影响。所谓"选择性地报道",就是指记者有意删减了重要的事实材料。记者更不能刻意拔高或者抹黑报道对象(不虚美、不隐恶),以免误导读者。

平衡报道要求记者尽可能努力去获取与所报道的新闻有利害关系的所有各方事实与观点。因为新闻当事人往往有明确的立场,他们只从对自身有利的角度出发披露事实和表达观点。假如报道了甲对乙的指控,那记者就有责任给乙澄清的机会。不过,精确、机械的平衡没有必要,在新闻宣传中一般采用以我为主的策略。个别的媒体也无法做到完全的平衡,不同媒体的共同报道才能逐渐达成总体的平衡。

### (五)采用第三人称叙事

第一人称和第二人称的情感色彩比较浓厚,所以客观报道一般采用第三人称。新闻当事人在讲述新闻事件时一般是采用第一人称的,记者在进行报道时,就要把第一人称转换为第三人称,过滤掉一些主观的情感,冷静理性地为读者报道新闻事实。

比如,某同学在课堂练习中讲述自己的校园糗事:

> 一天早上,天气晴朗,我的室友提议一起晒被子。于是全寝室齐动手,让被子接受阳光的"洗礼"。当天下午,全寝室又高高兴兴一起去超市购物。购物时发现天气突变,想起被子未收。于是急忙打电话叫隔壁寝室帮忙收被子。等雨停后回到寝室,发现被子还是被雨淋湿了。晚上只好睡床板,很惨,都没睡好。

修改成新闻报道(改人称、做归属):

> 本报讯(记者王遇新　通讯员杨夏洁)近日,我校一寝室同学集体睡床板,夜不能寐。某月某日,天气晴朗,我校××学院杨同学所在寝室集体晒出了被子。当日下午,该寝室又集体前往世纪联华超市购物。购物时,杨同学发现天气突变,想起被子未收。于是急忙打电话让隔壁寝室帮忙收被子。等雨停后回到寝室,发现被子还是被雨淋湿了。据杨同学说,当晚宿舍同学集体睡床板,都没睡好。

倒金字塔结构与客观报道规则的结合形成了"倒金字塔体"这种新闻文体,只有对结构和行文规则两方面有一个全面认识,才能深刻领悟并学会这种新闻文体。

### 三、倒金字塔体组成

学习倒金字塔体新闻稿写作,可以首先从外在的、直观的构成要件入手。下面对一篇实际的倒金字塔体新闻稿进行一一拆解。

### 国内首条民营控股高铁开通运营
### 嵊州新昌天台圆了铁路梦①

本报台州 1 月 8 日电（见习记者胡静漪　吉文磊　记者王世琪　张帆）1 月 8 日 9 时 26 分，两趟首发"复兴"号列车同时从台州站、嵊州新昌站开出，分别驶向杭州、温岭方向。这标志着我国首条民营控股高铁——杭台高铁正式通车。

2015 年底，杭台高铁成为全国首批 8 个社会资本投资铁路示范项目之一。6 年多来，通过政府和社会资本合作模式，浙江省政府、中国国家铁路集团和民营联合体携手建设，杭台高铁成为首批示范项目中首个成功案例。

省发改委相关负责人介绍，杭台高铁建设过程中突破了外电源接入、矿山取土等机制问题。2020 年 6 月，国家发改委与 11 个部委联合发文，将外电源接入方面的"杭台经验"写入《关于支持民营企业参与交通基础设施建设发展的实施意见》。

全长约 266.9 公里、设计时速 350 公里的杭台高铁，全线设杭州东、绍兴北、上虞南、嵊州北、嵊州新昌、天台山、临海、台州、温岭等 9 个车站，结束了嵊州、新昌、天台不通铁路的历史，是一条推动浙江省域一体化进程、助力高质量发展建设共同富裕示范区的发展之路。

省政府咨询委员会学术委副主任刘亭表示，随着台州进入杭州 1 小时交通圈，一条长三角核心区辐射浙西南地区、省内沟通杭州都市区与温台沿海城市群的快捷通道由此诞生。"与此同时，杭绍甬一体化就像挑起两个'金箩筐'的扁担，绍兴是扁担的支撑点。未来，绍兴能够更好地发挥对杭甬两城的纽带、聚合作用。"他说。

这条与"浙东唐诗之路"相契合的高铁开通之后，将盘活沿线旅游资源，推动产业与城市发展，缩小区域发展差距。根据预测，杭台高铁通车后，天台旅游市场的辐射半径将从 500 公里扩大到 1000 公里。嵊州也于去年开始谋划布局约 28.8 平方公里的高铁新城。

接下来，杭台高铁将进一步探索盈利模式。据悉，杭台高铁将由中国铁路上海局集团纳入铁路网统一运输管理，民营联合体通过线路使用费、广告经营收入等方式获得回报，运营前 10 年政府将提供可行性缺口补贴。"更重要的是，通过这 10 年时间的运营能力储备，杭台高铁作为提供公共服务的基础设施项目，从长期来看，是稳健的。"复星基础设施产业发展集团首席执行官、杭绍台铁路有限公司董事长方建宏说。

**（一）新闻标题（headline）**

我们看到这篇新闻稿的标题部分有两行，而且在当天报纸版面安排上，第二行标题的字体字号明显比第一行标题要醒目，所以第二行标题"嵊州新昌天台圆了铁路梦"在这里

---

① 摘自《浙江日报》2022 年 1 月 9 日第 1 版。

是作为主标题,而第一行标题"国内首条民营控股高铁开通运营"是作为引题。新闻标题不同于传统文章的题目,传统文章题目一般比较简洁,寥寥数语,而新闻标题为了呈现更多信息,可以采用引题、主标题、副题的组合形式。在报纸版面上,这三个标题分成三行,主标题的字体最醒目、字号最大。而且这三行标题之间有一定的逻辑关系,由引题来引出主标题,由副题对主标题进行补充。上面这篇报道的引题和主标题之间也体现了内在的逻辑关系,由高铁开通这一客观事实引出当地圆了铁路梦这一判断。

新闻标题是提示新闻内容的简明而醒目的词句。新闻标题要简明,就是要对新闻内容进行高度浓缩概括。而醒目就是标题的遣词造句要能吸引读者。如果标题不能吸引读者,读者就不会买这份报纸。网络新闻也是如此,新闻标题是一个链接,读者是否点开这个链接,就看新闻标题吸不吸引读者。在新闻界,新闻标题被看成新闻稿的"眼睛",特别受到重视。上面这篇报道标题中的"首条"、"圆梦"等词语都是比较醒目的字眼,对整篇新闻内容作了高度浓缩概括。

### (二)消息头(dateline)

这篇新闻稿的正文开头部分有一行说明性文字:"本报台州1月8日电(见习记者胡静漪 吉文磊 记者王世琪 张帆)",我们称之为消息头。消息头主要用来说明新闻稿的发稿机构、发稿时间、发稿地点以及撰稿人。消息头又叫作"电头",因为过去远距离的新闻稿是通过电报传送的。

消息头的作用不可忽视。第一,消息头声明了版权,说明这篇新闻稿是由这家新闻机构采写的,别的机构要转载的话,消息头和正文是要一起转载的。第二,消息头让新闻稿更加真实可信。因为消息头中有明确的采写时间、地点和记者。第三,消息头还可以增强报道的现场感。当读者看到这篇报道是记者在新闻事件发生的现场采写的,就仿佛自己也到了现场。上面这篇报道的消息头点明了这篇报道是《浙江日报》的记者在杭台高铁的重要站点台州站发回的现场报道。有些消息头中的时间和地点非常详细,比如毛泽东在1949年4月写下的"新华社长江前线二十二日二时电"。又比如《中国青年报》摄影记者贺延光在1998年写下的8条"分钟电",从"本报江西九江8月7日16时5分电"到"本报江西九江8月8日零时45分电",极具现场感。

值得注意的是,消息头中有些时候用"电"字,有些时候是用"讯"字。上面这篇报道的消息头用的是"电"字,而在当天的《浙江日报》上还有另外一篇稿件,其消息头写的是"本报杭州1月8日讯"。两者的区别就在于,一般发自媒体编辑部所在城市时用"讯",发自外埠则用"电"。

### (三)新闻导语(lead)

在新闻稿正文消息头之后,新闻稿的开头部分一般称为新闻导语。之所以要给新闻稿的开头部分一个专有名词,原因就在于新闻稿的开头部分特别重要。晋朝陆机的《文赋》中提到:"立片言而居要,乃一篇之警策。"新闻导语不需要很长,只需"片言",但要起到"警策"作用。不过,古人做文章"片言居要"一般不放在文章开头,传统的写作思维是好戏在后头,所以这片言一般放在文章中间或结尾,而倒金字塔体新闻稿的"片言居要"指的就是开头部分的导语。

那么,如何写出具有"警策"作用的导语呢? 一个基本的方法是提取最有新闻价值的新闻要素。通常讲新闻报道有六要素,简称为"六何":何时、何地、何人、何事、何因、如何。最后一个要素"如何",可以理解为事件的结果、影响或意义。上面这篇报道的导语中,何人、何因这两个要素都省略了,重点突出了"如何"这个要素,即杭台高铁开通的意义和影响——标志着我国首条民营控股高铁开通。当然,一个新闻事件的意义和影响是多方面的,不同的记者、不同的媒体会有不同的判断。如在另一篇报道杭台高铁的新闻稿中,其导语是:"8 日上午,杭台高速铁路正式通车,圆了嵊州、新昌、天台 157 万群众的'高铁梦',也是高质量发展建设共同富裕示范区的一个标志性工程,是全省的一件大事、喜事。"这里把圆了当地老百姓的高铁梦作为最有价值的新闻要素,凸显出主流媒体的新闻价值观。

从写作角度而言,新闻导语是用来交代新闻核心内容并发挥导读作用的新闻稿开头部分。新闻导语既要通过导语交代出新闻核心内容,又要通过导语引导读者继续往后读。这同时考验着记者的洞察力和表达力,记者不仅要对事实抓得准,还要有高超的文字驾驭能力,写得引人入胜、意趣兼得方为优秀导语。因篇幅所限,导语写作的具体方法这里不作展开。

### (四)新闻主体(body)

上面这篇报道的主体部分有五段,前两段与民营控股主题相关,后三段与高铁对地方经济社会的影响相关。其中第二段通过补充交代新闻背景,得出杭台高铁是首个成功完成的民营控股铁路案例。第三段报道了一个具体的民营控股机制难点问题的解决,积累的经验得到业内的认可。这两段都是对引题和导语有关民营控股主题的进一步细化展开。第四段对杭台高铁的总体规模进行说明,细化了主标题中"圆了当地百姓高铁梦"的判断。第五段提到高铁开通后让台州进入杭州一小时交通圈,高铁成为沟通杭州和温台沿海的重要通道,以及进一步加强了绍兴的交通枢纽地位,这些信息虽然在标题和导语中都没有提到,但是延续了前一段有关高铁对当地经济社会影响这一主题。并且由于这一段内容相对而言较为专业,涉及高铁对区域交通格局的影响,所以交代了一个消息来源——省政府咨询委员会的人士,是来自业内的专家。同样第六段也是如此,补充交代这条高铁对当地旅游业发展的积极影响。

如果把标题看作新闻稿的眼睛,把消息头和导语看作新闻稿的头部(大脑),那么主体就是新闻稿的躯干部分。躯干部分应当具体、完整,不能"缺胳膊少腿"。从上述的案例分析可以得出,新闻主体部分要写得具体完整,首先要对标题和导语中提到的事实进一步细化展开。细化展开的方式有两种,一是增加新闻细节,包括新闻环境、人物、语言描写等;二是穿插新闻背景,包括历史背景、知识背景等。其次要对标题和导语的内容进行补充延伸。新闻标题和导语在有限的篇幅中不可能提到所有新闻事实,标题和导语中没有涉及的其他相关新闻事实可放到主体部分写,一般一段陈述一个事实,并且注意交代消息来源。

### (五)新闻结尾(ending)

众所周知,文章最后要有一个结尾,这个结尾要对全文进行收束总结,通常是一段议论或抒情的文字。古人写文章有"凤头、猪肚、豹尾"的说法,豹尾就是说要有一个有力的结尾,文以载道主要就是通过结尾来实现的。

但新闻稿不一样。在报纸或电视上看到新闻报道最后经常这样写:"列席会议的人员还有……"或者"事件原因正在进一步调查中……"这似乎不像是结尾,因为它并没有对全文进行收束总结。为什么这里的新闻稿没有结尾呢?因为记者把主要精力放到新闻导语的写作上了,结尾没有时间花太多心思,主要事实交代完毕就结束了。新闻稿其实不必严格按照传统文章的要求来写,严格地说,新闻稿不属于文章的范畴。新闻稿可以没有结尾,特别是对于一些比较简明易懂的新闻而言,硬要在结尾来一个提炼升华,会显得很生硬,给读者以说教的感觉。当然,对于一些比较复杂的、读者不易理解的新闻,还是有必要写一个结尾的。

但是,记者不能在结尾中进行主观的议论和抒情,因为要遵循前述的客观报道规则——报道与评论分开,报道中不能夹杂记者自己的评论。这是现代记者与古代史官不同的地方,古代史官可以直接写"太史公曰"、"臣光曰"。新闻结尾应选取特别能体现意义的新闻事实,或者新闻事实的延伸(如事件的走向),或者借助"语言事实"作为结尾,即通过当事人或专家学者对事实的分析揭示意义,这叫作"用事实说话"。新闻结尾一般要言不烦,四两拨千斤。如果记者确实有很多话要说,可以另外写一篇新闻评论或新闻分析。

上面这篇新闻稿的最后一段也没有对全文进行提炼升华,只是交代了一下这条民营高铁的运营管理模式,仍由铁路部门负责日常运输管理,民营联合体从高铁线路使用费、广告收费获得回报。最后通过来自民营联合体的一个消息来源对未来作了积极正面的前景展望,一定程度上有了收尾的意味。

以上就是倒金字塔体新闻稿的五个组成部分——新闻标题、消息头、导语、主体和新闻结尾。新闻标题相当于新闻稿的眼睛,消息头和导语相当于大脑,主体则是躯干部分,可能还有一个结尾。

## 四、写作要领

如果掌握了上述倒金字塔体新闻稿各个组成部分的基本要求和写法,那么就能完成一篇基本合格的新闻稿。但如果要写出佳作,那仅仅掌握这些是远远不够的,这需要采访写作方面的天赋以及后天的努力。这里补充介绍几条前人积累的新闻写作经验,或者说写作要领。写作要领也就是很多人说的写作技巧,但是"技巧"这个词容易给人一种误导,以为写作技巧是可以完全搬用的,甚至以为写作是可以走捷径的。其实写作没有捷径可走,技巧也只是给人以某种启发而已。下面所讲的写作要领,也只有通过不断练习,才能转化为自身的写作能力。

### (一)善于识别或概括核心新闻事实

一个新闻事件包括多方面的新闻事实,新闻导语只能用来交代最核心的新闻事实。

而概括或提取核心新闻事实的前提是对全部的新闻事实都了如指掌,因此记者需要对整个新闻事件进行分析解剖,先辨别不同新闻事实的价值高低,哪个最重要、哪些相对次要,形成一个事实序列。这是对写作者洞察力和新闻敏感性的考验。

比如2021年6月,某学校组织了一场党员师生参观考察活动。考察第一天,师生们从浙江台州出发,当天上午来到考察第一站绍兴周恩来祖居,参观了周恩来祖辈居住的房子和周恩来纪念馆;下午抵达第二站绍兴鲁迅故居,参观了周家老台门、三味书屋、百草园等场所;第二天师生们抵达第三站嘉兴南湖,瞻仰了南湖上的红船,参观了南湖革命纪念馆。对这两天三地的考察活动进行报道,如果按实际的行程顺序展开,就容易写成流水账。这时候就要考虑使用倒金字塔结构,因此要判断这三个地方的考察活动的重要性排序。结合考察活动的背景,2021年6月即将迎来中国共产党建党一百周年,因此显而易见,这次考察活动的重头戏就是瞻仰嘉兴南湖红船,一百年前中国共产党在这里诞生。实际的考察活动是先到绍兴再到嘉兴,这主要是出于行程便利的考虑,从浙江台州到嘉兴,中途刚好经过绍兴。而在绍兴的两场活动,从与建党百年的主题考虑,则参观周恩来祖居和纪念馆的活动重要性要高于参观鲁迅故居。因此这篇报道的结构安排应该是先写考察第三站,再写第一站,最后写第二站。并且在篇幅安排上,第三站的考察活动应当详写,第一站和第二站的考察活动可以略写。

### (二)善于作出事实判断

前述客观报道的规则强调尽可能多地提供可见事实,谨慎作出事实判断。但是,如果通篇新闻报道只是单纯交代事实,而且交代的这些事实又是显而易见的表层事实,那么新闻报道就会比较乏味,信息含量不高。我们提醒记者谨慎作出事实判断,是出于准确报道的考虑,以免触碰了新闻真实的底线。但从积极方面考虑,好的新闻报道应当有进一步的准确的事实判断,要为读者提供深层事实,甚至揭开事实真相。优秀的记者不能只满足于报道可见事实,更要善于作出深层事实判断。

2023年5月18日,中国政府网发布《国务院关于同意民政部扩大内地居民婚姻登记"跨省通办"试点的批复》,中国新闻社对此报道所拟的新闻标题是《领证不用回老家啦!这些地区可"跨省通办"》。标题中将比较书面的术语"跨省通办"解读为"不用回老家领证",就体现了进一步的事实判断。同日上午,在北京金融大街甲15号,国家金融监督管理总局正式挂牌。对这一事件的报道,大部分媒体的新闻标题是《国家金融监督管理总局挂牌》,这是比较简单的事实报道,一般的新闻通稿会采用这种标题。而上海《第一财经日报》在头版头条采用图片加文字的报道形式,新闻标题为《国家金融监督管理总局揭牌"双峰监管"模式开启》,这就在事实报道的基础上增加了事实判断,体现了这家报纸作为一家财经类专业媒体的判断力和国际化视野。新加坡《联合早报》关于此事件报道的标题是《中国国家金融监督管理总局揭牌标志着金融监管体系"一行一局一会"新格局》,这也在一定程度上体现出了事实判断,没有停留在就事论事层面,而是对整个金融监管的格局作出了宏观判断。

### (三)多从读者角度出发

传统写文章的思维往往是从作者角度出发,考虑的是"我要表达什么",但新闻报道必须更多地从读者角度出发。倒金字塔结构是出于对读者阅读效率的考虑而形成的,客观报道规则也是出于让读者准确全面地获取信息的考虑而形成的。前文讲到新闻报道的结尾不必沿袭传统文章的结尾方式,其实从读者角度出发有一种很方便、有效的新闻报道结尾方式,那就是以回答读者可能产生的疑问作为结尾。读者阅读新闻后可能产生疑问,包括事件有什么样的影响和意义、事件接下去的发展趋势如何,记者在撰写稿件时就要提前考虑到这类疑问,给予及时解答。前引报道实例《国内首条民营控股高铁开通运营》,其结尾就包含了这样的写作思维。对于这样一种新的民营控股机制,读者自然会关心投资者的回报问题,这篇报道的结尾恰恰就回答了读者可能产生的这个疑问。

# 第三节　华尔街日报体

倒金字塔结构是消息写作中的经典结构,它主要应用于事件性新闻的写作。华尔街日报体则是一种非事件性新闻的写作方法,被认为是特稿这种独立而重要的新闻报道体裁的经典结构。从严格意义上来说,“特稿”这一名称属于“舶来品”,在中国新闻奖下设类别中并无专门的特稿类别,但在通讯、深度报道、解释性报道、分析性报道中常看到特稿的影子。学习华尔街日报体对通讯大类中各个类别的文体具有较强的参考作用。

## 一、华尔街日报体的起源

《华尔街日报》是美国一家以财经报道为特色的综合性报纸,侧重于金融、商业领域的报道,在国际上具有广泛影响力。该报创办于 1889 年,刚开始办得并不出色,记者写稿大都各行其是,稿件质量良莠不齐。1990 年,新老板克劳伦斯·巴荣出资入主报社后,大抓写稿质量,对记者提出了写好文章的七条写作要点:勇敢无畏、观点无我、句法简单、清楚易懂、抓住正确的要点、说一个故事、开头重于一切[①]。此后,《华尔街日报》记者行文大都向此方向发展,报纸质量也得到大幅提升,业界就将这种文体称为“华尔街日报体”。

《华尔街日报》此后日渐以深度报道见长,新闻类的短消息在《华尔街日报》刊发渐少,每天占据版面绝大部分的是各种各样的特稿,该报对题材的选择也因此非常谨慎。1999年,美国《哥伦比亚新闻评论》评选“走向 21 世纪的美国 21 种最佳报纸”,《华尔街日报》名列第三,原因在于“其调查性报道所保持的高品质和挖掘精神”。《华尔街日报》的部分特稿入选新闻界的诺贝尔奖——普利策新闻奖,刮起了模仿华尔街日报体写作风格的旋风。

华尔街日报体的基本内涵就是将抽象、枯燥的经济新闻写得生动活泼、通俗有趣,又不失大报风范,自成特色。与消息相比,特稿注重细节,注重挖掘新闻事件的深层原因和相关影响,注重典型人物的塑造,采用丰富又灵活的文学描写手法。因此,华尔街日报体大都不强调时效性,一般需要采写数周甚至数月时间,其写作风格也比较特别,几乎都跳出了倒金字塔结构,一律采用故事性的叙述方法。华尔街日报体是特稿的经典体裁之一,它借用文学描写手法,更加生动、更加详细、更加深入地报道新闻事件。

---

[①]　密苏里新闻学院写作组:《新闻写作教程》,新华出版社 1986 年版,第 260 页。

值得注意的是,特稿在对"硬新闻"(一般指消息)进行软化的同时,兼具新闻性、文学性、人情味、深刻性、创造性、主观性和耐读性,也是学界探讨新闻与文学关系时最常提及的体裁。《南方周末》将其特稿的特色总结为"主题事件化、事件故事化、故事人物化、人物性格化",将对主题的选择放在第一位,而主题极大地影响特稿的传播效果。以普利策新闻奖为例,获奖作品主题侧重于种族歧视、总统选举、女性社会安全、灾难性事件,秉承揭丑传统与负面报道的传统,以矛盾冲突的事实来凸显浓郁的人文关怀色彩。

## 二、华尔街日报体的特点

华尔街日报体又称 DEE 结构,D 是 description(描写),E 是 explanation(解释),E 是 evaluation(评价)。这非常符合华尔街日报体的结构和叙事特点。

### (一)华尔街日报体的结构特点

华尔街日报体从结构上看,首先以一个具体的事例(小故事、小人物、小场景、小细节)开头,然后再自然过渡,进入新闻主体部分,接下来将所要传递的新闻大主题、大背景和盘托出,集中力量深化主题,结尾再呼应开头,回归到开头的人物身上,进行主题升华,意味深长。这种写法从小处落笔、向大处扩展,感性、生动,符合读者认识事物从具体到抽象的过程,颇受读者青睐。

我们以外国的一篇特稿《股市震荡》和国内的一篇通讯《一万个馕 九千里路》为例,了解华尔街日报体的结构对通讯大类相关新闻体裁的影响。

**股市震荡**

**Thursday,Nov. 22,2007**

**By BILL POWELL**

①27 岁的 Tang Weishang,以前是一名销售总监,2002 年的时候,他将自己的积蓄,大约 33700 美元投入股市,并且认为自己将会赚钱,于是他说服了妻子,家里也全力支持他炒股,所以他就辞了工作,每天坐在家里的电脑前,专职炒股。一年前,当他在上海交易所里紧盯着股票的时候,认为股市将会给他带来更多的财富。而现在,他非常烦恼,因为他发现:自己错了。

②现在的 Tang Weishang,每天苦恼不已,因为妻子整天在他的耳边唠叨:应该出去找份正式的工作了。中国的股市经历了 18 个月的持续狂暴上涨,上市公司的市值几乎增长了 3 倍,终于停下了牛市的脚步。相比在十月份的指数最高点,沪市股指和深市股指双双下跌了 15%,最近中国政府出台了一些措施,来刹住一路狂奔失控的股市。这些措施为股市癫狂的投资降温,同时也套牢了一些股市投资者。他们中,有的为了炒股辞去了工作,有的则拿出了毕生的积蓄投入股市来赌博。一些小道流传的消息,每天都在刺激着新入市的股民,比如:美国经济不会影响中国股市、中央政府会一直支持股市,等等……然而这些消息都被证明是假的。现在,当时投资时候的狂热已经变成了深深的失落。目前,害怕的心理占了上风,股民们都不再那么狂热和贪婪了。52 岁的老股民 Tian

Junxiao,已经有 6 年股龄了,他说:"现在才是真实的股市,年轻人应该明白:股市有上涨,就会有下跌! 也许很难接受,但这就是现实! 这一课非常重要。"

③其实早在 11 月 5 日,Tian 先生就有预感到可能股市会下跌。当天,他与自己的股票经纪人坐在上海证券交易所的私人交易室里,等待着新股"中国石油"的上市,股民们对这支股票都有着非常高的期待,因为中国石油是中国最大的石油和天然气供应商。"中国石油"市值 89 亿美元,曾经是中国最大的公开发售的股票之一。Tian 先生认为这支股票很快就要超出其实际价格,所以他决定:不买! 事实上,"中国石油"上市当天的价格就飙升了三倍,公司价值超过了一万亿美元。

④但是这种兴奋并没有持续多久。从那天开始,"中国石油"价格下跌了 33%,导致了很多股民损失惨重。其中有一个股民 Zhang Renfeng,是一位 63 岁的退休教师,她认为买进"中国石油"的股民"没脑子",这位老教师说:"所有人都在说要买进,所以我就想,我也不能错过!"两年前,她拿着毕生的积蓄投入股市,在家附近的一个证券办公室整天与朋友打扑克、看行情。可她买进的"中国石油"下跌了 12%,她的其他股民朋友也都损失了很多。11 月中旬,她放弃了,卖掉了手里的所有股票。她声称,自己在股市上损失了近 13500 美元。"够了! 我再也不想投资股市了! 我不能将我的积蓄花在这个上面!"

⑤股市有变? 这个问题一直挑动着人们的神经,也让每一个新入者变得犹豫不决。事实上,中国可选择的投资形式非常少:大城市的房地产泡沫一直虚高不下、银行存款的利率根本无法跟上持续升温的通货膨胀……直到几个月前,还有大量的资金涌入股市,但是现在,热度已经慢慢消退。根据上海证券交易所公布的数据,今年 8 月份的新开户数量仍然是 400 万户,但是现在这个数字已经下跌了很多。

⑥另外,大量退出股市的资金也会影响到中国经济。美林公司最近的一项调查显示:中国股民大约一亿五千万,他们拿出了 22% 的资金进入股市,两年前这个数字是 8%。上海的一位经济学家 Andy Xie 预测:如果股市下跌一半,这些城市居民的资金将损失 20%,这将对居民的消费产生深刻影响。换句话说,如果整个股票市值下跌 50%,将使得中国的 GDP 整体下跌 1%~5%。

⑦当然,想要预测中国股市的走向是不可能的。今年 2 月 27 日,上海股指一天下跌了 9%,但是很快又反弹起来。最近,关于"股价虚高"的警告不绝于耳,对于那些没有经验的股民,炒股变得越来越困难。上个月,中国证监会副主席屠光绍表示:针对市场风险,股民们需要自我学习防范能力。Andy Xie 说:"市场的某些调整是不可避免的,可能最近股市就在调整吧。"很多股民认为,在 2008 年北京奥运会之前,政府不会出手干预股市,但是,现在证明这种想法是错误的。最近几周,中央要求各大商业银行冻结借贷行为,持续到年底。这个措施主要是抑制持续过热的经济,当然对于股票价格也是一个打击。

⑧当然,这些调整措施看起来比较乐观。上海的股票市场如此上涨,已经让中国经济成为全球经济不可分割的一部分。必须要解决一些经济问题,以避免

美国前几个月的次级信贷危机和经济衰退。而像 Tian 先生这样无视美国经济动态的老股民，在 8 月份的股市混乱中，就能平衡一下市场信心。11 月 5 日，Tian 先生表示："中国股市是一个独立的市场，一个独立的经济体。"今天，他勉强承认了"美国经济对中国经济有一点影响……"他说："大家都说美国经济的衰退会对中国经济带来打击，这让人担心。"好像是为了印证这一点，11 月 15 日，中央政府发布了一份警告声称：美国经济的衰退将"破坏"世界工厂——中国的制造业。

⑨而 Tang，这位在家里炒股的职业股民，也感受颇深。他不再谈及自己到底在股市里损失了多少钱，经过股市 3 天的持续跌价，他认为中国可能面临着新一轮的"熊市"。他说："市场可能在某个时候再回暖。"但是，妻子的话已经深深刺激了他，现在，他开始上网找工作了，很快，他将会为了那份工资而工作了……

我们对上述报道的内容和结构进行分析：第①段以一个故事化的导语开头，从一个普通人物"27 岁 Tang Weishang"辞职炒股的故事谈起，这个人物的故事可以揭示报道主题：中国股票市场受到多种因素的影响而变幻莫测。接下来②③④段可以看作支持性导语，报道从一个人物引向多个人物，故事由单独个案开始普遍化。接下来⑤⑥⑦⑧段是报道的主体，从几个方面分析了中国股市受到了国内复杂因素和国际经济的影响。最后第⑨段照应开头，与文章开头的故事呼应，但这不是简单的呼应，而是借用故事人物的话表达记者的观点，将报道继续推进。

## 一万个馕 九千里路

《河南日报》记者　方化祎、李昊

①九千里路意味着什么？意味着比目前中国最长的高速公路——连霍高速还要长，超过地球直径的三分之一……

②7 月 27 日凌晨 5 点，一辆来自新疆喀什的面包车驶入河南扶沟境内，车上载着的一万个烤馕历时两天三夜，远行约九千里路，终于抵达目的地，完成了这场牵动千百人的爱心"急行军"。

③"急行军"的发起人伊敏江·库尔班是维吾尔族同胞，家住新疆疏勒县草湖镇。7 月 23 日，他在刷短视频时看到了扶沟县红十字会发出的求援信息，一直密切关注河南暴雨灾情的他心中萌发了一个念头：要为他们做点什么！

④"我以前做小工一天才挣 20 多元，是汉族朋友教了我开货车的本事，我的月收入'蹿'到了 1.5 万多元。我们镇是在河南援疆干部的帮助下，发展得越来越好。救援设备我送不了，吃的用的多少能送一点，不管多远，我一定要亲手送到他们手中！"第二天一早，伊敏江开始联系物资。

⑤"原计划是带一万个烤馕下午出发。可时间紧、数量又多，我联系的 4 家合作社连续干了 8 个小时，才在晚上 10 点赶完订单。"伊敏江告诉记者，这一万个馕是 180 名维吾尔族打馕人加班加点做出来的。

⑥听到伊敏江准备援助河南灾区的消息，当地的河南老乡既感动又钦佩，纷

纷捐款捐物,拜托伊敏江帮忙一同捐给受灾人民。24 日晚 11 时许,带着一万个烤馕、140 条被子和三万多元捐款,带着维吾尔族同胞和河南老乡的祝福,伊敏江启程了。

⑦一行 3 人两天三夜赶了九千里路,终于在 27 日凌晨抵达扶沟。在短暂休息后,载着爱心物资的车辆在扶沟工作人员的带领下驶进崔桥镇一中安置点。

⑧"这里转移安置了曹里乡 10 个村的村民,共 1200 多人。"崔桥镇镇长王广军对伊敏江说,"感谢你们不顾辛劳,在最短时间内将物资送给我们。维吾尔族同胞的祝福我们收到了,河南老乡的关心我们也收到了,谢谢你们!"

⑨烤馕从车上卸下,直接发到了人们手里,现场立刻热闹了起来。"我长这么大,还是第一次吃到正宗的新疆烤馕。""五十六个民族一家亲,欢迎你们到崔桥做客。"

⑩看到安置群众热情地向自己道谢,伊敏江脸上露出了灿烂的笑容:"一路上我们还看到了许多来支援河南的车辆,相信在全国各族人民的帮助下,河南必将战胜灾情,重建美好家园!"

——第 32 届中国新闻奖获奖作品

我们对上述报道的内容和结构进行分析:第①段开头十分个性化,以"九千里路"的长度指向谈起,引出新闻人物伊敏江跨越如此遥远的距离为河南受灾群众送烤馕的新闻事件,突出不远千里前来相助的主题。接下来②③④段可以看作支持性导语,交代伊敏江想去帮助受灾群众的缘起,为后续送烤馕的行为作铺垫。接下来⑤⑥⑦⑧⑨段是报道的主体,从联系物资、加班打馕、捐款捐物、到达安置点、卸车现场的侧面报道了伊敏江及富有爱心的老百姓对千里送烤馕的热情,小人物身上体现出了强烈的人文关怀色彩。最后第⑩段借用新闻人物伊敏江的原话表达记者的观点,照应开头对遥远距离的询问,表达急切跨越遥远路途去送烤馕的热心,将支援河南的相关报道继续推进。

从以上两篇特稿可以总结出华尔街日报体的基本结构:(1)人性化的开头,即与新闻主题有关的人物故事。(2)过渡,从人物故事与新闻主题的交叉点切入,将故事的个例普及化,将真正的新闻呈现在读者面前。(3)展开,有层次地阐述新闻,引用各种事实例证及数据。(4)结尾回归人物,用开头故事的发展情节来呼应前文,并常通过故事情节的发展或者人物的语言,间接表达出记者的观点或态度。

**(二)华尔街日报体的叙事特点**

从叙事方式来看,华尔街日报体将传统的、非事件性的经济新闻写得见人见事、生动活泼,有着独特的、吸引人的力量。结合学界给华尔街日报体下的定义可知,华尔街日报体采取讲故事的方式,以引人入胜、扣人心弦的单则人物故事或趣闻开头,自然过渡至所要报道的新闻主题,在层层深入的阐释和探讨之后,将焦点回到开篇的人物或故事之上,首尾呼应,一气呵成。由此可见,华尔街日报体有以下的叙事特点。

(1)故事化。从传播心理学的角度看,受众阅读除了求知层面的需求外,还有消遣和娱乐的需求。华尔街日报体借鉴了文学写作中的故事描绘手法,能把枯燥、干瘪、索然无味的"硬新闻"变成生动活泼、通俗有趣的"软新闻"。故事性增强了新闻的趣味性、可读性。华尔街日报体一般在文章的开头展示所涉及的故事或典型人物,通过气氛的渲染,将受众带入新闻,使受众如临其境,激起受众的阅读兴趣,这些人物或现场的描写实际上就像电视新闻的新闻画面一样具有可视性。

(2)人文关怀。华尔街日报体的叙述路径客观上要求寻找一个极具代表性的人物个案,强调人物故事、个案命运的重要性。人是构成新闻事件的主体,新闻报道说到底,是报道人在社会生活中的各种表现,人与自然、人与社会、人与人之间的各种关系的变化。人和人的生活对读者来说,具有最高的心理上的接近性。新闻报道里有了人,有了他们的动作、语言、感情和生活状态的报道,就很容易唤起读者的兴趣。

(3)接近性。新闻价值理论中的"接近性"是指要寻找所报道事实与受众在时间、地点、心理或者利益上的接近点。接近性越强,受众接受的愿望也就越大。从受众关切点上找角度,回答受众普遍关心的问题,解答受众想知而未知的问题,这就是最佳的新闻角度。接近性越高,受众对这一消息的关心程度、注意和兴趣就越大。以普通人的视角来写作,透过普通人这个点来深化有主题的面,一方面赋予报道以人情味,另一方面又突出了接近性,很容易使受众产生共鸣。

当然,华尔街日报体也存在着一定的局限,比如说故事的真实性问题、新闻的严肃性问题等,但是总的来说,这种文体能化刻板枯燥为鲜明生动、改宏观叙事为微观描写,对丰富和改进我们的新闻写作有很大的启发。

### 三、华尔街日报体的采写技巧

华尔街日报体结构清晰,层次分明,善于将新闻视觉化、形象化,是报道化刻板枯燥为鲜明生动的有效手段。但要成功运用这种新闻体裁,单单模仿它的结构是远远不够的,还需要掌握它的采访写作技巧。

#### 1.善于现场观察采访

美国新闻学家麦尔·曼切尔说:"记者必须学会用孩童般的眼睛观察世界,他把每一件事都看作新鲜的、各具特点的,同时,他必须用聪明长者的眼光洞察世界,能够区分出有意义的东西和无意义的东西。"记者只有具备"慧眼",才能有"神来之笔"。一些报道可读性不强的原因就在于记者没有进行现场采访,或采访不深入,缺少细致的现场观察,没有找到典型场景和细节,只能告诉读者大致的轮廓和一般化的概念。

华尔街日报体一个突出的特点是强调视觉性。新闻要有细节,形象化、立体化能够再现人物、现场和事件的精彩片断,在尊重事实的前提下,渲染气氛,使人如临其境、如见其人、如闻其声,具有激起读者共鸣的力量。要采写这样的视觉新闻,关键在于深入现场进行采访,进行细致观察。细节不能由记者来讲,而应让读者通过报道去看、去听。如果你住的城市街道路面条件恶劣,你不要自己去总结,而可以从一个司机的视角出发,通过这一个具有亲身经历的人物的眼睛,描述他看到的具体路面情况,听听他的个人化的行驶感受。这样,读者就能"看"到他的行为举动,"听"到他的声音言语。

#### 2.寻找最佳切入口

华尔街日报体的写作总要从具体的事件或人物展开,由小见大,引出一串数字或某个问题来表现一个人、一种社会现象或一项政策法规。这些人或事只是一个引子,报道的中心是由这个人或事引出的主题。有人曾说"一千万人死亡只是个统计数字,一个人怎样死却可以写成悲剧",这表明集中描绘整体中的个体部分能起到巨大作用。

利用个体切入主题无疑是个好办法,但一种社会现象、一件国内外大事往往涉及众多人物,不能随手选择某个人或某件具体事情作为引子。而那些具备一定的普遍性和代表性,甚至有一定的戏剧性或悬念性的人或事,既能自然过渡到新闻主题,又能引发读者的兴趣。

### 3.多用人物直接引语

西方记者忌讳笼统一般、众口一词,他们的笔下总有一些具体的有名有姓的人物出场说话,在他们的新闻中,从来不会出现"他们一致认为"、"大家都表示"之类似是而非的新闻八股。尽量引用人物的原话、尽量写明人物的真实姓名,是他们写作的一条重要准则。

文章要写得具体生动,不仅在于用趣闻和丰富多彩的描绘来叙述有关事物,而且在于引用的事例具体确凿。直接引用具体人物的鲜活语言使读者产生真实感,因为直接引语用引号直接引述消息来源的话语,话语本身是一个完整的语句。读者阅读新闻时,这一话语形象能够打破时空的界限,在引号的作用下,人物的话语即时地呈现出类似电视新闻"同期声"的音响效果。在华尔街日报体中,随处可见人物真实感人的话语,记者通过新闻人物的口来表达对问题、现象的一种态度或意见,让读者作出自己独立的判断。我们欣喜地看到,特稿的写作结构并不拘泥于华尔街日报体,而是积极向散文"形散神聚"靠拢,力求主题深刻,结构不拘一格,特稿佳作值得期待。

# 第四节　自媒体写作

## 一、标题的撰写技巧

新媒体时代的到来使得用户的阅读方式和行为发生了显著变化。作为文章的点睛之笔和精髓提炼,标题若缺乏吸引力,将导致文章的打开率骤降。与纸媒时代的短标题不同,新媒体时代的标题越写越长。据第三方权威数据监测,2015 年 10 万＋爆文的标题字数为 15～18 个字,到了 2017 年,平均长度已经达到 21～23 个字。而微信公众号的标题长度上限为 64 个字。没有了字数这一硬性限制,自媒体人就可以把标题写得更长,信息交代得更完整。

自媒体软文的标题如何撰写?下文整理了公众号软文标题撰写的六种实用技巧。

### 1.新闻式标题

新闻式标题往往采用具有新闻价值的词句来表述宣传内容,直截了当地告诉读者新近发生的一些事实。这种标题的设计有助于让读者更加直观、简单明了地获取新闻内容。新闻式标题通常使用简短的词语和短语来表达新闻的关键点,或者使用一些具有情感色彩的词汇来突出新闻的重要性和独特性。

✔　"天舟"六号,今晚发射!

✔　今天,致敬屠呦呦!

✔　今日高考! 加油,少年的你!

此外,主标题加副标题的组合(主标题+"|"+副标题)是一种比较流行的标题拟法套路。"|"前面的内容可以看作主标题,主标题通常比较简短,或是点睛之笔,或是精练概括,或是关键字词,目的是引人注目;副标题则更为详细地描述主要内容。如:

✔　崇和门寻亲会|别让飘零在外的孩子等太久,别让年迈的父母带着当年的愧疚离开……

✔　第七届领养日|让爱延续,温暖心扉,12只可爱的萌宠从此不再流浪……

✔　爱心早餐大派送|小义工们牵手麦当劳,给环卫工人们送早餐啦! 汉堡+豆浆,满满都是爱!

**2.利益承诺式标题**

向消费者承诺利益点,以"利"诱人。如果是以宣传自家产品或服务为主的软文,可以在标题中直接亮出利益点,做到以利纳客。用利益撬动读者,告诉或者暗示他们,打开这篇文章,你将会得到哪些优惠和利益。

美食类的微信公众号标题和文章还是很好写的,因为全国各地有太多的美食类文章可以参考借鉴。以筒骨汤店的优惠活动软文为例,我们轻而易举就可以拟出5条:

✔　舌尖上的"骨味"|筒骨汤,鲜美甘醇,喝一口魂儿都丢了!

✔　临海一家筒骨汤店,好吃到扶墙,最低只需9.9元,速速约起!

✔　临海竟藏着一家筒骨汤店,专业吃货称有五星级的味道! 最低只需9.9元,好喝到爆!

✔　谁说骨汤不能做到好吃,把这条微信狠狠甩给TA

✔　想要暖心又暖胃,来【骨味】就对了,五折优惠就问你要不要

**最后定稿标题:**"骨味"|9.9元秒杀68元筒骨汤+全场5折嗨翻天!!! 原来你是这么会搞事情的"骨味"哦! 在标题中直截了当地体现了商家的优惠信息。

**3.悬念式标题**

以"悬"诱人,留下无尽的畅想空间。在标题上就埋下伏笔,使读者由于好奇、惊讶、猜想而去阅读正文。一个好的悬念式标题具有趣味性、启发性和制造悬念的特点,并能引发正文的作答。

例1:在牛很鲜门口排队遇见前女友跟她的现男友,我该怎么做? 在线

等！急!!

这个标题利用了悬念的手法，让读者充满好奇心和想象力，想知道主人公会如何应对这个尴尬的局面、会有什么意外的发展，这样的标题更容易引发人们的共鸣。

　　　　例2：紫阳街今日有熊出没！
　　　　　　千万别来紫阳古街!!
　　　　　　真相只有一个!!!
　　　　　　这么热的天，他们到底在做什么？

这是台州府城公共艺术节在活动前期发布的一系列预热软文标题，非常具有悬念性，吊足了读者的胃口，引起了充分的关注。艺术节会带来什么样的惊喜和体验，读者已迫不及待地点击阅读了。

此外，"别人都在为了变美而努力，而你呢？"等带有问号的标题，使读者想进一步追求答案。"最会骗我的人，是妈妈……"等带有省略号且话没说完的标题，更容易激发读者的好奇心和求知欲。追求答案是人的天性，困惑的东西人们想弄明白，看不完整的东西人们会情不自禁地想看完整。

### 4. 数字型标题

数字体现的是一种更精确的客观呈现，数字能将模糊化的信息具体量化。一般情况下，数字越大，带给读者的冲击力和感染力就越大。

　　　　例1："敦煌女儿"樊锦诗，捐赠 1000 万给北大（引自"人民日报"公众号）

这个标题直接提出了"敦煌女儿"樊锦诗捐款 1000 万元人民币设立樊锦诗教育基金，用以支持北大的敦煌学研究，让读者感到非常惊讶和震撼。同时，标题没有过多的修饰，让人们更加关注捐赠本身的意义和价值。

　　　　例2：【拾安果蔬灵湖农场】28000 余元的夏季无农药果蔬说送就送～那我们说领就领～不客气真的不客气～

这是一家果蔬农场免费赠送新鲜水果和蔬菜的广告软文。在标题中，28000 这一数字具有极大的冲击力，给人感觉这家农场很"壕气"，无形当中让人对这家农场增加了几分好感。当然，28000 并不是一个准确的数值，有一定的虚高成分，但如果把 28000 的数字去掉，整个震撼效果就会大打折扣。因此，如果宣传的产品或服务有数字方面的优势，不妨在标题中用阿拉伯数字突出体现。

### 5. 网络流行语标题

网络流行语脍炙人口，将之用于标题能够起到很好的"吸睛"作用。要注意的是，网络流行语属于快消品,每年都会有大量的生造词新鲜出炉,所以一定不能用过时的。

例1:秋天的第一杯奶茶,救她一命!

例2:国家级"凡尔赛":过于先进,不便展示(引自"人民日报"公众号)

"秋天的第一杯奶茶"、"凡尔赛"等都是网络流行词。网络新词汇有它们自身的生命力,有些网络语言经受住了时间的考验,成为了固定用法,有些可能很快就不再被使用。比如傅园慧的金句"洪荒之力"一度成为网络流行语,不过今天我们再用这个词,就没有太多的"博眼球"效应。

6. "蹭"热点标题

"蹭"热点标题可以理解为借势营销。热点也是快消品,主要与社会上的热点新闻、热门影视剧、事件话题相关。追热点也是自媒体人必备的素养,我们可以借助百度热搜、微博热搜等搜索最近热门事件。如2018年的支付宝锦鲤事件,各地自媒体反应非常迅速,台州一篇名为《台州锦鲤必火》的自媒体软文刷爆朋友圈,文章中罗列了近百商家提供的免费礼品,动动手指就有机会中奖。趁着这波"锦鲤"热度,这篇文章获得近40万的阅读量。当然,这种热点可遇不可求,一旦抓住了,就能产生非常好的宣传效果。

例1:绝了!"原石品鉴会"还能玩心跳?"黄金瞳"您有吗?"4·20"南亚珠宝邀您开启"鉴石"之路!

例2:问了ChatGPT100个问题,发现他什么都懂,却那么天真(引自"新世相"公众号)

例1是商家发起的一个"赌石"活动。赌石是珠宝业术语,但属于敏感词,不能在软文中直说。所以用"原石品鉴"这样的词来提升活动的文化调性。热门电视剧《黄金瞳》讲的是赌石鉴宝的故事,刚好契合这篇文章的主题,所以借用"黄金瞳"作为切入点。例2标题属于典型的"蹭热点"标题,它利用了当前人工智能和聊天机器人的热门话题,吸引读者的注意力。

## 二、正文首尾优化

对于自媒体写作来说,文章开头的重要性仅次于文章的标题及主旨,而文章的开头是正文写作中最重要也是最难写的部分。高尔基曾说:写文章,开头第一句是最难的,好像音乐里的定调一样,往往要费好长时间才能找到它。所谓"转轴拨弦三两声,未成曲调先有情",如果正文开头能先声夺人、吸引眼球,那必定让人欲读之而后快。

1. 开头撰写技巧

(1)开门见山,直奔主题

在文章的开头便开宗明义,直奔主题,不卖关子。一般用朴实、简洁、准确的语言直接陈述事实、揭示主旨或与标题呼应并作进一步解释。这样的开头形式非常适合快餐式阅读,因为它不啰唆,一开始就告诉读者文章的主要内容,为读者节省了阅读时间。新闻型软文常使用开门见山式,即在开头交代时间、地点、人物和事件等要素,用一段话概括最需要让读者了解的内容。如《全球表彰1人,94岁的她获奖了》就在开头直截了当地介绍江西省南昌市第一医院护理部章金媛主任荣获2023年国际成就奖。《注意! 5·12,台州上空将鸣响警报》开头也用一段话告知防灾警报的目的和时间。

(2)设置悬念,引发好奇

好奇心是驱动读者继续阅读的强大动力,一个好的开头不仅能吸引读者注意,激发读者好奇心,更能层层设置悬念,让读者欲罢不能。如《紧急通知! 全国各地的遂宁人请尽快回家,有重要事情要你参加!》(来源:"遂宁之窗")的开头:

> 紧急通知
> 所有遂宁人
> 不管你是在北京、上海、广州、深圳
> 还是在美洲、欧洲、非洲……
> 现在小窗正式通知你们
> 请尽快回遂宁
> 赶飞机的赶飞机
> 开法拉利的开法拉利

从标题到开头都设置悬念,紧急通知在世界各地的遂宁人赶紧回家,什么事情这么火燎急燎的?

> 因为你妈喊你回家打菜籽了
> 换上旧衣服,旧裤子,卷起裤脚
> 下田打菜籽吧

这种写法能把读者带入特定的情景之中，让读者读了之后有急切感、紧张感和焦虑感，答案揭晓后又令人忍俊不禁。

（3）故事开头，引人入胜

故事开头引人入胜，能产生一种良好的氛围，容易让读者有场景代入感，而且也大大降低了阅读难度。

| | |
|---|---|
| **一个人深到骨子里的教养，是慎众**<br>每晚出品　有书　4天前<br><br>作家梁晓声曾讲过一件发生在他身上的事。<br><br>梁晓声有一次到法国出差，他跟两个老作家一同坐车到郊区。那天刮着风，不时有雨滴飘落。<br><br>前面有一辆旅行车，车上坐着两个漂亮的法国女孩，不停地从后窗看着他们的车。前车车轮碾起的尘土扑向他们的车窗，加上雨滴，车窗被弄得很脏。他们的车无法超过，因为路很窄。<br><br>他问司机："能超车吗？"<br><br>司机说："在这样的路上超车是不礼貌的。" | 他正在和司机师傅说着，前面的车却慢慢停了下来，一位先生走下车，先对后车的司机说了点什么，然后让自己的车靠边，让他们先过。<br><br>梁晓声问司机："他刚才跟你说什么了？"<br><br>司机转述了那位先生的话："一路上，我们的车始终在前面，这不公平！车上还有我的两个女儿，我不能让她们感觉这是理所当然的。"<br><br>梁晓声说，当时他的脸腾的一下就变得通红。这位先生的这句话让他羞愧了好几天。<br><br>没有哪一条交通规则、没有哪一条法律有规定这位先生必须做出这样的举动，他这样做，完全是出于他本人的素质，出于他作为社会集体的一个组成部分，所具备的教养。 |

《一个人深到骨子里的教养，是慎众》（来源："有书"）就是以作家梁晓声亲身经历的故事开篇，讲述法国司机主动停车让行的故事。以故事开头，能激发读者的阅读兴趣，而且更能让人深刻领悟文章的主旨——所谓教养，是一种植根于内心的素养，是一种能设身处地为别人着想的善良，是一种在公共场合能够约束规范自己行为的"慎众"。

（4）引经据典，引发共鸣

文章开头使用名人名言、诗词歌赋、俗语谚语等，能增强开文的气势，提升文章的权威性、知识性、文采性、深刻性①。开篇引经据典的力量不可小觑，能起到吸引注意、突出主旨、深化内涵、说服读者的作用。在撰写文章时可多搜索一些与文章主题相关的名人名言或经典语录。

---

① 王辉：《突破软文写作与营销》，清华大学出版社 2018 年版，第 133 页。

| 和优秀的人同行，和靠谱的人共事，和懂你的人相处 | 什么才是人生最好的境界？ |
|---|---|
| 点击蓝字关注 📖 有书　05-08 06:30 | 点击蓝字关注 ✈ 有书　1周前 |
| 英国杰出作家罗斯金说过： |  周国平：愿生命从容<br>来自有书 |
| "聪明人常从万物中有所感悟，因为他所得到的才能本是从一切事物中汲取的精华。" | 00:00　　　　　　　　　　05:15 |
| 一个人越是优秀，就越懂得借用外力来走好自己的路，做到张弛有度，才能轻松前行。 | 文\|周国平·主播\|放公子 |
| 和优秀的人一起，遇见更好的自己； |  |
| 和靠谱的人共事，做事踏实能安心； | 托尔斯泰如此自述："随着岁月增长，我的生命越来越精神化了。" |
| 和懂你的人相处，不负韶华不负己。 |  |
| 人这一辈子，和什么样的人在一起，就会有什么样的人生。 | 人们或许会把这解释为衰老的征兆，但是，我清楚地知道，即使在老年时，托尔斯泰也比所有的同龄人，甚至比许多年轻人更充满生命力。 |
| 做好选择，哪怕东风无力、百花凋残，仍能走出阴郁，一路自有风景。 |  |

《和优秀的人同行，和靠谱的人共事，和懂你的人相处》（来源："有书"）开头引用了英国作家罗斯金名言："聪明人常从万物中有所感悟，因为他所得到的才能本是从一切事物中汲取的精华。"接着对这句话进行解释：越是优秀的人，越懂得借用外力，和优秀的人同行，和靠谱的人共事，和懂你的人相处，从他人身上获取力量。《什么才是人生最好的境界》（来源："有书"）则以托尔斯泰的经典语录作为开头，引人思考。

(5)题记开头，提升内涵

题记是吸引眼球的点题，题记内容短小精练、提纲挈领。题记不仅能使文章显得别致，更能奠定文章的基调，凸显文章的深刻内涵。题记形式没有严格的限制，可以是写作缘由、主题思想、引子，也可以是名人名言、经典诗词等，无论什么形式，都必须与文章内容主旨相关。一般来说，题记中带有哲理内涵为多。如《我去见了那个18岁就被判死刑的年轻人》的题记如下：

　　北岛曾说：一个人行走的范围，就是他的世界。是的，行走的眼界决定了你看世界的境界，相比于各地的特色风景，其实有几个地方更值得你去走一遍。这几个地方，会让我们对人生有新的解读，一起来看看吧。

## 2.常用结尾法

### (1)首尾呼应结尾法

首尾呼应就是文章的开头与结尾相呼应,文末点题。如文章开头交代背景、描写景物、抒发感情、说明道理等,在文章结尾处再次强调,与开头相应和,使文章浑然一体。一般来说,自媒体软文大多采用总—分—总的写作方式,正文开头陈述事实或提出观点,中间进行详细阐述,结尾自然而然地接回开头的话题,做完美的总结。这种结尾方式能使文章结构严谨、主题鲜明,通过结尾再次加深读者印象以及对文章观点的思考(如下左图)。

### (2)号召互动结尾法

文章在表达观点、主旨后,在结尾处向读者提出某些请求或发出某种号召,引导读者行动。号召互动结尾法能够使读者阅读完文章后与文章内容形成共鸣,产生加入行动的欲望。尤其是商业性软文,可在文章末尾加上互动式引导,让读者评论、点赞、扫码关注或购买产品,以推动流量转化,促成交易(如下右图)。

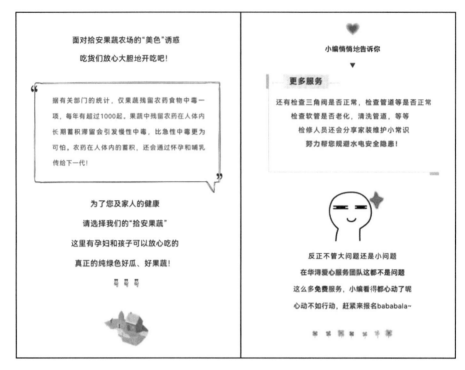

（3）金句升华结尾法

所谓金句，就是在文章观点基础上总结提炼出的一些有高度、有深度、耐人寻味的好句子，一般为哲理性、警示性或励志性的句子。金句一般出现在段落末尾或文章结尾。一个好的金句结尾，不仅能展现全文的主旨观点，更能升华主题，使文章意境深远、内涵深刻，起到"言已尽，意无穷"的效果，让软文大放光彩。如《余生，做个"不好惹"的女人》（来源："有书"）讲述了 3 个小故事，每个故事阐述一个观点：①做个不好惹的女人，首先自身得有实力；②女人可以是张牙舞爪的"母老虎"；③不用讨好所有人。

结尾点题：做一个不好惹的女人吧！往后余生，积蓄狮子的力量，做一朵带刺的玫瑰吧！耀眼夺目，芳香四溢，告诉所有人：我可以很温柔，但一定不好惹！

软文中每个故事都用简短的金句概括小结，最后形成全文性的总结金句，来再次拔高和升华这篇软文的中心思想和主题。

余生，做个"不好惹"的女人

范叔 有书 1周前

你是一个"好惹"的女人吗？

是那种时刻照顾别人的感受，宁愿牺牲自己，也要成全他人，不断忍让、避免冲突，很好说话、习惯善良。

明明是个好人，却总是无辜被欺，那种有好心却没好报的女人吗？

如果是，请你一定记住：

**忍气吞声和委屈求全都是烂品格。太弱太傻的人，别人想欺负的时候，连声招呼也不会打。**

如果你有菩萨心肠，就必须得积蓄狮子的力量。善良得长出牙齿，容忍得有价值。

人不犯你，你不犯人，人若犯你，那你也"不必好惹"！

余生，做个"不好惹"的女人吧。

做一个不好惹的女人吧！

你可以不好说话，可以不好相处，可以不用委屈，可以不必忍着，可以做最真实的那个你。

**有气，撒出来，别忍。有怨，说出来，别咽。**

没有人会喜欢唯唯诺诺什么都不敢说不敢做的女人，因为这样的女人，太过无趣，也太过小心。

相反，那些敢说敢做敢拼敢干的女人，活得精彩又痛快，反而能收获更多的惊喜。

往后余生，积蓄狮子的力量，做一朵带刺的玫瑰吧！

**耀眼夺目，芳香四溢，告诉所有人：我可以很温柔，但一定不好惹！**

## 三、框架写作实训

自媒体写作更要注重文章的构思和框架。用框架式写作，构思好文章的主题和素材，沿着框架去填充内容，不但能提高写作效率，更能强化逻辑，避免行文混乱。

1. 正文写作实训：故事型软文撰写

讲故事是一种最容易打动人心的软文形式。故事型软文框架结构包括故事描述、分析论述、金句升华等。软文一般讲述两到三个故事，可以是身边的故事、名人故事或经典故事。故事讲述要生动形象、合情合理且有说服力。故事案例要有代表性且能很好地阐述某个观点，故事的案例之间最好是递进关系或者是正反关系。讲故事时最好进行适当的心理描写，心理描写可以用"你、我、他"等人称代词，给读者一种强烈的代入感。文末通过金句升华主题，传达鼓舞人心、耐人寻味的正能量观点，但切忌假大空或虚情假意。

故事型软文常见的框架结构形式如下：

形式 1：开头导入＋故事 1＋故事 2＋故事 3＋总结论述 4

形式 2：开头导入

小标题 1＋故事 1＋金句小结

小标题 2＋故事 2＋金句小结

小标题 3＋故事 3＋金句小结

最后：金句总结，升华主题

下面以《人，越朴素，越富贵》（来源："有书"）为例，分析其框架结构特点。

（1）开篇导入

> 徐志摩说："朴素是真的高贵。"
> 人生是一场心灵的修行，在锤炼之中让内心变得强大富足。
> 而这真正的富足，往往来自朴素。
> 若想拥有富贵的生活，便要有一种安于朴素的态度。
> 世间繁华，朴素无华。
> 我们要在纷杂世界中，捕捉到朴素人生的盎然风姿。

开篇导入呼应标题，引用徐志摩的话语对标题作进一步解释，并提出本文观点：大道至简，安于朴素。在这里，名人名言增加了文章的文采和说服力。

（2）正文框架结构：3个小标题＋3个小故事＋3句金句小结

> 小标题1：做人，素心为本
> 故事1：艺术大家吴冠中，淡泊名利，一生都在用作品描绘着自己的素心。
> 金句小结1：素心之人，宁静致远，能以平常之思、平静之心对待人生，能够看淡浮名功利，不为虚荣吹捧所囿。
> 小标题2：交友，素交为贵
> 故事2：钱锺书和沈从文朴素寡淡却有默契的交往。
> 金句小结2：真正的友谊，不是在你光彩夺目时蜂拥而上，也不是在你失魂落魄时落井下石，而是以心相交、朴素单纯。
> 小标题3：人生，朴素至上
> 故事3：杨绛先生朴素的生活态度
> 金句小结3：人生最曼妙的风景，就是内心的从容和淡定。

（3）结尾：金句总结点题升华

> 大道至简，返璞归真。养成一种朴素的态度，更能得到精神上的富足。

此外,故事型的框架结构也非常适合广告软文。传统的"硬广"推送逐渐失去优势,而"软广"的影响力逐渐凸显。如何从讲故事到悄无声息地植入广告,这里就要谈到故事软文的"神转折"了。"神转折"故事软文的最大特征就是把两件不搭边的事情,通过很小的一个点衔接在一起。这类文章"猜到开头,却猜不到结局",能最大程度勾起读者强烈的好奇心和求知欲,结局带来的未知惊喜总让人叹为观止,即便是广告,也让人能够全盘接受。

我们来分析一下《那些专一的人真的太可怕了》(来源:"有故事的蒋同学")这篇广告软文的框架结构,文章基本上采用故事型软文常见的结构:故事+金句总结。不同之处在于结尾不是再次强调全文观点、升华主题,而是巧妙地带出广告产品。

软文的框架结构:

(1)通过讲述北漂小北们的故事阐述一个道理:没有凭空而降的成功,也没有随随便便砸到头上的好运气,有的只是日复一日的坚持。

(2)以演员孙俪勤奋励志的例子来论证:专注做事的人真的太"可怕"了,你永远能从他们身上发现无限的能量。

(3)歌手许巍不忘初心,坚持对音乐梦想的追求。

(4)最后"神转折":巧妙引出广告产品"修丽可"。

衔接点:故事软文和广告产品的衔接点为"专注、坚持"。

文章前五分之四的篇幅都在用一个又一个的故事、身边真实的案例来论证观点"成功必定是专一专注做某一件事,日复一日地坚持",给读者灌输一种励志满满的正能量。然而接下来峰回路转,软文这样写道:"就像许巍一直以来对音乐的坚持,修丽可创始人凭借40多年专注研究皮肤学的经验和成果,不仅重新定义了……"

行文至此,读者才恍然大悟,这是一篇护肤品牌"修丽可"的广告软文,但经过前面一系列的铺垫和观点强化,让读者在认可观点的同时也认同了"修丽可专注皮肤研究40年,是抗氧化权威代表"的表达。软文流畅的故事结构、层层递进的铺垫,让人看了还沉浸在故事情节之中,可以说故事情节和广告产品衔接得恰到好处,毫无违和感。

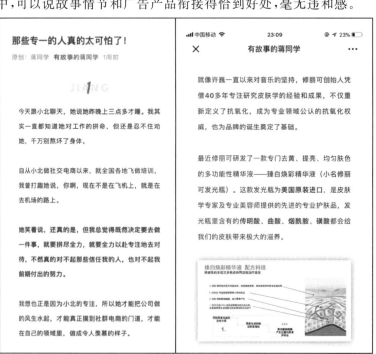

再次分析软文。我们看到的这篇软文的框架结构,是通过一些生活的故事来提炼主题观点,最后"神转折"引出产品。这是读者阅读的逻辑,但文案撰写的逻辑是反向的。也就是说,我们在确定软文的主要观点、内容框架之前,首先必须思考如何在产品和主要观点之间寻找一个巧妙的衔接点。而这个衔接点必须从产品的特征出发,可以是产品的卖点、优势或品牌理念。这篇广告软文的衔接点,就是从"修丽可 40 年专注皮肤研究"这个品牌理念出发,提炼出关键词"坚持、专注",然后通过合适的小故事案例去论证这些观点。

2.正文写作实训:新闻型软文撰写(以活动预告软文为例)

活动预告软文往往采用新闻型写作形式。在活动之前,一般都会撰写一份详细的活动策划方案,那么如何在策划方案基础上提炼有用素材,撰写活动软文呢?

以"交友联谊活动"为例,活动策划内容如下:

一、活动基本要素:活动目的、活动主题、活动时间、活动地点、活动对象、活动人数、报名方式、组织单位

二、活动流程

(一)乘车前往白水洋桃花源景区

(二)启动仪式

1.简短的活动介绍及启动

2.桃花源景区游览

3.桃林中悬挂单身信息,参与通过游桃林寻找意中人

(三)午餐——大雷山庄农家菜

(四)自由活动

农家乐、垂钓、娱乐、赏景

(五)桃林互动游戏

1.背气球游戏;2.爱心传递;3.伦敦大桥倒下来

(备注:具体活动策划方案详见本书网络素材资源)

软文撰写框架结构分以下三个板块。

**第一板块:**开头导入,可介绍活动的背景、目的、意义等。

**第二板块:**活动基本要素罗列。

**第三板块:**各主题活动的详细介绍。

**第一板块:**开头导入。这篇软文的主题关键词与爱情、桃花有关,而古往今来文人墨客歌咏爱情、桃花的诗词非常多,所以可以以诗词佳句导入,凸显文章的文采和内涵。此外,导入语之后可直奔主题,介绍这次活动的主题、目的、意义等。如:

> 陌上花开,君何时归
>
> 以花为媒,缘定桃林
>
> 衣襟落花,执手天涯
>
> "爱在XX·缘来有你"大型户外职工交友联谊活动

帮你迅速脱"光"

帮你在浪漫花海中邂逅缘分,寻得幸福

**第二板块:**活动基本要素罗列。这里可通过线框形式,把这次活动的主题、时间、地点、活动流程、报名方式等作清楚、简洁的交代。

**第三板块:**各主题活动的详细介绍。可按活动内容的吸引力和重要性侧重介绍 2~3 个主题活动。每个主题活动都用小标题进行串联,篇幅内容不宜过多,点到为止。这篇软文选择了三个主题活动:"以花为媒,缘定终身";"相约桃林,互动传情";"亲近自然,相聚农家"。拟小标题时要注意最好做到字数相仿、结构统一、对称押韵。另外,内容选择要做一定的取舍,如策划方案中对桃林互动的游戏规则做了详细的介绍,但在软文中就没有必要把游戏规则一一罗列。

**总结:**号召式结尾用极富鼓动性的语言让读者产生强烈的参与欲望。此外,如果文中未提到活动组织方,须在文末有所交代。至此,这篇活动软文的框架结构已经敲定,接下去就是按照框架填充各板块内容。

⚘ ⚘ ⚘

活动丰富刺激，心动不如行动！

你与TA只差一个报名的距离！

抓住春天的尾巴，拒绝单身，

赶快报名参加吧！

▼ 扫我报名 ▼

主办单位：XX市总工会、团市委、市妇联

协办单位：XX婚恋公司

*THE END*

## 四、排版技能提升

俗话说，内容不够，排版来补。自媒体软文的内容与排版是相辅相成的，优秀的排版可以让文章看起来更加清晰明了，增强文章的可读性和视觉效果，便于读者理解和快速阅读。所以自媒体人不仅要会写文章，还要掌握排版的技巧。

1.软文排版的作用

（1）排版精美，减轻阅读压力

读者面对自媒体软文往往缺乏耐心，如果没有经过排版处理，冗长的文字会给读者带来阅读的压力，甚至因为感到厌烦而放弃阅读。

（2）传达清晰有效的信息，提高阅读效率

通篇文章如果没有将重点信息提炼出来，读者的阅读效率就会降低，甚至容易错过关键信息。通过对小标题、重要字词、关键句等进行样式排版和设置突出效果，可以使读者获得关键信息，大大提高读者的阅读效率。

2.软文图文排版优化

一篇有设计感的软文要做到图文并茂、排版清晰、错落有致，图片多而不乱，文字多而不杂。具体排版时要注意以下方面。

（1）文字样式

文字部分有很多种排版参数可以选择，包括文字字体、大小、颜色、形态、对齐以及特殊符号等。

①字体。一般选择默认字体，中规中矩，当然软文的字体也可适当调整。

②字号。软文排版注重细节，字体大小也是展现细节的一个关键设置。一般来说，字号可按以下顺序排列：大标题＞小标题＞正文＞批注。一般建议正文 14～16 号为最佳选

择。14 号字体文艺清新；15 号字体中规中矩；16 号字体为默认大小，适合官方及新闻类的微信软文。

③文字形态。和 Word 编辑一样，公众号文字形态也可以做一些常规变化，例如底色填充、加粗、斜体、下划线、删除线等。常用的是加粗和底色填充，突出关键字词。

④配色。一篇文章的配色不要超过三种，这是设计界的一条铁律。配色主要遵循两个原则：一是确定主色调，主色调大体保持统一，个别可使用特殊色彩强调。如主题与桃花相关，可以将粉色系作为主色调。二是整体颜色不要太多，字体颜色尽量不超过三种，切忌五颜六色。

⑤间距。行间距指的是行与行之间的距离，一般设置为 1.5～2px 比较适合。段间距是段落与段落之间的间距，要留一定的空白，最好空一行，或者设置为 10～20px。行距、段落之间如果太过紧密，就会密密麻麻，让人失去逐字逐句阅读的兴趣。

⑥居中。文字内容较少时可采用一句话占一行的居中排版形式，尤其是浅阅读型软文。

（2）小标题制作

①普通标题：为了区别正文，标题的处理方法一般就是变色、加粗和加大字体。

②反色标题：利用底色填充进行反色处理，如黑色作底色，白色、橙色作文字颜色。记得在文字左右处各加一个空格，使小标题样式看起来更美观、协调。

③样式标题：使用第三方编辑器里的样式标题，增加小标题的设计效果。

（3）图片排版

排版图文并茂则设计感更强，而且有图有真相，说服力更强。选择图片的时候要注意以下几点。

①图片控制在 10M 以内，清晰精美，最好不带水印。

②图片要匹配软文内容，起到画龙点睛的作用，可以是拍摄的照片或是网上下载的图片（最好在文末注明：素材来自网络公开渠道，如有侵权，请联系删除）。

③使用编辑器的图片样式，可以实现单图、双图、多图的排版效果，单图时可在图片两侧留白，使配图看起来更精致。

（4）分割线

加一些动态的分割线，便于阅读。

（5）音乐视频

在微信公众号后台编辑器里面直接插入音乐或视频。插入视频时要注意，如果是自己拍摄的视频片段，时长在 1 小时以内可在公众号后台上传，超出 1 小时则需到腾讯视频网站上传，审核通过后，才可使用。也可以直接插入视频链接，输入网址即可，但必须是腾讯视频。

**3.软文排版第三方编辑器**

微信公众号后台的编辑器只能进行简单的图文排版，编辑功能有限，如果排版过于简单单调，则很难吸引读者的眼球。所以必须借助第三方编辑器来实现图文排版效果的优化。

第三方编辑软件较多，这里推荐几种常用的编辑器：

✓　秀米编辑器

✓　135 编辑器

✓　365 编辑器

✓　新榜编辑器

第三方排版编辑器提供的免费样式基本上能满足排版的需求,但如果想要使用最新或独特的样式效果,这些编辑器是要收费的。如果某个排版软件达不到预期的排版效果,可在编辑的时候同时使用 2～3 个编辑器,这些编辑器的样式常常可以互相拷贝使用,也可以拷贝已经发布的软文中的某些特殊样式。使用第三方编辑器时要注意,千万不要使用过多的排版样式。有些初学者在一篇软文的各板块中采用各式线框,每个小标题也采用不同样式,各种花花绿绿的色彩及动态分割线,看起来做得很用心,但实际上不但没有美感还显得凌乱。

除此之外,自媒体人还必须掌握一些常用软件:

✓　图片处理:Photoshop、美图秀秀等

✓　在线报名和数据收集:金数据、问卷星等

✓　H5 邀请函页面制作:易企秀、稿定设计等

……

## 【延伸阅读】

1.尉天骄:《基础写作教程(第三版)》,高等教育出版社 2017 年版。

2.陈亚丽:《基础写作教程》,北京大学出版社 2008 年版。

3.白贵、彭焕萍:《当代新闻写作(第二版)》,中国人民大学出版社 2018 年版。

4.马正平、朱斌、邹华芬:《高等基础训练教程(第二版)》,中国人民大学出版社 2016 年版。

5.李彬、宫京成:《马克思主义新闻十五讲》,清华大学出版社 2007 年版。

6.刘明华、徐泓、张征:《新闻写作教程》,中国人民大学出版社 2002 年版。

7.密苏里新闻学院写作组:《新闻写作教程》,新华出版社 1986 年版。

8.王辉:《软文写作与营销》,清华大学出版社 2018 年版。

9.叶龙:《微信公众号运营》,清华大学出版社 2018 年版。

10.余老诗:《自媒体写作》,清华大学出版社 2018 年版。

11.鲍玉成:《微信软文营销实战技巧》,化学工业出版社 2017 年版。

12.弗兰克:《爆款写作课:打造爆文的 3 个黄金法则》,中国友谊出版公司 2018 年版。

13.哈默:《新媒体写作平台策划与运营》,人民邮电出版社 2017 年版。

14.文能载商:《10W＋新媒体文案炼成记》,清华大学出版社 2018 年版。

## 【思考与练习】

### 一、深度思考

1.分析一篇近两年的虚假新闻报道,试着找出虚假报道背后的原因,并写出对"真实是新闻第一生命"这句话的理解。

2.浏览近三届的中国新闻奖,找到一篇倒金字塔体的新闻消息,并分析消息标题、消息头、导语、主体和结尾写作的风格与得失。

3.简要评析以下特稿的导语、正文、结尾的写作特点,并对全篇进行总体评价。

**12 本护照上的"20 年"**

《湖北日报》记者　肖丽琼、黄琼

12 月 10 日,宜昌伍家岗。安琪酵母股份有限公司(以下简称"安琪")大楼一间办公室里,一沓被剪了角的红色护照摞在桌上。51 岁的刘劲松一本本、一页页地翻看着这些护照。

护照上,一枚枚或红或蓝或黑的出入境签注,记载着安琪总经理助理、国际业务中心总经理刘劲松的"出海"足迹——20 个年头、12 本护照、63 个国家。

伴随着刘劲松和同事们的足迹,源自湖北宜昌的酵母漂洋过海,将"中国味道"带到世界 160 个国家和地区百姓的餐桌上。

12 月 11 日,中国加入世界贸易组织 20 周年。对于这个特殊的日子,刘劲松特别自豪:这 20 年,他从"而立"到"知天命",所在的安琪从小到大,从国内走向海外,成为中国"入世"20 年来深刻改变中国、深刻影响世界的全程见证者。

**东南亚找到首个代理商**

第一本护照——出境日期:1999 年 4 月 2 日 目的地:马来西亚吉隆坡

安琪的主打产品是酵母。这种肉眼看不见的神奇单细胞真菌,让面包、饼干、馒头等成为人们喜欢的美食。

这是刘劲松入职安琪后第一次出国。作为安琪营销中心出口部的英区经理,他单枪匹马地来到马来西亚,寻找将安琪酵母销往当地的代理商。

此时的安琪,刚刚与乌兹别克斯坦伙伴敲定了首笔自主出口订单,"走出去"的愿望日益迫切。

到达马来西亚后,他有些窘迫。4 月的吉隆坡比宜昌要潮热许多。在机场,不熟悉流程的刘劲松"两眼一抹黑",十分焦急,西服也汗湿了。

华人贸易商的热情,很快疏解了刘劲松初到异国的压力。一周时间里,他带着刘劲松走访了当地的数十个集市、面包房、餐馆、饭店。看完后,刘劲松信心倍增——跟当地产品比起来,安琪酵母性价比高,"出海"大有可为。

几天相处,刘劲松便与这位华人贸易商成了好友。不过,谈判桌前,双方依然是"甲方乙方"。

"当时,中国没有'入世',关税优惠要每年磋商,通关程序也比较烦琐。"刘劲松回忆说,经过几个回合的"讨价还价",双方终于就代理事宜达成一致,这位华人贸易商成了安琪在东南亚的首个代理商。

## 一个小洞中的规则意识

第三本护照——出境日期:2002年9月10日　目的地:日本东京

换领的第三本护照上,第一个境外签注是日本东京。

当一本护照到期或者签证页用完,就需换发新护照,老护照封面则被剪角,以示作废。为跑境外业务,刘劲松几乎成了"空中飞人",往往是护照还没到期,签证页已经用完了。

刘劲松此行去日本,是为参加在东京举办的日本国际健康食品原料展览会。当时的安琪逢展必参加,以加快走向世界。

这次参展,刘劲松心里更踏实了。他和同事们知道,这种踏实和自信源自中国"入世"。

"最惠国待遇",是稳定国际贸易的重要基础。"入世"前,中国须通过定期谈判获得与各国的最惠国待遇。对于像安琪这样走向世界的企业来说,如果某个国家不承诺最惠国待遇,就意味着更高关税。

"入世"后,中国与世贸组织成员做生意时都自动享受"最惠国待遇"。

然而,"入世"更意味着"中国制造"必须在质量等诸多方面对接国际规则。

2005年底,日本某知名食品企业反映:在安琪酵母供应的产品中,一个外包装箱被托盘毛刺挂了个小洞,还有部分纸箱变形。对于不起眼的"小问题",对方要求安琪赔偿、道歉。

此事在安琪内部引发争论:这是国际规则,还是"鸡蛋里挑骨头"? 安琪集团高层认为,"入世"不但是市场开放、关税降低,更要提升规则意识。在赔偿的同时,安琪定下调子:挑剔的客户是公司发展的动力,质量管理就是要"小题大做"。

## "老美""老墨"纷纷入安琪

第九本护照——出境日期:2017年6月5日　目的地:印度新德里

"我希望能成为安琪的一员。"在位于印度新德里的一间办公室里,前来应聘的一名小伙子诚恳地说。

此次印度之行,刘劲松的日程之一是在当地招聘销售经理和销售部员工,为营销本土化做准备。

这个销售经理的职位吸引了数位经验丰富的应聘者。最终,这位有着"世界500强"工作经历的印度小伙如愿以偿。

刘劲松说,在"卖全球"的同时,安琪开始布局其全球生产、营销采购体系。2013年,埃及安琪酵母工厂建成。随后,安琪俄罗斯工厂投产,埃及、俄罗斯、新加坡等区域总部接连设立。

安琪国际市场团队成员密集飞往东南亚、非洲、欧洲、美洲,在当地招聘市场开发、客户管理人员。在北美，一大批"老美""老墨"成了安琪的员工。

据统计，眼下安琪境外公司员工本土化率达90％以上，多批外籍员工还来到安琪宜昌总部培训、学习。在安琪埃及公司的500多名当地员工中，88人曾来宜昌培训学习一年，参加首批培训的阿姆尔·艾哈迈德·福艾德已成长为安琪埃及公司的总经理助理；安琪俄罗斯公司则为当地培养了大量高级操作工、叉车工、机械工、电工等专业技术人才。

安琪海外员工的收入水平如何？"可以满足他们对美好生活的向往。"刘劲松骄傲地表示。《湖北日报》全媒记者了解到，安琪埃及公司的当地员工还获得了分红。

## 期待更多更大机会

第十一本护照——出境日期：2018年11月15日 目的地：埃及开罗

2018年11月17日晚，在位于开罗的安琪埃及总部，安琪的小伙子们亮出"绝活"，做了一桌好菜，欢迎总部同事们的到来。

刘劲松是来参加安琪酵母经销商大会的。此时的安琪酵母，已成为亚洲第一、全球第三的酵母生产商，1200余名经销商分布在全球140个国家和地区。为了11月19日在埃及召开的经销商会议顺利举行，埃及总部的伙伴们已辛苦筹备了一个多月。

在距开罗150公里的贝尼苏韦夫省，安琪建设了其第一个境外工厂——埃及安琪酵母工厂。

从开罗到贝尼苏韦夫，公路两边是没有人烟的沙漠。当一座现代化的酵母工厂崛起时，不少人惊讶不已。

安琪的境外投资项目组曾历时3年，实地考察了多个国家，最终决定首先落子"资源丰富、关税优惠"的非洲大国——埃及。

刘劲松算了笔账：安琪产品从国内海运到北非及周边地区，约需40天时间，如果从埃及运出，仅需一周即可抵达，同时节约运费30％～50％。埃及加入了东南非共同市场自贸区，还与欧盟达成自贸协定，仅关税一项，每年可节省成本2000万元。

"安琪每开一家境外工厂，都是本着'建设好境外工厂，发展好当地经济'的原则。"刘劲松说，安琪埃及工厂不仅给埃及带去了国际上最先进的酵母工艺技术和智能装备，还延长了埃及的制糖工业产业链。

原来，制造酵母需要制糖中产生的副产品糖蜜，每生产1吨酵母约需要5吨糖蜜，安琪埃及工厂每年在当地采购数万吨糖蜜。

对此，参加安琪全球经销商大会的埃及贝尼苏韦夫省省长谢里夫·哈皮普点赞：埃及与中国政府、中国人民的关系有了更加显著的进步和发展，安琪为此作出了不可磨灭的贡献。

除了在境外工厂所在地采购当地原材料，每年，安琪还采购大批欧洲企业生产的黄油、淡奶油，以及脱模油等。

受疫情影响,刘劲松的出境记录暂停在了 2019 年 7 月的巴西之行——FIPAN(巴西国际烘焙展),但安琪"出海"的脚步并未停止。刘劲松坚信,随着境外布局日益完善,安琪将迎来更多、更大的机会,他还将手持护照行走世界。

## 二、实操小贴士

1. 浏览自己所在学校的校园网,找一篇符合倒金字塔体要求的新闻稿,分析该新闻稿标题、消息头、导语、主体和结尾写作的得失。

2. 阅读美国威廉·E. 布隆代尔的《华尔街日报是如何讲故事的》一书,分小组交流讨论。

3. 任选一篇软文,根据文中提到的标题撰写技巧,为此软文创作 3 则不同类型的"吸睛"标题。

4. 根据学校社团近期开展的活动,撰写活动预告软文和活动报道软文。

拓展资料

# 第七章　小说写作

## 第一节　小说概述

### 一、小说的发展历程

"小说"一词最早见于《庄子·外物》："饰小说以干县令，其于大达亦远矣。"这里的"小说"指"琐屑之言，非道术所在"，即远离道家自认为"大达"之道的浅识小道。这虽与后来作为一种文体的小说不是一回事，但"琐屑之言"、"浅识小道"正是小说之为小说的本来含义。到了东汉，班固的《汉书·艺文志》将小说家列入《诸子略》，同时认为"诸子十家可观者九家而已"，小说家不在"可观"之列。这种分类和评判既肯定了小说作为诸子一家的地位，又显示出它的无足轻重，实际上还是"琐屑之言"的注脚。

小说的这种含义一直用于文言小说，从汉至清两千余年间没有发生根本性变化。清代纪晓岚主纂的《四库全书》将"记录闻见之书"分为两类："以述朝廷关军国者"入杂史；"以涉里巷闲谈，词章细故者"入小说。而且认为它所记之事"多琐屑猥杂"，并解释说："古来小说之体，大抵如此。"

被史家划入小说的作品没有一定的标准。总言之，范围宽泛，体式驳杂，言谈、事迹、风物、典制无所不包，笔记、语录、寓言、传记无所不用。到了明代，胡应麟将小说分为志怪、传奇、杂录、丛谈、辩订、箴规六类，以现代文学观念来看，不仅大半不是小说，许多也不属于文学。

不过，上述小说观念也有值得注意的地方，主要表现为其作品范畴的两大变化。

其一，《搜神记》等一批元朝志怪书使小说概念的外延包含了早期幻诞表意之作，与原有的"志人"之作并立，成为以后拟实、表意两类小说之滥觞。

《搜神记》是一部记录古代民间传说中神奇怪异故事的小说集，作者是东晋的史学家干宝。其中的大部分故事在一定程度上反映了古代人民的思想感情。它是集我国古代神话传说之大成的著作，搜集了古代的神异故事共四百一十多篇，开创了我国古代神话小说的先河。书中载有《李寄斩蛇》、《韩凭夫妇》、《东海孝妇》、《干将莫邪》、《董永》、《吴王小女》等优秀的传说故事，对后代文学有较大影响。

其二，唐传奇的产生是小说发展的一大飞跃。自觉虚构的性质是我国最早近代意义小说作品的突出标志。

汉语"小说"一词还有另外一个来源——"说话"，它是白话小说的起源。早在三国时期,就有长达数千言的"徘优小说",大约是讲诵故事的一种杂戏,是"说话"伎艺的早期形式。唐代有与寺院"俗讲"并行的民间"说话",称"市人小说"或"人间小说"。宋代"说话"最为盛行,家数也多,有小说、说话、讲史、铁骑儿四家。铁骑儿"谓士马金鼓之事",实际上也是讲史——讲宋代杀伐征战的历史。小说讲述烟粉、灵怪传奇、公案等世情故事。

后来中长篇小说兴起,演义、平话与小说混称,终未越出文学界线,同英语"fiction"——虚构的叙事文学词义相近。

从根本上改变上述小说观念的是清末民初的事。维新派梁启超大力提倡"小说界革命",使小说理论面目一新。小说地位空前提高,乃至被奉为"国民之魂"、"正史之根"、"文学之最上乘",各家对小说的本质也纷纷作出新解:"今社会之见本也。""民族最精确,最公平之调查录也。""社会之 X 光线也。""举想也,梦也,讲也,剧也,画也,合炉而冶之者也。"小说身份有了很大的提升。

其实,西方小说观念也有一个发展过程。

英文"novel"(小说)一词源于意大利语"novella",用以指称短篇故事;18 世纪后期逐渐蜕变,仅指《帕米拉》一类具有相当长度的描写日常生活的拟实小说。用当时法国作家里夫的话说:"小说是真实生活和风俗世态的一幅图画,是产生小说的那个时代的一幅图画。"无论是前者短篇故事,还是后者生活图画,都是狭义的"小说"。如此看来,与中国小说观念由广而狭的发展相反,西方小说观念的发展由狭而广。至 21 世纪初,两者的差异越来越小,可以说大体趋于一致,这就是我们要学习的"小说"①。

## 二、当代小说的含义

小说是以散体文摹写虚拟人生幻象的自足的文字语言艺术。这个定义包含小说内容形式的基本要素,也就是构成小说的四种规定性:叙事性、虚构性、散文性和文字语言自足性。

### 1.叙事性

根据英国小说家福斯特的理论,小说的基础层面就是故事。小说的叙事性是由其摹写人生的内容因果决定的。美国的盖利肖教授有言:"不管什么种类的小说,题材总是事件。"

不仅如此,"叙事"还是小说的主要内容,在形态上具有展示人生的客观性。叙事性体现了小说内容的三种具体要素:人物、环境和情节。三者互相关联,缺一不可,在有些现代小说、散文化小说和心态小说中,人物、情节趋于淡化,这种淡化只是形态更新,并不改变它们作为小说要素的性质。

例如,作家铁凝的作品《树下》写一个中年知识分子在妻子的劝说下去走已经做了副市长的老同学关系,但碰面后他却和这位老同学谈起了文学,完全没有谈一句自己的诉求。最后回到家旁的树下,他面对自己袒露了心声。小说把读书人的怯懦、自尊、容易满足于低水准生活与对精神世界的终生不弃叙述得清晰而温润。这种以日常叙事为肉、启蒙叙事为骨的写法使小说的叙事性得到有效的绽放。

① 马振方:《小说艺术论》,北京大学出版社 1999 年版。

### 2. 虚构性

小说摹写的"虚拟人生幻象"包括奇幻的与现实的两种样态。

艺术内容的虚构性是近代意义小说的重要规定性,也是小说同实录文学(传记、特写、回忆录)的重要区别。

西方的小说渊源于神话传说,其文体演变大致经过了"myth"(神话)、"romance"(传奇)、"fiction"(虚构作品)、"novel"(小说)等几个阶段。从词义的角度来考察,这几个词均含有"虚构"或"想象"的意思。西方最早给小说下定义的据说是法国的神甫于埃。他于1670年说:"凡小说均为虚构的、情节曲折的爱情故事。"在这里,"虚构"被当成小说的第一要素来看待。这一定义同样强调了"虚构"①。

小说取材于社会生活,各种类型的作品都在不同程度上融入一些真人真事。但只是"融入",并非实录。它经过作家头脑的"想化"改造,进入作品,就失去了生活实录的"真",而获得"艺术"虚构的"假",再以这种虚构的"假"求得更高层次的"真"。没有虚构,就没有真正意义上的小说。

小说对现实的虚构是贴近人生的。如铁凝的小说《安德烈的晚上》,将一个尴尬的爱情故事写得颇有味道。小说从一开始就给我们展示了一道"秩序的栅栏",在这个栅栏中,你只能"被选择"、"被筹划"。主人公安德烈就是从这道"栅栏"的背后走进我们视野的。小说通过安德烈的名字、爱好、工作、爱情、婚姻等一系列人生小事或大事都由不得自己做主这一事实,来揭示其命运的悲剧性:安德烈的名字和他父母的性格都是由一个特定时代决定的,而安德烈自己的生活、学习,甚至婚姻,都是由他父母决定的,小说中写道:"他很少自己作主选择什么,他就读的小学、中学都是父母替他选择的。"②这句话充分地说明了安德烈生活的不自由性,他不能通过自我的选择来寻求自己人生的意义。而那些决定安德烈命运的事物,我们亦可将其看作一些符号,它们同决定城市命运的那些符号一样,一起构成了人们的生活和生命中一道坚固的"秩序的栅栏"。在这些社会与道德的栅栏里,安德烈中规中矩地活着,守序善良,却让一生中唯一的一次渴望突破、寻找爱情被自己巨大的内心阻力压制住了。这种生活故事在作者的虚构里传递出更深层的思索。

还有一种虚构是奇幻的。如法国畅销书排行连续上榜13周的《母猪女郎》,法国女作家玛丽·达里厄塞克的作品,通过奇幻的构思,让一个虚构的故事获得了法国乃至世界范围内的成功。该小说用第一人称讲述了一个漂亮姑娘变成母猪的故事,充满了荒诞与反讽的意味。作者将现代社会的隔离与异化以童话的方式展现了出来。该书在1996年出版后风靡欧美,35个国家购买了版权,在法国创下了销量100万册的纪录,成为当年的第一畅销书,并曾进入法国龚古尔文学奖最终入围名单。

虚构是作者在小说创作过程中为了提炼生活、构造情节、塑造形象以实现创作意图而采取的艺术手段。在虚构中,作者往往借助已有的直接或间接的经验,运用丰富的想象,对人物、事件的不足之处进行合理的补充、重组和完善,从而创造出源于生活而又高于生活的典型情节和典型形象。

---

① E.M.福斯特:《小说面面观》,冯涛译,上海译文出版社2016年版。
② 铁凝:《安德烈的晚上》,载《谁能让我害羞》,广州出版社2002年版,第3页。

虚构的途径主要是想象、联想和必要的夸张。虚构性给了作家极大的便利和自由,使艺术提炼得以突破个别事件的限制,广泛汲取生活养料,充分发挥想象的作用,增强情节的主动性和典型性,从而深入地透视生活,做出出色的艺术概括,达到比个别事件更高的真实——本质的真实。

3. 散文性

散文性是对小说的形式规定性。小说之所以能够完成叙事所无法完成的艺术使命,具有独特的审美价值,就是因为它以自由自在的散文语言为工具材料,属于散体叙事文学。散体文是古代散文的一种,是与骈文和赋并列的一种散文样式,主要是记录事件的,所以它具有散文性也是必然。法国批评家阿比尔·谢括利将小说定义为"用散文写成的具有某种长度的虚构故事"。这一定义被英国小说家爱·摩·福斯特所认同,并且在他那本被誉为"20世纪分析小说艺术的经典之作"的名著《小说面面观》里加以引述和赞赏。现代心态小说和某些散文化小说的情节趋于淡化,但那淡化是有限的,是情节形态的艺术更新。对于这一点,可以中肯地说:所谓散文化的无故事小说,多半是用一系小故事代替通篇的大故事,用没什么戏剧性的故事代替戏剧性强的故事罢了。实际上就是以广义的情节代替狭义的情节,这种广义的情节并不是单凭偶然得到的某个有趣的生活故事所能解决的。大量的具体情节还要由每位作家从所经验的生活中进行提炼。如阿成的小说《赵一曼女士》中的两份遗书,一份是战士的宣言,一份是母亲的柔肠寸断。这种散文化的不加修饰的语言,让我们体会到了作者的敬意与用心。

> 宁儿:
> 母亲对于你没有能尽到教育的责任,实在是遗憾的事情。
> 母亲因为坚决地做了反满抗日的斗争,今天已经到了牺牲的前夕了。
> 母亲和你在生前是永久没有再见的机会了。希望你,宁儿啊!赶快成人,来安慰你地下的母亲!我最亲爱的孩子啊!母亲不用千言万语来教育你,就用实行来教育你。
> 在你长大成人之后,希望不要忘记你的母亲是为国而牺牲的!
> 1936 年 8 月 2 日

> 亲爱的我的可怜的孩子:
> 母亲到东北来找职业,今天这样不幸的最后,谁又能知道呢?
> 母亲的死不足惜,可怜的是我的孩子,没有能给我担任教养的人。母亲死后,我的孩子要替代母亲继续斗争,自己壮大成人,来安慰九泉之下的母亲!你的父亲到东北来死在东北,母亲也步着他的后尘。我的孩子,亲爱的可怜的我的孩子啊!
> 母亲也没有可说的话了。我的孩子自己好好学习,就是母亲最后的一线希望。
> 1936 年 8 月 2 日
> 在临死前的你的母亲[①]

---

① 阿成:《赵一曼女士》,载《捉襟见肘的日子》,北岳文艺出版社 2010 年版,第 131 页。

### 4.文字语言自足性

小说所表现的一切，即凭借单一的语言文字完成形象的艺术创造，不依赖任何别的手段，因而具有充分的文字语言自足性。文字语言不同于说书、讲故事的声音语言，它是符号的符号，即纯符号，具有极大的自由性。这对摹写虚拟人生的小说至关重要，对小说的内容特点和艺术地位具有决定性影响。

小说就是印着文字语言的一本书，别无其他，便于传播，因而被人誉为"袋里戏台"。

# 第二节　小说特点

小说的源头虽然是远出几千年前的神话传说、民间故事，近代意义的小说却是后起的一个文学品种，所谓秦汉散文——唐诗——宋词——元曲——明清小说，大体反映了我国文学史上不同品类文学的繁荣时期。

西方文学也是这样，诗和戏剧都在小说之前长期充当主要角色，直到18世纪，小说才日趋兴旺。而它一旦崛起，就以排山倒海之势占领文坛，雄踞主位，在19和20世纪空前发展，超过一切其他种类的文字，独自赢得社会的垂青。小说的发展何以如此迅速？这与小说的品格有关，与它的特点有关。

小说的第一个特点，也是它的基本特点：用语言创造世界，即以抽象的"人为符号"创造既非直观又充分具象的人生楼阁。

西班牙理论家马丁内斯·博纳梯断言，文学作品的语言符号并非真正意义上的语言符号，而是对真正的语言符号的模仿。

文学自有其聪明之处，那就是它总是对自己不满意，它从不停止对自身的批评，它有一种自足的自反性。它永远追慕不可能的世界，它把不可知性当成自己最深层的永恒主题。

纯粹不讲求语言而能卓然成家的大师还没有出现过。和大师比起来，一般人更热衷于以思维的敏捷和反应为第一、"迫不及待"地想说、忍不住要多说、拿着鞭子驱赶着自己的叙述，这就和成熟的作家已有个高下之分。作家想要的是能力上能入，技术上能出，所以必须会控制语言速度，让它按自己的节奏运行，跑得太快自己就会失控，就会把小说写成空洞的排比句，或者是枯燥絮叨之语，这些都是没有控制好的表现。罗素认为节制是一种美德，从语言角度说就是这个意思。

须一瓜的小说《第三棵树是和平》中，女律师戴诺倾尽全力为一位涉及乡下杀夫案的女子孙素宝辩护，当发现女子杀人是由于丈夫长期的家暴时，她不顾安危去乡下取证，但由于乡人传统的以命抵命的思想，徒劳而归。尽管杀夫案辩护失败，我们却感受到了她自愿承担的精神使命和在暴力故事的悲凉中体现出的祈盼和平的强音。女性对女性的救助、女性精神的自我救赎使得作品极具语言张力，把一个伦理故事讲到了极致，让我们不得不随着作者的指引去打量某种人生与人性的冲突。这种用语言创造的世界尽管不是直观的，但却充分具象，它建构的人生楼阁让我看到了现代女性逐渐强大起来的身影。

小说的第二个特点，也是它的最大长处：能摹写任何形态的人生幻象，从而得以广泛细致地表现人与人生。

滕刚的微型小说《深情厚谊》中，张三看病，不得已找自己的医生朋友李四，他知道李四是庸医，但却碍于情面只能找他，李四治标不治本，让张三有暂时的好转，接下来却再次发作。张三很想避开李四，无奈这个小地方只有这一家医院，错开时间去了还是碰上了他，治疗依旧无效。最后张三实在躲不开关心自己的李四，晕倒在家，被母亲送到大医院抢救。故事充满了讽刺性，但却在荒诞中让我们感受到了很多小人物的无奈和迫不得已的友谊带来的伤害。

这篇小说写出一种真实的世情，是根据生活创造出来的，作家通过提炼综合、艺术夸张强化了现实中本来就存在的某种人情世故与无可奈何。这种提炼综合和夸张、强化、淡化、单纯化都是人物类型化的必要手段，从而达到对人与人生某种本质的艺术概括。正因为这样，这类人物一般都有较强的典型性和社会性。加上独有的鲜明性，这种人物更具有较高的大众认同价值。小说恰当地演绎了对现实人与人生的摹写，表现得比诗和戏剧甚至影视作品更形象、更多面，达到一种独有的细致。

沈雁冰在改革《小说月报》之初就指出：文学和人的关系也是可以几句话直截了当回答的。"文学属于人（即著作家）"的观念已成为过去——文学不是作者主观的东西。它不是一个人的，不是高兴时的游戏或失意时的消遣。相反，人是属于文学的了。文学的目的是综合地表现人生，无论是用写实的方法，还是用象征比譬的方法，其目的总是表现人生，扩大人类的喜悦与同情，有时代的特色做它的背景。沈雁冰还认为，翻开西洋的文学史来看，古典——浪漫——写实——新浪漫……这样一连串的变迁，每进一步，便把文学的定义修改了一下，便把文学和人生的关系束紧了一些，并且把文学的使命也重新估定了一个价值。虽则其间很多参差不齐的论调——即使现代也不能尽免，然而有一句总结是可以说的，就是这一步进一步的变化。无非欲使文学更能表现当代全体人类的生活，更能宣泄当代全体人类的情感，更能声诉当代全体人类的苦痛与期望，更能代替全体人类向不可知的运命作奋抗与呼吁①。

文学是人生自然的呼声，是人类情绪于文字中的流泄，不以传道为目的。更不以娱乐为目的，而是以真挚的情感来引起读者的同情。鲁迅曾说："俄国的文学，从尼古拉二世时候以来，就是'为人生'的，无论它立意是在探究，或在解决，或者坠入神秘，沦于颓唐，而其主流还是一个：为人生。"②

小说的第三个特点：内容高度生活化。也就是说与其他的文字艺术（诗、影视剧）相比，小说创造的人生世界更本色，更近于客观现实。

小说的生活化也是小说发展的一个必然阶段。小说的故事性决定了它来源于生活，而我们对生活的反映可以直接投射到小说中去。生活化使得小说这种文学样式更加接近人生。

阿城的小说《良娼》写了一个叫江桃花的女人的一生。她17岁下海为娼，遇到经商的青年宋孝慈，为他生下孩子宝儿，却只让孩子叫宋舅舅，年前看到宋想家了，主动提出让他回去。自己带着孩子历经折磨，却始终善良如初。最后死的时候，江桃花告诉自己的残疾

---

① 沈雁冰：《新文学研究者的责任与努力》，《小说月报》1921年2月10日第12卷第2号。

② 鲁迅：《〈竖琴〉前记》，载《鲁迅文集·杂文集·南腔北调集》，上海良友图书公司1933年版。

儿子,不到活不下去,不要去找舅舅。这篇小说最打动人的,一是生活细节的力量,二是主动活泼的生活语言,三是平民化的生活立场。作者高度生活化的写作与"策略型"写作拉开了距离。诚如莱辛在其著名的美学论著《拉奥孔》中指出:"自然界从来就没有任何一种单纯的感情,每一种情感都和成千的其他情感纠缠在一起。"①同样,现实的人也不可能有某种单纯的性格素质,每种性格素质都和许许多多其他性格素质融合在一起,使性格永远是一个整体。因此一切由人的生命运动、性格外射造成的事情、场景,其意蕴都是多方面的,是难以尽数和宣传的。这就是生活、自然的"无名状态",这种状态只有以形象表现为特征的文学艺术作品才能比较完整地传达。成功的艺术描写所产生的作品正如自然界的作品,即便是最细小部分也有生命,没有一种分析能把这个无所不在的生命全部揭露。换句话说,作家只要写出一种真实的人生情景,生动如活,评家就不可能用一句话或一个句子穷尽人物的人生。

小说的第四个特点在形式方面:运用文字手段的综合性以及包罗诗文体式的广泛性和自由性。

拉美结构现实主义代表作家巴尔加斯·略萨的名著《潘达雷昂上尉与劳军女郎》是一部揭露、讽刺秘鲁前军政权的著名长篇小说。秘鲁驻军某地,士兵强暴妇女的事件层出不穷,军方选派潘达雷昂上尉去那里秘密组织军中流动妓院——劳军队,以期缓解。潘达雷昂上尉极尽其忠,"成绩卓著"。而事情曝光后,舆论大哗。随军神甫愤然辞职,广播电台勒索煽动,社会歹徒趁机作乱,直至暴力袭击。结果,潘达雷昂上尉成了这一丑闻的牺牲品,而劳军女郎却被道貌岸然的将军及随军神甫等人占为情妇。本书文笔辛辣,妙趣横生,是当今拉美四大文学流派之一——结构现实主义的代表作。小说有不少章节是由公文、信件、剪报、播音记录、演说稿本之类连缀而成,这些不同体式的非文学语言制品都有力地讽刺了丑恶现实,成为重要的艺术内容,同时也使这部作品形式新颖、别具一格,充分显示出了小说艺术包容其他文章体式的广泛性与自由性。

# 第三节　拟实小说

拟实小说以人生世事为蓝本,内容符合现实的逻辑,以生活本身的样态反映生活,传达作家的识见、情感和理想。

2013年诺贝尔文学奖获得者爱丽丝·门罗的《亲爱的生活》以一种自传的风格进行叙述,这让小说叙事具有很强的欺骗性,仿佛读者读到的不是虚构的故事,而是真实的生活。在门罗的小说里,这种欺骗性无所不在,它赋予了门罗小说"拟实"的魅力。

拟实小说大致分为三种形态:故事型、生活型、心态型。

## 一、故事型

在三种拟实小说中,故事型产生的时间最早,是第一形态。

---

① 莱辛:《拉奥孔》,朱光潜译,人民文学出版社1979年版。

故事型小说并非产生于编造，而是产生于对现实的反映和摹绘。作品的故事性和传奇性主要也是现实本身异乎寻常的反映和艺术化。随着故事小说的发展，虚构成分大大增加，但虚构不是单纯追求离奇、胡编滥造，而是在尊重生活规律的前提下，努力传示现实人事的出奇特异、社会矛盾的尖锐复杂。此正所谓"天地间有奇人始有奇事，有奇事乃有奇文"。

故事型为什么成为拟实小说的第一形态？首先，在人类文明和人本身尚未充分发展的古代，生产粗放，争斗激烈，生活比较简单，加上封建制度的钳制，某些个人的作用显得很突出；其次，彼时人的思维和感情远不像今天这般细腻，人们瞩目的自然就是英雄创业、豪杰争锋、奸臣误国之类的特殊之人、非常之事，小说作者注意的首先也是这种现实，而不会是饮食男女的日常生活。小说也写婚姻，但不是寻常的男婚女嫁，是异乎寻常的奇情奇闻，可用它构成传奇故事。

例如，古代白话小说《卖油郎独占花魁》《蒋兴哥重会珍珠衫》就属于此类。这类小说的长处是：通俗易懂，引人入胜；可读可听，适应面广。其中的优秀作品能以生动、曲折的故事情节构建鲜明、特殊的人物形象，透视社会生活的本质特征，有很高的审美价值和雅俗共赏的艺术魅力。

中国白话小说自诞生以来都是有立场的。有了生命过程的描述，才可能有作家性情的表达。

相比于其他文学体式，小说家中有更多的现实主义者，小说家的文字也比其他文字更具有包容性和多样性，即使栖身于一个文学暗淡的时代，但真正的文学不需要时代的守护，那些不合时代音调的本身恰好是作家勇敢的心灵，因为我们知道，即使不能进入正史，但它依然是佐证那个时代不可或缺的证据。

## 二、生活型

小说是一个民族的记忆，也是为了保存世界的差异性和丰富性而存在的，它努力证明着：大千世界，不只是我们看见的那些，还有许多种可能，它们关乎生存与渴望、意义与虚无、诗意与现实，还关乎人内心的隐秘和精神的寻觅，离开了这些个别而丰饶的感受，人类的内存将变得如复制粘贴般单调无趣、整齐划一。可以说，小说不会使我们生活得更好，但它至少会让我们生活得更多。

生活型是拟实小说的第二形态。生活型小说的勃兴、繁荣是拟实小说艺术发展的重大飞跃。

首先，它改变了小说的价值取向，体现了新的价值观与审美观。明末文学批评家张岱在给剧作家袁于伶的信中写道："布帛菽粟之中，自有许多滋味，咀嚼不尽，传之永远，愈久愈新，愈淡愈远。"这种见解是人类审美观念的进步和更新，也是人对自身价值和人生意义的新认识，生活型小说就建筑在这种观念和认识的基础之上。

诺贝尔文学奖获得者爱丽丝·门罗的小说似乎专写小事，囿于家庭和女性生活。《有时书评》在采访门罗的报道中就提到："门罗一度被贴上了'家庭主妇'的标签，有评论说她的作品太过家庭化，琐碎而无趣。一位男作家曾对门罗说：'你的故事写得不错，但我不想跟你上床。'门罗则轻蔑地回击：'谁邀请他了？'"这种质朴的态度，只有擅长写生活型小说的作家才会拥有。

与故事型小说相比,生活型小说的这种质朴美和自然美的实质性价值体现在以下两个方面。

第一,内容充分生活化、现实化,从而大大增加作品的真实性和亲切感。毕飞宇的小说《生活在天上》用一个乡野老妇被儿子带到城里生活的故事,揭示了中国现代化进程中被丢下的人群的生存状况。作品借老妇人在城里养蚕的故事,真实地揭示了被割裂的文明在普通人心中的痕迹,也演绎了传统中国的亲情与人伦,故事的叙述亲切而平和。这部小说是作家关注现实的产物。一个好作家应该始终使自己置身于发现之中,这就要求作者有卓越的感应现实的能力,让故事回到具体、细节、日常生活中,对生存的现场发言。要能从生活的横断面发现自己和读者共同感兴趣的点,并使之成为自己作品中的桥段或者场面。这种接地气的写法大而化之是对时代的记录,小而言之是用生活拼版的色彩来还原生活的三原色,让读者看到寻常的灵魂在这个时代中的样子。

第二,反映生活深细入微,对人性与人生有洞隐烛微的艺术功能。钟求是的小说《秦手挺瘦》用一个知识分子的婚姻展示了现实的荒诞性,把人类灵魂中卑微、自尊层层剥离出来。这也是生活型小说作家追求的目标——他们大写日常情事,归根结底是因为它们是生活的细胞,里面藏着人与人生的种种奥秘,只有通过它们,才能更深入、更细致地显示人的境遇、人生的曲折和社会的某些本质特征。

生活型小说改变了拟实小说处于封建社会阶段的结构形态。其形象主体不再是一连串的故事情节,而是一堆细小的生活情况。

如北北的小说《王小二同学的爱情》,不再注重情节的跌宕起伏,而是从细节入手,把现代迷信给一个家庭带来的冲击用一个孩子为由头引发,让我们传统所珍视的一切——爱情、家庭、信赖变得不堪一击。而这垮掉的一切的重塑,需要作者对社会的信心与对未来的期许。小说已不再是情节的河,而是细节的网、生活的网。

生活小说为加强内容的客观性、充分发展现实主义艺术创造了条件,提供了可能性。

好小说与平庸小说最后的分界在于:是不是创造出了凝聚着所反映的时代的丰富生活内容和本质特征而又高度个性化的人物,这也是现实主义的尺度。都市生活作家潘向黎的《白水青菜》便是一篇有代表性的作品。这篇小说展示了中国的经济腾飞给家庭带来的冲击,探讨了被成功的丈夫放弃的女性如何找到自己的尊严。这是一个小家庭的故事,但它折射出我们这个时代在转型中必须承受的痛苦与剥离,同时演绎出普通人的转变与努力。

## 三、心态型

拟实小说的基本特征是模拟人生,其核心是人。在现实中,每个人的生命运动都划出两条轨迹,造成两个世界:言行状貌的外观世界和意识活动的内心世界。前者有声有色,可见可闻,较易捕捉,也便于模仿;后者——内心世界,无影无形,看不见,摸不着,听不到,只能用文学的方式摹写。

心态小说是指那种直接展示人物的内心状态、意识流程,并以此构成主要内容的小说。其中所写的生活、世事大多通过人物心理屏幕的折射,既间接,又零散,而且朦胧,像被风吹皱的水面的影像。

沈从文先生曾经说过:"孤独一点,在你缺少一切的时节,你就会发现,原来还有个你自己。"这就是内心的自己,也是真正的自己。

心态小说是后起的一种小说形态。它有两个明显的特点。

第一,主人公既非英雄也非丑类,大都属于忧郁型或感伤型,内心充满矛盾、痛苦和无穷思虑。

第二,人物虽各有性格,但作品并不侧重于性格的刻画,而更注重意绪的传写和感情的发扬,这两点都使心态小说的人物更趋平易、更趋圆形。

随着人类的进步、心理学的发展,人对内心世界的认识不断提高,心态小说的产生实属必然。

在拟实小说的发展史上,心态型产生得最晚,是第三形态。最初是以内心独白、心理分析、感觉摹写的形式出现,且被嵌在情节发展的框架中,只是作品的一个组成部分,没有形成新的形态。使小说形态发生重大变化的先驱是斯泰恩、陀思妥耶夫斯基和亨利·詹姆斯。

18世纪英国作家斯泰恩认为,文学的主要任务是描写人的内心世界和他变化无常的情绪。

处于生活小说鼎盛时代的19世纪俄国小说家陀思妥耶夫斯基对主人公的内心世界大写特写,无情解剖,使作品中的心理描写与生活描写并驾齐驱。

19世纪美国小说家亨利·詹姆斯的一些小说兼有生活型与心态型双重特征,主人公行动少,思虑多,对话被用于互相探寻心里的隐微,与继之而起的意识流小说有相似相通处。

拟实小说第三形态的最终确定是在20世纪20年代前后,法国作家普鲁斯特、英国作家弗吉尼亚·伍尔夫、爱尔兰作家乔伊斯和美国作家福克纳等意识流小说巨匠创造的一系列作品从根本上改变了拟实小说的形态。其主要体现在以下三个方面:第一,人物心态成为作品压倒一切的艺术内容,外观生活描写大为减少,而且多为人物意识中既虚且散的影像,如陈染的小说《私人生活》,其内倾的写作方式让人更注重作者灵魂的疆界。第二,写出意识的各个层次和各种状态,从而使人的内心世界在小说作品中呈现出前所未有的复杂性和真实性,如皮皮的小说《左肾》。作者所展示的对非正常族群的关注使我们能更逼近人性的深层意识。第三,人物的心理活动和感情因素成为结构的主要依据,如毕飞宇的小说《哺乳期的女人》,女主人公对一个孩子的情绪变化建构了整篇小说。

因为人的意识活动是难以把握的,所以作家不但无法如实写出别人的意识流动状态,也无法如实追忆以及复制自己的意识之流。这从根本上决定了心态小说虚构的必然性。然而这种虚构并不削弱作品内容的真实感。

从拟实小说的整体发展来看,当下的中国小说已不再是简单的时代传声筒。文学逐渐有了自我修复的可能,作家的创作意识也比任何时代都强烈,挣脱了很多精神层面的桎梏,也逃离了千人一面的集体记忆,开始尝试在集体记忆里建立个人的通道。它不是由社会机制来储存和解释的,而是由个人的记忆来照亮的。文学要获得永恒的品格,就不会表达一个时代的总体话语,而是选择表达出个体和总体话语之间的错位和差异。所以,小说本身是作家的个人记忆与叙述快感的结合,每一个优秀的作家都在享受叙事的权力与书写的豪逸。

# 第四节　表意小说

表意小说采取超验的形式和手段,使作家的幻想得以驰骋。它比拟实小说显得更加多种多样,"变形"、"变态"、"象征"、"怪诞"、"隐喻"、"寓言"、"寓意"、"写意"、"神话"、"佯谬"、"科幻"、"魔幻"都是表意小说的艺术类型。

表意小说的多样性首先是由其超验的特征决定的。超越现实的范畴不同,艺术形态也就不同,有的超越自然性,有的超越社会性,由此分为两大类型:幻异型和变态型。

## 一、幻异型

《西游记》(中国明代吴承恩)、《格列佛游记》(18 世纪英国斯威夫特)、《星球大战》(20 世纪英国威尔斯)不仅产生于不同的历史时期,其内容形式也大有区别,但都是天马行空、幻诞奇异,超越现实的自然性,因而同属幻异型。幻异型包括神话式、变异式和科幻式三种类别。

### 1. 神话式

又称神怪式、魔幻式,鲁迅谓之"神魔小说"[①],是神话传说的艺术发展,也是宗教观念与现实生活在小说中互相融合的艺术结晶。它运用神鬼灵异、妖魔幻化之类具有宗教渊源、民俗信仰的超自然意象表达作者对现实的理解和生活理想。

代表性作品有阿拉伯的《一千零一夜》,中国的《西游记》、《聊斋志异》等。其中《西游记》表现了一种精神和意志,孙悟空这一艺术形象把人类对大无畏精神的向往和力量高度具象化、艺术化了;它把神异幻想的浪漫主义推到了极致,是神话小说的一大奇迹。

神话小说归根到底与"神"有关。不论作者观点如何、是否迷信,作品意象都在某种程度上依傍宗教观念和民俗信仰,这是两根不可缺少的拐杖。

随着科学的发展,宗教的领地在社会和人的头脑中越来越小,神话式的表意之作也相应日趋衰落,在现代已很少见。

胡安·卢尔福的小说《佩德罗·帕拉莫》中讲述了这样的故事:佩德罗·帕拉莫死后不得升天,进入坟墓也不安宁,自言自语,回顾人生。两个女鬼发现后(他生前喜欢搞姑娘)慌忙带上面纱,逃之夭夭,怕被他"看中了";另一鬼魂念念不忘偿还债务,与佩德罗决斗被其杀害的鬼魂喃喃自语:"我遍身是血,那是我的血,一大摊一大摊的血。"这篇小说应和了"现实＋神话＋民俗"这一模式。

还有以鬼魂灵怪为重要意象的讽喻之作,也是神怪模式的现代化。

意大利作家迪诺·布扎蒂的小说《朋友们》中,亡故不久的小提琴手阿帕凯尔的鬼魂

---

① 　鲁迅:《中国小说史略》(释评本),上海文化出版社 2005 年版。

在一天深夜忽返人间,想到生前好友家找个住处,可谁也不肯收留他,有的直言逐客,有的以狼犬相逼,有的挥舞剪刀,连同窗好友并为他"施行临终的宗教仪式"的神甫也骂他是魔鬼,将他赶走,巧妙地表现了人与人之间友情的虚伪和关系的冷漠。由于鬼魂是全篇意象结构的核心,这属于神话式讽喻小说。

### 2.变异式

超自然的奇幻意象不假借宗教观念和民俗信仰,不带任何迷信色彩,而使自然之人或物发生不可能发生的变异,如人化异物、物具人格之类,这就造成了变异式表意形态。代表性作品有中国的"狐假虎威"、"鹬蚌相争"等寓言,还有西方拉伯雷的《巨人传》、斯威夫特的《格列佛游记》等。

《格列佛游记》中有这样的情节:在小人国里,国王只比臣民高一个指甲,却自命是顶天立地的全宇宙的统治者;两个政党的区别是"穿高跟鞋还是低跟鞋";两个教派的分歧是"吃鸡蛋从大端打开还是从小端打开"。小说把自然性变异与社会性变态结合起来,对社会现实的嘲讽不遗余力,富有情趣和艺术美感。

现代派小说对变异形态有新的创造和发展,以严肃、深沉的笔调表达作者对人与人生的某种思考和理解。卡夫卡的《变形记》是关于异化的人与人之间的金钱关系。它们不太容易被了解,也不是很赏心悦目,但更具哲理和思想。

### 3.科幻式

科幻小说凭借的是科学,是科学技术发展到一定阶段的产物,它最先出现在 19 世纪科学处于统治地位的欧洲是理所当然的。1818 年,雪莱的妻子玛丽·雪莱创作了第一部科幻小说《弗兰肯斯坦》(或名《现代的普罗米修斯》);19 世纪中叶,"科幻之父"凡尔纳的作品相继问世。

科幻小说的表意功能包括:首先,最引人注目的是它从各个侧面、各个领域表现人类发展科学、改造自然、创造幸福世界的精神和理想;其次,许多科幻小说注重表现社会问题,讽喻现实,如未来世界中人与人的对立、人与兽的对立、人与机器的对立等;再次,科幻小说突出表现人性与人情。

## 二、变态型

表意小说的形象和内容如果并不超越现实的自然性,只是超越其社会性,换句话说,所写之事不是人做不到,而是人不会去做的,即违反正常的生活逻辑和人情事理,就会造成与幻异型并立的另一超验的小说形态——变态型。

变态是变形艺术的一种,变形有自然性的,也有社会性的,变态型仅指后者。从其变态途径来看,又可分为四种形态:夸诞式、奇想式、佯谬式和假实式。

### 1.夸诞式

夸张是小说常用的艺术手段。拟实之作的形象创造也用夸张手法,特别是在浪漫主义作品中,夸张的运用更普遍,也更突出。但一般都在现实允许的范围内。许多人的奇迹玄而又玄,都带有显而易见的夸张性,但未超出生活逻辑的最大限度,夸而不诞,所以还是现实的。

如果夸张大大超出生活限度,使现实人生大变其态,从而失去现实性,具有荒诞的艺术品格,这就是夸诞式表意形态。

夸诞式最常见,也最古远,其源头也是寓言故事,"刻舟求剑"、"守株待兔"、"削足适履"、"揠苗助长"等,都是把人的某种不智的特征夸张到荒诞程度的产物,是现实人事的艺术变态。小说中的变态一般虽不到此地步,也还是相当可观的。

不过,此种小说与寓言仍有本质的区别,因为它有充实的富于人情味和生活气的艺术描写,使得人物生动如活、跃然纸上,不仅给人以教训,而且给人以感染,令人惊异、发人深思,这便是小说的艺术力量。

就像漫画是一种讽刺艺术一样,夸诞式变态也是讽刺的有力手段。它把高倍放大镜对着人与人生丑的、可笑的部位,使它显得更丑、更可笑,从而增强讽刺效果。

马克·吐温的《竞选州长》,契诃夫的《变色龙》、《套中人》,现代派赫勒的《第二十二条军规》,还有鲁迅的《阿Q正传》中,其形象变态没有上列诸作品明显,但仍具有超现实的夸诞性,属变态型表意小说。

2. 奇想式

夸诞是将现实特征放大,其变态本身就是现实和思想的艺术表现,而且是最直接的表现。变态与表现完全一致,同时完成。奇想式变态与此不同,它更讲求艺术构思,讲求构思的奇和巧。所谓"奇",就是造设的形象、世界新奇特异,出人意表,使生活大变其态。这种变态对现实思想的艺术表现一般不是直接的,而是间接的和曲折的,有的用作隐喻、暗示;有的只为表现创造一种前提条件,需要经过出色的运用、生发、推演,才能取得表现效果,达到艺术目的,这就是"巧"。

《聊斋志异》中的《罗刹海市》,写大罗刹国风俗十分奇特,"所重不在文章,而在形貌",对形貌评判又以美为丑。效法《聊斋》的沈起凤在《谐铎·桃夭村》中,写地方官先将女子"以面目定其高下",再将男子按考业排次序,然后甲配甲,乙配乙。美国作家杜鲁门·卡波特的《灾星》,写老板收购人梦。主人公西尔维亚没有生活来源,卖掉一切后,只好去卖梦。博尔赫斯是世界知名的"幻想文学代表人物",其想象的出奇特异是一项重要的艺术才能。当代中国作家路也的《南瓜小姐》、东西的《不要问我》,都具有奇想的特点。

3. 伴谬式

这种变态小说是西方现代派作家的创造,具体地说是卡夫卡的创造,他的两部长篇名著《审判》和《城堡》都是伴谬变态的标本。

任何变态意象都有违反人情事理、现实逻辑的特征,因而都有某种荒诞性和荒谬性。伴谬式的艺术品格须从它与奇想式的区别中认识把握。

奇想变态之作总是首先写出某种超验、出奇的环境或人物,作为发展情节的前提和依据,由此翻出的种种奇事,虽然超越现实,却合乎幻想的逻辑,因而显得合情合理,怪亦不怪,易为读者理解接受。

伴谬变态与此不同,其作品展示的既非奇人,也非奇域,只是人物言行、事件极端反常、自相矛盾,既无现实的逻辑性,也无幻想的逻辑性,因而显得异常荒谬,难以理解,给人一种莫名其妙的神秘感。但在这种荒谬的背后隐藏着作者的艺术用心,隐藏着他对现实、人生的独特感受和思考，其中不乏真知灼见。荒谬只是事象的表面、艺术的创作，故称"佯谬"。

《审判》中的约瑟夫·K 无故被捕，抗议、奔走都无济于事，最后被残酷处死，既不气愤，也不反抗。《城堡》中的主人公 K 受雇于城堡，却莫名其妙地进不了城堡，一切努力也都莫名其妙地不起作用。这些莫名其妙的情节、事象就是生活的佯谬变态。有研究者指出，小说的中心是荒诞的，但陪衬这中心事件的环境是真实可信的。人物也"都有七情六欲"，"过的都是'人世间'的生活"，这正是佯谬变态的艺术特征。这种艺术形象可以有力地表现出作者对他所在的"邪恶"世界所怀有的异乎寻常的被压迫感和恐惧感。

佯谬变态一般不是荒谬事象的特别放大，因而没有夸诞小说那种令人开心的讽刺与幽默感，它是作者对现实、人生深沉以至痛苦的感受与思考的艺术抽象，往往造成严肃、冷峻的艺术氛围。这也是它发人深思、促人猛醒的重要因素。

这种借于存在主义哲学的"孤独感、压迫感、恐惧感"，在阿根廷作家柯塔萨尔的《被占据的住宅》、埃及作家舒尔巴吉的《十二点的列车》、中国当代作家残雪的作品中多有表现。

#### 4.假实式

这类作品中，事象并不明显违背生活逻辑，与现实情事并无显著差异，但又不像拟实作品那样贴近实在的人生，而给人一种陌生感和距离感。这种变态的突出表现是其形象的思想强化和个性弱化。

这正合了作者的创作意图：主要不是摹写某种特定的人物与人生，而是假借近乎现实的形象结构表现某种思想精神和生活哲理，故谓之"假实"表意。

为了实现这种意图，需要大力增强艺术形象的概括性内容，而形象的概括性内容的进一步增长导致这种内容与感性具体性的优势进一步增大，以至于观念根本不可能被容纳在感性具体性中，这样以弱化个性的方式削弱形象的具体性，增强形象的概括性、思想性和抽象性，使其产生隐约变态，就成了某些小说表意的重要途径。

海明威的《老人与海》属假实式表意小说的上乘之作。正如艾略特所言，简单的真理在于：小说写作是一种自我宣泄和充满禁忌的事业，因此对于循规蹈矩的人来说，其在社会上是为人所不齿的。而对于比较吹毛求疵的人来说，其道德品格是大可怀疑的。多数小说家懂得这条真理，不得不戴上一种对付公众的假面具，海明威不过是其中一个极端例子而已[①]。

### 【延伸阅读】

1.E.M.福斯特：《小说面面观》，冯涛译，上海译文出版社 2016 年版。

2.马振方：《小说的艺术》，北京大学出版社 1999 年版。

3.申丹：《叙事学与小说文体学研究》，北京大学出版社 1998 年版。

4.乔·艾略特：《小说的艺术》，张玲译，社会科学文献出版社 1999 年版。

5.格奥尔格·卢卡奇：《小说理论》，燕宏远、李怀涛译，商务印书馆 2012 年版。

---

① 　乔·艾略特等：《小说的艺术》，张玲等译，社会科学文献出版社 1999 年版，第 176 页。

6.蒋勋:《蒋勋说红楼梦》,上海三联书店 2010 年版。

7.鲁迅:《中国小说史略》,上海书店出版社 2015 年版。

8.阿兰·罗伯·戈里耶:《为了一种新小说》,余中先译,湖南文艺出版社 2011 年版。

9.约翰·盖利肖:《小说写作技巧二十讲》,梁森译编,北京十月文艺出版社 1987 年版。

10.杰里·克利弗:《小说写作教程》,王著定译,中国人民大学出版社 2011 年版。

## 【思考与练习】

### 一、与诺贝尔文学奖得主"撞一下腰"

1.诺贝尔奖得主、诗人赛弗尔特说:生活不过如此,但亦不能停止期待。请根据你个人的生活态度,写一篇心态型小说。

2.诺贝尔奖得主尤金·奥尼尔说过:"尽管我伤痕累累,我仍会与生活抗争到底! 我不会'出走',绝对不会错过人生这出戏!"请据此写一篇生活型小说。

3.诺贝尔奖得主西格弗里德·伦茨创作小说《失物招领处》的内容梗概:24 岁的亨利胸无大志,游戏人生,不愿进入家族企业工作,跑到毫无前途的失物招领处寻找自己的人生意义。这里没有钩心斗角,没有晋升机会,只有懊悔的失主和蒙尘的失物,帮助他们重逢或许就是亨利追寻的意义与快乐。但是,平凡的人生也要迎接变故,面对家人的接连质疑、公司冰冷的裁员计划,以及莫名的暴力冲突,24 岁的大孩子亨利会丢失本心、迷失自我吗? 请以此题材写一篇同名表意小说,展示亨利的心态、挣扎与决定。

### 二、沉浸式随堂小任务

1.请设计一下铁凝的小说《树下》主人公老于回到家里和妻子的对话。

2.阅读须一瓜的伦理小说《第三棵树是和平》后,给戴诺做一个文字画像。

3.试着将钟求是的《秦手挺瘦》收尾推翻,续写一个新的喜剧故事。

4.如果你来写《左肾》,作家皮皮发出的表意信号你能采用多少?

5.学习了"假实式"小说的概念,请真实地谈谈对海明威《老人与海》的看法。

拓展资料

# 第八章　散文写作

## 第一节　散文概述

### 一、散文的内涵

散文是一种取材广泛，写法自由活泼，用来反映现实以及表现作者自由的心灵和人格的艺术短文。

对于散文内涵的界定是与不同历史阶段对散文文体的不同认识联系在一起的。我国古代的散文发端于卜巫记事，但散文的概念出现较晚，而且其含义是与韵文或骈文相对的散行体文字。南宋罗大经《鹤林玉露》的《文章有体》中讲到"山谷诗骚妙天下，而散文颇觉琐碎局促"，这是对散文概念较早的界定。总之，古代的文学散文是和非文学的文字混合在一起的，笼统地称作"文"、"文章"或"古文"，而且一直居于正宗地位。

"五四"时期，根据文学结构的分类，将文学分为诗歌、小说、散文、戏剧四大类。受西方文学分类和散文（主要是"essay"，即小品文）观念的启示，逐步建立了狭义的文学散文的概念。由代圣贤立言、载封建之"道"的"古文"，变为个人抒情言志的"散文"，打破了"古文"的正宗地位，使散文成为新文学中的一个独立门类。较早提出文学散文概念，并将文学散文与非文学文字加以区别的是刘半农；稍后，傅斯年在《怎样做白话文》一文里更明确地将散文看作"英文的 essay 一流"，并进而将散文同小说、诗歌、戏剧并提；王统照发表的《纯散文》和《散文的分类》称文学散文为"纯散文"（pure prose），说它能"使人阅之自生美感"；胡梦华的《絮语散文》则称之为"一种不同凡响的美的文学"。这些都标志着散文概念只是与韵文、骈文相对的广义散文向狭义的文学散文发展，最终逐渐确立了现代散文的观念。

新时期以来，人们对散文的认识又有所变化，越来越多的人把散文看作一种在取材上自由广阔、写作手法上不拘一格、能鲜明展示作者自由的个性和心灵的真实性文章。北京师范大学的刘锡庆教授说："用第一人称的手法，以真实、自由的笔墨，主要用来表现个性、抒发感情、描绘心态的艺术短文，即谓之散文。"①这也许不失为对艺术散文的内涵界定。

---

① 刘锡庆：《当代艺术散文精选》，北京十月文艺出版社 1989 年版，第 1 页。

## 二、散文的审美特征

### 1. 真实、自我

散文和诗一样，是一种最适合主观抒发的文体，是一种"自我"、"个性"的文学。散文就是以"我"的自由之笔，写"我"的自得之见，抒"我"的自得之情，显"我"的自在之趣。无"我"无"个性"，即无散文。

散文的生命在于真实和个性的展露。散文必须真实，一般要写真人、真事，而不用虚构，也很少像小说、戏剧那样使用典型化的手法。散文中的"我"应该就是作者本人，散文所表现的内容基本上是符合作者的所见所闻或亲身经历的，读时给人一种亲切感。即使在很多散文中，作者自我并不直接出现，但读者在欣赏时也会把作品中所写的事、所抒的情和作者本人联系起来，认为作品中的"我"就是作者本人。余秋雨在《说散文》一文中提到："小说、戏剧、诗歌各自体现了一些特殊的心理需要，而散文则体现了一种寻常的心理需要。人在社会上不得不要一些装扮，小说、戏剧、诗歌的写作便是写作者对自己生命的艺术装扮，由装扮而化身角色，酿造幻境，低吟高唱，投入一种有滋有味的人生游戏，恰似一场戴着面具的傩戏。装扮乃至面具并不一定会掩盖生命的真诚，恰恰相反，烈烈扬扬的游戏会在总体上蒸发出生命的大真诚。但是，人毕竟还有卸除装扮的需要，愿意离开游戏现场，静静地看一看，想一想，与自己旁边的人闲聊几句，这便是散文的诞生。"①散文就是对真人、真事和真情的个性化体验和描绘，不掩饰，不造假。

在巴金的《随想录》中，100多篇散文，从某种意义上来说，是巴金80多年的人生体验和60多年文学生涯的总结。在集子中，巴金着眼于揭露江青反革命集团的滔天罪恶，以很大的篇幅剖析"文化大革命"这场历史悲剧产生的前因后果，试图给十年浩劫做一个总结，从而告诫读者不要忘记历史的教训，不让悲剧再重演。与此同时，巴金也时刻不忘解剖自己，挖掘自己的灵魂。"要讲自己心里话，讲自己相信的话，自己思考过的话"，"不想多说空话，多说大话"，"把心交给读者"。他在《解剖自己》中说："在那个时期我不曾登台批判别人，只是因为我没有得到机会，倘使我能够上台亮相，我会看作莫大的幸运。我常常这样想，也常常这样说，万一在'早请示'晚汇报'搞得最起劲的时期，我得到了解放和重用，那么我也会做出不少的蠢事，甚至不少的坏事。当时大家都以'紧跟'为荣，我因为没有'效忠'的资格，参加运动不久就被勒令靠边站，才容易保持了个人的清白。"②真诚、坦白，不隐瞒自己的丑陋的灵魂，对自己作出深刻的剖析和批评，读者不仅原谅了这位有良知的老者，更见其人格之伟大。美文也就是艺术化了的真文，具体地说，散文的本质属性是自由的心灵和人格的艺术表现，美就是真。

周国平在《平淡的世界》中指出：好散文应该是真性灵的流露，是本色的自然呈现。散文要表现的是客观事物的个人情感化，也即个人的艺术化。郁达夫在《中国新文学大系·散文二集·导言》中说："现代散文的最大特征，是每个作家的每一篇散文里所表现的个

---

① 余秋雨：《说散文》，《散文选刊》1993年第10期。
② 巴金：《解剖自己》，载《随想录》，北京三联书店1987年版，第467页。

性,比以前的任何散文都来的强……只消把现代作家的散文集翻一翻,则这作家的世系、嗜好、思想、信仰,以及生活习惯等,无不活泼地呈现在我们的眼前。"①散文可谓是作家的独白与自传,散文对读者的吸引力就来自作者人格的袒露、真情的倾吐和心灵的独白。

散文从来就是"真"的艺术,是真、善、美的和谐统一。读者在读散文时,从不怀疑它的真实性。这是作者和读者长期形成的一种默契。作者在散文中一作假,人格的本色就荡然无存,文章的价值就立即消失,所以,散文被称为"文学的测谎器"。

2.自由、灵活

文艺理论家王光明在评《20世纪中国散文精神》时指出:散文之所以有价值,就是因为它的"实"和"散"。它不需要过分设计、虚构、修饰,也不受制形式、格律、场景,它完全从自身出发,立足内心,随意表达。这就是散文的"真诚"与"自由"。因为真诚,才能亲切、质实、感人;因为自由,才能不受限制,挥洒自如。的确,散文作为一种灵活、流动开放的文体,没有固定的创作模式,作者的所思、所想天马行空、行云流水、自由自在、无拘无束,无论是在取材、语言,还是结构、表现手法上,都表现出其他文体所没有的巨大的包容性和自由度。

(1)选材。在各种文学体裁中,要数散文的选材最为自由。有人说,它是在"任何题旨上,自由发挥思想的、可爱慕的工具",就是指选材的自由。散文的题材无所不包,不受时间和空间的限制。散文是最贴近生活的,日常生活中,到处是散文的萌芽,天上人间、草木虫鱼,天南地北、风土人情,"宇宙之大,苍蝇之微",只要有所见、所感,都可以用来寄托灵魂。经典的散文作品,常常取材于日常生活,甚至取材于因为过于熟悉而被人忽略的生活细节,吃酒、喝茶、坐船、听雨也可用来下笔;就是苍蝇、鸟声、菱角、野菜,也无不可以采之入文……内容驳杂,以其趣味性和知识性来吸引人。鲁迅在散文的选材上则更富战斗性。《野草》中有的是对世俗世态的嘲讽和对黑暗政治的抨击,如《狗的驳诘》、《复仇》、《淡淡的血痕中》;有的是寄托自己在黑暗中摸索的苦闷与挣扎,如《秋夜》、《过客》、《影的告别》等。因此,散文可以是金刚怒目式的,可以是对时代、社会、国家命运的关注,也可以是余音袅袅、轻歌曼舞式的,是"一粒沙里见世界,半瓣花上说人情"的,"苍蝇蚊子也一样是宇宙的生物,和绅士学者,又有什么不同,而不可以做散文的对象呢?"②我国新时期以来虽然在散文创作方面取得了巨大的成就,但在题材的选取和对生活广度的挖掘上存在着严重的不足。原《散文》杂志主编石英在20世纪80年代后期对散文的题材做过一个统计,结果是"忆及身边琐事者占百分之三十左右,借花花草草抒发一般道理者占百分之二十五左右,写个人行踪所致者占百分之二十左右"③。这种状况一直延续到90年代而未能有较大改观。对此,散文界的一些有识之士大声疾呼,希望散文作家要有一种强烈的责任感和

① 赵家璧主编:《中国新文学大系》影印本,上海良友图书公司。《中国新文学大系》为鲁迅、茅盾等编选的中国新文学运动第一个十年(1917—1927)理论和作品的选集,由上海良友图书公司于1935—1936年出版。

② 郁达夫:《〈中国新文学大系·散文二集〉导言》,载《中国新文学大系·散文二集》,上海文艺出版社2003年版,第343页。

③ 石英:《怎样写好散文》,人民日报出版社1988年版,第54页。

使命感,要重视散文的思想力度和历史使命,关注国家和民族的命运,聆听时代和人民的呼声,为祖国、为时代、为人民而讴歌。

(2)结构。散文的结构应该是自然天成、无迹可寻的,同时又是曲折有趣的。苏轼十分主张自然之美。他在《答谢民师书》中云:"所示书教及诗赋杂文,观之熟矣。大略如行云流水,初无定质,但常行于所当行,常止于不可不止,文理自然,姿态横生。"又云:"吾文如万斛泉源,不择地皆可出。"(《自评文》)我们以苏轼的行云流水来形容散文的结构变化是十分贴切的,云与水常常处在流动变化之中,行云流水,无定势定态,不拘一格,十分灵活、自由。当客观事物与作者的心灵相吻合时就放笔铺展,当客观事物与心理不相符合时则收笔不写,不受情节、韵律的约束,体现出一种自然发展的形式。

散文的结构形式是千变万化、丰富多彩的。可以是按时间顺序安排结构,如鲁迅的《藤野先生》;可以是按空间位置安排结构,如李健吾的《雨中登泰山》;也可以是以作者的思想、情感的变化脉络组织材料,安排结构,如鲁迅的《阿长与山海经》。无论是单线结构、双线结构、对比式结构、层进式结构还是网状式结构,虽然表现出一定的结构形式,但又忌讳重复、套用。散文的形体特征就是要不拘一格、自由活泼、无拘无束。散文的谋篇布局,无论是开头结尾、起承转合还是过渡照应,都意随笔出,姿态万千,每篇都有着结构上的特异之处,没有固定的模式。"无型"是散文结构开放性的大美境界,"变型"则是散文结构流动性的活泼新姿。

李广田在《谈散文》中谈到,散文的结构不似诗歌一样"像一颗珍珠那么圆",浑然无迹,也不能像小说一样如建筑般严谨,它的结构"很像一条河流,它顺了壑谷,避了丘陵,凡可以流处,它都流到,而流来流去还是归入大海,就像一个人随意散步一样,散步完了,于是回到家里去"。

当然,虽然散文的结构表面上是散漫的,但其实质同样是非常精致的,体现作家在构思时的苦心经营,并非作家的所见所闻、所思所感都不加筛选地写进文章,而是所有素材都经过作家的艺术处理和精心组织。散文的结构形式体现了作者情绪流动的轨迹,体现出一种自然发展的形式。散文的结构行文要为主观抒情寻求一种最理想的路子。所以,行文的随意实在是不可着意,而并非无意。太着意则板滞,太无意则散漫。妙在有意无意之间,使行文就像林语堂所说的:"似连贯而未尝有痕迹,似散漫而未尝无伏线,欲罢不能,欲删不得。"使人感到看似散漫,而又浑然一体,所以散文之散,乃多样的和谐、细碎的完整,是一种美丽的自由秩序。

所以在文学史上,有人认为散文的文体,往往比内容更为重要。

(3)表现手法。散文的表现手法也是变化多端,极其灵活和自由的。散文表现生活片断或事件,或记述人的某些印象,以表达作者的某种思想或感情。它可以在真人真事的基础上加工创造,一般并不需要具有完整的故事情节和人物形象,而是着重于表现作者对生活的感受,具有选材、构思的灵活性和较强的抒情性。散文往往采用第一人称的写法,散文中的"我"通常是作者自己,以"我"的所见所闻所感为线索,把有时看上去杂乱的、零碎的、犹如一盘散沙的材料融合为一体,运用比喻、拟人、象征、反讽、借代、夸张、反复、对偶等修辞手法,既可以叙述事件的发展,又可以描写人物形象,还可以托物抒情或发表议论,而且作者可以根据内容需要自由调整、随意变化。根据内容和主题的不同,可以像小说那样对典型性的细节与生活片段作形象描写、心理刻画、借景抒情、烘托对比等,也可像诗歌那样运用象征等艺术手法,创设一定的艺术意境,托物言志、借古讽今,非常自由。

散文的表现形式多种多样,随笔、小品文、特写、游记、通讯、书信、日记、回忆录等都属于散文。这些都体现出了散文是一种自由的文体,散文作家更应该有自由的精神,其创作时的心灵和人格也必须是自主的、自由的。正如朱自清在《荷塘月色》中描写的那样:

> 路上只我一个人,背着手踱着。这一片天地好像是我的;我也像超出了平常的自己,到了另一世界里。我爱热闹,也爱冷静;爱群居,也爱独处。像今晚上,一个人在这苍茫的月下,什么都可以想,什么都可以不想,便觉是个自由的人。白天里一定要做的事,一定要说的话,现在都可不理。这是独处的妙处,我且受用这无边的荷香月色好了。①

当一个人完全摆脱了世俗的尘世的羁绊,进入一种"什么都可以想,什么都可以不想"的自由精神状态时,真性情就会在心中自然流出,没有矫饰,没有做作,有的只是一种恬淡、安然、心旷神怡的美感,同时也包含了作者对人生的某种体验和感悟。所以,当代评论家雷达认为:"散文不是写出来的,是流出来的。"

(4)语言。散文的取材丰富多彩,艺术的表现手法同样丰富多样,作为作者思想情感外化的具体表现形式——语言,或优美,或质朴,或铺陈,或凝炼,或书面,或口语;在语调风格上,或高昂,或低沉,或急促,或舒缓,或刚劲,或柔和,或浓郁,或清淡;在句式上,或长或短,或奇或偶,或肯定,或否定,或对偶,或排比,或押韵,或有节奏感,或有音乐的美,让人感受到散文语言的特殊魅力。正如著名散文评论家佘树森说的那样:"散文的语言,似乎比小说多几分浓密和雕饰,而又比诗歌多几分清淡和自然。它简洁而又潇洒,朴素而又优美,自然中透着情韵。可以说,它的美,恰恰就在这浓与淡、雕饰与自然之间。"②语言运用婀娜多姿,自由自在,不拘一格。无论是鲁迅的苍郁沉静之美、林语堂的诙谐风趣之美,还是孙犁的洁净无瑕之美,都具有鲜活的文气、巧妙的比拟、恰当的排比、精彩的叠句、惊异的通感、智慧的警句、隽永的格言、机智的幽默,各种艺术技巧的自如运用使语言发挥出最大的能量和独特的魅力,使散文创作越发清新隽永,引人入胜。

散文的语言是最接近口语的,平易自然,明白如话,看上去顺手拈来,意随笔出,没有任何矫揉造作斧凿之痕,就像朋友平常聊天、拉家常一样。散文的语体被称为"闲话体"、"家常体",作家不避个性,畅抒胸臆,夹叙夹议,娓娓而谈,显示出一种自由的流动,充分显示了语言的自由和自然。

总之,散文从来就是一种真的艺术,一种充满个性的文学。散文在取材、结构、艺术手法和语言上的自由随意使其更具潇洒和灵动的美。

---

① 朱自清:《荷塘月色》,《小说月报》1927 年 7 月 10 日第 18 卷第 7 期。
② 佘树森:《散文创作艺术》,北京大学出版社 1986 年版。

# 第二节　散文语言

语言是文学的第一要素，文学是语言的艺术。一篇好的散文，其语言总是优美凝练、富于文采的，让人感觉美不胜收，又回味无穷。而产生这种美感的原因不外乎有两点：一是思想情趣的美，另一是语言文字的美，语言文字往往是文学作品的生命与生存依托，两者相辅相成，互为表里，构成了散文特有的艺术魅力。大文豪苏轼曾云："大凡为文，当使气象峥嵘，五色绚烂，渐老渐熟，乃造平淡。"散文的语言或清新美丽、生动活泼，或瑰丽缤纷、飘逸洒脱，或简洁质朴、自然流畅、平平淡淡，却又深藏着无穷的内蕴和魅力，"美文"这一称谓与语言的这些特征是分不开的。

"寓尖锐于委婉，寄深刻于平淡"，这是一种很高的境界。散文的语言看似娓娓而谈，冲口而出，自然朴实，不假雕琢，但仔细品读，便会出现难能可贵的美质：词语的选用、安排，句式的配置、变化，一切都恰如其分，浑然无迹，为作者的思想感情表达服务，这也是散文文体的短小精悍决定的。

## 一、适意

散文的题材海阔天空，内容丰富多彩，为内容服务的散文语言具有一种特殊的"因宜适变"（陆机：《文赋》）的艺术表现力，特别讲究"适意"与"适情"。荷迦兹在《美的分析》中提出"适宜产生美"。语言作为一种形式因素，总是力求最恰当地表现散文的内容美，达到浑然天成、无迹可寻的境界，甚至溶解在内容中，"但见性情，不睹文字"（皎然：《诗式》）。

### 1.朴素美

朴素美指平易自然，不加修饰，活脱脱地再现生活真实的语言美。艾青在《诗论》中说："朴素是对于词藻的奢侈的摒弃，是脱去华服的健康的袒露，是挣脱了形式的束缚的无羁的步伐，是掷给空虚的技巧的旷阔的笑。"[1]可见，朴素美首先主要指语言的简洁、自然和缜密的美，它不刻意雕饰而不乏文采，不有意追求而自得其意蕴。

好散文要有深远的意境，由于受篇幅的限制，所以在语言上总追求一种高度的凝练简洁，在描写事物或人物、概括事件或剖析事理时，或言简意赅，或数语传神，选择最精当的词、最合适的句式，把意思生动贴切地传达出来。如贾平凹的《笑口常开》：

> 大学毕业，年届三十，婚姻难就，累得三朋四友八方搭线，但一次一次介绍终未能成就。忽一日，又有人送来游园票，郑重讲明已物色着一位姑娘，同意明日去公园××桥第三根栏杆下见面。黎明早起，赶去约会，等候的姑娘竟是两年前曾经别人介绍见过面的。姑娘说："怎么又是你?!"掉身而去。木木在桥上立了

---

① 　艾青：《诗论》，复旦大学出版社 2005 年版，第 44 页。

半晌，不禁乐而开笑。①

语言简洁、质朴、干净、明快，其中"木木"二字表现出脑筋一时转不过弯来的那种疑惑、迷茫、失望，以及三十好几还没有对象的一种惆怅之情，十分传神。

但是语言的简练与否，不能仅以字数的多少来判定，而应当以是否能尽情达意为标准。要根据表情达意的需要，当简则简，当繁则繁，做到所谓"丰不余一字，约不失一词"。如鲁迅的《秋夜》开头："在我家后园，可以看见墙外有两株树，一株是枣树，还有一株也是枣树。"作者以"直刺"天空的枣树隐喻反抗黑暗势力的坚韧斗士，这样的战士还有"一株"，意味着前仆后继，并不孤立，这是对黑暗势力的挑战和示威，在语言上看似重复，实际上有深刻的寓意。有时出于表达情意的需要，作者还会给原文增加一些文字，如郁达夫的《还乡记》："万一情况不佳，故乡父老不容我在乡间终老，我或许到严子陵的钓台矶头，去寻找我的归宿，我这一瞥，或将沉了你我最后的诀别（也未可知）。我到此刻，才直到我胸际实在疼爱你的明媚的湖山……"后来此文再版时，后加的四字"也未可知"，使作者那种孤独、悲凉、渺茫的心情，表达得更加缠绵悱恻。鲁迅的《死》中第五条："孩子长大，倘无才能，可寻点小事情过活，不可去做空头文学家或美术家。""空头"两字为后加，把当时社会中这类空头人物非常传神地描绘出来。

散文语言的朴素美并不排斥华丽美，两者是对立而又统一的。在散文作品里，我们往往看到朴素和华丽两副笔墨并用。该浓墨重彩的时候，则尽意铺陈，如五彩缤纷的画卷；该朴素的时候，则轻描淡写，似清澈的涓涓溪流。朴素有如美女的自然天成，华丽亦非艳词丽句的随意堆砌，而是精巧的艺术加工，"不着一字，尽得风流"。但无论是朴素还是华丽，都应该去表现真挚的感情和崇高思想的美，否则就会变成流于玩弄技巧的文字游戏。如朱自清的《背影》与《荷塘月色》的语言就是两种截然不同的风格，《背影》的语言质朴、沉郁，《荷塘月色》的语言优美、华丽，甚至可以用雍容华贵来形容，这些都是与作者在文章中表达的特殊感情相吻合的。朴素是美，清丽也是一种美。

2.自然美

散文是个人卸除社会需要的装扮后的个性自然袒露，因此在散文中是拒绝任何矫揉造作、空泛和虚伪的。散文的语言无论是清新质朴，还是飘逸华丽，都应该是自然天成的，"如水吹风，自然成纹"。散文语言随意话来，意随笔生，没有任何生硬的感觉，是一种接近口语的语言文字，所以散文语体被称为"家常体"、"闲话体"。

朱自清在《论雅俗共赏》中说："用口语为的是求真化俗"，"所谓求真的真，一面是如实和直接的意思，在另一面，又是自然的意思，自然才真切，才让人容易懂，也就是更能收到化俗的功效"②。口语体的散文语言在表情达意中产生自然感，语言不事雕琢，平平道出，如出水芙蓉，天然自成。朱自清还一向提倡用"真正的口语"、"活的口语"来写作，他主张"用笔如舌"，认为"文章有能达到这样的境界，简直当以说话论，不再是文章了。但这是怎样一个不容易达到的境界"。另外，口语体的散文语言还有一种亲切感，好像与朋友拉家

---

①　贾平凹：《笑口常开》，载王永生编《贾平凹文集》（第 12 卷），陕西人民出版社 1998 年版，第 178 页。

②　朱自清：《论雅俗共赏》，《观察》1947 年 11 月 18 日第 3 卷第 11 期。

常一样,促膝谈心,娓娓动听,好似漫不经心,却常常又有妙语的出现。当然,这种"谈话风"的语言绝非照录口语,而是对口语的艺术加工,所以鲁迅非常推崇高尔基的一句话:"大众语言是毛坯,加了工的是文学。"散文的口语化的语言是一种返璞归真的艺术语言,需要很高功力才能达到。

朱自清从口语中提炼出大量的活生生的富有表现力的口语词汇,使散文语言获得了谈话风的口语本色和韵味。如《春》:

> 小草偷偷地从土地里钻出来,嫩嫩的,绿绿的。园子里,田野里,瞧去,一大片一大片满是的。坐着,躺着,打两个滚,踢几脚球,赛几趟跑,捉几回迷藏。风轻悄悄的,草软绵绵的。①

春是新生命的开始,春是美好事物的象征,作者在这里用了很多本色朴素而又充满生活气息的口语化的语言来表现。用"嫩嫩的"写小草的娇柔,用"绿绿的"写小草的色彩,还用"偷偷地"来传达小草刚刚绽放出生命时所带来的惊喜,用"钻"来写新生命破土而出时的迫不及待和调皮。春天悄然而至的那种惊喜,通过对小草的拟人化描绘准确地传达了出来。而"坐着"、"躺着"、"打两个"、"踢几脚"、"赛几趟"、"捉几回"等完全生活化、口语化的语言则把人们陶醉于大自然的惬意和欣喜写活了。

当然,散文语言的自然并非单指形式上的,更应该理解为思想和情感上的自然。真正"寄至味于淡泊"的语言,其往往是最本色自然的。

### 3.蕴藉美

散文的语言总是给人一种"言有尽而意无穷"的美感,精练形象而又含蓄蕴藉,把深刻的意蕴深藏于含蓄的文字中,让读者自己去品,去玩味咀嚼,去丰满艺术的空白。如巴金的《灯》运用了象征、暗示等手法,赋予灯光以光明和希望的文化意蕴,而且通过灯光抒发了作者对爱的渴求和讴歌。"哈里希岛上的姐姐为着弟弟点在窗前的长夜孤灯",灯光象征着姐弟之爱,表现的是人间亲情,表达了对亡姐的爱和怀念之情。"古希腊女教士希洛点燃的火炬照亮了每夜泅过海峡来的利安得尔的眼睛",古希腊传说中的火炬光芒象征着男女之爱,表现的是人间的爱情。同时通过一个投河友人的故事来描写灯光,当这位友人怀着"必死之心"投入水中却被陌生人所救,"醒过来时他发觉自己躺在一个陌生人的家中,桌上一盏油灯,眼前几张诚恳、亲切的脸。'这人间毕竟还有温暖',他感激地想着,从此他改变了生活态度。'绝望'没有了,'悲观'消失了,他成了一个热爱生命的积极的人"。这里,灯光象征着普通人之间的爱,表现的是人间真情。这三处对灯光的描写含义是十分深刻的,灯光在此象征着亲情、爱情、友情,而这三种情感代表了人世间的所有真情,也使得这篇散文在感情的表达上具有含蓄隽永的丰富性。具有蕴藉美的语言不是作者的故弄玄虚,而是在象征、比喻中内蕴着无穷的境界。

### 4.节奏美

艺术的语言要流畅,一篇散文是一曲流动的音乐,每句话都是音乐中的句子——乐

---

① 朱自清:《春》,载朱文叔编《初中国文读本》(第1册),上海中华书局1933年版。

句。爱伦堡说过：“旋律，这是散文的基础。每个散文家应该有自己独特的不因袭的音乐调子。”流畅是形成散文音乐美的基础，从流畅中去寻求抒情的节奏，达到音乐的美。朱光潜在《散文的声音节奏》中曾指出：“在长短、轻重、缓急上面显出情感思想的变化和发展。”长句结构复杂，速度缓慢，带有较多的附加成分，可以把思想情感表达得精密细致，比较适合表达委婉平实的感情；短句结构简单，速度较快，意思明确，适合表达激烈活泼的情趣。长短句的参差错落呈现出作者主观情感的一种节奏上的自然和谐。如鲁彦的《听潮》在描写静态的大海时多用长句：

> 海在我们脚下沉吟着，诗人一般。那声音仿佛是朦胧的月光和玫瑰的晨雾那样温柔；又像是情人的蜜语那样芳醇；低低地，轻轻地，像微风拂过琴弦；像落花飘零在水上。①

语言在这里显得特别雍容华贵、富丽堂皇，文字和感情是那样的舒缓、流畅，其节奏和情调同月光下沉静的大海的温柔和甜美是那样的和谐。当大海受了伤、愤怒时，作者是这样描写的：

> 音响就越大了。战鼓声，金锣声，呐喊声，叫号声，啼哭声，马蹄声，车轮声，机翼声，掺杂在一起，像千军万马混战了起来。②

这里用了一系列的短句来描写大海的汹涌澎湃，节奏短促，气势磅礴，使人感觉到了大海潮起时的惊心动魄。

仔细品味，散文语言外在的音乐美与内在的情韵美是和谐统一的，散文语言所表现出来的这种自然的节奏，实际上也是作者心灵情感的节奏。虽然在各种句式参差错落的组合中，也不免带上作者的自觉的艺术加工，但这种自觉其实也是受内心情感的节奏支配的。当作者对于他所要表现的事物体会入微时，他的心灵便同客观事物产生极和谐的共鸣，于是那特有的节奏便在笔下自然流出。所以，一旦作者有了真感、至情，即使无意去安排、组合字句，其感情的自由流露亦会在纸上留下或奇、或偶、或长、或短的字句。

## 二、散文语感的培养

散文的语言要求很高，古人称之“易学难工”。散文语言讲求传情达意的蕴藉生动和朴素自然的表现力，散文家的这些语感又是如何生成的呢？

1.独特的审美意象和情趣生成独特的审美语言

散文的写作，从表面上看，没有固定的模式和框架，自由随意；散文中的人与事，并不像小说中那样通过一些精心设计的因果关系来结构，散文的写作似乎更依赖于作者那随

---

① 鲁彦：《听潮》，上海东方出版中心2010年版。
② 鲁彦：《听潮》，上海东方出版中心2010年版。

意的联想和看似散淡的叙述。但散文中的这些看似并无关联的片段往往是用来表现作者对生活的特殊认识的,独特的审美意味和情趣需要有独特的语言来进行形象的传达。如余光中的《四个假想敌》：

> 这一批形迹可疑的假想敌,究竟是哪年哪月开始入侵厦门街余宅的,已经不可考了。只记得六年前迁港之后,攻城的军事便换了一批口操粤语的少年来接手。至于交战的细节,就得问名义上是守城的那几个女将,我这位"昏君"是再也搞不清的了。只知道敌方的炮火,起先是瞄准我家的信箱,那些歪歪斜斜的笔迹,久了也能猜个七分;继而是集中在我家的电话,"落弹点"就在我书桌的背后,我的文苑就是他们的沙场,一夜之间,总有十几次脑震荡。那些粤音平上去入,有九声之多,也令我难以研判敌情。
>
> 信箱被袭,只如战争的默片,还不打紧。其实我宁可多情的少年勤写情书,那样至少可以练习作文,不致在视听教育的时代荒废了中文。可怕的还是电话炸弹,那一串串警告的铃声,把战场从门外的信箱扩至书房的腹地,默片变成了身历声,假想敌在实弹射击人,不再是假想了好玩的了,就像军事演习到中途,忽然真的打起来了一样。真敌人是看得出来的。在某一女儿的接应下,他占领了沙发的一角,从此两人呢喃细语,嗳嗳密谈,即使脉脉相对的时候,那气氛也浓得化不开,窒得全家人都透不过气来。这时几个姐妹早已回避得远远的了,任谁都看得出情况有异。万一敌人留下来吃饭,那空气就更为紧张,好像摆好姿势,面对照相机一般。平时鸭塘一般的餐桌,四姐妹这时像在演哑剧,连筷子和调羹都似乎得到了消息,忽然小心翼翼起来。明知这僭越的小子未必就是真命女婿(谁晓得宝贝女儿现在是十八变中的几变呢?),心里却不由自主升起一股淡淡的敌意。也明知女儿正如将熟之瓜,终有一天会蒂落而去,却希望不是随眼前这自负的小子。[①]

女大当嫁,人之常情,但作为父亲却万分割舍不下,于是将女儿的男友一律看成"假想敌",也是可以理解的。文章紧扣一个"敌"字,一再用军事上的术语来描写"敌我"之态,如"入侵"、"攻城的军事"、"交战的细节"、"守城的那几个女将"、"敌方的炮火"、"落弹点"、"电话炸弹"、"实弹射击"等,惟妙惟肖地描写出了父亲对那些将要"夺"去自己爱女者的淡淡"敌"意,同时又希望女儿能够得到真正幸福的复杂心情。正因为爱,才会有"恨",也才会把未来的女婿看成"假想敌"。其语言机智幽默,巧用比喻、双关,新颖独特,正是这种独特的审美情趣才生成了独特的审美语言。

2.独特的思维方式生成独特的语言

贾平凹认为"散文是一种情种的艺术"。在散文的写作过程中,作者往往把自己的情思加入对客观事物的感受中,使词语、句子甚至整篇文章都带有独特的情感色彩,从而生成独特的语言。如梁实秋的《中年》：

---

① 余光中：《我的四个假想敌》,载《凡·高的向日葵——余光中散文》,浙江文艺出版社 2014 年版。

年青人没有不好照镜子的,在店铺的大玻璃窗前照一下都是好的,总觉得大致上还有几分姿色。这顾影自怜的习惯逐渐消失,以至于有一天偶然揽镜,突然发现额上刻了横纹,那线条是显明而有力,像是吴道子的"莼菜描",心想那是抬头纹,可是低头也还是那样,再一细看头顶上的头发有搬家到腮旁颔下的趋势,而最令人怵目惊心的是,鬓角上发现几根白发,这一惊非同小可,平凤一毛不拔的人到这时候也不免要狠心地把它拔去,拔毛连茹,头发根上还许带着一颗鲜亮的肉珠。但是没有用,岁月不饶人! 一般的女人到了中年,更着急。哪个年青女子不是饱满丰润得像一颗牛奶葡萄,一弹就破的样子? 哪个年青女子不是玲珑矫健得像一只燕子,跳动得那么轻灵? 到了中年,全变了。曲线还存在,但满不是那么回事,该凹入的部分变成了凸出,该凸出的部分变成了凹入,牛奶葡萄要变成为金丝蜜枣,燕子要变鹌鹑。最暴露在外面的是一张脸,从"鱼尾"起皱纹撒出一面网,纵横辐辏,疏而不漏,把脸逐渐织成一幅铁路线最发达的地图,脸上的皱纹已经不是烫斗所能烫得平的,同时也不知怎么在皱纹之外还常常加上那么多的苍蝇屎。①

中年,无论是生理上还是心理上,对于绝大多数人来说是一个尴尬的关卡。梁实秋谈"中年",妙趣横出,娓娓道来,寓积极的人生观于平和的文字中。他用吴道子"莼菜描"的比喻来调侃中年人的皱纹,写中年女性时则用"牛奶葡萄要变成为金丝蜜枣,燕子要变鹌鹑"、"皱纹撒出一面网,纵横辐辏,疏而不漏,把脸逐渐织成一幅铁路线最发达的地图"的夸张来描写身材和脸蛋,也许刻薄了一点,但仔细体味,也是不无道理的。真正的幽默敢于在嘲笑别人的时候也大胆地嘲笑自己。接着作者笔锋一转,说中年也有着它无与伦比的优越性。"譬如登临,人到中年就像是攀跻到了最高峰。""他们的生活像是在饮窖藏多年的陈酿,浓而芳冽!""好像四十以前,不过是几出配戏,好戏都在后面。""中年的妙趣,在于相当的认识人生,认识自己,从而作自己所能作的事,享受自己所能享受的生活。科班的童伶宜于唱全本的大武戏,中年的演员才能担得起大出的轴子戏,只因他到中年才能真懂得戏的内容。"梁实秋在文章中体现出的对人生的感悟和豁达,尤其是他那些饱含哲理的比喻,风趣、贴切,使人得到多重的艺术愉悦。

散文的语言是审美的、创造性的,除了常规的比喻、比拟、象征等艺术手法的运用外,更会突破语法和语义对语言的束缚,创造性地运用通感、变形、陌生化、词类活用、超常规搭配等一些非常规艺术手法,使语言显得更生动传神,甚至是获得一种特殊的语言效果或超语言的审美效应,以表现作者的特殊情思。正如科林伍德说的那样:"艺术活动不'使用'现成的语言,它在进行中创造语言。"②

---

① 梁实秋:《中年》,《作家文摘》2021 年 3 月 1 日。
② 罗宾·乔治·科林伍德:《艺术原理》,王至元、陈华中译,中国社会科学出版社 1985 年版,第282 页。

# 第三节　散文意境

"意境"是我国艺术实践和艺术理论中众说纷纭的重要课题之一。散文意境的产生、特点要从我国文艺史上对诗、词、建筑、国画、书法等各种艺术形态的描述去分析、研究。意境是在某种艺术部类发展到较完美水平基础上提出的。

## 一、思想根源

意境产生的思想根源主要有两种看法。

### 1.老子的哲学和美学

叶朗《中国美学史大纲》中的《说意境》认为,老子的两个基本思想对中国古典美学后来的发展影响很大。第一,"道"是宇宙万物的本体和生命,对于一切具体事物的观照(感兴)最后都应该进到"道"的观照(感兴)。第二,"道"是"无"和"有"、"虚"和"实"的统一,"道"包含"象",产生"象",但是单有"象"并不能充分体现"道",因为"象"是有限的,而"道"不仅是"有",而且是"无"(无名、无限性、无规定性)。就"道"具有"无"的性质来说,"道"是"妙"。

在老子这两个思想影响下,中国古代的艺术家一般都不太重视对于一个具体对象的逼真的刻画,他们所追求的是把握(体现)那个作为宇宙万物的本体和生命的"道"。为了把握"道"就要突破具体的"象",因为"象"在时间和空间上都是有限的,而"道"是无限的。

"意境"的"意"不是一般的"意",而是"道"的体现。所谓"意境",就是在感性的(形而下的)日常生活和生命现象中,直接呈现某种形而上的意味。这是"意境"不同于一般艺术的特点。叶朗还认为,这样一种理论的出现,和禅宗的影响有重要的关系。他还举例说明:《五灯会元》记载了天柱崇慧禅师和门徒的对话,门徒问:"如何是禅人当下境界?"禅师答:"万古长空,一朝风月。"禅宗认为只有通过"一朝风月",才能悟到"万古长空"。禅宗主张在日常生活中,在活泼泼的生命中,在大自然的一草一木中,去体验那无限的、永恒的、空寂的宇宙本体,所谓"青青翠竹,尽是法身,郁郁黄花,无非般若"。禅宗的这种思想(包括禅宗的"境"这个概念)进入美学、艺术领域,就启示和推动艺术家去追求对形而上的本体的体验。这就是所谓"妙悟"、"禅悟"。"妙悟"、"禅悟"所"悟"到的不是一般的东西,不是一般的"意",而是永恒的宇宙本体,是形而上的"意"。本来道家就有这种思想,道家认为宇宙的本体和生命是"道",而"道"是无所不在的。

### 2.庄子的哲学思想

庄子是老子之后道家学派另一位重要的大师,他的哲学思想对意境的产生影响很大。

(1)崇尚自然、反对人为说。这是庄子重要的文艺美学思想。庄子哲学本身崇尚自然,主张清静无为。因此,在文艺美学思想上,庄子必然把崇尚自然、反对人为作为其文艺美学思想之核心,作为其审美标准和艺术创作之原则。

(2)"虚静"、"物化"说。"虚静"原是中国古代哲学思想中的一个重要范畴,指的是人在认识外界事物时的一种静观的精神。老子首先提出了"致虚极，守静笃"的思想，庄子则又对此加以发挥。要在艺术创造上达到理想的境界，《庄子》认为创作主体必须进入"虚静"的精神状态。

（3）"言不尽意"、"得意忘言"说。《庄子》书中强调"意"是"不可以言传"的，其中一些讲出神入化的技艺的故事，如"轮扁斫轮"、"庖丁解牛"等都说明言不能尽传意的道理。《庄子》认为文字语言都是有局限性的，不可能把人的复杂的思维内容完全传达出来，这就是所谓"言不尽意"。既然"言不尽意"，那么，相比于意来，言就不是最重要的了，故《庄子·外物》篇说："筌者所以在鱼，得鱼而忘筌；蹄者所以在兔，得兔而忘蹄；言者所以在意，得意而忘言。"这就是所谓"得意忘言"。那么，文学作品就应该含蓄蕴藉，有回味。"言不尽意"、"得意忘言"对文学创作和文学理论批评产生了巨大影响，它在魏晋以后被直接引入文学理论，形成了中国古代注重文学作品"意在言外"的传统，为意境说的产生和发展奠定了理论基础。

南开大学薛富兴教授在《意境：中国古典艺术的审美理想》中认为：《庄子》"游心"是意境发展史上的第一块基石[①]。"游"是庄子哲学的核心，精神自由是"游心"的关键内容，由"游心"说得出意境的内涵为"主体为自由而创造的独特而广阔的精神空间"。庄子的《逍遥游》则是中国古典艺术自由精神的哲学源头之一。以后，意境的广阔性、流动性及含蓄蕴藉的风格都要追溯到这里。其实质就是通过各种艺术手段来达到精神的自由。

## 二、历史发展

意境理论最先出现于文学创作与批评中。三国两晋南北朝时代的文学创作中有"意象"说和"境界"说。"意"、"境"一词连用最早见于相传为王昌龄所作的《诗格》中：诗有三境。一曰物境：欲为山水诗，则张泉石云峰之境，极丽绝秀者，神之于心，处身于境，视境于心，莹然掌中，然后用思，了然境象，故得形似。二曰情境：娱乐愁怨，皆张于意而处于身，然后驰思，深得其情。三曰意境：亦张之于意而思之于心，则得其真矣。王昌龄之后，诗僧皎然又把意境研究推进一步，论述了取象、取义、取境的问题，提出了诸如"缘境不尽曰情"、"文外之旨"、"取境"等重要命题。

中唐以后，刘禹锡提出了"境生于象外"，这是对意境内涵的第一次正面界定。晚唐司空图的《诗品·雄浑》说："超以象外，得其环中。"认为意境是具体物象之外给我们带来的想象与联想，从而引导人们突破作品特定形象的直接性、有限性，从直接走向间接，从有限中寻求无限。我们不能孤立、静止地去理解意境，而要从特定形象可能激发的丰富想象或联想中去理解意境，也就是既要看到形象的直接性，又要看到形象的间接性；既要看到显，又要看到隐；既要看到实的形象，又要看到虚的形象；既要看到象，又要看到象外之象。

后来对意境论的研究可以说代有深入。宋人严羽的"别材"、"别趣"说进一步规范了意境论的范围；明人陆时雍重点研究了意境的韵味问题；清人王夫之深入探讨了情与景的关系问题。最终王国维总其成，他的《人间词话》可以说是我国意境论的集大成。他指出，"词以境界为上。有境界则自成高格、自有名句"。"沧浪所谓兴趣，阮亭所谓神韵……不

---

①　薛富兴：《意境：中国古典艺术的审美理想》，《文艺研究》1998 年第 1 期。

若鄙人拈出境界二字,为探其本也"。他的意境说是一种情景交融说,经过王国维的推崇,意境说成为中国古典美学的最高范畴。王国维认为"能写真景物,真感情者,谓之有境界,否则谓之无境界"。著名国画家李可染在《漫谈山水画》中也指出意境对山水画的意义,"画山水,最重要的是意境,意境是山水画的灵魂","什么是意境?我认为,意境就是景与情的结合,写景就是写情,山水画不是地理、自然环境的说明和解图,不用说,它当然要求包括自然地理的准确性,但更重要的还是表现人对自然的思想感情,见景生情,景与情要结合"。王国维这里所说的"境界"就是意境的意思。但意境即情景交融这种说法是值得商榷的,而且由于"境界"一词意义太宽泛,不利于意境论的现代转换,故学界基本上趋于使用"意境"这个概念,而不再混用"境界"这个范畴。

### 三、意境界定

意境就是情景交融、虚实相生,并能诱发和开拓出丰富审美想象空间的整体意象。

"从审美活动(审美感兴)的角度看,所谓'意境',就是超越具体的、有限的物象、事件、场景,进入无限的时间和空间,即所谓'胸罗宇宙,思接千古',从而对整个人生、历史、宇宙获得一种哲理性的感受和领悟。一方面超越有限的'象'('取之象外'、'象外之象'),另一方面'意'也就从对于某个具体事物、场景的感受上升为对于整个人生的感受。这种带有哲理性的人生感、历史感、宇宙感,就是'意境'的意蕴。我们前面说'意境'除了有'意象'的一般规定性之外,还有特殊的规定性。这种象外之象所蕴涵的人生感、历史感、宇宙感的意蕴,就是'意境'的特殊的规定性。因此,我们可以说,'意境'是'意象'中最富有形而上意味的一种类型。"[①]意境不是虚无缥缈的东西,没有艺术形象就没有意境,它必须以实境为载体,特定的形象是产生意境的母体,而没有情景交融的惨淡经营,就没有具有生动艺术情趣和气氛的艺术形象。没有超以象外的艺术效果,意境就不是深远的,它产生在道与象、心与物反复作用、反复融合的交叉点上,呈现出虚实相生、形神兼备、动静互补等特征。它是作者的表现对象和作者的心灵内涵浑然俱化所散发出的势之境、韵之境、味之境,是超越具体的有限物象、事件、场景,进入无限的时间和空间,从而对整个人生、历史、宇宙获得的一种哲理性的感受和领悟。

"意境"给人一种特殊的美感。康德曾经说过,有一种美的东西,人们接触到它的时候往往感到一种惆怅。意境就是如此。我们前面说过,意境的美感,实际上包含了一种人生感、历史感。正因为如此,它往往使人感到一种惆怅,忽忽若有所失,就像长久居留在外的旅客思念自己的家乡那样一种心境。这种美感,也就是尼采说的那种"形而上的慰藉"。我们前面说过,中国古代诗人喜欢登高远望,这样来引发自己对于人生的哲理性感悟。这种感悟带给诗人的就是一种惆怅。很多诗人谈到过他们的这种感受。例如,清代诗人沈德潜说:"余于登高时,每有今古茫茫之感。"南朝诗人何逊有两句诗:"青山不可上,一上一惆怅。"李白有两句诗:"试登高而望远,咸痛骨而伤心。"这些诗都说明,意境给人的美感往往表现为一种惆怅。唐宋词很多作品很有意境,如大家熟悉的名句"何处是归程,长亭更短亭"、"问君能有几多愁,恰似一江春水向东流"、"流光容易把人抛,红了樱桃,绿了芭

---

① 叶朗:《说意境》,《文艺研究》1998 年第 1 期。

蕉",我们读这些词,感到的也是一种惆怅,好像旅客思念家乡,茫然若失。这种惆怅也是一种诗意和美感。这种"美好而未曾实现"的美感蕴含着人生的丰富体验和深致感受。

在《荷塘月色》中,多种色彩、多种情调呈现着和谐的统一。荷塘、荷叶、荷花、月光、树、雾等这些物象,都紧紧扣住一个"淡"字,一种淡淡的哀愁弥漫在整篇散文中。蛙声、蝉声的反衬,酣眠与小睡的比喻,情景交融在这个"淡"字上,而这种集中烘托出来的"淡"的韵味,正好和作品的"偷来的片刻逍遥"的情态是丝丝入扣的。这篇散文的意境不是荷塘、月色和作者心境的简单相加,而是作者的心灵与这些自然景物反复作用、反复融合。它是超越荷塘、月色这些意象之外的,自然景物不再是单纯的客观之物,而是一些充满情感、灵性的有情物,从而让人感到丰富的想象与联想所产生的一种恬淡、安然、忽忽若有所失的美感,同时也反映出作者在精神上的诗意和美感,也带给人一种精神的愉悦和满足。在这种美感中,包含了作者对于整个人生的某种体验和感受,这就是《荷塘月色》的意境。

意境的体验需要我们调动生命中的许许多多去感去悟,需要我们心境的灵光一闪,如同如来拈花时,迦叶发出那会心的一笑,故意境在欣赏时不能像应用文那样让人一目了然,也不能像议论文那样言意统一。如张爱玲的《爱》:

> 这是真的。
>
> 有个村庄的小康之家的女孩子,生得美,有许多人来做媒,但都没有说成。
>
> 那年她不过十五六岁吧,是春天的晚上,她立在后门口,手扶着桃树。她记得她穿的是一件月白的衫子。对门住的年轻人同她见过面,可是从来没有打过招呼的,他走了过来,离得不远,站定了,轻轻地说了一声:"噢,你也在这里吗?"她没有说什么,他也没有再说什么,站了一会,各自走开了。
>
> 就这样就完了。
>
> 后来这女子被亲眷拐子卖到他乡外县去作妾,又几次三番地被转卖,经过无数的惊险的风波,老了的时候她还记得从前那一回事,常常说起,在那春天的晚上,在后门口的桃树下,那年轻人。
>
> 于千万人之中遇见你所遇见的人,于千万年之中,时间的无涯的荒野里,没有早一步,也没有晚一步,刚巧赶上了,那也没有别的话可说,惟有轻轻地问一声:"噢,你也在这里吗?"[①]

爱是什么?爱是力量,爱是关心,爱是宽容,爱是理解,爱是无私,爱是勇敢,爱是放手,爱是相濡以沫,是相偎相依,是同甘共苦……爱还可以是:"噢,你也在这里吗?"是春天的晚上,一棵桃树下,一次看似偶然的相遇和一句看似不经意的轻轻的问候:"噢,你也在这里吗?"它是那样的纯洁,那样的美好,但这就是爱情吗?生命中有很多偶然,而偶然往往带给我们许多美好的回忆。这女子一生遭遇着曲折的命运,也许没有尊严、没有人格、没有地位,更没有她作为女人的精神自由和对美满爱情生活的向往。沧海桑田,潮起潮落,到老了,她还"常常说起,那春天的晚上,后门口的桃树下,那年轻人"。那一刹那的邂

---

① 张爱玲:《爱》,载《流言》,北京十月文艺出版社 2021 年版。

逅,就是永恒的爱。这不禁让人感慨万千,也让人无限伤怀,更让人感动莫名:爱有很多无奈,爱也身不由己,但埋藏在心中的那颗爱的种子,即使天长地久,即使海枯石烂,也是永恒的,虽然生命慢慢消逝,它仍在一个又一个惆怅而恬静的回忆中鲜活存在着。爱超越了世界,超越了时空,超越了苍凉、悲哀。如果说直抒胸臆的散文是以情感抒写的直白真率、酣畅淋漓来感动人、吸引人,那么这篇散文则是以情韵悠长、涵蕴无穷感染着我们,没有直白、没有说教、没有议论,就像爱情本身一样,需要我们用心去体悟,爱既平静又伤感,却又充满温馨。

需要指出的是,在散文的实际创作和欣赏中,虽然意境就是情景交融、虚实相生的能诱发和开拓出丰富审美想象空间的整体意象,但是有些散文给读者的审美想象空间是比较缺乏的,所以并非所有的散文都要求有意境,特别是深远的意境。

## 四、意境的创造

### 1.要善于在平凡事物中发现美

散文的选材是十分广泛的,可以"一粒沙里见世界,半瓣花上说人情",一株草、一抔土、一块石,都可以成就一篇优美的散文。怎样把这些看似普通和平庸的事物写成一篇美文呢? 首先我们要具有一双慧眼,要善于从平凡中见出不平凡,发现美的因子。贾平凹在这方面就做得非常出色,如他的《丑石》。

门前一直卧着的那块丑石,人人嫌弃它,没有人能真正发现它的价值和美,但它却是一块极其珍贵的陨石。美是平凡的,但平凡中常常包含着我们普通人难以发现的美,正是由于"它那种不屈于误解、寂寞的生存的伟大",让我们重新认识它、发现它,正如天文学家说的:"丑到极处,便是美到极处。正因为它不是一般的顽石,当然不能去做墙,做台阶,不能去雕刻,捶布。它不是做这些玩意儿的,所以常常就遭到一般世俗的讥讽。"散文的意境最终上升到对某种人生境界的提升和感悟,独特的意境需要某种独到的眼光来鉴别。世间不是缺少美,而是缺少发现。

### 2.情景交融

意境凭借情景交融得以表达,意境赋予情景交融以内涵。散文意境是一种创造,是景、物、事、人与情、意、志、性的一种和谐融合。散文或寓情于景,或借景抒情,使作家深切的感受与生活现象或画面生动结合,使人仿佛身入其境,感同身受。情景交融的散文,景实而情虚,虚实结合,妙在虚实之间,景有限而情无限,有限与无限相统一,达到"状难写之景如在目前,含不尽之意见于言外"的功用,而"作者得于心,览者会于意",各自领略到创作与鉴赏带来的美感,从而创造出有丰富审美想象空间的意境。如冰心的《笑》:

> 雨声渐渐地住了,窗帘后隐隐的透进清光来。推开窗户一看,呀! 凉云散了,树叶上的残滴,映着月儿,好似萤光千点,闪闪烁烁的动着。——真没想到苦雨孤灯之后,会有这么一幅清美的图画!
>
> 凭窗站了一会儿,微微的觉得凉意侵入,转过身来。忽然眼花缭乱,屋子里别的东西,都隐在光云里;一片幽辉,只浸着墙上画中的安琪儿。——这白衣的

安琪儿,抱着花儿,扬着翅儿,向着我微微的笑。

"这笑容仿佛在那儿看见过似的,什么时候我曾……"我不知不觉的便坐在窗台下想——默默的想。

严闭的心幕,慢慢的拉开了,涌出五年前的一个印象。——一条很长的古道。驴脚下的泥,兀自滑滑的。田沟里的水,淳淳的流着。近村的绿树,都笼在湿烟里。弓儿似的新月,挂在树梢。一边走着,似乎道旁有一个孩子,抱着一堆灿白的东西。驴儿过去了,无意中回头一看。——他抱着花儿,赤着脚儿,向着我微微的笑。

"这笑容有仿佛是那儿看见过似的!"我仍是想——默默的想。

又现出一重心幕来,也慢慢的拉开了,涌出十年的一个印象。——茅檐下的雨水,一滴一滴的落到衣上来。土阶边的水泡儿,泛来泛去的乱转。门前的麦陇和葡萄架子,都濯得新黄嫩绿的,非常鲜丽。——一会儿好不容易雨晴了,连忙走下坡儿去。迎头儿看见月儿从海面上来了。猛记得有件东西忘下了,站住了,回过头来。这茅屋里的老妇人——她倚着门儿,抱着花儿,向我微微的笑。

这同样微妙的神情,好似游丝一般,飘飘漾漾的合了拢来,绾在一起。

这时心下光明澄静,如登仙界,如归故乡。眼前浮现的三个笑容,一时融化在爱的调和里,看不分明了。①

《笑》是冰心女士最早的散文成名作。沈从文对冰心作品有着这样的评论:"对人生小小的事情,一例俨然怀着母性似的温爱,从笔下流出时,虽式不一,细心的读者却可以得到同一印象,即作品中无不对于'人间'有个柔和的笑影。"文章描写了一个雨后月夜的美景,引出三幅微笑图景,从图中安琪儿的微笑联想起五年前古道边一个孩子的微笑,又联想起十年前在海边茅屋前一个老妇人的微笑。三幅笑影都有花相伴,淡雅、美丽而温柔,亲切而和善。作者通过这三幅笑影体会了人世间的美好,表达出作者对人生理想境界——"融化在爱的调和里"的追求,抒发了作者泛爱的思想感情。她在带给我们"爱"的感受的同时也把我们引进"美"的境界。她怀着爱心与对"美"的向往,创造出独具魅力的艺术境界。文章将如诗如画的客观之景与似水般的柔情自然和谐地交融在一起,从而创造了一个深邃优美的散文意境,给人以美的享受。

需要注意的是,情景交融,说到底不过是创造散文意境的一种手段与方式。而要创造出既优美又深切动人的意境,最终还得看整篇散文的立意。"情景交融,错综唯意","夫景以情合,情以景生,初不相离,惟意所适"。这都较明确地指出了在情景交融过程中,"意"所应有的统摄作用。所以,抒情写景,贵在立意,而立意愈高,散文的格调也就愈高,意境也就愈深远。

散文创造的意境,要空灵、蕴藉,要有艺术的留白,不能太直白、浅露,要力求叙事写景的含蓄,给读者以宽阔的想象空间。散文中所创造的画面,要尽量把读者引入一个由形象

---

① 冰心的《笑》,发表于1921年1月礼赞"爱的哲学"的作品,是"冰心体"散文的代表作,也是现代文学史第一篇引人注目的美文小品。

构成的广阔而奇妙的精神世界,让他们的思想乘着想象的翅膀在天空中自由地飞翔。切忌就事写事,拘泥于一事一物的抒写。如果就实写实,就容易把实写死了,体现不出虚的神韵来,成为一具没有灵魂而徒有虚表的躯壳。意境不应只是局限于某一景物或情事的美上,而是要给人以想象和联想,引导读者的精神飞向更广阔的自由天空。

# 第四节　当代意识

在新时期的散文创作中,涌现出了许多优秀的散文家,他们创作出了许多经典的散文,如巴金的《随想录》、杨绛的《干校六记》、史铁生的《我与地坛》、余秋雨的《道士塔》、张承志的《清洁的精神》等。他们以开阔的视野和较大的容量来反映人生,关注社会、时代、历史,实现了"大散文"的理论主张。散文题材得以大胆开拓,散文不只是抒情的、小我的,也可以思索国家的命运,展示社会的生活,体现时代的脉搏,可以写历史文化等这些重大题材。但不可否认的是,当代散文的创作还存在着许多的问题,许多散文作家醉心于风花雪月,热衷于身边的琐事,诉说一些无聊的见闻,写一些"甜而无力,媚而无骨"的题材,脱离大众、脱离社会。他们缺乏一种当代精神,不能在时代的洪流中去正面描写诸如民族的命运、社会的变革、新时代的风貌等题材,更不能站在人类历史和人类文明发展的高度来思考社会、人生、人与自然的关系等一些时代的精神。正如著名作家冯牧所批评的那样:"我不喜欢一些青年作家特别是一些女散文家的所谓'心灵探险式'的散文。杯水波澜,针眼窥天,无病呻吟。这些,应该说文字也美,书也印得漂亮,但多少带有悲观、颓废,不关心现实只关心自己的情趣。"①散文的题材固然可以是海阔天空的,散文也完全是个性的文学,但文学是社会的产物,文学也必须为社会服务才有价值,才会有广阔的发展前景,散文也是如此。散文创作应当有一种当代意识,以正确的世界观和方法去观察、思考和反映当代生活,散文作者要有一种主体意识、社会意识和忧患意识。正如中国社会科学院林非教授说的:"作家在散文创作中,更为重要的是对于思想境界的追求,必须脱离和摒弃低俗的杂念,时刻都关怀着自己民族的命运,和整个人类如何摆脱种种苦难与灾祸的生存状态。"散文确实应该"时刻关注自己民族的命运和人类生存的状态"。

## 一、主体意识

散文是一种主体性文学文体,是人类精神与心灵秘密最自由的显现方式,散文作家应该都有独立的主体意识。"主体意识,就是创作主体在当代社会历史条件下具有的一种主观精神状态,它是创作主体对自己个性、能动创造性、心理结构开放性和思维方式变异性的肯定。"②散文是一种"自我"、"个性"的文学,散文也是一种"真"的艺术,散文作家在创作时只有侧重于主体独立人格精神境界的开掘和艺术思维的自觉,才能在自由的精神状态下进入最佳创作状态,创作出具有鲜明个性色彩的文章来,才能突出自我。所以,主体

---

① 冯牧:《散文创作需要精品》,《光明日报》1995 年 2 月 28 日。
② 李孝华:《中国当代散文艺术论稿》,时代文艺出版社 2001 年版,第 61 页。

意识包含着个体意识。自我价值的肯定,一方面是社会对个人的尊重和满足,另一方面是个人对社会的责任和贡献。有的作家认为作家的主体意识是他的社会责任感的思想基础和精神支柱,这样作家就会在散文中自觉地关注和反映社会现实,在社会中实现人的自我价值,给散文带来更强的深度和力度。

独特的思维方式也是主体意识的一个重要方面。散文要创新,就必须打破各种条条框框的束缚,突破陈旧的"物——人——理"(景——事——理)的"三段式"或"因果式"的思维方式,形成全面的、多方位的、多角度的思维方式,把单一的直线型思维方式转变为多维的发散型思维方式,化静态的思维方式为一种运动的、调整性的、不断选择优化的动态思维方式,从已知到未知的常规思维中进行反向思维,运用倒置、放大、缩小、比较、移植等求异、非常规思维,对写作对象进行独特的创新处理,创作出崭新的、充满主体意识的散文来。张承志希望"明天我有新的、再生般的姿态和形式"①,专注于散文叙述方式、话语转换、形式创造的创新,展示独特的生命体验、人格精神、审美情趣、风物关怀,从而表现出主体对心灵世界的重构,体现出匠心独具的思维方式。

## 二、社会意识

人是社会的动物,文学是社会生活的反映。社会意识是社会生活的精神方面,包括人们对一切社会生活过程和条件的观念反映。散文作家不能脱离社会而存在,散文创作也不应该纯粹地去描写作者个体的情感体验和生活感悟。脱离大众、游离于社会时代、脱离了社会时代的创作将是无根的浮萍,人的生活、思想、审美情趣等都与当下的社会时代存在着不可分割的联系。每个人在这个社会中都扮演着各种角色,承担着相应的责任与义务,散文家当代意识的一项重要使命就是表现我们的社会责任,其作品也必须体现出社会关怀和文化担当,从而使散文拥有它必需的丰厚的精神内涵。山西文学评论家陈树义指出:"在经历了上世纪 80 年代'回到文学自身'的探索,在喧嚣浮躁的大众写作之后,当文学体验着'不可承受之轻'时,重新呼唤文学的社会担当和艺术坚守,不仅有着迫切的现实意义,而且也有着更加长远的历史意义。"②散文应该有它的社会担当,散文也因社会意识而更厚重。

## 三、忧患意识

忧患意识是指一个人内心关注超越自身的利害、荣辱、成败,将社会、国家、人民的前途命运萦系于心,对社会、国家、人民可能遭遇到的困境和危难抱有警惕并由此激发出奋斗图强、战胜困境的决心和勇气。忧患意识不是狭隘的个人得失,也不是沉醉于个人小天地的自我哀怜,而是超越小我上升到对国家、民族、社会大我的关注,"先天下之忧而忧,后天下之乐而乐"。忧患意识是中华民族自古以来的优秀传统,它代表一种高尚人格,体现的是一种社会责任感和历史使命感。忧患意识也体现了一种居安思危的高超智慧。中国历史上的散文名篇大多表现出散文家对民族和国家命运的忧患意识。

---

① 　张承志:《荒芜英雄路》,中信出版社 2008 年版,后记第 1 页。
② 　陈树义:《文学应有社会担当》,《人民日报》2009 年 8 月 4 日。

余秋雨的文化散文往往通过对自然山水及人文风物中的文化意蕴的挖掘,探索中国古代文人的文化人格和文化良知,感悟中国文人忧国忧民、匡时济世的思想情怀,表现出一种强烈的忧患意识。《道士塔》描写的是中国伟大的文明——敦煌文明的失落,由于"王道士们"的无知、外敌的入侵、民族的劫难,中国的文明与文化在一瞬间轰然倒塌,一位满怀爱国情怀的知识分子在时代面前痛苦地呻吟着。民族的悲剧是"一个古老民族的伤口在滴血",当走进被破坏的洞窟时,想到"唐代的笑容,宋代的衣冠"已永远离我们而去,"今天我走进这几个洞窟,对着惨白的墙壁、惨白的怪像,脑中也是一片惨白"。余秋雨把华夏文明与民族情感融为一体,体现出强烈的爱国主义和忧患意识,对社会、对民族、对文化提出自己的思索。

"铁肩担道义,妙手著文章。"散文作家应以一种强烈的社会责任感和历史使命感,关注时代大潮、生活激流,聆听人民的呼声,对历史与现实不断进行深沉的思索。"作家是人类灵魂的工程师。好作品能够帮助人,鼓舞人前进,激发人们身上美好的东西。"[①]这就是说,文学作品必须具有振奋人心、激人向上的"力之美"。好作品就是榜样,就是力量。作为思想家的散文作者必须承担起相应的社会责任,应满腔热情地去歌颂美,义愤填膺地去谴责丑,为提高整个民族的精神境界和文化艺术素养奉献自己的力量。


# 【延伸阅读】

1. 陈柱:《中国散文史》,江苏文艺出版社 2008 年版。

2. 刘衍:《中国古代散文史》,高等教育出版社 2004 年版。

3. 郭预衡:《中国散文史》,上海古籍出版社 2011 年版。

4. 张振金:《中国当代散文史》,百花文艺出版社 2012 年版。

5. 石英:《怎样写好散文》,人民日报出版社 1988 年版。

6. 李孝华:《中国当代散文艺术论稿》,时代文艺出版社 2001 年版。

7. 叶朗:《中国美学史大纲》,上海人民出版社 2005 年版。

8. 周振甫:《文心雕龙今译》,中华书局 1986 年版。

9. 罗宾·乔治·科林伍德:《艺术原理》,王至元、陈华中译,中国社会科学出版社 1985 年版。

10. 陈剑晖:《诗性想象:百年散文理论体系与文化话语建构》,广东人民出版社 2014 年版。


# 【思考与练习】

## 一、与当代优秀散文家"过招"

1. 刘亮程说:"当这个世界再没有驴这样的动物时,它就变成了一个纯粹人的世界,只

---

① 巴金:《祝贺与希望》,载中国社会科学院文学研究会编辑委员会编《中国文学研究所年鉴 1983》,中国文艺联合出版公司 1984 年版,第 327 页。

有人在看人,只有人在听人说话,只有人在孤独地相互看见、相互爱、相互恨、相互遗忘、相互记住。这样的人世是多么的荒谬,甚至没有一头驴去见证他。"把读过这段话的心理感受写下来。

2.仿写徐则臣的下面这篇散文。

## 母亲的牙齿

小时候我总担心母亲丢了,或者被人冒名顶替。每次母亲出门前我都盯着她牙上的一个小黑点看,看仔细了,要是母亲走丢了,或者谁变了花样来冒充她,我就找这个小黑点,找到小黑点就找到了母亲,找不到她就不是我母亲。那小黑点是两颗牙齿之间极小的洞,笑的时候会露出来。我们生活在一个村庄里,念高中之前,除了偶尔走亲戚,我的活动范围只在方圆五公里以内。五公里处是镇上,我常跟爷爷去赶集。世界对我来说就这么大,所以世界外面的世界对我来说就很大,大到我不知道有多大,大到想起来我就两眼一抹黑,心生恐惧,大到每次母亲出门我都担心她会在无穷大的世界里走丢了。

母亲每年要去一两次外婆家。外婆离我家也就四五十公里,但因为跨了省,让我倍觉遥远;即使不跨省,四五十公里也不是个小数目,走丢个人不成问题。所以我担心。母亲出门前我就盯着她牙上的小黑点看,努力记忆到最完整全面,一旦该回来时母亲没回来,我就到世界上去找她;如果回来的是另外一个人,就算她长得和母亲像极,我也要看她牙上的小黑点在不在。

过年前母亲也常出门,卖对联。很长时间里我家都不太宽裕,为补贴家用,爷爷每年秋后就开始写对联,积攒到春节前让母亲带到集市上去卖,换个年前年后的零花钱。我爷爷私塾出身,教过很多年书,写一手好字,长久不用也怕荒废,所以秋后闲下来,买红纸调焦墨,一门门对联开始写。十里八乡集市很多,年前的十来天里,每天母亲都得往外跑。年集总是非常拥挤,去晚了占不到好地势;天亮得又迟,早上母亲骑自行车出门时天都是黑的,冷飕飕的星星和月亮在头顶上。我不必起那么早,但如果我醒了,我都要在被窝里伸出脑袋看母亲的牙,那个小黑点。到晚上,天黑得也早,暮色一上来我就开始紧张,一遍遍朝巷口望。如果比正常回来时间迟,我和姐姐就一直往村西头的大路上走,母亲都是从那条路上回来。迎到了,即使在晚上我也看得清那是母亲,不过我还是要装作不经意,用手电筒照一下她的牙,我要确保那个小黑点在。

很多年后我常想起那个小黑点,我对它的信任竟如此确凿和莫名其妙。那时候,我不会告诉任何人,担心说破了,小黑点也可以被伪造;我确信只有我一个人注意到它,它是证明一个人是母亲的最可靠、最隐秘的证据。我的确从来没有告诉过别人。

后来我年既长,事情完全调了个个儿,总在出门的是我,念书、工作、出差,到地球的另外一些地方去,而母亲却是常年待在了家里,小黑点陪着她也常年待在家里。她不必再卖对联,去外婆家可以搭车,去和回都可以遵循严格的时间表,不必再经受安全和未知的考验——我离我的村庄越来越远,进入世界越来越深;

我明白一个人的消失和被篡改与替换,不会那么偶然与轻易,甚至持此念头都十分可笑;但是每次回家和出门,我依然都要盯着那个黑点看一看,然后头脑里闪过小时候的那个念头:这的确是母亲。成了习惯。

与此同时,母亲开始担心我在外面的安全和生活。我在哪里读书、工作和出差,她就开始关注哪里的天气和新闻,一有风吹草动就给我打电话,最近如何如何,要当心。在国外也是。那些这辈子她都不会去的国家,那些此前半生她都没听说过的城市,母亲都尽力在电视上搜索它们的消息,只要见到一个和她儿子此行有关的信息,眼睛和耳朵就会立马警醒起来。过去,电视里所有絮絮叨叨的新闻节目她都要跳过去,现在养成了看新闻和天气预报的习惯;我在国内她就关注国内,我在国外她就关注国外。我现在美国中部的一个小城市待几天,她连白宫的新闻也顺带关心上了。我不知道她是否像我小时候那样,需要牙齿上的小黑点来确认一个人的身份,不过可以肯定的是,母亲总是比儿子担心母亲更担心儿子;我同样可以肯定,在母亲的后半生里,我和姐姐将会占满她几乎全部的思绪。

我长大,那个小黑点也跟着长,我念大学时黑点已经蔓延了母亲的半颗牙齿,中间部分空了,成了龋齿。我不再需要通过一颗牙齿来确认自己的母亲,我只是总看到它,每次回家都发现它好像长大了一点儿。我跟母亲说,要不拔掉它换一颗。母亲不换:"不耽误吃不耽误喝,换它干吗?"乡村世界里的一切事情似乎都可以将就,母亲秉持这个通用的生活观;我似乎也是,至少回到乡村时,我觉得一切都可以不必太较真,过得去就行。于是每年看到黑点在长大,一年一年看到也就看到了,如此而已。

前两年某一天回家,突然发现母亲变了,我在母亲牙上看来看去:黑点不在了,换成了一颗完好无损的牙齿。母亲说,那颗牙从黑洞处断掉,实在没法再用,找牙医拔了后补了新的。黑点不在,隐秘的证据就不在了,不过能换颗新的究竟是好事。只是牙医技术欠佳,牙齿的大小和镶嵌的位置与其他牙齿不那么和谐,在众多牙齿里它比黑点还醒目。我说,找个好牙医换颗更好的吧,母亲还是那句话:"这样挺好,不耽误吃不耽误喝,换它干吗?"能将就的她依然要将就。别的可以凑合,但这颗牙齿我不打算让母亲凑合。它的确不合适。我在想,哪一天在家待的时间足够长,我带母亲去医院,既然黑点不在了,就应该由一颗和黑点一样完美的牙齿来代替它。

## 二、沉浸式随堂逸笔

1. 花开的声音
2. 不被注意的藏书架
3. 简单的生活
4. 在摇曳的灯光下
5. 带一本书,去旅行

拓展资料

# 第九章　诗歌写作

## 第一节　诗歌概述

### 一、诗乃精神之树

诗歌是智慧和灵感凝结而成的水晶，是一座精致的语言宫殿，或大或小，读者都能从中读到一种诗意的飞翔与心性通脱的诗的思维乐趣。

清代诗评家吴乔谈诗与文之别耐人寻味："意喻之米，文喻之炊而为饭，诗喻之酿而为酒。饭不变米形，酒形质尽变。"以酒喻诗，可谓得诗之三昧。"文为人事之实用"，"诗为人事之虚用"①，道出了文的实用价值与诗的审美价值。文如饭诗如酒，"啖饭则饱，饮酒则醉"，"饭"重在充饥，"酒"则重在醉心。饭充饥果腹，饭善饱而诗善醉，诗质馥郁的好诗必须像美酒能使读者如饮醇醪。英国诗人雪莱说"诗使它触及的一切变形"。诗歌为何变形？盖因情感之水融注，想象之翼腾飞。

无独有偶，法国象征派大师瓦雷里曾说"散文是走路，诗是跳舞"，与吴乔"文"饭"诗"酒之说异曲同工。

余光中说得更形象：诗和散文，同为表情达意的文体，但诗凭借想象，较具感情的价值，散文较具实用的功能。"诗为专任，心无旁骛。散文乃兼差，不但要做公文、新闻、书信、广告等等杂务的工具，还要用来叙事、说理、抒情。诗像是情人，可以专门谈情。散文像是妻子，当然也可以谈情说爱，但是家务太重太杂了，实在难以分身，而且距离也太近了，不够刺激。于是有人说：散文乃走路，诗乃跳舞；散文乃喝水，诗乃饮酒；散文乃说话，诗乃唱歌。……散文是一切文体之根；小说、戏剧、批评，甚至哲学、历史，等等，都脱离不了散文。诗是一切文体之花……"②

作为一种分行排列的抒情性文学品类，诗歌以真实的感情体验为先导，通过精粹的语言，优美的声韵，比、兴等表现手法，凝练地反映生活，咏叹人生，抒发强烈的思想感情。

如果说科学是理性的，文学是感性的，那么诗是一种灵性的体现，是诗人倾注自己的

---

① 吴乔：《围炉诗话·答万季野诗问》，载丁福保辑《清诗话》（上册），上海古籍出版社1978年版，第27页。

② 余光中：《缪斯的左右手》，载《连环妙计》，上海文艺出版社1999年版，第335页。

生命以生成性语言创造出来的与生命同构的美。因此诗歌具有精神上的生命特征。

对诗歌这个生命体,白居易作了精辟的论断:诗者,根情、苗言、华声、实义(《答元九书》)。诗是诗人发自内心的呼喊。他把诗歌喻为植物,以情为根芽,没有感情体验就无所依托,无法生长,说明真情的前提性;以语言为苗木,没有苗木作为载体,根芽就无以繁衍,说明语言的重要性;以声韵为花朵,植物的外在美以花为最,而且要结果必先开花,说明声韵的关键性;以思想为果实,植物最终要结果才有意义,它体现诗歌创作的最终目的性。

这四要素中,情是基础,义是目的;言是手段,声是美饰;前者为内容,后者为形式。

李广田曾以妙喻比较了诗、小说、散文三者的异同:"诗必须圆,小说必须严,而散文则比较散。若用比喻来说,那就是:诗必须像一颗珍珠那么圆满,那么完整。它以光泽为其生命,然而它的光泽却是含蓄的、深厚的,这正因为它像一颗珍珠,是久经岁月,经过无数次凝炼与磨洗而形成的。小说就像一座建筑,无论大小,它必须结构严密,配合紧凑,它可能有千门万户、深宅大院,其中又有无数人事陈设,然而一切都收敛在这个建筑之内,就连一所花园,一条小径,都必须有来处,有去处,有条不紊,秩序井然。至于散文,我以为它很像一条河流,它顺了壑谷,避了丘陵,凡可以流处它都流到,而流来流去却还是归入大海,就像一个人随意散步一样,散步完了,于是回到家里去。"①什么是诗?艾青的《诗人论》以诗的语言进行了回答:诗歌"给思想以翅膀,给情感以衣裳,给声音以彩色,给颜色以声音,使流逝幻变者凝形"②。

## 二、诗之前世今生

诗歌是文化的先河。最早的诗都可以唱,诗歌与音乐、舞蹈是合为一体的。

诗歌是一种古老而又富有生命力的文学体裁。中国是诗的国度,漫长的古代文学史主要是诗歌史,有《诗经》《楚辞》的双峰巍峨,更有唐诗宋词的灿烂和元曲的辉煌。进入20世纪,现代新诗成为文学写作的主要文体,迎来一个小高峰。诗歌写作进入一个全新的时代。

1.旧诗

古典诗歌洋洋大观,品类不一而足。

(1)按音律分,可分为诗、词(又称诗余、长短句)、曲(又称词余)。狭义的诗包括古体诗和近体诗两类。

古体诗包括古诗(唐以前的诗歌)、楚辞体、乐府诗、歌行体。古体诗不讲对仗,押韵较自由。近体诗又称今体诗,是唐代形成的一种格律体诗,包括绝句和律诗。律诗格律极严,篇有定句(除排律外),句有定字,韵有定位,字有定声(平仄声调),联有定对(律诗中间两联必须对仗)。

(2)按内容分,可分为送别诗、边塞诗、山水田园诗、游仙诗、怀古诗(咏史诗)、行旅诗及闺怨诗、爱情诗、悼亡诗、咏物诗、哲理诗、讽谕诗等。

---

①　李广田:《谈散文》,载佘树森《现代作家谈散文》,百花文艺出版社 1986 年版,第 328 页。

②　艾青:《诗人论》,载《艾青论创作》,上海文艺出版社 1985 年版,第 434 页。

2. 新诗

新诗又称白话诗、现代诗、现代汉诗,是"五四"新文化运动的产物,是在对旧诗的解构中建构起来的。新诗只发展了百年时间,还很年轻。新诗根据不同的标准可划分为不同种类。

按作品内容的表达方式可分为抒情诗和叙事诗。抒情诗具体又可分为政治抒情诗、生活抒情诗、哲理诗、朦胧诗等。叙事诗按取材的特点及容量的大小可分为小叙事诗和长篇叙事诗。

按作品语言的音韵格律和结构形式可分为新格律诗、自由诗、楼梯诗、民歌和散文诗。

中国新诗从一开始就表现了对于人的命运、人民命运和民族命运的关注,并在创作主体的个性、自我意识和描写对象社会化的广度和深度上,都得到了从未有过的加强;中国新诗不断接受外来影响并将之融于自己的民族风格中,在语言铸造和诗艺运营上愈来愈与外国诗歌趋同,逐渐呈现其世界性色彩;中国新诗在民歌和前代诗歌基础上,吸取其他民族的新因素而生发创造,但它的根却深深扎在中国社会现实生活的土壤中。

在写作教学中,诗歌写作的内容侧重于新诗而不是旧诗,但我们决不能漠视优秀的诗歌传统。相反,用现代汉语写作的新诗要善于吸纳优秀的古典诗歌的营养以强健自身。在此基点上,我们的诗歌写作应打破古今中外的界限,广泛阅读借鉴,丰富写作者的文化内涵,使诗歌真正获取现代的、文化的活力。

诗歌是中华艺术宝库里的一道绚丽色彩。它如春天原野上的百花,散发着馥郁的芳香;它如夏日穹空里的繁星,闪烁着夺目的光芒。诗歌寄寓着人类共有的情感,古今中外的优秀诗作滋养和感染着一代代人。

### 三、诗言志与诗缘情

艺术与冷漠是不相容的。强烈的情感是艺术的基本特点之一。诗歌是主情的文种,诗当抒情言志。

诗言志说最早见于《尚书》:"诗言志,歌永言,声依永,律和声。"朱自清称其为中国历代诗论"开山的纲领"[①]。主"言志说"者,同时也很强调情感对于诗歌创作的重要性。

《诗·大序》说:"诗者,志之所之也,在心为志,发言为诗。情动于中而形于言……"高贵的灵魂总是敏感而炙热的,他们胸中所感,郁郁勃发,不能自已,于是发而为诗。

晋代陆机的《文赋》指出:"诗缘情而绮靡。"在强调"缘情"的同时,又强调语言修辞的"绮靡"。南北朝时刘勰的《文心雕龙》以情论文,对言情说作出了很大的贡献,认为"情以物迁,辞以情发",即情感是作家创作的前提,且把情感提高到"情者文之经"的地位。他将"情"、"志"并提,直至合成"情志"一词。唐代孔颖达在《左传正义》中更明确地说:"在己为情,情动为志,情、志一也。"在他看来,"言志"即"缘情"。

简言之,志与情互相渗透,即指思想感情。仅有强烈的感情,但对生活缺乏独特的见识和崇高的思想境界,也未必能写出好诗。反之,仅有空洞思想而无深情涌动,也与好诗

---

① 　朱自清:《〈诗言志辨〉序》,载《朱自清全集》(6),江苏教育出版社1990年版,第130页。

无缘。只有用激情熔铸起来的形象才具有真正的审美价值，只有饱含着激情的思想才能产生巨大的感染力。好诗是诗情、画意、哲理的交融。不过，诗情不宜过于直露，鲁迅说得好："我以为感情正烈的时候，不宜做诗，否则锋芒太露，能将'诗美'杀掉。"①只有经过沉淀和过滤的情感，才能构筑优美的诗意。

写诗，除了以情感为根基外，还与作者的思想境界有关。作者的情操关系到作品格调的高低。思想的高下、襟怀的宽窄决定着诗歌的价值。一个诗人能否写出好诗，关键在于有没有把生命的感觉体现出来，能否体现出丰沛的精神力。20世纪初，美国病理学家在实验中惊奇地发现：每个人在刚死的时候体重会突然丢失21克，有人据此认为灵魂的重量是21克。如果我们不是从神学的角度探讨灵魂，而是将灵魂比作精神理念的话，那么，写作者的灵魂应更重一点，他应有更多的责任感和济世情怀，有一种文化担当和社会担当。是诗人，就该拥有一颗博大而悲悯的心灵，在语词的躯壳里安放灵魂。

### 四、诗之光亮

孩子是天生的诗人，青少年是诗歌创作的生力军。不妨说，诗歌是文学青年的青春分泌物。20世纪80年代，人们刚从文化的荒漠走出，众多的文学爱好者应运而生，彼时诗歌大受年轻人的追捧，尤其是在大学校园中。而当下，诗歌已沦为被严重忽视的文学样式，诗人甚至整个文学都被边缘化了。诗是文化重要一环，是文字的长生不老丹、语言的防腐剂，故诗人一向都充任文化英雄角色；才气横溢的创作、千锤百炼的佳篇，对任何民族都是最光辉的精神财富。一个民族如果没有诗，其心灵必然是干枯的，面貌必然是黯淡的，语言必然是粗糙的。"真正优秀的诗句，总是像一道闪电，当它闪耀时，万物被骤然照亮，呈现为一种彻底的澄明清澈。天空和大地的阻隔瞬间化作乌有。"②借助它的光亮，你能够观察到事物最细腻的纹理，一切阴翳都被驱逐殆尽。事物在一瞬间彻底袒露自己。

生活是诗歌之源，而思想则是诗歌之魂。优秀的诗人有着智慧的头脑、敏锐的感官，深刻的思想和澎湃的热情。诗人最重要的是捕捉意象的能力和对语言的调控力。

只要你有一颗敏感的诗心、一双敏锐的诗眼，诗意就会像美丽的阳光，洒满我们身边的每一个角落。

## 第二节　诗歌意象

### 一、意象乃诗之基因

"意象"一词源于刘勰的《文心雕龙》，至唐代司空图《二十四诗品》的"意象欲出，造化已奇"，才正式视"意象"为美学概念。讲究意象，向为中国古典诗歌的优良传统，意象经营

① 鲁迅：《两地书》，载《鲁迅全集》11卷，人民文学出版社1981年版，第97页。
② 彭程：《诗歌：抵达事物核心最近的路途》，《诗刊》2005年第11期。

是诗的最重要、最基本的技巧。在西方,正式提出"意象"的是英美以庞德为首的"意象派"。他们服膺中国唐诗的意象之妙,在 20 世纪初期打出了"意象派"的大旗。

余光中的《论意象》尝言:"意象(imagery)是构成诗歌艺术的最基本条件之一,我们很难想象一首没有意象的诗,正如我们很难想象一首没有节奏的诗一样。"①作为诗歌最基本的元件,意象是意境构成的必具元素和诗歌语言的基本单位,是诗人进行感觉和思考的基因,也是诗才的试金石。

美国诗人庞德称意象"表现的是一刹那时间里理智与情感的复合"②。艾青认为"意象是具体化了的感觉"③。台湾名诗人郑愁予说:"大凡一首诗的完成,通常是由两个有机体组合而成,一是诗人的自然经验,一是诗人的人文构思。所谓自然经验即我们所经历、观察、记忆的现象界。而人文构思即诗人对人生的看法。前者是感性的所在,而后者则属于知性部分。……诗的抒情力量,就是人文构思和自然经验的结合。也就是我们所强调的意象。"④据此可知,诗人对于眼前的景物产生美感经验,透过美感经验的体悟后,将人生理想加以呈现,便是诗的意象。

所谓意象,其"意"指作者的主观情志、意趣,"象"指客观物象,"意象"则是主观情志作用于客观物象,并且在融合中转化生成为具有特定情感内容的艺术形象,即表意之象。换言之,意象是客观物象经诗人重组、浸染后的变形具象,以可感性语词作语言外壳的主客观复合体,具有感性与理性双重内容。所以它是诗人的主观之意和生活客观之境的融合,凝聚了作者的审美创造,是审美主体对审美客体能动性反映的产物。只有把诗人独有的情感意绪融于形象,才能铸造出诗人的专属意象。

诗歌最注重用意象表现作者的审美创造。诗歌用意象反映社会生活有两种审美类型。一是以心写物的意象。它直接来自作者生活体验的感官性印象,侧重于情景交融地抒写,是对客观事物情感化的审美概括。如李瑛的《红高粱》:"一粒粒血的种子 / 殷实而精壮 / 据说,在长城以北 / 猛烈的风雨和炎阳 / 使它们总是攥着拳头生长……"作品中的意象与客观世界的物象似乎接近,但是以心写物,物已随情转,读者通过对诗句的品味,可以感悟到其中蕴含的情感内容。二是缘心造物的意象。它是根据情志抒写的需要,在昔日沉淀的零星感官印象上和心理原生图式上展开艺术想象的审美再创造。它似乎不合"事"理,与客观物象差距极大,但合"情"理,是对生活本质的高度艺术概括。古人谓"无理而妙"。所谓"无理",指违反生活逻辑和思维逻辑的、反常的。而"妙",即指诗味与诗美。

诗歌用表现性意象反映社会生活,与其他文学样式用再现性形象反映社会生活的最基本的区别,就在于审美视点的关注方式不同。散文、小说一般用审美外视点反映作者所体验的社会生活,艺术形象的刻画均受客观世界事物的自然属性和社会属性的制约。而诗歌以审美内视点反映作者情感化了的社会生活,作者的情感世界既是审美的中介,又是审美的对象,意象刻画具有强烈的主观色彩,在情感真实的基础上可以突破事物属性的客

① 余光中:《论意象》,载《余光中集》(第八卷),百花文艺出版社 2003 年版,第 354 页。

② 彼得·琼斯编:《意象派诗选》,裘小龙译,漓江出版社 1987 年版,第 152 页。

③ 艾青:《意象、象征、联想、想象及其它》,载《艾青论创作》,上海文艺出版社 1985 年版,第 404 页。

④ 郑愁予:《台湾诗人在诗中的自我位置(上)》,《现代诗》1990 年 6 月复刊第 15 期。

观规定性。因此,以心写物与缘心造物的意象刻画,不仅不能视为生活的失真,反而应当理解为对生活本质的深刻揭示与艺术创造。

## 二、意象组合生成诗

诗的基本构件是意象。作为诗歌最小的结构单元,作为主观情意和外在物象相融合的心象,意象的捕捉、孕育和呈现过程即一首诗生成的过程。而艺术地组合与叠加多个意象并激活意象,则需要技巧。意象组合有很多方式,意象可串联、叠加、转换、示现乃至脱节。

(1)意象串联。从纵的联系上,围绕歌咏对象与题旨指向,将时空不同的意象作纵向的组合,如杜甫的《咏怀古迹·明妃村》。

(2)意象叠加。从横的联系上,将许多时空不同的意象,特别是空间意象并置,构成一个有机的艺术整体,诗人不加议论,不作外加的说明,而让读者自己去领会意象之内的意蕴,如柳宗元的《江雪》、李白的《静夜思》、洛夫的长诗《湖南大雪——赠长沙李元洛》。

(3)意象示现。以想象为基础的示现辞格是历代骚人墨客喜用的手法。它用回忆、预想、悬想的方法,把过去的、未来的或者此时异地发生的事挪移至目前,将之生动地显现出来。诗人神与物游,思接千载,视通万里,凭借时空双重的超越能力,转换时空场景,以"记梦"和"悬想"等形式把实际上不见不闻的事物写得历历在目、神形毕肖,给读者以现场效果。如苏轼"遥想公瑾当年……"以追述手法,李商隐"何当共剪西窗烛,却话巴山夜雨时"以预言、追述混合手法,再现往昔或将来的场景、情境,具有极强的画面感和情绪震撼力。

再如周鸣的《如果……》以一种特异的视角观照爱情:"如果数百年后 / 有人在黑夜里 / 看见一束狼眼似的鬼火 / 在旷野窸窸窣窣地移动 / 世界啊 / 请不要因此而惊慌 // 那是我复活的灵魂 / 在思念中着火 / 被风吹成一盏盏灯笼 / 在我曾经爱过的地方 / 寻找另一具相知的白骨。"诗人一反常规,不从正面抒写相知相爱之人如何共浴爱河,海枯石烂、地老天荒不变心,而是从死后数百年的坟地上空四处飘移的磷火着笔,演绎惊心动魄的爱情童话。这一束"狼眼似的鬼火",是饱受相思煎熬的灵魂,是思念中着火的灯笼,正在苦寻曾在人间厮守终生的另一半。末句堪称神来之笔。爱深若此,情浓若此,执着若此,夫复何言!既然于地下尚执着追寻爱人,那生前的痴情爱恋也就不言而喻了。此谓不写之写,于空白处衍生意义。谁不为上天入地的痴心感动?谁不为真爱的魅力打动?前世的缘、今生的爱、来生的情,从诗里我们读出了某种哲学意味,也明白了痴情者的爱情逻辑。全诗11行,以第一人称的口吻悬拟数百年后的情境,祈求世界不要因此而惊慌。在我们的阅读经验里,爱情诗中这样带几分鬼气的描写是非常另类的。此诗想象大胆,场景奇崛,设情有宅,置言有位,实属难得一见的佳作。

(4)意象脱节。根据汉字的象形和一字一意的特点,在诗句的组织构造上,努力省略虚词,而只让实词特别是名词组合在一起构成诗的意象,语不接而意接。意象脱节能增强诗的意象密度和诗句力度,同时,因为意象与意象之间省略了关联成分,语虽不接而意蕴若断若续,扩大了读者的想象空间,如温庭筠的"鸡声茅店月,人迹板桥霜"(《商山早行》)、李白的"惊沙乱海日""荒城空大漠"(《古风》)。

古代的诗歌大多是田园式的纯自然意象,而当代诗歌多为斑斓多彩的意象世界。诗人以五官开放的通感艺术打破意象的凝滞和程序化,予人以新奇的瞬间,把一己的强烈情感以及时代精神、内心感受和人生的探索意识融入意象,使意象带有多变性和跳跃性,同时又具有丰富性和新鲜感。

### 三、意象运用技巧

意象运用即诗人凭借某种操作技能,将他在生活中获得的体验转化为物化形态的具体意象组合。换言之,作为具体意象组合的诗歌,它所涵盖的情感心态以及那具有生命意味的艺术形式,都是由技巧催生和物化的。所以,艺术技巧既是传达内容的手段,又具有催生和创造艺术形式的能力。应当说,技巧是在内容与形式互相转化的过程中,融会契合两者成为有机整体的特殊技能。

写诗要善于捕捉新颖独特的意象,创构意象,将内心体验意象化,将内心意象词语化。如《山村春色》:"梨　穿戴一身银饰 / 迫不及待地 / 闪亮登场 / 风姿绰约　楚楚动人 / ……"王青木的《杜鹃花》:"漫天的红霞在山坡上燃烧 / 南方的山们已经是一群红鬃毛的烈马了 // 多么煽情的花朵　开在春天的心脏 / 如同内心的一次日出那么彤红 // 无边的红色　无边的天火 / 将美将春天的消息　暴露无遗 // ……"强烈的画面感美得令人震撼。"漫天红霞"、"燃烧"、"一群红鬃毛的烈马"、"日出彤红"、"无边天火",形象的比喻,贴切的意象,宏大的画面,营造出一种生机盎然的意境。

优秀的诗人意象创构能力强,注重意象的选择和营造,都有专属于自己的意象。意象凝聚着诗人对生活的独特感受、观察与认识,凝聚着诗人独特的思想与感情。譬如,艾青诗歌的中心意象是土地、波浪和太阳三要素。"土地"的意象里,凝聚着诗人对祖国——大地母亲和生于斯、耕于斯、死于斯的劳动者最深沉的爱。艾青偏爱大海的狂潮、江河的洪流以及在浪涛上颠簸的船只。在《浪》、《芦笛》里都有新鲜独特的意象。而"太阳"的意象表现了诗人灵魂的另一面:对于光明、理想、美好生活热烈而不息的追求。诗人几十年如一日地热情讴歌着太阳、光明、春天、黎明、生命与火焰。这正是艾青的"永恒主题"。

艾青的诗歌文本呈现出一个以土地、波浪和太阳意象三要素为核心拓展成的意象系统。当直觉情绪在推移中一步步获得意象表现时,其也向大范围的边缘类拓展,即"土地"先向"田野"、"山峦"、"村舍"拓展,"波浪"先向"海洋"、"江河"、"行船"拓展,而"太阳"则向"光芒"、"火焰"、"黎明"拓展。接着再向更细更具体的边缘类延伸,如"土地"要素中的"田野"类向"水田"、"池沼"、"灌木林"、"手推车"、"水牛"等拓展,"山峦"类向"斜坡"、"悬崖"、"岩石"、"山毛榉"等拓展,"村舍"类向"茅屋"、"畜棚"、"卵石路"、"竹篱"等拓展……如此类推。

可贵的是,艾青还对这三个意象作了本体义与象征义的延伸。最后总要延伸到人:一大批被侮辱与受损害的"地之子"意象,为幸福而去漂泊的船夫浪子意象,代表黎明、光、太阳唤醒众生去为正义而战争的吹号者的意象。

下面以台湾诗人洛夫的长诗《湖南大雪——赠长沙李元洛》为例,作一番探寻。该诗主要叙写了两人相隔多年后在大雪中围炉夜话的情景,雪是贯穿始终的主体意象,是一个吻合思乡游子冰凉心境的意象。该诗的语境一直在飞雪中展开:"以雪中的白洗涤眼睛 / 以雪中的冷凝炼思想 / ……"在全诗开头,诗人幻化成"奔腾了两千年才凝成这场大雪"中的雪花，飘入老友书房"雪夜相聚"，雪花回变成归乡的游子。在诗尾，游子再次化为雪花，"我飞身而起 / 投入一片白色的空茫"。雪是沉郁、悲苦、完美的象征。长歌当哭，望雪当归，"雪"是他诗中的归乡意象和自我象征。

洛夫有"诗魔"之誉，其诗善于营造意象，从现实中发掘超现实的诗情，充满哲理性思考，意象奇特，表现手法繁复多变，语言饱含张力。"雪落无声 / 街衢睡了而路灯醒着 / 泥土睡了而树根醒着 / 鸟雀睡了而翅膀醒着 / 寺庙睡了而钟声醒着 / 山河睡了而风景醒着 / 春天睡了而种子醒着 / 肢体睡了而血液醒着 / 书籍睡了而诗句醒着 / 历史睡了而时间醒着 / 世界睡了而你我醒着 / 雪落无声。"作者以"……睡了而……醒着"这一反复出现的回复式结构充分而真挚地表达了对朋友的勉励和慰藉之情。一连十句意象排比，铺陈了 20 种意象，街衢、泥土……世界都在大雪中沉睡了，但路灯、树根……你我却透着旺盛的生命力，在寒凝大地的大雪中散发出勃勃生机，表现出一种在灾难面前的不屈精神和顽强意志，予人以强烈的震撼，诗质馥郁。每句中的首个意象属于"母"意象，另一个属于"子"意象。前者雄伟，后者细小；前者伸张，后者紧缩。两者互为表里，互相映衬，构成明显的对比和强烈的反差，从而形成急转直下、相反相成、互为激荡的艺术美感①。宽阔的街衢睡了，作为街衢腹部点缀的路灯却亮着，即使不能照彻黑夜，但它仍努力用微弱的光履行着使命；厚实的泥土睡了，深埋在土中的树根却醒着，它盘曲于泥土中，正蕴蓄力量，准备在春风中焕发新的生机；鸟雀睡了，作为身体一部分的翅膀却等待着随时驾驭劲风；庄严的寺庙睡了，那幽远的钟声却不绝如缕，兆示着蓬勃的活力；辽阔的山河睡了，但雪掩盖不住美丽的风景，它依然故我地存在着；已是冬天，春天睡了，但种籽却清醒地在大地上等待着春雷，然后破土而出；肢体睡了，血液却在鲜活的身体内汩汩流淌；书籍睡了，其中的诗句却隔着书页发出烨烨光华，显示出文明的力量；历史睡了，而时间的车轮不随大雪而停止；世界睡了，但两个老友还在雪夜话旧，切磋诗艺，纵论人生，开怀畅饮。诗中睡了的意象与醒着的意象全部构成"母子"关系，睡了的寂静无声，醒着的昂扬向上，令人在寒彻宇内的夜雪中感到友情透射出的温暖。其意象并置技巧与柳宗元的《江雪》一脉相承。千山、万径，景象阔大，构成"母"背景，小船和寒江独钓的渔翁构成"子"意象。柳宗元虽然不着一字，但透过画面，孤独冷寂的失意情怀跃然纸上。

在一连十个"睡了"和"醒着"中，每一句的睡与醒都是悖论：街衢已睡但其中的路灯例外；泥土已睡但其中的树根例外……"母""子"意象的睡与醒组成一个奇妙的矛盾体，既对立又并行。在"雪落无声"的冷寂与圆润之中，暗与明、埋与长、静与动、寂与鸣、旧与新、死与生、凝与流、终与始、古与今、客与主的多种对立统一，揭示了人类社会与自然界最普遍的存在法则和发展规律，宇宙与生命的内外交感和对抗，造成了一种极富张力的戏剧性冲突，使人感受到一种心灵的颤动和难以言说的惊喜。

"诗是一个独立自足的意象符号系统。"动态表述就是：诗是意象符号的系列呈现②。意象是诗歌的生命线。诗的意象是诗人内心隐秘的折射，变幻多姿的意象构成了诗人内在生命的世界，这个世界是熔哲学、历史、现实和艺术于一炉的"第三现实"，就像人的神秘

---

① 刘晓玲：《教你欣赏诗歌》，中央编译出版社 2005 年版，第 87 页。

② 吴晓：《意象符号与情感空间——诗学新解》，中国社会科学出版社 1990 年版，第 3 页。

心境一样,是那样的迷人。罗马尼亚女诗人安娜·布兰迪亚娜说过:"能够用最简单的意象来表达最细致的情感、最深刻的思想的诗人才是大诗人。"①诚哉斯言!

# 第三节　诗歌情思

## 一、诗以情传,情浓诗显

文学作品都强调情的渗透和传达,无情不立。诗的本质专在抒情,也长于抒情。放弃抒情无异于放弃诗歌,放逐感情意味着对诗歌本质的背叛。约言之,诗歌是浴情而生,浴情而活。

《文心雕龙》尝言:"人禀七情,应物斯感,感物吟志,莫非自然。"人的生命意识和生存欲望无不激起各种实践活动,写作便是其中之一。倾吐感情是写作的内驱力。或表达自我,或感染他人;或抒愤于社会和人生的挤压,或示爱于亲人和挚友。七情发而为辞章,"一件艺术品,经常是情感的自我表现,即艺术家内心状况的征兆"②。当诗人在社会生活中有了深切感受并激发起情绪与情感时,他就产生一种不可遏制的创作冲动。它是诗人的生存方式和诗人生命能量的体现。这是一种内在的精神需求。归根结底,创作是作家和诗人的一种感情宣泄,只不过它并非那种现实生活中感情的自然宣泄,而是一种主体对象化。即诗人的创作实践是主观见之于客观的过程。在这一过程中,属于主体的情感的丰富内容,变成了客观的、感性的、可以观照的存在,即如马克思所言"在他创造的世界中直观自身"。因而诗中的风景实乃"心景",而诗心又本于实境。

情感的内涵极其丰富,除了人所共称的亲情、友情、爱情外,举凡正义感、忠诚心、自尊心、上进心、同情心……无所不包。七情齐备,六欲具发,无论出于私情,抑或缘于博爱,古今诗文无不融注着作者的喜乐、悲壮、愤慨和哀怨。仁人志士或仰天长啸,壮怀激烈,或慨当以慷,捐躯赴难,"拼将十万头颅血,须把乾坤力挽回!"文人骚客忧时伤世,失意放歌,李白浩叹"大道如青天,我独不得出!""与尔同销万古愁!"杜甫久客异乡,贫病交迫,更兼霜秋独登,情何以堪! 李易安"物是人非事事休,欲语泪先流","这次第,怎一个愁字了得!"凡此种种,莫不情动于中,沛然自肺腑流出。

感和情作为一体两面,感是"引",情是"爆",必先感于外物,心有所触,然后勃然情发,感情熊熊烈烈地愈燃愈炽。"情者文之经"(刘勰语),诗以情传,情浓诗显。信不诬也。情感世界是一个深不可测的内宇宙。比原野更辽阔的,是人的心地;比大洋更深邃的,是人的心海;比苍穹更高远的,是人的心境。心境无限,含容万象,心海无涯,瞬息万变。因此要挖掘出情的丰富性和复杂性,立体展示人的心灵图景,彰显人物情感变化的脉冲③。

---

①　安娜·布兰迪亚娜:《这透明但并不简单的世界》,载《安娜·布兰迪亚娜诗选·译者序》,高兴译,河北教育出版社 2004 年版,第 2 页。
②　苏珊·朗格:《情感与形式》,刘大基、傅志强译,中国社会科学出版社 1986 年版,第 35 页。
③　郭建利:《文章抒情范式及技法初探》,《求索》2003 年第 6 期。

## 二、抒情范式

写诗需要形象思维,而激情往往是推动形象思维的动力。在动笔之前,诗歌作者对生活的体验和感受也是感情积蓄的过程,只有被客观事物充分唤起激情时,才会进入紧张的形象思维活动,开始创作活动。艾青说:"写诗要在情绪饱满的时候才能动手。无论是快乐或痛苦,都要在这种或那种情绪浸透你的心胸的时候。"①

抒情大体有三种范式:缘事酿情、显象示情和达理陈情。换言之,在写人记事、绘景状物时自然而然地流露感情,或者析理泻情。

### 1.缘事酿情

即寓情于事,以叙抒情。在质朴的叙述中,渗透或奔涌着感情的激流。《闻官军收河南河北》被称为第一快诗,感人至深。杜甫欣悉"安史之乱"平定,惊喜欲狂。"忽传"喜讯,"初闻"喜极而泣。卷诗书、纵歌酒、伴春还乡。然后设想喜归路线,"即从","便下",四个地名串联其疾如风。全诗畅快淋漓,于叙述中倾泻狂喜,喜始喜终,一贯到底。再如《农村小学》:"…… / 老师常把教鞭当成扁担 / 一头挑着家务 / 一头挑着讲义 / 艰难地耕作两份责任田 / …… / 上课铃响了很久 / 还没见老师从课程表上走来 / 风很有学问地翻着讲台上的教科书 / 流着清涕的学生伢便扯高嗓门 / 读上学期学过的课文 / …… "用诗意的语言对乡村小学和民办教师的窘境作了叙述,透出辛酸和无奈。

臧克家的小诗《三代人》也用了叙述性语言:

孩子　在土里洗澡,

爸爸　在土里流汗,

爷爷　在土里葬埋。②

短短三句话,六行诗,朴实的诗句,炽热的感情,语言极为精粹。是玩耍、打滚抑或嬉闹? 都不如"洗澡"生动。农民与土地共生同体,三代人相同的命运,老的少的、活的死的都被拴在同一块土地上,艰辛地度日。诗作昭示了三代人命运不可逆转的循环和悲哀,强烈地表达了诗人内心的哀伤和对勤劳多难的劳动人民的深切同情。

### 2.显象示情

即含情写景,融情于景物,以描抒情。比如我们常说"情景交融",细考情景关系,不外两类:情景呼应和情景悖谬。前者指乐景乐情,哀景哀情,景与情谐。春风得意马蹄疾,落日衰草状凄凉。"池塘生春草,园柳变鸣禽。"春水绿草,春柳鸣禽,欣悦之情散溢而出。贺敬之的《桂林山水歌》中"神姿仙态"之胜景与"祖国的笑容"、"战士的心"渗合无垠,诗情、爱情"都在漓江春水中"。李瑛的长诗《一月的哀思》写巨星陨落,天地同悲:"江水沉凝,青山肃立。万水俯首,星月不移……"周总理离去,山川草木都为之动情。这是哀景寄哀情。

---

①　艾青:《诗与感情》,载《诗论》,人民文学出版社 1980 年版,第 85 页。

②　臧克家:《三代》,载《臧克家文集》(第 1 卷),山东文艺出版社 1985 年版,第 438 页。

情景悖谬指哀景乐情,乐景哀情,景与情违。且读杜诗:"江碧鸟逾白,山青花欲燃。今春看又过,何日是归年?"花鸟江山,春景醉人,景则美矣,但对长年漂泊的游子来说,却赏景伤怀,动了归思。"映阶碧草自春色,隔叶黄鹂空好音。"碧草黄鹂相映成趣,但庭草自绿,新莺空啭。物是人非,贤相何在?一自一空,状写无数凄凉和寂寞。其饱含着杜甫对诸葛亮的无限追慕和痛惜。

那么,写景时情是如何生成的?情与景的传导方式有哪些?

王国维尝言:一切景语皆情语。景生情,情生景,情景"互藏其宅"(王夫之:《姜斋诗话》),易言之,情藏于景,景藏于情。"吴楚东南坼,乾坤日夜浮。"杜甫出蜀后,全家一直过着船居生活,不曾定居。洞庭浩渺的波涛与自身飘荡无依的心绪对接,此谓情藏于景。"亲朋无一字,老病有孤舟。"拖着老弱病躯,举目无亲,唯孤舟作伴,"有孤舟"实乃无家之叹,这是景藏于情。

情与景的传导方式大致有三。

(1)触景生情。芳春喜柔条,劲秋悲落叶,外物触情,情以物兴。凭直觉观察外物,心境平和,即王国维所谓"以物观物。"林黛玉睹花伤春,飞红寄情,遂有脍炙人口的《葬花吟》。"停车坐爱枫林晚,霜叶红于二月花。"丹枫唤起的是愉情悦感。"水流心不竞,云在意俱迟。"观水望云,不作追名逐利之想。

(2)移情入景。即缘情写景,景随情变。以作者的情感为端点,投射于万千景物,泪眼问花,花自飘零,"以我观物,故物皆著我之色彩"。白雪、皓月、红日是自然常态,但在诗人主观情志的映照下,会出现黑雪、红月亮、蓝月亮、黑太阳,盖情中之景,景因情改。即便是同样的景物,在心情不同的人眼里,会呈现出各自的色调。因为景物的光、色、影已然有了情感的投射,涂上了主观色彩。心中悲苦,见霜林醉叶,感觉却是"离人泪"。情注于景,景语情语彼此映带。杜诗云:"卷帘唯白水,隐几亦青山。"青山白水原本赏心悦目,无人不爱,但在沦落天涯的旅人眼里,单调山水难慰旅怀,不免滋生出些许愁闷。"感时花溅泪,恨别鸟惊心。"按理说,花香袭人,鸟语娱心,然而适逢国难当头,感时伤世的诗人怎不对花而泣、闻鸟心悲?

(3)因情造景。由于情深意迫,所以拟梦写情,笔酣墨饱铺写虚景。就意象组合的角度看,这是"意象示现"。试观宋词,东坡悼亡,"十年生死两茫茫,不思量,自难忘"。深挚的感情以梦境出之:"夜来幽梦忽还乡。……相顾无言,唯有泪千行。……"同是记梦,身历国破家亡伤痛的李清照航天河,归帝所,虽嗟路长日暮,仍以蓬舟自比,泄其豪迈之气:"九万里风鹏正举,风休住,蓬舟吹取三山去。"而辛弃疾痛感壮志难酬、报国无门,"醉里挑灯看剑,梦回吹角连营。"沙场点兵,弯弓驰马,了却君王事,赢得万世名——原来都是梦中虚景。当然以梦抒情并不限于写景。

3.达理陈情

以含情之笔说理,赖明理之言诉情,亦情亦理,情理相生。人所熟知的是臧克家诗《有的人》。

## 三、抒情技法

为了强化抒情效果,有必要使用各种手段,激活感情因子,加强诗的感染度。抒情技法多不胜举,以下略取数端,窥其大概。

**1.修辞燃情**

借助修辞手法和表现手段表露感情。

譬如:(1)对比。讴歌"文革"中为真理献身的张志新烈士的诗篇多矣,但韩瀚的《重量》令人一读难忘,极富穿透力。"她把带血的头颅 / 放在生命的天平上 / 让所有的苟活者 / 都失去 / ——重量。"全诗短短的一句话,二十七字,将崇高与卑微作了鲜明的对照,字字千钧,直击心肺。(2)通感。如《收割阳光》:"土地芬芳的诱惑 / 植于农谚之上 / 日子不会生锈 / 镰刀锋利如初 / 现代钢铁铸就的古典姿势 / 依然明朗……""土地"、"诱惑"是多味的,有着令人心旷神怡的芬芳;"农谚"是一方沃土,"诱惑"在拔节;日子不锈。阳光可"收割",虚实相生。诗人运用通感营构诗意,使诗意在各种感觉中洋溢,也向读者暗示了某种象征意味:在农人的生命中,镰刀的挥舞涵盖了生命的全部。(3)比喻。如象征诗派李金发的《巴黎之呓语》:"女人的心,已成野兽之蹄,/ 没有勾留之一刻。"想象奇特,喻体出人意表。周鸣的《雪夜》:"一场大雪 / 把黑夜 / 染成一张白纸 // 那些夜行人 / 像油墨印出的汉字 / 在雪地里 / 比夜还黑……"两个别致的比喻串缀起小诗,予人以强烈的画面感。惜乎仅止于白描,未营造情景契合的境界,让人感觉仿佛是一首诗里写景的断句。(4)象征。象征是诗歌的传家宝。如吴晓的《岛屿群》:"在天空和大地都沉沦的年代 / 我们沉陷了 // …… / 咸涩的生活 / 圈去了周围的绿色 / 岁月的波纹打折层层额角 / 涌浪以鹰的猛烈 / 啄食敞开着的心肺 //像一群无尽期的囚徒 / 固定着 / 无法向对方的痛苦跨近一步 / 只有桅灯和海鸥的亮翅 / 传达我们的默契和依赖 //…… //告别昨天的太阳 / 不怕从此走进地狱。"明写岛群,实则情烈旨远。譬如令人想到"文革"的知青和"干校"名人。

诗歌往往综合运用多种辞格,如比喻、夸张、象征、反复等,以强化感情、增强表达效果。

**2.积水放闸**

诗忌露忌尽,高明的诗人不急于表露,而善于积情蓄势,聚蓄感情之水,集雨成涧,汇涧成潭。十步九曲,层层作波;跌宕往复,纡徐入情。然后时辰一到,开闸放水,一任感情喧腾奔泻,从而发挥出最大的艺术势能。如拉开感情的强弓,唯有弓满,才能射远。如苏联诗人加姆扎托夫的小诗《我常常回想》:"我常常回想遥远的故乡,/ 那里有祖上的两层小房。/ 我常常回想峭壁间的那块旷场—— / 我童年练习骑术的地方。/ 我常常回想林边的清泉,/ 在那里她第一次把水罐递到我手上,/ 我常常回想那条微风轻拂的路径,/ 在那里她伴送我直到天亮。"诗笔在四层铺陈后陡然一顿,"但我从未特意去回想我心上的人儿",至此读者入彀,以为恋人已分旧情已散,未料诗人接着蹦出结句,飞流直下:"因为我一刻也没把她遗忘。"

滥情,是诗人最需要回避的。抒情要掌控收与放、隐与显、徐与疾的关系——何时纵笔直抒,何时婉转曲达。要避免两种倾向:积蓄不足则空洞浮泛,延宕太久则矫情做作。试看元稹的《古行宫》"寥落古行宫,宫花寂寞红。白头宫女在,闲坐说玄宗。"引一概万,以少总多,欲露还藏,意涵无穷。

### 3.以实涵虚

抒情宜有所托附,情感的内核有具象的外壳包裹,方能避免空泛。感情是抽象的,无所依凭,这就需要化虚为实,赋予其一定的外壳、载体,将情旨具象化,变得有色、有形、有声。譬如恋人间的爱意非常复杂微妙,不易捉摸。且读这首《水饺》:"三个水饺在壶里 / 沉沉浮浮 / 煮熟千百次 / 煮成三个滚烫的字 / 可见到你时 / 却又难以倒出。"乍看题文均写水饺,不涉情事。细品方悟其妙,逼真地诠释了"爱你在心口难开"。当然此诗文字上尚须打磨。愁是抽象无形的,同是言愁,在诗人笔下异彩纷呈。"白发三千丈,缘愁似个长。"李白渲染愁的长度。"问君能有几多愁?恰似一江春水向东流。"(李煜)"春去也! 飞红万点愁如海。"(秦观)又显出愁的深、广,浩瀚无边,绵绵无尽。"试问闲愁都几许? 一川烟草,满城风絮,梅子黄时雨。"(贺铸)博喻造势,谓其愁多。更有李清照横出奇笔:"只恐双溪舴艋舟,载不动,许多愁。"舟太轻愁太重,独铸新词,百代激赏!

## 四、诗情提质

语言和文字只是诗的外形,诗的灵魂是思想,是情感。意蕴美和情感美是诗本体中的诗核。真正的诗是超越时空、万古常新的。诗人以个体的体验,"唤起人的普遍情感",唤起人们的共情,激发共鸣,令诗作具有永恒的价值。诗人只要有一行诗打动人,就已经很不容易了。

诗贵传情,诗贵有我。情有大小之分,公私之别。或发忧国忧民之慨,伸安邦济世之志;或奏时代强音,抒创业豪情,歌人间真爱。当然亦可表闲情逸致,各色情怀。但一味咀嚼个人的琐细悲欢,蜗居"私人空间",以无限释放自我为乐事,则难免令人腻味。过犹不及,过分的自恋倾向是无益的。要之,情感品质的提升有赖于作者的人格力量和价值取向。

郭沫若《女神》集里的诗篇通过开辟鸿荒、气吞山河的抒情"自我",强烈否定封建专制,摧毁一切黑暗势力,体现出前所未有的"暴躁凌厉之气"。同时,澎湃的激情、奔放的诗行、雄健的旋律和粗粝的形式喷射出极强的感召力量,时代精神和创作个性融和如一。

2008年的中国经历大悲大喜。四川高考作文是以"坚强"为话题。一考生以歌行体和楚辞体写汶川大地震,竟得满分。

### 悲中行

戊子岁,四月初八。川静其波,鸟罢其鸣。一场无情的天灾袭来,举国恸哭。在灾难面前,我们选择坚强;在悲痛中,我们选择坚强。汶川坚强,四川坚强,中国坚强! 因为坚强,我们不怕灾难;因为坚强,我们明天更美好! ——序汉水东流不复西,神仙难改地震袭。

川蜀儿女多苦难,一片荒城尽眼底。

映现当年唐山景,尽是残垣与断壁。

秀丽河山浩劫后,昨日今朝各两异。

都道零八年岁好,为何灾难紧相逼。

江山如画景色美,怎奈苍天生妒忌。

北国刚受冰冻灾,天府又遭夷平地。

川静其波鸟罢鸣,齐哀满目皆疮痍。

江天五月渐阴沉,满腔悲痛灰色弥。

油绿麦田无人收,万千苍生宿路隅。

平生有泪不轻弹,今朝闻此泪如泥。

武侯诸葛若有知,不堪目视亦掩泣。

彭祖寿延八百载,可知人命仅须臾。

州州郡郡华夏土,一砖一瓦似金玉。

金玉散去不足惜,金玉怎比万事吉。

花儿凋谢来年开,来年风景更旖旎。

茂年男儿体健壮,安能袖手闻羌笛。

理会百姓疾与苦,血汗合流同舟济。

绵薄微力不足道,奇迹因爱八方聚。

竹丝管弦为君鸣,可敬可赞可歌泣。

卧薪含悲建家园,蜀山青青蜀水碧。

龙的传人谁可胜,只手亦有撑天力。

汉羌一家爱无疆,我齿你唇永相依。

旺兴岁月定轮回,红霞当空雄鸡啼。

红烛数盏列堂前,潜心默祈哀思寄。

白云苍狗命难料,生者奋进逝者息。

青史铭刻五一二,永记今朝万人罹。

川蜀儿女多坚强,还把灾难视蝼蚁。

立我于高山之上兮,眺望远方。惟见山河齐悲兮,黯然神伤。

立我于高山之上兮,眺望远方。还看万众一心兮,不屈脊梁。

立我于高山之上兮,展望悲中奋起兮。多难兴邦,中华坚强!

当然,此诗未必属临场之作,或许是宿作,甚至经高手润色亦未可知。但无论如何,作者对人类灾难的怜悯、对人类爱心的感激、对中华坚强的感奋以及那种悲天悯人的情怀,赋予诗作以磅礴大气,撼人心魄。它以七言藏头诗的形式嵌入震区的主要地名,围绕"坚强"这一主旨铺陈,几乎句句押韵,末以排比手法,仿于右任《望大陆》之笔韵,气势恢宏,呼应开头,其文学功底令人惊叹。当然,因宏大叙事和强烈抒情,在意象创新、抒情节制以及诗歌语言的凝练和婉曲方面,可以进一步提升,以避免因强势抒情造成的艺术生硬。或许匆促而作,也留下某些常识性错误,如"北国刚受冰冻灾",受灾地应是"南方";"油绿麦田无人收",实际上地震时麦已变黄。"零八"当作"〇八"。

约言之,诗歌是心灵的吟唱与诉说,是喜乐和苦难的碎片在灵魂中的瞬间闪光与呈现。

无论故土之恋、家国之痛,抑或亲情之牵、爱情之醺,都源自灵魂的呐喊,是生命冲动的体验。"不精不诚,不能动人。故强哭者虽悲不哀,强怒者虽严不威,强亲者虽笑不和。"(庄子:《庄子·渔父》)

诗质稀薄的作品往往情感缺失,无病呻吟,爱上层楼强说愁。除了败坏读者胃口,还能留下什么? 故应情不虚发,言必由衷,力避矫情作秀。

# 第四节　诗歌语言

## 一、诗语五美

南北朝大诗人谢朓曾对沈约说:"好诗圆美流转如弹丸。"当指好诗应通体皆美。著名诗论家洪迪比喻道:"诗美宛如桃子,有皮、肉、核、仁四层。皮为形式美,肉为形象美,核为情感美,仁为意蕴美。它们相互渗透,像四个捣碎重捏过多次的泥人,你中有我,我中有你,然后又浑然融合成有机整体。而诗美创造更是与诗语言创造难解难分的同一过程。"[1]

诗的语言,是至精至纯的文学语言。诗的语言美,包括内质美、具象美、密度美、弹性美、音乐美。

语言不仅是诗人表达思想情感的工具。语言所延伸出的美感经验与心灵碰撞,是诗人与读者共同完成的,诗歌所带给人的是一种直接的感发。对诗人而言,是对日常生活经验的提升,对事物现象的感知,抑或对生命本身的深刻体验,而读者透过诗的语言,就在当下获得直觉的领悟、感染与共鸣。诗语言是日常语言的一种变形,基于日常语言又超越日常语言,有自己的意象性、象征性、表现性、直觉性、主情性,也有音乐性,还有独创性和超越性。"诗语言是以日常语言为元符号的生成性的审美的情感符号系统。"[2]诗人在生活里不断以诗的语言捕捉流动的质感,注入新的要素,熔铸成诗。想要进入诗歌的世界,我们得从语言本身着手,明白诗歌究竟如何因着语言文字来完成它的意义。

诗的语言,美在内涵。贵有秀逸的意境、生动的情趣、哲理的诗意。意境是一种融思想感情和生活环境于一体的语言艺术境界。这种情景交融的境界仰仗精炼的语言,并借助联想的翅膀使语言飞翔,使感情澎湃、灵魂跳跃。情趣是连接人心的感情桥梁。袁枚说:"一切诗文,总须字立在纸上,不可卧在纸上。人活则立,人死则卧,用笔亦然。"(《随园诗话》补遗卷五(十七))

---

①　洪迪:《自序》,载《大诗歌理念和创造诗美学》,上海社会科学院出版社 2008 年版,第 1 页。

②　洪迪:《自序》,载《大诗歌理念和创造诗美学》,上海社会科学院出版社 2008 年版,第 1 页。

情趣就是要让字化静为动,以情感人,使人心动。诗语须闪烁出哲理的光芒,把诗意的生活升华为形象的思想。"不识庐山真面目,只缘身在此山中。"万事纷纭,难辨真貌,只有高瞻远瞩,方才识得真相。

诗语言的内质美、具象美、密度美、弹性美、音乐美,是诗美艺术在语体上的基本特性。在语言这结晶里,"透体贯彻着高度集中了的诗情诗意,诗的形象,诗的音节和诗的韵律"①。

诗语的根本是意象语言,也就是具体化了的感觉与情思。诗的语言,必须是饱含情绪及哲思的语言。它富于可感性,饱含色彩感、立体感和具体感,诗中有画。诗是所有文学中文字密度最高的,它运用大量的比喻、想象、联想、意象,状写或隐或显的人事物、情与景,铸造语言的精致性、圆融性和饱和性。诗语是弹性的,可向内凝缩,向外延展,具有极大的空间延展性。它富于多义性,既有表层义,又有深层义。诗的语言重在暗示,以加强密度和诗质。语言的密度愈高,它所包孕和触发的信息量就愈多。

言当求精务简。古人强调"炼字"、"炼句",特别重视字句的锤炼。作为语言艺术的诗歌,必须千锤百炼,字稳句妥,以有限的文字表现丰富的诗意,要采摄最富有概括力而又富于形象性的语言,竭力删除次要的成份以及无用的虚词。

草率、啰嗦是诗的致命伤。臧克家说:"宁可把长诗的材料压成短诗,不可把短诗的材料拉成长诗。压缩得越强,概括力越大。"②

## 二、诗语的呈现技巧

表现诗歌语言的精美,可从几方面入手:词重弹性、突破语法、讲求声韵节奏和频用辞格等。

### 1.词重弹性

这是诗歌艺术审美的写意性在语言媒介上的具体表现。一般的文学描述语言总是力求单解,避免多义。而诗歌语言总是尽量地从单解紧身衣中解脱出来,施展其多义性,寓万于一,以一驭万,以有限的笔墨表现无限的心灵世界。故诗歌选择弹性词语,能计白为黑,以有限的语言表现无限的情味。

### 2.超常组合

这是意象表现方式作用于语言媒介的结果。诗歌的意象描写以情感化的物象连接为基础,常常会导致词语的错位组合和词与词的异性搭配,因而突破常规的语法逻辑,具有"诗家语"的审美特征。诗人只有对实用语言加以"破坏"、"改造",如艾略特所言"扭断语法的脖子",才能构建起诗的语言。如杜甫名句"香稻啄余鹦鹉粒,碧梧栖老凤凰枝"通过调换词序的超常组合,使得意象声律皆美,历代好评如潮。若按正常文法修正为叙述句,则诗意荡然无存。由于诗人为实现对语言的超越,扩大表现力,他们不仅要破坏正常的语言结构功能,而且还要对原有语意进行颠覆,这的确会给只有日常体验和遵循常见语义逻

---

① 柯仲平:《创造社会主义内容民族形式的诗歌》,《人民文学》1953 年 1 月号。

② 臧克家:《诗贵精》,载《学诗断想》,北京出版社 1962 年版,第 30 页。

辑的读者带来一个"不懂"的问题。臧克家的《春鸟》:"歌声／像煞黑天上的星星／越听越灿烂。"陌生的变形的诗句传达出微妙的情感体验。

3.词性转用

词性转用是写诗的常规手法。如洛夫的诗《今日小雪》:"夏也荷过了,秋也蝉过了。"《湖南大雪》:"我们风过霜过。"两首诗里的名词均用作动词。"荷"字给人以热烈与衰败的感觉,"蝉"字予人以浮躁与凄凉的形象,"风"、"霜"二字给人磨难与成熟的人生体验。

4.讲求声韵节奏

作为以形式见长、视形式为生命的艺术品类,诗歌是以一种音乐性语言形式为生存方式来表达主客观世界的。它强调的就是分行押韵和节奏韵律,能使情感表达曲折尽意,使语言情韵自然抑扬。这在唐诗宋词及徐志摩、戴望舒、闻一多等大家的新诗里都得以充分的体现。

(1)韵律

诗歌若无韵脚就会让人感到分散。韵脚可使字音跌宕回环,同声相应,和谐悦耳。平声字为扬,读来响亮高昂;仄声字则抑,读来低回短促。若能做到平仄相间、声调协调、起落有致、节奏鲜明,就会使人感受到声情并茂。韵脚是诗歌的方向盘,它牵引着诗歌前进。现代新诗虽不像格律诗那样整齐对仗,但在句尾平仄协调,也能产生抑扬美。要因情选韵,因情变韵。

汉语乃世上最富音乐性的语言,而诗更是最富音乐性的语言艺术。古典诗歌对用字的声韵要求特别严格,讲究韵律的和谐。汉语有四声五音,分平仄、辨清浊。其中四声和平仄是基础。

四声即平上去入四种声调。现代诗用现代普通话去写诗、入韵。但古诗词写作就不能采用普通话的声韵系统。近代汉语共同语的语音系统与中古音的主要不同是:声母里的全浊声母变成了清声母;韵母简化。中古的平声分化成阴平和阳平,入声调逐渐消失,分别纳入阴平、阳平、上声、去声中。不过许多方言区里如两广、江浙等地存有大量入声。现代普通话属于近代音系,而诗词写作却要沿用旧声律即中古音系的声韵标准。旧声、今声不得混淆。作诗依循的韵书叫《平水韵》,它把全部的汉语分成106个韵,以平上去入四声排列。练习古诗写作可翻检上海书店影印的《诗韵合璧》。除了列出全部平水韵的字,每个韵下都有组词,可以提高词汇量。还有常用的典故可供参考。

近体诗的韵只能押平声的字,而且它的韵位是很讲究的。律诗和绝句一般都是偶句押韵,首句随意。五言诗首句不入韵是正格,入韵是变格;而七言诗首句入韵是正格,不入韵是变格。近体诗总是一韵到底,不像古体诗可以换韵。

平声曼长而仄声短促,所以以平仄为基础的近体诗的格律实即长音与短音相间的排列组合。如今初学诗词者多视平仄为畏途,实则平仄是最形而下、最简单的。"汝果欲学诗,工夫在诗外",拥有器识和胸襟才是最重要的。

平仄协调的格律,其特点是把句子分为音步,有双音步和单音步,如五言诗的仄仄平平仄,就是两个双音步和一个单音步,平仄互相交错;七言诗即在五言律诗上加一个平仄相错的音步。一联中的两句平仄相错,联和联之间的平仄相承。再加上双句用韵,首句可用可不用,中间两联对偶,这就构成律诗的格律。

音步即节奏。对音乐来说是节拍,对写作来说是句读,对朗读来说是停顿。诗要有节奏感。节奏包括内在节奏和外部节奏。前者指情绪缓急、意象疏密等,后者指音顿。诗歌虽以情志为本,但也要有声韵和节奏。

徐志摩认为音节是诗的"血脉"。在他大量的四行一节的抒情诗中,徐志摩常使用重叠、反复、排比、对偶等手法,《雪花的快乐》里"飞扬、飞扬、飞扬"的连用,《再别康桥》开头短短四行中,三次反复"轻轻的",造成缠绵中不乏轻快的韵律,在节奏感之外平添了旋律感,用韵和谐而富于变化。

诗歌的顿式和韵式是情感节奏听觉化的音乐形式,句式既是听觉化的音乐形式,又是视觉化的音乐形式。譬如戴望舒的《雨巷》,被叶圣陶誉为"替新诗底音节开了一个新的纪元"。它的音乐美主要表现在和谐的韵脚、回环复沓的句式和双声叠韵词的灵活运用上。全诗押"唐"韵,每节有二至四个韵脚,首尾诗节的重复、诗节中诗句及词语的反复等营造出特殊的音乐效果,流露出作者茫然、寂寞但又有所寻求的复杂情感。再看当代小诗《草是什么样的味道》:"草的味道 / 是什么样的味道 / 只有吃草的羊知道 // 羊的味道 / 是什么样的味道 / 只有吃羊的人知道 // 人的味道 / 是什么样的味道 / 只有埋在地底下的草根知道。"此诗实际上仅三句话,读来自然上口,非常口语化。其韵脚的奇特之处是,每行均用同一个"道"字:味道、味道、知道,具有摇曳的语感。三节诗同构反复,使本诗获得歌谣般的抒情结构和回环旋律。从内涵上看,此诗平中见奇,词约意丰。羊吃草,人吃羊,天经地义,乃宇宙不易之定例。但人化春泥,终肥青草亦为自然法则。草是低贱的,它的宿命就是横尸羊口;羊是弱势的,它的宿命就是葬身人腹,冥冥中谁也无逃于天地之间。然而,即便是君临天下享尽荣华富贵的帝王,谁又能长生不老? 其入土之日便是饲草之时。生前繁华显赫恍若过眼云烟,最终化为乌有。如此看来,生物链蕴含着众生平等之义,谁也不比谁高多少。诗虽俚浅,然浑然天成,于人情世事有至理存焉。与卞之琳《断章》的相对性有异曲同工之妙,耐人玩味,值得珍视。

当然,押韵的并非都是诗(如三字经、百家姓),但诗应强调押韵。理由如次:韵脚可强化节奏,有利于把涣散的声音连贯起来,而节奏是一切艺术的灵魂,诗尤甚。诗因韵脚而使音调和谐,上口入耳,便于记忆与传播。诗行之间不一定是因果关系或逻辑关系,但必须有关联,而押韵是除意义等以外将其联结的手段。

另外古典诗歌还常借助双声词、叠韵词、叠音词和象声词等来求取音调的和谐。熟练地掌握声律,有助于创作出悦耳动听、富有音乐美的佳作。

(2)分行

新诗没有古诗词严格的韵律规定,遂引进西方分行,加强节奏感和旋律感以达到音乐效果。

分行适应诗情而长短、疏密参差不一。诗行遵从诗歌内在律——情绪节奏,其外形是将内心情绪视觉化展示出来的结构形式。诗行运用省略、跳跃,随意性较大,产生新的结构意义。分行把视觉间隔化为听觉间隔,显示节奏。

5.频用辞格

举凡比喻、象征、拟人(拟物)、通感、反衬、反复、蝉联、排比、借代、摹拟、用典、佯谬、虚实组合等,均属诗人常用辞格。表现手法之多,难以尽述。如拟人:"在一个白雪覆盖的冬夜 / 北风像一队巡逻警 / 提一盏刺骨的探照灯 / 挨家挨户查找鸟儿的户籍。"试举江一郎的《冬日的田野上》略作剖析:"暮色像一地的冷墨,浅浅流动 / 最浓的几滴,是乌鸦 // 乌鸦来了,冬日的田野愈加荒芜 / 那些散落的草垛闪进暗处 / 是谁家的弃儿 // 乌鸦来了,冷飕飕地飞啊 / 但片刻间,乌鸦滑入夜的喉咙 / ——月光哑了 / 月光哑了,哑默的月光下 / 霜一粒粒叫了。"作者用"几滴"勾描了乌鸦在暮色里的状态、颜色,而"浅浅流动"将暮色那不易察觉的变化写得清晰、有形。写草垛"闪"进暗处,并用弃儿作拟,无形中增加了冬日田野的萧瑟、凄冷,"闪"字令人叫绝。夜深月藏,"乌鸦滑入夜的喉咙,月光哑了",接着"霜一粒粒叫了",一"哑"一"叫"就把月的消失、霜的来临写得富有生命活力。"哑"字运用通感手法,将视觉感受转为听觉感受。而以"叫了"收尾,又在冰冷之余平添几分暖意。作者采用多种辞格,以明快、疏朗的语言把暮色的冬日田野描画得形象逼真,足见作者笔力之深、笔法之绵密。

香港著名评论家黄维梁曾说:"文学是文字的艺术;诗是文字艺术中的艺术。一切的诗心诗情诗教,必须有诗艺来承托,来增华,才成为真正的好诗,赋比兴是诗艺的基本,中国人说了二千多年。亚里士多德认为创造比喻是天才的标志;雪莱直截了当地指出:'诗的语言的基础是比喻性。'"黄维梁盛赞余光中是当代大诗人:"余光中敏于观察,长于记忆,联类不穷,加以学问广博,最能发现此物和彼物的关系,赋予甲物乙物新意义。他正以比喻性语言写诗,而他是比喻大师,像荷马、莎士比亚、苏轼、钱钟书一样。"①

"赋"、"比"、"兴"是三种传统的表现手法。"兴"是由物及心,从外物的关关和鸣的鸟联想到人类的生活,它所对应的物象如雎鸠鸟,是一个外在现实的存在。"比"是由心及物,是内心先有一个情意然后再拿外物来做比喻。至于"赋"则是直接的叙述,是"即物即心"。叙述的同时表现内心的感动,不必假借任何外物。

语言是写作者赖以存活的条件,但并非是万能的。1987年诺贝尔文学奖得主、苏裔美籍诗歌巨匠布罗茨基说:"语言的价值在于它能够使智性感觉变得细腻而绵密,有时甚至可以揭示比构思要多得多的东西,在更为幸运的情形下,语言与智性融为一体,对于语言的这一作用,所有有点经验的诗人都懂得应在诗中删除多少或保留多少,这表明,诗歌在某种程度上疏离或抵制着语言。"②

诗歌中语言的冷静、内敛、克制,是诗具有凝炼美的秘诀,也往往是一首诗成功的关键。

## 【延伸阅读】

1.洪子诚、程光炜:《中国新诗百年大典》,长江文艺出版社2013年版。

2.孙绍振:《谈古典诗歌分析基础:意象篇》,《现代语文(教学研究版)》2012年第8期。

---

① 黄维梁:《火浴的凤凰——余光中作品评论集·导言》,台北纯文学出版社1979年版,第8页。
② 约瑟夫·布罗茨基:《在但丁的阴影下》,臧棣译,《扬子江诗刊》2004年第1期。

3.孙绍振:《谈古典诗歌分析基础:情理境篇》,《现代语文(教学研究版)》2012年第10期。

4.吴晓:《新诗美学》,中国社会科学出版社2018年版。

5.孙玉石:《中国现代解诗学的理论与实践》,北京大学出版社2008年版。

6.袁行霈:《中国诗歌艺术研究》,北京大学出版社2009年版。

7.海滨:《一日一诗(当代知名诗论家李元洛历年诗词鉴赏佳作精选)》,湖南美术出版社2018年版。

8.霍俊明:《2018年度诗歌理论选》,人民文学出版社2019年版。

9.余光中:《诗歌精读·余光中》,浙江人民出版社2018年版。

10.北岛:《给孩子的诗》,中信出版社2014年版。

11.沈苇:《在瞬间逗留》,百花文艺出版社1995年版。

12.江一郎:《我本孤傲之人》,中国青年出版社2018年版。

## 【思考与练习】

### 一、我与诗人"撞一下腰"

1.诗言志,亦缘情。但诗人创作时离不开意象,这是进行感觉和思考的基因。《蚯蚓之歌》将"蚯蚓"化成饱蕴情感的艺术形象,借此表达了对生活的抗争和人生的思索。试分析全诗的意象。

#### 蚯蚓之歌

命运的选择,
把我抛入地层。
上帝没赋予我翅膀,
我不想上天。

我习以为常褐色的压抑,
和炭墨色的埋没,
尽管我到处碰壁,
尽管潜伏的盘根错节,
撒下万千束缚的绳索,
但当春色从土缝里挤出,
我仍作纵横交叉的耕耘,
用我柔弱的身躯,
去疏松板结的土层。
纵使有一天,
突如其来的铁的声响,

　　把我分裂成几段,

　　我还会繁衍更多的生机!

　　我是蚯蚓,

　　沉默不是我的静止,

　　位卑不是我的悲哀。

　　我有我的自豪——

　　我默默地

　　作曲线的探索,

　　尽管泥土里没有现成的路!

　　2.诗人要致力于营造新奇而丰饶的意象,熔铸饱含张力的语言。这是检验诗才的试金石。同样从海峡两岸的游子着笔,写乡思乡情,试将下文的《归蝶》与余光中的《乡愁》和洛夫的《湖南大雪——赠长沙李元洛》作比较解读。

### 归蝶

　　台湾是著名的蝴蝶之乡,有蝶380多种,台湾邮政部门至今已发行4套蝴蝶邮票。

　　来自海峡　那边

　　飞过故园的阡陌

　　江南的桑林

　　在如镜的水面

　　留下翩翩的姿影

　　每一只都是

　　隔海的乡思

　　身未行

　　心已先上归程

　　每一缕炊烟

　　都是故园深情呼唤

　　每一声石板巷老牛的蹄韵

　　都是遥远而亲切的乡情

　　将如海的乡愁

　　折叠　放飞

　　穿过风朝雨夕

　　飞向久别的亲人

知否　知否

此岸有多少

望断云天的双眸

盼你　蝶飞成阵


## 二、沉浸式诗歌创作小实验

1.作诗技法是实则虚之,虚则实之。若题目是某一具体物象,那么应挖掘出其中的抽象寓意。若是抽象的题目,就要借助想象以具体事物作抒情依托。试以"时间"和"手"为题各写一首小诗。

2.请你认真阅读下面三个场景或对话内容,根据自己的理解和思考,自选主题,自拟题目,创作一首现代诗歌,并回答有关问题。(本题由湖州诗人戴国华编创)

场景一:跨海大桥上,车来车往。江水入海口呈喇叭状,向我们喊出潮汐的汹涌,天空阴晴不定,似乎一场疾风骤雨将要来临,一群海鸥飞过,没有留下时间的痕迹。

场景二:一艘渔船搁浅在滩涂上,似乎很久没有出海了。它周身斑驳、破旧,桅杆已半截垂倒入泥沙,掉漆的船面缺失昔日潮头劈波的图腾。

场景三:潮水有升起,就有落下;滩涂有起伏,也有纵横。海水有博大宏伟的壮丽,也有涓流枝蔓的细润。

"你看那纵横交错的水光,这黑白分明的写实主义。"

"我要衔走这片大海。"

"这片大海早已搁浅,我们已退无可退!"

"我们被刻画,被分割,被不规则定义,也终将在不规则里定义自己。"

(1)请根据以上素材,自选角度、主题和内容,自拟题目,创作一首现代诗歌,字数不限。

(2)都说"言为心声","诗以言志","诗是语言的艺术",请简单说一说你在写这首诗歌的时候是如何选材、如何思考并汲取生活经验、如何组织语言去抵达自己创设的诗意之境的。

(3)诗歌对于我们的生活来说意味着什么? 生活在诗歌里的映射又是什么?

拓展资料

# 第十章　实用写作

## 第一节　实用写作概说

### 一、界定与沿革

**1.界定**

实用写作的对象是实用文,也叫应用文。"应用文"一词,在北宋大文豪苏轼的文章里就已出现:"向在科场时,不得已作应用文,不幸为人传写,深可羞愧。"(苏轼:《答刘巨济书》)。当然,将"应用文"作为正式文体提出的是清代文论家刘熙载。

实用写作也称应用写作,其定义众说纷纭,各家有各家的界定。这里我们作一个简明的界定:泛指用于实务的、有特定格式的文本的制作活动。

具体诠释如下。

(1)实务。人们处理公私实际事务,须臾难离实用写作。大至联合国事务,小至个人私事,都与实用写作密不可分。据统计,一般人每天接触的文字里,95%是实用文章,如日记、书信、读书笔记、计划、总结、广告、消息、通讯、启事以及公文都是实用文章。

(2)文本。所谓文本指一切以书面形式为载体,以语言文字为主要工具表情达意的精神产品。

$$
文本\begin{cases}文章式文本\\图表式文本(章太炎首言)\\词式、句式、段式文本\end{cases}
$$

文章式文本是最常见、使用频率最高的文本。图表式文本在我们的学习、工作中也经常使用,如新闻文体、科技文体、财经文体等都有不少图表。它比文章式文本更直观、简明,让人一目了然,具有不可替代的作用。此外,有的文本由词、句或段构成。

在写作领域里,实用写作和文学写作同宗异质,前者重实用功能,后者重审美功能,各成系统,各领风骚。但是,文学写作作为一门学科已相当发达,已树起鲜明的学科形象和完整的理论体系,而实用写作则刚刚起步,至今尚未形成为学术界公认的学科形象和理论旗帜,系统研究明显不足。

事实上,实用写作作为社会交际、施政执法、从业治学、信息传播的基础工具,在人类生活的各个领域、社会发展的各个阶段都未曾有须臾废离,其社会价值、作用范围、普及程度、实践容量、发展潜力比之于文学写作,毫不逊色,甚至有过之而无不及,完全可以与文学写作并立并存并荣。实用写作,作为贯穿人类社会发展始终、遍及人类生活各个领域的文化现象,从有文学以来就有之,其历史之悠久、遗产之丰富,只要翻检一下历代文选、文论、专著、类编,便足可了然。作为古老而新兴的科学,实用写作确有其特定的研究对象,有其与文学写作不同的质的界定、社会功能、分类体系和写作规律,有其与文学写作不同的运作方式、思维方式、表达方式和实现方式,有其与文学写作不同的发展历史、发展趋势、写作规范和审美价值。

## 2.沿革

实用写作是写作学的一个庞大的家族,也是一个深不可测的汪洋大海,源远而流长。甚至可以说,实用写作是写作学的鼻祖,其他类型的写作比起实用写作是晚而又晚。文章起源于实用,最早的文章都是为了实用而写的。

如李斯的《谏逐客书》、晁错的《论贵粟疏》、诸葛亮的《出师表》,都是给皇帝的奏章,都是应用文。因为这些应用文都写得很美,情词并茂,生动形象,说理透辟,感情强烈,千百年来脍炙人口,所以被保留下来,供人们阅读欣赏,于是就成了文学作品,也作为道德文章和历史资料供人借鉴。由于时过境迁,它们的实用价值反而散逸了,只是被当成一篇篇优美的散文。

实用文写作源远流长,最早的实用文专集(公文汇编)《尚书》,包括法令、祝辞、会计文书等。秦汉时公文格式初步确立,有上行文(奏、章、表等)、下行文(诏等)之别。《文心雕龙》将文章分为三十余类,其中属实用文有二十一类。

唐宋以降,文学创作日趋发展,诗词曲赋、小说蔚为大观,但应用文仍处主导地位。即以《唐宋八大家散文总集》而言,其中85%属实用文,文体达80余种。古代实用写作名篇迭出,佳作如林:李斯的《谏逐客书》、贾谊的《过秦论》、司马迁的《报任安书》、诸葛亮的《出师表》、曹丕的《典论·论文》、陆机的《文赋》、李密的《陈情表》、刘勰的《文心雕龙》、萧统的《昭明文选》、魏征的《谏太宗十思疏》、骆宾王的《讨武曌檄》、刘禹锡的《陋室铭》、司马光的《答司马谏议书》、文天祥的《指南录后序》、姚鼐的《古文辞类纂》、家喻户晓的《古文观止》、林觉民的《与妻书》,等等。

中华人民共和国成立后,公文处理有了全面规定。我国六次颁布"办法"或"条例",使公文写作逐步走上规范化、科学化、系统化之路。

时代是文体的催生剂。实用文体随时代不断更新、衍生,与时俱进。皇帝诏书等随帝制推翻业已绝迹,八股文、大字报亦已销声匿迹。而新兴文体不断出现,如招标书、投标书、公示、申论、电子邮件等。进入21世纪,在经济转型和社会飞速发展时期,一大批新产业、新职业兴起,如金融证券、社会保险、电子信息、娱乐旅游、房地产开发、中介咨询等,这些新行业大多属于信息服务行业,对实用写作提出了更高的要求,带来了更大的挑战。实用文范围的扩展势必导致受众的增多,其行业性、大众性特征更加突出。从近几年实用文发展的实践来看,已出现以行业性、大众性文种为主,法定公文为辅的新格局。

实用写作已日益走向社会化,在信息社会,可以说各行各业都离不开实用写作,社会上大多数劳动者也必须具备基本的实用写作能力。社会管理的科学化、规范化要以实用文为载体,而随着计算机、多媒体技术的普及,实用写作已作为工具性手段,像外语、计算机操作一样,成为现代人必备的生存技能之一。

## 二、分类与特性

### 1.分类

实用文包罗万象,跨度大且互有交叉,范围界定不一,分类各家各执一词,观点不尽统一。一般可按文本语域划分,包括新闻文体、广告文体、科技文体、财经文体、公文、司法文体、常务文体等。

如果按文本功能划分,根据英国当代语言学家韩礼德的理论,我们认为文本有三大元功能:知行功能、调谐功能、语篇功能。据此试分类如下:

$$
\begin{cases}
认知文体 & \begin{cases} 传播文书 \\ 告启文书 \\ 析理文书 \\ 传志文书 \end{cases} \\
行事文体 & \begin{cases} 法定公文 \\ 规约文书 \\ 事务文书 \end{cases} \\
调谐文体 & : 礼仪文书
\end{cases}
$$

### 2.特性

(1)使用广泛,对象明确。实用文是人类生活须臾难离的一种文体,它的使用范围最为广泛,使用频率最为频繁。大至党和国家方针政策的颁布实施,小至每一个人的日常生活,方方面面,几乎都离不开实用文。如每日新闻及时迅速地见诸各种新闻媒体,使人们不出家门便知天下事;公务文书源源不断地传递着党政部门的各种政令信息,使国家这部机器得以正常运转;更有林林总总的广告充斥着人们的耳目……实用文就是这样,在时空范围内渗透于社会的每一个细胞,发挥着它的管理功能、宣传教育功能、联系功能与规范功能。而小说、电影之类的文艺作品,除了起宣传教育等作用,更多的是供人们工作学习之余作为消遣和娱乐。

实用文的阅读对象明确,不像文艺作品那样无明确特定的读者群。一部文艺作品无论男女老少,都可以阅读,而实用文读者群小而明确。尤其是公务文书、法律文书、专用信件、条据,等等,都有特定的发送对象,不是所有人都可以看到的。实用文体的受众最广也最狭:大至全社会甚至全世界,小至一个人如情书。实用文体多数具有特定的阅读对象,如保密公文对阅读对象就有严格限制。

(2)尚实求确,文实意明。实即内容真实、材料翔实、措施切实可行、文字平实,确即观点、内容、语言、文种均须准确、明确、周严。实用写作要慎之又慎,因为笔下有财产万千,笔下有人命关天,笔下有是非曲直,笔下有毁誉忠奸。实用文具备语体风格的直白性特征,即语言简明准确,风格朴实无华。表达方式多用说明,间或用到叙述和议论。文艺作品的表达方式多种多样,叙述、描写、抒情、议论和说明无一不用,特别是描写和抒情最能体现其生动形象、辞采华美的文风,而这也正是实用文中基本不用的两种表达方式。实用文的语体风格,尤以公务文书最具代表性,素有"一字入公文,九牛拔不出"之称。语言文字要精练,不累赘,不重复,准确严密地表达最丰富的内容。要做到篇无累段、段无累句、句无赘字。

实用写作有三大规律:及的律、排隐律和简从律。

第一,及的律。唯实唯用,言必及的。直接告诉、直接作用、直接效应。显现实用写作功能、体现实用写作目的、实现实用写作价值。直接与间接,强调直接;有限与无限,强调有限;定向与泛向,强调定向;刚性与弹性,强调刚性。言必求实,言必及的,其间不留余地或少留余地,写作主体发出的信息与接受对象接受的信息几近等质等量,不像文学作品那样,留下广阔的空间。

第二,排隐律。求显求明,忌曲忌晦。以应用为基本功能的实用写作,在表达中必然求显忌隐、求明忌晦。从主体思维方式到文章结构方式、语言表达方式都必须强调这一点。观点鲜明不晦、思路简明不杂、结构显明不乱是实用写作排隐律的基本内容。实用写作排隐律外显于表达方式,内孕于认识水平和思想作风,只有把表达方式的排隐与认识水平的提高、思想作风的扎实结合起来才能把握排隐律的要义和要领,才能弘扬准确、鲜明、生动的文风。

第三,简从律。篇无赘句,句无冗词。文学写作力求描写的形象逼真、抒情的淋漓尽致,而在实用写作中却不尽然。旨在实用的应用文章,准确达意即可,无须繁叙琐议,更不要说大话、空话、假话、套话,文稿宜长则长,宜短则短,以短为佳。文字从简,既需要语言的明白、精当,又要求结构的简约、层次的简化。语言其表,思维其里,如果概念混乱,思维庞杂,简从便无从谈起。

实用文与文艺作品同宗异质,两者大相径庭。前者因事而作,属于受命写作。旨在应用,往往意在笔先。贵直白,直书其事,多用直笔,不用曲笔,慎用文学手法。后者有感而发,我手写我心,属于自主写作。尚异求新,怡情载道,反对主题先行。作文贵曲,意在言外。总之,实用文要唯实唯用,忌隐忌晦,以说明、论述、记叙为主,少用文学手段,力戒虚构、夸张、拟象,力求明白、平实、简洁。

(3)格式固定。严格遵守约定俗成的文体规范,具有法定或惯用格式。实用文体有特定的规定性;它不像文艺作品那样可以自由发挥、任意想象、不拘一格,而是比较单纯且严格。如签订合同,必须以《中华人民共和国民法典·合同编》中规定的条款作为基本内容,稍有疏漏,便会导致合同纠纷;法定公文的格式,必须遵照《党政机关公文处理工作条例》和《党政机关公文格式》(GB/T 7704—2012)中规定的标准、格式;还有如诉状、简报、规章制度、专用信件等文件的格式,也是约定俗成的,不得随意更改。另外,各种不同的文种名称,更不能张冠李戴。

(4)时效特强。时效包括内容时效和办文时效。要做到三快:快写、快发、快办。许多实用文书时过境迁就失效,有的成为档案。实用文运作的时效性特征具体表现为限时写作和限时发挥效用。尤其是带有"紧急"字样的公文以及消息、会议简报等文种,最能体现这一特征;他如新闻、合同、招标书、投标书、诉状、礼仪讲话稿等文种也十分明显。实用文如新鲜牛奶,久放变质,而文艺作品恰如陈年老酒,愈久愈香。

### 三、文本生产流程

文本制作和生产可分三个阶段。

(1)酝酿:包括理材、明旨、定体三方面。搜集材料时做到上下结合、正反结合、点面结合:既了解上情,即领导层的看法,也了解下情,即基层群众的想法;既掌握正面材料,也不放过反面信息;既收集面上的综合材料,也关注点上的纵深材料,兼顾深度和广度,点面相得。直接材料又称动态材料、活材料,可通过观察、查访所得。间接材料又称静态材料、死材料,可通过查阅文献所得。聚材要以十当一,以多为佳;选材要以一当十,以严为上。明旨即确立主旨,定体即选定文种。

(2)执笔:搭架、编纲、拉稿。有了材料和主旨,就要考虑结构和表述,编列提纲形诸文字。表达方式因文种而异,如"报告"多叙述,"请示"多说明,"总结"多议论。

(3)审改。拉出初稿后,接着还要从内容和形式两方面进行修改,具体来说是对文本四要素——材料、主题、结构、语言的审核和修润。力求做到言之有物、言之有理、言之有序、言之有文。遵照语言简从律的要求,删除浮言赘词,如杜甫所言:"斫却月中桂,清光应更多。"使文句凝练、顺畅。

# 第二节　法定公文

## 一、公文概述

### (一)含义

公文是公务文书的简称,是党政军等机关或单位在管理过程中所形成的具有法定效力和规范体式的文书,即按一定程式表达法定机关或组织、团体、企事业单位旨意的各种书面材料。公文姓"公",不是私人文书;公文是"文",属于文字材料,以书面形式呈现。公文有广狭二义之分。对此学界众说并存,尚无定见。

广义公文包括通用公文(法定公文和事务文书)和专用公文。后者指军事、司法、外交等机关的专门文书,如捷报、判决书、国书等。事务文书指计划、总结、简报、调研报告、讲话稿等文种,所有机关单位都离不开它,故曰通用公文,有人称之为机关应用文或准公文。狭义公文即法定公文,专指国务院 2012 年发布的《党政机关公文处理工作条例》所列的15 种公文。

### (二)分类

公文按照不同标准,可以有多种分类。常见的、基本的分类主要是从公文的性质、行文关系、作用、阅知范围、处理方式、来源等方面来进行的。

1. 按性质分

（1）法规文件。是指由中央和地方各级权力机关、行政机关所制发的法律、法令和行政法规与规章文件。法规文件一般分为三种：法律文件、法令文件、行政法规与规章文件。

（2）行政文件。是指国家机关在日常公务活动中所形成和使用的文件，具有行政指挥、领导指导工作和公务联系的作用。

（3）党的文件。是指由中国共产党的机关、组织形成和使用的文件，反映党的领导、党的工作和党的建设等活动。其中，只限定在党的组织和党员中间阅读和传达的文件又叫党内文件。

2. 按行文关系分

行文关系指机关之间文书的授受关系，它是根据机关的组织系统、领导关系和职权范围来确定的。除了通知、函、纪要等少数文种，绝大部分都有固定的行文方向，不能混淆。

（1）上行文。指下级机关向上级机关呈送的公文，是自下而上的行文，如报告、请示等。

（2）平行文。指同级机关或不相隶属、没有领导与指导关系的机关之间由于工作需要而相互往来的公文，如函、（某些）通知、纪要等。

（3）下行文。指上级机关向所属下级机关发送的公文，如命令（令）、决定、批复、通知、（某些）意见、通报等。

3. 按作用分

（1）指挥性公文。也叫指令性公文。是上级机关对下级机关或群众发送的强制性、决定性、指导性的公文，下级机关必须严格遵守和实行。主要文种有命令（令）、决定、批复、（某些）通知、意见等。

（2）报请性公文。也叫呈请性公文、陈请性公文。是下级机关向上级机关汇报工作、反映情况、请示问题时所使用的陈述性、请求性公文。主要文种有报告、请示、请求批准的函等。

（3）知照性公文。是机关之间、机关内部或向广大群众告知某些事项、通报情况、传递某种信息或应当遵守的事项时所使用的公文。主要文种有通知、通报、函等。有些可通过新闻媒体或张贴形式发布，如公告、通告等。

（4）记录性公文。是记载公务活动、归纳和传达会议精神和议定事项的公文。主要文种有纪要等。

4. 按阅知范围分

（1）密件。即涉密公文，需控制知密范围和知密对象。按照内容的秘密程度可分为绝密、机密、秘密三级。

（2）平件。即普通文件，相对密件而言，其阅读的范围较宽。但一般说来，只限于本机关、企事业单位内部阅读而不对外公布。

（3）明件。即公布文件，指向人民群众或国内外公开发布的文件。通常采用广播、电视播放、报刊登载、公开张贴或口头传达等方式公布，如公告、通告等。

**5.按处理方式分**

(1)阅件。即阅知性公文,交有关部门、人员阅知的收文。

(2)办件。即承办性公文,交有关部门、人员及时办理的收文。

**6.按来源分**

(1)对外文件。是指本机关(或部门)拟制的,向外单位发出的文件,它用以传达本机关的意图,发往需要与之联系的针对机关。

(2)收来文件。简称收文,是指由外机关拟制的,用以传达其自身机关的意图,发送到本机关(或部门)来的文件。

(3)内部文件。是指制发和使用都限于机关内部的文件。

此外,从文件的使用范围分,可分为通用文件、专用文件和技术文件;从文件的发送目的分,可分为主送件、抄送件和批转件、转发件;从文件的缓急程度分,可分为急件和平件,急件中还包括特急件。紧急公文应随到随办,时限要求越高,传递、办理的速度也越快,但要快中求准。

根据国务院发布的《党政机关公文处理工作条例》(以下简称新国标),现行党政公文共有 15 种:报告、请示、批复、决定、意见、通知、通报、公报、决议、函、纪要、议案、公告、通告、命令(令)。

公文的种类和体式取决于公文的性质和公务活动的内容与方式。不同的文种反映着公文不同的内容与作用。各机关在拟制公文时,必须从实际需要出发,根据本机关的职权范围、所处地位与发文目的,正确使用文种。

### (三)用语要求及其特色

**1.用语要求**

**(1)用语必须服从于行文目的**

公文写作的目的在于推行公务,实现组织的管理目标。公文语言是一种带有极强功利性、目的性的应用型语言。它与文学语言相比有诸多不同。从语言表达的目的来看,公文语言通过语言符号表达组织意图,实现群体功利追求,有着明确的行文目的;文学语言是通过表达作者个人的审美感悟,实现个体审美追求。从信息传递来看,公文语言传递的是直接反映客观事物的语义信息;文学语言传递的是艺术再现客观事物的审美信息。公文语言的运用受其行文目的的制约,特别强调以下三点。

第一,强调直接准确地表达"字面义",而非"联想义"或"义在言外"。公文语言表达的概念要求表意单一,从而体现确定的行文目的。规范的公文语言要避免文学语言中的引伸义、转义、联想义,以防对行文目的的歪曲。

第二,强调达意明理、符合逻辑,而非写景抒情、以形象感人。公文选用语义明确的陈述性语句,有序地表达行文目的,要求文从字顺、概括准确,词与词、句与句、段与段之间呈线性逻辑组合关系,一般不使用文学中形象描绘的语言,不用比喻、拟人、夸张等表达方式。如公文中的"解决"、"支持"、"不准"、"不能"等语言,都毫不含糊地表明了组织的功利取向和行文目的,使用的都是语义单一的"字表义"。这样才能避免理解和执行出现混乱。

第三,强调写实性、客观性,而非虚拟性、主观性。公文语言要求真实、客观地直接表述指称对象的性质、特征和状态,一是一二是二,不夸大不缩小,不要想象和虚构,不要文学中的暗示、隐喻、象征等表述方式。如"总产值逐年递增10%",而不用"总产值像芝麻开花节节高"。公文所表达的组织功利意图和行文目的是确定的、实际的,是指客观实践活动要付诸实施的,其语言运用必须有利于实现行文目的。

(2)用语必须便于实践操作

公文表达的内容是客观实践的需要,行文的目的在于付诸实践。不符合行文目的的用语、不便于阅读理解的用语均难以操作,甚至会在实践中导致误解、纠纷或麻烦。因此,在公文撰拟中,特别要讲究确定、周延和具体。

确定,就是对事物的判断明确,赞成什么、不赞成什么、要求什么、要做什么和怎样去做都是明确的,允许的正确范围是明确的。

周延,就是公文表述的内容要周全严密,针对特定问题出现的所有可能现象都有相应的处置办法,不留漏洞。

具体,就是表述要明确而不笼统、不抽象,具有特定所指而不是浮泛无所指。如将"取得重大科技创新成果者,给予适当奖励"改为"取得重大科技创新成果,产生千万元以上经济效益者,给予百万元大奖;取得千万元以下百万元以上的经济效益者,给予十万元大奖"。这就提出了明确的数据指标,其激励性和影响力也大得多。20世纪70年代末我国有一次工资调整,当时的调资比例是企事业单位总人数的20%,调资条件有三点:一是工龄长短,二是贡献大小,三是技术高低。理解起来似无困难,但是具体执行中却难以操作,因为贡献大小、技术高低都是相对的。最后不少单位只好用平均每人加几块钱的办法来平息矛盾。这与领导者决策的本意大相径庭。此后,历次的工资调整就不再采用这种相对指标,而使用绝对年限或绝对条件。

2.语言特色

公文语体的特色是庄重、严谨、准确、精练。

(1)庄重,用语既合乎语法规范,又郑重而褒贬分明,能充分体现行文机关处理公务的严正立场和严肃态度。经常使用公文习惯用语也是公文语言庄重的体现,如表示缘由的用语(根据、遵照、为了、近查、兹奉等),承办用语(经、业经、兹经)等。但如果滥用"惯用套语",就会陷入一种僵化的八股俗套。

(2)严谨,是指用语必须审慎精密、符合逻辑。公文一字一句,事关重大,既不能粗疏错漏,更不能前后矛盾。要求恰如其分地限制表达的范围,注意句子的前后照应,安排词句的语序要合乎逻辑。

(3)准确,既是公文语言的主要特征,也是公文语言运用的基本要求。公文是务实的文件,事实必须核准,问题必须抓准,用语必须扣准,决不能模棱两可,发生歧义,更不能言过其实,夸大缩小。对事物的质和量都应该使用表示确切概念的词语,每个词、每句话都要有明确、4肯定的含义,有稳定的质的规定性,用语的内涵和外延必须确定。否则,就难以兑现落实。

(4)精练,是指要言不烦、文字简练,用较少的语言表达丰富的内容,做到"文简而意丰"。既不能啰嗦,也不能苟简。公文是推动行政工作、处理实际问题的一种手段,自然要求言简意赅，不能长篇大论。但过于原则概括，或随意苟简，也会造成语义不清，难以解决实际问题。为了使公文语言精练，公文常用一些成语、熟语、文言词和简称。简称不能滥用，公文中的任何概念都应力求使用全称，没有特定的环境不能使用简称。年、月、日均要具体写明，机关、事物名称都不能随意简称。那么，如何做到简练？

一是认识明确，思路清晰严密，分清主次。语言繁冗、累赘多是认识不清所致。二是力戒空话套话，要开门见山，直截了当。三是避免重复啰嗦和生僻艰涩，必须让阅文者看得懂，有利于阅文者理解与执行，从而提高办公效率。四是句法简洁单一，一般用陈述句、祈使句，简明地表达"是什么"、"做什么"、"不做什么"、"怎么做"等。五是准确运用节缩语。

### （四）公文的特征和作用

公文作为传达和贯彻党和国家的方针政策、联系各级机关、处理各类公务的工具，体现组织的意志，表达组织的主张，显现组织活动的行为目的。作为机关和单位的喉舌，公务文书的本质属性是工具性。它具有"四性"：作者的法定性、内容的权威性、读者的定向性和体式的规范性。最根本的特征是法定的权威性。

公文最主要的功能是管理功能。具体来说有布政明法、事务管理、公务联系、宣传教育、凭证依据等多种作用。

### （五）公文写作的思维特点

从思维的角度看，公文写作与文学创作有诸多质的差异。

1. 思维动因的指令性

在文学创作中，往往是作者被某一生活原型或某一原始生活素材所吸引，从而有意识地调动丰富的生活积累进行加工、虚构、概括，逐步形成创作意图，激起强烈的创作欲望。常常伴随着一种情不自禁、文思激涌、不吐不快的情绪状态。简单地说，文学创作的思维动因就是作者的创作欲望，具有很强的主动性和自觉性。而公文写作往往遵命于他人，其思维动因则是领导交待、文件规定、上级部署或是集体研究决定，具有明显的指令性。虽然公文写作没有自主权，但写作时却要求拟稿者充分发挥积极性和创造性，依据领导意图或决策层旨意、批示精神自觉主动地开展工作，提高工作的预见性。

2. 思维过程的规约性

公文写作和文学创作的思维过程基本一致，都是开放的、动态的思维与语言的双向运动。文学创作的思维一经启动，便可以上天入地地寻求，极尽想象，以获得理想的艺术效果。而公文写作主体的思维受固定程式约束，必须根据一定的方针政策，以他人的意图来结构文章，具有较强的规约性和浓厚的模式意识，一般都按程式进行，采用规范的语言，在规定的时间内完成，在特定的空间发挥效用。公文程式是受公文内容制约的，公文内容的实用性、政策性及法定的权威性决定了公文程式的独特性。这并不是说我们就不能在体式上有所创新，公文的写作可以像建房一样，用同样的材料，建成不同风格的建筑，这也是公文撰拟者创造力强弱的集中体现。

3.思维方式的理论性

文学创作中的思维一般不脱离具体的形象,主要是依靠对事物的具体形象的回想、联想等来激发作者的创作欲望。而公文写作的最高目的是运用理论思维分析研究问题,形成路线、方针、政策以指导实践,改造客观世界。公文写作中要形成正确的有价值的观点,不能凭空想象,要在客观实际和大量材料中经过反复的思考以及正确的分析综合和归纳概括才能提炼出来。

4.思维主体的非我性

公文有法定的作者,这个作者是指依法成立并能以自己的名义行使权利和承担义务的组织,或担负一定职务的负责人。作者只是公文写作的"代言人",没有著作权,当然不能凭主观意向进行写作,往往要受到现行方针、政策及有关法律规定的制约,受到领导、决策部门、约稿单位或约稿人的制约,受到实际情况、群众意愿和行文规则的制约。这就要求公文执笔者处理好自然作者、法定作者、代言作者的关系,把个人的思维调整到一般人、某一群体或他人的思维轨道上去,用一般人或他人的思维去主导写作。公文的执笔者不能表露个人的观点和感情色彩,只能表达上级机关的精神和领导的旨意,体现的是"群体"思想意识和价值取向。这与文学创作截然不同。对文学创作而言,作者在作品中可以而且应该充分表现个性特征。公文写作人员在写作时要注意的不是表现自己的思维个性,而是在思维的流向、思维的广度、思维的深度、思维的频度上努力与被"代言者"趋近,努力体现被"代言者"的思维特色。

简言之,公文写作有以下六个特点:被动写作,遵命性强;对象明确,针对性强;集思广益,群体性强;决策之作,政策性强;急迫之作,时限性强;讲究格式,规范性强。

### (六)公文写作者的必备素质

1.政治素质过硬

要求写作者具有明确的政治方向、坚定的政治立场、敏锐的政治洞察力和政治鉴别力。要严守纪律,遵守保密制度。

2.政策水平较高

公文写作离不开政策的指导和保证,政策的实施效应与公文质量密不可分。在一定程度上,公文写作就是执行政策、依靠政策、理解政策、表达政策的过程。因此,公文写作者应有较高的政策水平,并是政策的自觉维护者和执行者。

3.熟悉业务和机关工作

好的公文写作者应具备扎实的业务知识,熟悉机关和单位工作情况。否则,难以写出合格的公文。

4.有较宽的知识面

公文写作者应当具备广博的知识,除了一定的社会科学和自然科学知识,还要紧紧围绕自己服务的单位、部门和工作内容,努力拓宽知识面。

**5.有较好的文字功底**

语言文字是公文的要素之一。宣事说明、表情达意都需借助于文字才能发挥效用。因此,文字功底不扎实就难以胜任公文写作。

### (七)公务文书的稿本

**1.文稿**

(1)草稿:公文的原始稿件,不具备正式文件的效用。

(2)定稿:也称原稿,非指公文的原始草稿,而是指已经审核和签发的公文标准稿。是由领导人签发或经会议通过的最后完成稿,缮印发出的正本文件的标准依据。

**2.文本**

(1)正本:根据定稿印制的用以向外发出和贯彻执行的正式文本,即正式公文。

(2)副本:又称抄本,根据正本另行复制的正式公文,是发送给抄送机关的文件或复制出来刊登于报刊的文件。内容和形式与正本并无区别,主要是代替正本供传阅、参考、使用。

(3)存本:发文机关留存的印刷本。是作为对外发出的正本的样本留存查考使用的,不必盖印和签署。留一二份或三五份,视情而定。

(4)试行本:主要用于法规性文件,是法规性文件的一种特殊形式。试行本在试行期间同样具有法定效用。

(5)暂行本:主要用于法规性文件。在制发机关认为一时来不及制定详细周密的规定时先发一个暂行的文件执行。暂行本具有法定效用。

(6)修订本:已经发布生效的文件实行一段时间后,进行进一步修订再行发布使用的文本。修订本具有法定效用。

(7)不同文字文本:同一份文件,在形成的过程中,根据需要有时会有两种或两种以上文字的文件。

## 二、党政公文的一般格式和行文规则

公文格式是由公文的组成部分(要素)及其在公文中的位置、文字规范、书写方式等构成的法定体式,也是公文外形规范化、标准化、区别于其他文体的显著标志。按格式就能直接识别党政公文种类、处理要求,有利于公文的归档、立卷与检索。行文规则是法定的规范,能够确保公文有序、高效运行。

### (一)一般格式

**1.公文纸张及排版印制要求**

(1)采用国际标准 A4 型用纸(210mm×297mm)。

(2)正文用 3 号仿宋体,标题用 2 号小标宋,文中如有小标题可用 3 号小标宋体字或黑体字,从左至右横写横排,一般每面排 22 行,每行排 28 个字。特定情况可作适当调整。

双面印刷。

**2. 公文要素**

公文一般由份号、密级和保密期限、紧急程度、发文机关标志、发文字号、签发人、标题、主送机关、正文、附件说明、发文机关署名、成文日期、印章、附注、附件、抄送机关、印发机关和印发日期、页码等组成。

新国标将组成公文的各要素划分为"版头"、"主体"、"版记"三部分。置于公文首页红色分隔线以上的各要素统称版头,如公文之"头";中间各要素统称主体,如公文之"身";置于公文末页首条分隔线以下、末条分隔线以上的各要素统称版记,如公文之"脚"。

**3. 版头**

由份号、密级和保密期限、紧急程度、发文机关标志、发文字号、签发人等要素组成。

(1)份号。公文印制份数的顺序号。涉密公文应当标注份号。

(2)密级和保密期限。公文的秘密等级和保密的期限。涉密公文应当根据涉密程度分别标注"绝密"、"机密"、"秘密"和保密期限。

(3)紧急程度。公文送达和办理的时限要求。根据紧急程度,紧急公文应当分别标注"特急"或"加急",电报应当分别标注"特提"、"特急"、"加急"或"平急"。

(4)发文机关标志。由发文机关全称或者规范化简称加"文件"二字组成,也可以使用发文机关全称或者规范化简称。联合行文时,发文机关标志可以并用联合发文机关名称,也可以单独用主办机关名称。

(5)发文字号。简称文号,由发文机关代字、年份、发文顺序号组成。联合行文时,使用主办机关的发文字号。

发文字号是发文机关按照发文顺序编排的顺序号。由发文机关代字、年份、发文顺序号加"号"组成。年份、序号用阿拉伯数字标识。年份应标全称,用六角括号"〔 〕"括入,切忌误用"[ ]"、"【 】"或"( )"。注意六角括号不是数学公式的中括号,因为当引用公文时,标题后面的发文字号要用圆括号"( )"括起,如果年份用中括号括起,就违反了低级符号中不得包含高级符号的原则。遗憾的是,不少公文写作书籍和实践中文件误标"[ ]"的现象仍时有所见。序号是发文的流水号,不编虚位(即1不编为001),不加"第"字。发文字号可喻为文件的身份证,储存着基本信息。例如,"浙政发〔2024〕6号"表明是浙江省人民政府2024年制发的第六份文件。文秘部门编写发文字号,防止重号、漏号和错号。

联合行文时,使用主办机关的发文字号。发文字号编排在发文机关标识下空二行,居中排布。发文字号之下4mm处印一条与版心等宽的红色分隔线。

(6)签发人。上行文应当标注签发人姓名。

**4. 主体**

由公文标题、主送机关、正文、附件说明、发文机关署名、成文时间、印章、附注、附件等要素组成。

(1)标题。由发文机关名称、事由和文种组成,应当准确简要地概括公文的主要内容并标明公文种类。发文机关与事由之间加个介词(以"关于"最常见,另有"对、在、为、给"

等)。除法规、规章和规范性文件名称加书名号外,一般不用标点符号。可分一行或多行居中排布;回行时,要做到词意完整、排列美观、间距恰当。

(2)主送机关。公文的主要受理机关,应当使用机关全称、规范化简称或者同类型机关统称。

(3)正文。属于公文的主体部分,表达公文的具体内容,体现发文机关的意图,是公文的核心。文中结构层次序数依次可以用"一、"、"(一)"、"1."、"(1)"标注;一般第一层用黑体字,第二层用楷体字,第三层和第四层用仿宋体字标注。

(4)附件说明。公文如有附件,应当在正文之后、成文日期之前写上附件名称。如有多个附件,使用阿拉伯数字标注附件顺序号;附件名称不带书名号,后不加标点符号。如"附件:1.×××××"。

(5)发文机关署名。署发文机关全称或者规范化简称。

(6)成文日期。这是公文生效的时间。署会议通过或者发文机关负责人签发的日期,用阿拉伯数字标识。联合行文时,署最后签发机关负责人签发的日期。

(7)印章。这是证明公文效力的表现形式,也是公文的生效标志。包括发文机关印章或签署人姓名。公文中有发文机关署名的,应当加盖发文机关印章,并与署名机关相符。有特定发文机关标志的普发性公文和电报可以不加盖印章。除上述情形和纪要、签署负责人姓名的命令(令)外,不加盖印章的公文应视为无效。公文用印的位置在成文日期的上侧。要求上不压正文,下要骑年盖月。盖印不能歪斜、模糊。

当公文排版后所剩空白处不能容下印章时,应采取调整行距、字距的措施加以解决,务使印章与正文同处一面,以堵上私加公文也就是变造公文的漏洞。不得采取标识"此页无正文"的方法解决。

(8)附注。公文如有附注,应加圆括号标注在印章和成文日期之下,版记之上。附注指需要说明的其他事项,包括公文的发放范围、政府信息公开方式、联系人和联系电话等,如"此件发至县团级"、"此件可见报"等,不是对公文的内容作出解释或注释。

(9)附件。对公文正文的说明、补充或者参考资料。公文正文中有一些内容,如图表、名单、规定等,如穿插在公文正文中,往往隔断公文前后意思的联系而造成阅读不便。这就需要将其从正文中抽出作为公文的附件单独表述。它是公文的重要组成部分,与正文具有同等效力。

附件应当另面编排,并位于版记之前,与公文正文一起装订。附件有 2 件或以上的,在附件首页用阿拉伯数码标明序号;如果不能合订,在附件首页分别标明公文的发文字号和附件的序号。印发规章等公文或转发公文时,正文标题中已经标明所印发、转发的公文标题或主要内容的,文末不再将所印发或转发的公文列为附件。附件格式要求同正文。

5.版记

由抄送机关、印发机关、印发日期、页码等要素组成。

(1)抄送机关。除主送机关外需要执行或者知晓公文的其他机关,应当使用机关全称、规范化简称或者同类型机关统称。如有抄送机关,一般用 4 号仿宋体字,在印发机关和印发日期之上一行、左右各空一字编排。"抄送"二字后加全角冒号和抄送机关名称,不同性质或级别的机关间用逗号隔开,同级别之间用顿号隔开,回行时与冒号后的首字对齐,最后一个抄送机关名称后标句号。

按上级机关、平级机关、下级机关次序排列;同级机关之间一般按照党委、人大、政府、政协、军队、法院、检察院、人民团体、民主党派等次序排列。其顺序一般为:一行为上级机关;一行为党的机关、军事机关、人民团体、民主党派;一行为人大、政协、法院、检察院;一行为其他单位。既防止滥抄送,也防止漏抄送。

(2)印发机关和印发日期。公文的送印机关和送印日期。日期用阿拉伯数码标识,意在尽量缩小位置,以保证一行位置能容下印发机关和印发日期。

(3)页码。公文页数顺序号。公文使用的汉字、数字、外文字符、计量单位和标点符号等,按照有关国家标准和规定执行。民族自治地方的公文,可以并用汉字和当地通用的少数民族文字。公文用纸幅面采用国际标准 A4 型。特殊形式的公文用纸幅面,根据实际需要确定。另外,新国标对公文的特定格式——信函格式、命令(令)格式、纪要格式作了具体的规定。公文的版式按照新国标执行。

### 6.公文格式常见错情

(1)没有发文机关标识(非红头文件)。

(2)发文字号不规范。

(3)上行文(请示、报告、意见)没有签发人。

(4)公文标题缺要素,用词不当。

(5)正文有错别字,层次不当,字体字号不规范。

(6)附件格式不规范。

(7)日期格式不规范。

(8)抄送不规范(乱抄报、抄送领导个人、内部抄送)。

(9)版记要素不全、多余。

### 7.公文版式

常用公文版式,请扫码进行阅读。

公文版式示例

### (二)行文规则

建立正确的行文关系,遵守必要的行文规则,有利于公文传递方向正确、线路短捷有效,维护机关、部门、单位正常的领导和管理,避免行文混乱,防止"公文旅行",克服文牍主义,提高工作效率。

行文规则规定了各级机关、单位之间公文的授受关系和工作关系,这种关系是由各组织系统或专业系统的归属、地位、职责、权利范围等因素决定的,它对行文关系有决定性的影响,规定着公文传递的基本方向。按工作关系行文,有利于各个机关各司其职,不为无关信息所干扰,从而使各项工作有条不紊、高效运行。工作关系有如下类型:(1)处于同一组织系统的上级机关与下级机关存在领导与被领导关系。(2)处于同一专业系统的上级主管业务部门与下级主管业务部门之间存在指导与被指导关系。(3)处于同一组织系统或专业系统的同级机关之间的平行关系。(4)非同一组织系统、专业系统的机关之间,无论级别高低,均为不相隶属关系,如军事机关与各级地方人民政府。

行文规则归纳起来主要是以下几点。

1. 注意工作关系，尊重机关职权

如上所述，同一组织系统的上级机关对下级机关可以作指示、布置工作、提出要求；下级机关可以向直接的上级机关报告工作、提出请示，上级机关对请示事项应予研究答复。否则党和国家的方针、政策就难以层层贯彻落实。同一系统的上下级业务部门之间存在上下垂直的条条关系，其中有些部门属本级政府和上级部门双重领导，大部分和上级业务部门之间不属直接领导关系，不相隶属，但有业务指导关系。

超出本机关职责范围即为越权。如果干涉了别的机关事务，不仅在实践中行不通，而且会造成政令混乱。不相隶属的机关之间只能是商洽工作、通知事项、征询意见等，而不存在请示、报告或布置任务的性质。

2. 严控发文数量和范围

各级机关行文都必须本着"确有必要，注重效用"的原则，大力精减文件。凡是可发可不发的公文，坚决不发。应按公文内容确定发文范围。

3. 党政机关一般不得越级行文

党政机关要严格控制越级行文，以免打乱正常的隶属关系和工作业务联系。遇确有特殊情况，如发生重大事故、防汛救灾等突发事件或是上级领导现场办公时特别交待的问题，可越级行文，特事特办，但要抄送被越过的上级机关，以便上级机关了解情况或协助其办理有关事项。同样，上级机关或业务主管部门向下级行文时，一般也要按照直接的隶属关系而不应当越级。不越级行文体现了一级抓一级、一级对一级负责的原则。受文机关可将越级公文退回原呈报机关。

4. 政府部门慎向下级政府行文

政府各部门之间可相互行文，也可以向下一级政府的相关业务部门行文。但除以函的形式联系工作外，一般不得向下一级政府正式行文。

5. 授权行文

如果一个部门的业务需要下级政府和有关部门的支持与配合，按隶属关系和职责范围又不具备布置工作提出要求的权限，可向本级政府请示，经本级政府同意并授权后，向下级政府行文。在操作中，应将文稿拟好，由本部门领导签署，请本级政府分管领导审批。行文时在文首或文中注明"经×××政府同意"的字样。

6. 部门之间要协商一致或经上级裁决方可向下行文

有些问题往往牵涉几个部门，要从全局或整体利益出发，由有关方面充分协商或由上级裁决。如果某部门擅自行文，就构成侵权行为，会造成工作中的许多矛盾。上级机关有权责令纠正或下令撤销。现实中"文件打架"、"政出多门"时有发生，对此应提倡部门之间多协商、多对话、多沟通，通过联合行文或授权行文的方式解决。

7. 联合行文

一般来说，同级机关、部门或单位可以联合行文，不同级的不能联合行文。联合行文应当确有必要，且单位不宜过多。

### 8.请示行文

凡请示应当一文一事,因为机关或部门都有明确分工,各自只能办理职责范围内的事,如果一文数事,必然涉及几个主管部门,容易导致互相推诿、扯皮。一般只写一个主送机关,相关的机关或部门采用抄送形式,以便主办机关征求意见或会签。因为多头呈送会造成机关之间相互等待或意见不一,增加协调难度,影响工作效率。请示内容是未决事项,在上级机关批复之前,其内容并不生效,因此不能同时抄送下级机关,以免造成工作混乱。

不得在报告中夹带请示事项,以免贻误工作。"报告"和"请示"是两种不同的文种,不能混用。如果既想汇报工作,让上级掌握,又想请示解决问题,一般有两种办法解决:一是将"报告"和"请示"分开,形成两份公文分别上报;二是以请示为主,将报告的内容作为附件,附在请示后面作为背景材料,让上级了解请示的充分理由。

不得直接报送领导者个人。否则危害匪浅:一是未经文秘机构签收,成了"帐外公文",公文的流向、处理情况不得而知,成了"断线风筝"。二是领导同志也颇为难:批,没有部门的审批意见,只能以经验、凭感觉办事,往往失去决策的科学性;不批,可能影响报送单位的工作。三是现实中一些单位拿着直送领导的批示件当"尚方宝剑",借领导批示施加压力,引起矛盾。所以,领导同志一般不受理这类直报的请示,而退给文秘机构统一签收、分办,这便形成了公文"倒流",它破坏了公文处理的正常程序。如果是上级领导个别交办、答应的事项,由此而上报的"请示",也应主送该领导所在的机关,并在公文中作出说明,收文机关自然会分送该领导。

### 9.各级办公厅(室)的行文

办公厅(室)是政府、党政机关的综合办事机构,向下行文具有授权行文的性质(内部事务除外),必须把握好职权范围和授权范围。它常常是代表所隶属的领导机关行使职权,在文首或文中标注"经×××同意"的字样,与本级政府和本部门的公文具有同等效力,下级应贯彻执行。

### 10.在报刊上发布的法规性公文

经批准在报刊上全文发布的行政法规和规章,应视为正式公文依照执行,可不再行文。同时,可由发文机关印制少量文本,供存档备查。

### 11.由文秘机构统一处理

机关和单位都设有专司公文处理的文秘机构或配备专人负责。无论是公文收进或发出,都经过一个口子把关,才能保证公文有序运转,提高办事效率,保证公文质量。公文的正常流程应该是:"收"由文秘机构统一签收,拆封,清点分类,登记,拟办,分办,催办;"发"由文秘机构统一核稿,分送领导签批,然后再回到文秘机构登记编号,缮印,校对,用印,分发。分发前,要经过复核或第一读者认真阅读无误后,才可照单分发。

### 三、忧喜俱报多叙议——报告

#### (一)文种透视

报告是最常用的上行文,在中下级机关中普遍使用。其适用于向上级机关汇报工作、反映情况或答复上级机关的询问,还可用来向上级机关报送文件和物品。所以在传播经验、提供信息、辅助决策、反馈结果、凭证备查等方面,报告起着重要的作用。报告一般以单位名义行文,有时也以负责人个人名义汇报工作。

需要注意的是,有些专业部门使用的报告文书,例如"调查报告"、"审计报告"、"咨询报告"、"立案报告"、"评估报告"等,虽然标题也有"报告"二字,但其概念、性质和写作要求与公文中的报告不同,不属于狭义公文范畴。当然调查报告也可归为广义公文,是机关常用文书。

1.特点

(1)汇报性。下级向上级机关或业务主管部门汇报工作,以便上级掌握情况并及时给予指导。故报告重在汇报,反映事实,传递信息而不要求上级回复。

(2)陈述性。报告以概括叙述为主要表达方式,要求将事实叙述清楚,陈述其事,使下情上达。

(3)单向性。报告是上行文,都是下级机关向上级报送信息的,也不含期复的内容,所以行文方向明确,呈现出单向性。

2.类型

报告按性质划分,可分为工作报告、情况报告、答询报告和递送报告四种。

(1)工作报告

工作报告用于向上级机关或部门汇报本单位某阶段开展某项工作或全面工作的情况,以使上级及时了解工作概貌,并取得支持和指导。它着眼于对前一阶段工作的总结,同时一般性地分析存在的问题,并有针对性地提出下步工作意见。

工作报告包括专题报告和综合性报告。专题报告用于汇报某一方面的工作,具有灵活性(不定期)、单一性、专一性,使用频率高于综合性报告。综合性报告多用于定期汇报本单位的全面工作,如年报、季报、月报等,一般篇幅较大,内容广泛,故要求较高,写作难度也大。各级政府向同级人大所作的"政府工作报告"也属综合性报告,分基本情况、成绩经验、不足和未来规划等部分,即采用工作总结和计划结合的形式。

(2)情况报告

情况报告用于向上级机关反映本单位发现的重大事件或在一定范围内带有倾向性的情况,如意外事故和突发事件、群众意见和思想动态、先进人物和事迹等。情况报告不局限于某一具体工作,不讲工作的进展情况,只讲客观存在的或突然发生的情况。它与工作报告明显不同:后者报告某项工作或某阶段的工作情况,或者工作结果。

(3)答询报告

答询报告用于答复上级查询的事项,又称"上复报告",如答复文件材料、群众来信里反映的问题、上级批示查办的有关事项等。工作报告和情况报告一般由下级机关主动作出,而答询报告则是上级要求下级回复的。

(4)递送报告

递送报告用于向上级报送文件、物品、资料等,一般用一两句话说明所呈何事、所送何物,"请审阅(核)"、"查收"即可。也叫随文报告。

值得指出的是,早在2000年,《国家行政机关公文处理办法》就已删除原先"报告"中"提出意见和建议"的功能,新增"意见"文种取而代之。换言之,向上级机关提出工作意见或建议,希望上级采纳并转发给同级机关或不相隶属机关共同办理执行的"建议报告"(呈转报告)早已废止不用,必须改用"意见"行文。以前惯用的尾语"以上报告如无不妥,请批转各地各部门执行"不再出现,而换成"以上意见如无不妥,请批转各地、各部门执行"。

### (二)写作要领

#### 1.把握程式

报告大体由报告引据和报告事项构成。引据即开头,简明扼要地把一定时间内的工作或情况作一概述,也可陈述有关背景或缘由。然后以过渡语"为此,特作如下报告"、"现将有关情况报告如下"、"兹报告如下"、"现将……事故处理情况汇报如下,请审查"、"所询关于……一事,现答复如下"等开启下文,其后用冒号句号皆可。报告事项要求简明有序地将工作或情况表述清楚,并加必要分析、议论。较复杂的报告应分条开列。然后用"以上报告如有不妥(当),请指示"、"专(特)此报告"、"请审阅"、"请审查(用于政策方面)"、"请审核(用于财经、物资方面)"等收尾,另起一行。

结构上多采用三段式,常见的有以下三种模式。

(1)基本情况——成绩、经验和做法——不足和设想。

(2)问题(错误)——原因(主客观原因、直接间接原因)和责任(主责、次责)——处理结果和今后意见。

(3)情况——问题——打算或建议。

情况报告应该是体现"情、因、策"的报告——出现了什么情况?为何会出现这种情况?如何破解、怎样应对这种情况?

行文思路:陈述情况——分析原因——提出对策(措施或建议)。

#### 2.点面相得,疏密有致

"点"指反映局部问题、个别事例、特殊情况的材料;"面"指反映整体概貌、一般情况的概括性材料。尤其是综合性报告,涉及面广,所以在筛选和组织材料时,应兼顾点面,互为补充,相辅相成,俾使内容充实具体、说服力强。若有点无面,则显得零碎,予人以纷乱感;若有面无点,内容就平板干瘪,缺乏深度和力度。

组织和安排材料时不能平均用力,必须重点突出、详略得当、主次分明。能够影响全局工作、对当前或今后工作有重要指导作用的材料,能够充分显现本单位工作成效、状况和水平的材料,能够反映本地区、本部门带普遍性或倾向性问题的材料,应浓墨叙写,使之居突出和主导地位,而一般性材料则略写甚至不写。

**3.理从事出**

既要通过具体材料和确凿数据陈述事实,又要进行精要的分析、议论,提炼经验或揭示问题的实质,指明解决办法。有事无理则成流水账,有理无事则失之空泛,言之无物。总之,一篇优秀的报告应是"事"、"理"的高度统一。

**4.实、快、专**

表述工作过程和成绩以及反映情况时,必须实事求是,认真核实材料。有喜报喜,有忧报忧,切忌言过其实、添枝加叶,随意扬善或隐恶,提供虚假信息瞒骗上级,导致上级决策失误。力戒套话、废话。专题报告要做到一事一报,专题专写。围绕主旨选材,不枝不蔓,内容集中、单一,便于领导了解,从而有针对性地作出处理。此外,专题报告速度要快。发现新问题、新动态尽早汇报,以使上级迅速掌握情况,作出决策,及时指导工作。否则时过境迁,不但失去报告的价值,还可能造成损失。有的事件在书面报告前要先作电话报告。

**5.请报分明**

《党政机关公文处理工作条例》规定,报告不得夹带请示事项,因为上级对报告是不回复的。更不能糅合"报告"与"请示"两个文种,写成不伦不类的"请示报告"。另外,一般情况下,不得越级报告,以免打乱正常的公文办理程序。

**(三)病文诊误**

**1.病文**

<h3 style="text-align:center">加强校园安全防范工作总结报告</h3>

为了彻底清理校园周边环境,保障校园教学秩序的正常进行,××派出所根据分局《关于加强校园安全防范工作的紧急通知》,组织民警对辖区内各学校进行了安全检查。

一、接《通知》后,我所立即组织各学校负责人,通过座谈会的形式,由所长李×亲自将××县小学生刘×被杀一事通报给各位负责人,希望各学校以此次惨案为教训,结合辖区民警,认真落实对学校的检查工作和对学生的帮教活动,着力解决当前学校及周边存在的突出问题,及时上报存在的不安定因素,落实领导责任制,确保正常的教学秩序和良好的学习环境。

二、座谈会后,认真组织民警结合学校保卫部门做好安全大检查工作。1.首先,由所长李×、指导员张××带领部分民警组成法制宣传小组,经常到各个学校进行法制宣传和安全教育,引导学生们辨清是非,懂晓违法和犯错误的界限,力求做到人人知法、懂法、守法,同时提高教职工和学生的安全防范和自我保护意识;再由外勤民警与辖区的在校学生中一些经常旷课或犯错的所谓"边缘少年"结成帮教小组,及时对他们进行重点引导和教育,杜绝青少年犯罪的发生。2.民警和保卫部门一起对学校的宿舍、食堂、试验室、仓库等重点部位进行一次大检查,杜绝引起灾害事故的隐患。3.副所长程×带队,对学校附近的网吧进行集中检查、清理,对附近的小商店也进行了统一的检查治理,对一些经常允许学生赊账的商店进行了批评教育。

三、在此次大检查中:1.共组织检查人员 30 人次;2.召开法制宣传和安全教育会议 7 次;3.查小学 2 所,中学 1 所,中专 1 所;4.查暂住人员 43 人,办理暂住证 39 人;5.查出租房屋 62 间,办理治安许可证 10 户(电子游戏室、台球室、录像厅);6.查网吧 16 家(发现不同程度地存在火灾隐患,且大部分网吧内有许多中小学生上网);7.学校内部主要的不安全因素是有时有大孩劫小孩钱财的事件发生;8.学校周围的不稳定因素是学校附近的小商贩太多,卖的东西不太健康,还允许学生赊账,容易诱发学生偷钱、抢钱,也影响了交通。拟结合办事处和城管部门对其进行彻底清理。

此次的安全大检查使各单位进一步提高了思想认识,增强了学校的责任意识,完善了学校的保卫制度,使学校内部和周边的治安进一步得到了改善,确保了正常的教学秩序和良好的学习环境,在学校、学生和家长中得到一致好评。

××派出所

××××年四月十二日

**2.诊误**

这篇似是而非的"总结报告"有很多问题。

(1)文种不清。是"总结"还是"报告"不清楚,同时因为缺少主送机关,更加混淆了两个文种。总结性报告不能归为总结而应归为报告,故删去标题中"总结"两字。当然,本文可以写成总结,那就是事务文书了,不是法定公文里的"报告"了。

(2)主旨不明。开头一段没有点明全文主旨,即开展这项工作所取得的效果如何。下面各层段也没有层旨和段旨。每一层、段只是叙述和说明有关情况及结果,而没有对其进行分析,并得出一个结论即归纳出做法来。

(3)材料归类不科学。如第三段把对校园内的安全检查与对学校周边环境的治理混在一起,第四段把开展工作的情况和对学校内不安全因素的分析混在一起。

此外,开头和主体之间缺少"现将有关情况报告如下"这一过渡句;没有尾语;成文时间没有用阿拉伯数字。文中还有一些语病。

如将本文视为一篇报告,可改写如下:

**关于加强校园安全防范工作的报告**

××公安分局:

为了彻底清理校园周边环境的不安全因素,保障校园正常教学秩序,根据分局《关于加强校园安全防范工作的紧急通知》要求,我所组织民警对辖区内各学校进行了安全检查,对学校周围环境进行了集中的清理和整顿,取得了良好的效果。现将有关情况报告如下。

### 一、做好动员，取得支持，为开展安全检查工作奠定基础

接《通知》后，我所立即召开了由各学校负责人参加的座谈会进行动员。会上由所长李×亲自将××县小学生刘×被害一案的案情作了通报，并传达了省市各级领导的指示精神，通报了派出所开展校园安全防范活动的打算，希望各学校以此次惨案为教训，配合辖区民警，认真落实对学校的检查工作和对学生的帮教活动，着力解决当前学校及周边存在的突出问题，及时上报存在的不安定因素，落实领导责任制，确保正常的教学秩序和良好的学习环境。座谈会上，各学校负责人纷纷表示支持派出所的工作，一定全力配合，并决定由一名副校长专门负责，从而为下一步顺利开展此项工作奠定了良好的基础。

### 二、所长带头，检查学校安全工作，开展教育，杜绝隐患

座谈会后，我们迅速会同学校保卫部门对各校开展安全大检查工作。

1. 开展法制宣传和安全教育。由所长李×、指导员张××带领部分民警组成法制宣传小组，经常到各校进行法制宣传和安全教育，引导学生辨清是非，弄清违法犯罪和犯错误的界限，力求做到人人知法、懂法、守法，同时提高教职工和学生的安全防范和自我保护意识。

2. 对重点学生进行帮教。由外勤民警与辖区的在校学生中一些经常旷课或犯错的"边缘少年"结成帮教小组，及时对他们进行重点引导和教育，杜绝青少年违法犯罪的发生。在检查中还了解到，目前各校时有年龄大的学生抢劫小的学生钱财的事件发生，这是学校内部主要的不安全因素。对此，由外勤民警结合班主任进行了解，并对重点学生进行教育帮助。

3. 消除重点部位隐患。民警和保卫部门一起对学校的宿舍、食堂、试验室、仓库等重点部位进行一次大检查，消除了引发灾害事故的隐患。

在此次大检查中，共召开法制宣传和安全教育会议7次，检查小学2所、中学1所、中专1所。对附近的小商店也进行了统一的检查治理，对一些经常允许学生赊账的商店进行了批评教育。

### 三、加强治理整顿，净化周边环境

在对各校进行安全检查的同时，我们还由副所长程×带队，对每个学校的周边环境进行了集中检查、清理和整顿。

1. 清查各类暂住人员。共清查暂住人员43人，办理暂住证39人，检查出租房屋62间，办理治安许可证10户。

2. 加强对网吧的管理。在对学校附近的16家网吧进行检查时，针对其存在的火灾安全隐患和允许未成年人上网的问题进行了批评和教育，对火灾隐患严重的7家发出了整改通告书，同时要求所有网吧必须遵守国家有关规定，不得接纳未成年人入内。

3. 对有关商贩进行检查和教育。由于学校附近的小商贩太多，卖的东西不

太健康,有的还允许学生赊账,容易诱发学生偷钱、抢钱,是学校周围不安定的主要因素。对此,我们组织民警对有关商贩进行了检查和批评教育。并结合办事处和城管部门,对无证和占道经营的商贩进行了彻底清理。

通过此次安全大检查,辖区各单位进一步提高了思想认识,增强了责任感,完善了保卫制度,各个学校内部和周边的治安进一步得到了改善,维护了正常的教学秩序和良好的学习环境,受到了学生和家长的一致好评。

特此报告。

××派出所

××××年 4 月 12 日

改写稿突出了主旨。开头有"取得了良好的效果"一句,各层、段还有层旨和段旨,因而层次划分显得清楚、有序。当然,本文也可以采取另外的材料分类或层次划分方法,如"领导带头,抽调精干人员;动员教育,取得师生配合;精心组织,开展检查整顿"等。

## 四、香烧一股敬一佛——请示

### (一)文种透视

请示是就有关问题向上级机关请求指示、批准时使用的上行公文。其使用频率较高,适用范围较广。

一般来说,以下情况需要请示:(1)涉及方针、政策界限等方面的重大问题,请求上级给予明确和具体的解释;(2)某项工作中遇到困难,需要上级给予指示和支持;(3)工作中遇到新情况、新问题而无章可循时;(4)本单位意见分歧、无法统一执行,需上级做出裁决的问题;(5)超出本机关职权范围的一切事(如机构设置、人员定编、财政支出、资产购置等);(6)因本单位情况特殊,难以执行上级的统一要求,需要变通处理;等等。

总之,凡本机关无权决定、无力解决或按规定必须由上级主管部门审核、批准后才能办理的事项,都必须向上级请示;而在职权范围内,有能力并有明文规定可办理的事项,不必请示。同一系统、同级单位、同样事项,可联合行文请示;不同系统的单位请示同样事项时,要分别行文。

1.特点

(1)祈请性。所谓祈请性是指本机关、本部门打算办理某项事情,而自己却无权决定,或者无力去做,或者不知应不应办,必须请求上级主管部门批准、同意后方可办理。凡属职权范围内的一般问题不随意请示。

(2)单一性。一件请示只能就某一个方面的问题或某一件事项向上级请示,一文一事。如果请示的是几件事,则必须是与同一个问题密切相关的几个方面,必须是所请示的上级能予一次性批复或解决的。同时,一份请示只能主送一个上级主管机关。

(3)期复性。请示的行文目的是请求上级批准,解决某个具体问题,请求作出明确答复。下级送请示,上级必有批复,而且要及时。

(4)前置性。请示必须事前行文,只有在上级作出批复后才能付诸实施,按上级意见进行工作、处理问题。

**2.类型**

根据目的和性质的不同,请示通常可分为三类。

(1)求指请示。即请求指示的请示,侧重于政策法令方面。适用于本单位在工作中遇到某些政策不明或疑难问题,无章可循且关系重大,须领导机关给予指示,或因情况特殊难以执行现规定,提出政策性措施,要待上级批示后再行实施的情况。

(2)求准请示。即请求批准的请示,侧重于具体事务方面。适用于为实现上级交办的事项,或实施本单位重要项目而缺少人力、财力、物力,需要上级帮助解决,报请上级批准调拨的情况。

(3)求转请示。即请求批转的请示。下级机关或业务部门就某一带普遍性的工作制定出办法或措施后,因职权范围所限,无权要求有关单位予以贯彻落实,故请求上级批准转发。一旦被批转,就转化为上级的决策和意见,有关单位必须照此办理。

**(二)写作要领**

**1.把握程式**

作为呈(陈)请性公文,"请示"意即"请求指示",故标题中避免使用"申请"、"请求批准"、"要求解决"之类词语,以免重复。

正文采用因果式结构:请示缘由＋事项＋尾语。先写明请示的原因、背景,或依据、出发点,即运用叙议结合的方式写清"为何请示"。然后写明要求指示、批准或批转的具体事项。讲清情况和困难,或提出自己的意见,供上级审批。内容少的请示,可一段到底。尾语单独一行,惯用"妥否,请批示(复)"、"特此请示"、"请批准(指示)"、"特此请示,望批"、"当否,请批复"、"上述意见如无不当,请批转有关部门执行"等作结。

**2.香烧一股,佛敬一尊**

所谓"香烧一股",是指必须一文一事。所请事项必须是同一性质的事。反之,一文数事,往往涉及多个部门,问题无法得到及时解决,造成延时误事。所谓"佛敬一尊",是指主送机关只有一个,即只送一家,不能多头请示,以免出现主办机关和协办机关责任不明、互相推诿,或批复不一导致下级难以适从的情况。

受多重领导的单位要根据请示内容和主管机关的性质认定一个受文对象行文。对另一上级采用抄送形式,以便其了解情况。有的单位认为同时向上级几个部门报送一个请示能够引起重视,殊不知这是一个误区,反会贻误工作。

**3.理足事明**

首先,反复斟酌选准角度,突出所请事项的必要性、重要性、必然性、特殊性、紧迫性、严重性(还可考虑经济性),使请示理由显得十分充足、完备,富有说服力,这是请示写作成功的关键。为此,可运用一些确凿数据、对比笔法陈述理由,力争上级批准。注意做好调研工作,把握政策方向,这是大前提。请示就是要提出合理的客观的理由,否则难以批准。

以"关于增加招生经费的请示"为例,要提出目的、意义和重要性,要把这种重要性提高到学校生存发展的战略高度,并结合形势和本校的具体情况进行分析、阐述和论证。具体地说,要从生源竞争的激烈程度、校际招生经费的对比、投入大小与招生成败之间的关系等方面来论证增加经费的必要性和紧迫性。论证得好,制文单位提出的请求事项在全局工作中的重要位置就得到充分的肯定,领导才会意识到其重要性。请示事项这个"点"在上级领导心中是否有分量,就在于它与工作大局这个"面"的关系是否密切。在写作前,要正确认识本位与大局的关系;写作时,要结合大局阐述请示事项的目的、意义和作用,以期引起上级关注。这样的请示才具有针对性、务实性。当然不要盲目拔高,动辄上纲上线,这会引起领导反感。

值得注意的是,请示要力戒冗长,坚决摒弃那种貌全实空、读来费时费神的写法。所以理由要精,角度要准,可有可无、人所共知的理由不必饶舌,有时重要材料以附件形式出现。

其次,请求事项应具可行性和可操作性,可操作可落地;要具体明确,切忌笼统含混,让人不得要领。如果事项内容较多,可分清主次,逐条开列。另外,语气应谦恭,既不咄咄逼人,也不媚上取宠。

### 4.换位思考

请示的功夫就是善于从领导的角度、从大局的高度思考问题,科学、客观地分析谁所请示的事项是重的、急的。这里要强调的一点是,思考问题的思路、角度、方法等如果和领导保持一致,请示就容易被重视、被批准——研究领导的决策作风对请示写作而言是不可或缺的。写请示,其实也是一种和上级领导沟通信息的活动,它的目的是让上级了解本单位以及所请示事项的相关信息。应该在请示前、请示中和请示后都保持良好的沟通,重在平时,重在经常。

### 5.逐级请示

下级机关的请示只能按照隶属关系直接向主管机关发文请示,不得向无隶属关系的机关请示,因为只有具有隶属关系的直接主管机关才有资格和权力批复。一般不能越级请示。如因情况特殊或紧急事项必须越级请示时,要同时抄送被越过的直接上级。几个同级单位为同一事项需向同系统上级机关请示时,可联合行文。联合请示应做好会签。

另外,除领导直接交办的事项外,请示不得直送领导个人。

### (三)病文诊误

### 1.病文

**×县××乡人民政府**

**关于启动林业"生态"工程的请示报告**

县委、县人民政府、县林业局:

我乡位于×县的北部山区,山大坡陡,幅员辽阔,全乡幅员面积 200240 亩,其中林地面积 106826 亩,占全乡幅员面积的 50% 以上。由于多方面的原因,我乡的 106826 亩林地面积中 90％的林地属灌杂木、炭薪木和荒山草坡,而用材林和经济林只占林地面积的 10％。

在第十一个百日战役中,我们发动群众投入了大量的人力、财力,实行"政府出苗、群众出力,成片造林与零星植树"相结合的办法。十年来共投入资金 5 万多元,投劳 20 余万个,成片造林 500 亩,零星植树 200 多万株,增大了我乡的森林覆盖率。但由于我乡属全县八大特困乡之一,本级财政十分困难,不能满足造林资金的投入,尽管做了大量扎实的工作,但仍然没有形成规模和气候,大量的灌杂木和草山荒坡需要我们去改造。

目前,政府下定决心,群众的积极性空前高涨,在这天时地利人和的情况下,我们特提出书面申请,从今年起启动林业"生态"工程 10000 亩。

特此请示报告。

××乡人民政府

××××年五月二日

2.诊误

(1)标题不妥,文种误用。请示事由概括不清,"请示报告"无此用法。可改为:×县××乡人民政府关于"林业生态工程"启动资金的请示。

(2)多头主送。宜删去"县委、县林业局"。顶格写。

(3)请示事项模糊。请示原因太琐,而所请何事语焉不详。应在文末写清申请启动资金多少万元。

(4)语言芜杂。如正文第二至第四行的"全乡幅员面积的"、"林地面积的"可删。第六行双引号应放在"合"字后。尾语"报告"两字多余。

## 五、公文骑兵威力大——通知

### (一)文种透视

通知具有指示性、知照性和中转性,是党政机关、企事业单位最常用的一种公文。在党和国家历次发布的公文处理法规中,一直将其列为主要公文种类之一。从实际情况来看,通知是党政机关和企事业单位使用频率最高、适用范围最广的一个文种。通知适用于批转下级机关公文,转发上级机关和不相隶属机关的公文,发布、传达要求下级机关办理和需要有关单位周知或者执行的事项以及任免人员等。由此可见,通知的适用范围很广,呈现出多功能的特性。通知种类多、内容涉及面广,因此要根据其内容和性质正确地选用类别。

1.特点

(1)告知性。如上所言,告知性是通知的基本特点。相关信息、事项必须明白晓畅,传递到位。如告而不清,就失去了知照的作用。受文者手拿通知茫然无着,不知其然或所以然,就会误事。

（2）高频用。通知是公文中的"轻骑兵"，行文简便、写法灵活、种类多样、适应面广，故被高频使用。举凡转发、批转的通知，发布规章的通知，布置工作和任免人员的通知，党政军各级机关、企事业单位均可使用。作为各类公文中使用频率最高的文种，通知一般要占各级党政军机关收发总量的一半以上，有时甚至达到80%。有些特殊的通知，视不同情况冠以"重要"、"紧急"、"联合"、"补充"、"预备"等字样，表明性质。"联合通知"印制前，需由联合行文机关的主要领导人会签。绝不允许擅自冒用其他机关名义发出。

通知的行文方向灵活，可下行、平行，但不能上行。它主要是上级机关对下级机关行文时使用；向有关单位知照某些事项时（如告知机构变更和召开会议等），也可作平行文用。

（3）中转性。发布性通知将有关法规或规章以通知的名义颁布，形成了主件（通知）——附件（法规或规章）的外在结构模式，但实质上附件是行文目的所在，"通知"只起"文件头"的作用，将法规或规章"运载"出来。

批转性、转发性通知也有明显的中转性，带有附件。按来文方向具体分为三种情形：一是"转下"（上转下），将某一上级机关的公文批转给所属下级机关；二是"转上"（下转上），将上级机关的来文转发给所属下级机关；三是"转平"（平转平），将平级机关或无隶属机关的来文转发给所属下级机关。"转下"称为批转性通知，"转上"、"转平"均称为转发性通知。

2.类型

根据性质和使用范围，通知大体可分三种。

（1）颁转性通知。包括二类：①批转或转发性通知和印发性通知；②发布性通知。前者用于批转下级机关、上级机关或不相隶属机关的公文，或印发有关的文件材料，如领导人讲话、本机关的工作计划和总结等。如教育部关于印发《本科毕业论文（设计）抽检办法（试行）》的通知（教督〔2020〕5号）。后者用于发布法规和规章等。批转或转发性通知具有严格的等级性。批转是上级机关对下级机关好的办法、做法进行批示，以上级名义发下来的；转发是下级一层层转发上级机关的文件。下级机关对上级机关、平级机关或不相隶属机关的来文无权批准，只起传达作用。所以只能用"转发"或"印发"，而不能用"批转"。只有上级机关才能批转下级上报的公文。

（2）指令性通知。需要对下级交代工作、布置任务，要求其办理执行，但限于权限和内容不宜用"命令"行文，则大都采用这种指令性通知。

（3）事务性通知。需要下级周知或办理某些事项时使用，如举办纪念活动、召开会议、成立或撤销某个机构、变更机关名称或电话、任免人员、请下级报送有关材料等。

**（二）写作要领**

**1.转发性通知标题尽量直转，避免层转**

通知的标题一般是在事由之前用"关于"组成介词结构，使事由更加明确、突出。如果转发几个机关的联合发文，可标明一个主要的发文机关，其他用"等部门"表示。如《国务院办公厅关于转发教育部等部门"十四五"特殊教育发展提升行动计划的通知》（国办发〔2021〕60号）。

尤须指出的是,转发性通知的标题宜简洁、规范,不能出现多个"关于、通知"。有时可省略被批转公文的制发机关名称,如《国务院批转〈编辑干部业务职称暂行规定〉的通知》,暂行规定的制发机关新闻出版署、人事部在标题中被省略,而在正文中注明。为避免出现"关于……关于……"、"通知的通知",一般用"转发(印发)"、"批转"代替第一个"关于",并省略发文机关的文种"通知",如《浙江省人民政府办公厅转发国务院办公厅关于进一步实施法定计量单位文件的通知》,就很规范。层层转发的文件一般不加注书名号,否则标题套标题,符号套符号,烦琐不堪,如《××市关于转发〈省政府关于转发《人事部关于×××同志恢复名誉的通知》〉的通知》,看着别扭,念着拗口,书名号也混乱,实属赘疣。这种情况并非鲜见,假如《财政部关于提高离退休人员福利待遇的通知》,经省财政厅,地、县财政局三级层层转发,就可能出现四个"关于"、"通知"。怎么处理?可省略书名号,采取缩减方法,抛开中间环节,尽量直转而避免层转,一步到位。正确的标法如下:

《××县财政局转发财政部关于提高离退休人员福利待遇的通知》,或者采用"文号加内容":《××县财政局转发×发〔××××〕×号文件关于提高离退休人员福利待遇的通知》,仅出现一个"关于"和"通知",这才是最规范的。如遇原始文件文种非"通知",那么,为避免歧义,书名号不宜省略,例如《××省政府办公厅转发省公安厅等部门〈关于进一步加强烟花爆竹经营安全管理工作的意见〉的通知》。

2.写清缘由或转发态度和执行要求

通知的缘由应写得简明扼要。一般交代发出通知的背景、目的、理由等,以便为下文进一步提出通知事项作好铺垫。用语要简洁、明确,文字不宜过多,然后用过渡语"现通知如下"、"现将有关事项通知如下"、"为此,特作如下通知"等,后用冒号或句号,开启下文。例如,《国务院办公厅关于优化调整稳就业政策措施全力促发展惠民生的通知》(国办发〔2023〕11 号)一文的开头"为全面贯彻党的二十大和中央经济工作会议、全国'两会'精神,落实国务院 2023 年重点工作分工要求,深入实施就业优先战略,多措并举稳定和扩大就业岗位,全力促发展惠民生,经国务院同意,现就优化调整稳就业政策措施有关事项通知如下",这段文字简括地陈述了通知的依据、目的和缘由,用语也很精练。另外,如果在导言末尾写了"特作如下通知"之类承启语,那么在正文末处不宜再用"特此通知"之类的惯用语作结,以免重复。

颁转性通知是通知中最精练的一种。往往采用篇段合一式,行文简约,程式固定,后附被批转或转发、发布的原件。有的短至一两句话。

例文:

### 国务院办公厅关于印发中医药振兴发展
### 重大工程实施方案的通知

国办发〔2023〕3 号

各省、自治区、直辖市人民政府,国务院各部委、各直属机构:

《中医药振兴发展重大工程实施方案》已经国务院同意,现印发给你们,请认真贯彻执行。

国务院办公厅

2023 年 2 月 10 日

**中医药振兴发展重大工程实施方案 （内容略）**

批转或转发性通知正文应写明被批转或转发公文的全称和文号,转发态度(同意、基本同意、原则同意)及执行要求。根据不同情况选用"现转发给你们,请遵照办理"、"请(希)认真贯彻执行"、"望参照执行"或"供参阅"等习惯语句。如"现将×××(下级机关或下属单位)关于×××(文件)转发给你们,望研究执行"(批转式),"将×××(上级文件)转发给你们,请遵照执行"(转发式)。转发上级领导机关制发的文件时,允许结合本地区的特殊情况写明补充通知的事项。制发补充通知的目的为更好地贯彻上级文件精神,主要写规定事项。如果下级无特殊情况和要求,则无须作补充。

发布性通知则用"颁布"、"颁发"、"发布"、"公布"、"印发"(用于一般规章)等语,写明被批准通过的法规、规章的依据、时间、形成或生效日期,有的还要介绍该法规和规章的形成过程,指出其重要性。

3.分条列项,撮要标目

通知必须明确具体地交待应知和应办事项,在结构安排上一般采用分条列项或小标题的方式。用序号标明层次,每段段首列出旨句,或分列小标题,一一阐述。要做到条理清晰、眉清目楚,便于领会、理解和执行。如《国务院关于进一步精简会议和文件的通知》主干部分:

一、切实加强管理,精简各类会议

(一)继续大力压缩会议,能不开的会议坚决不开。……

(二)严格限制邀请地方政府及其厅局负责人和中央管理的企业的负责人参加会议。……

(三)尽量压缩会期,提高会议质量。……

(四)大兴勤俭之风,反对浪费。各部门要严格执行有关规定,不得超标准使用会议经费,不得挤占其他经费,不得摊派和转嫁经费负担,不得发放会议纪念品。尽量减少在外地开会,……不得在会议期间或会议前后组织公款旅游活动;……不得租用四星级以上(含四星级)豪华宾馆和高级饭店开会。

(五)改进会议方式,提高会议效率。……

(六)应由各部门召开的会议,不得要求以国务院或国务院办公厅的名义召开。……

二、采取有效措施,大力精简文件

(一)各部门要在进一步转变管理职能和减少审批事项上多下功夫。……

(二)各部门要严格控制向地方政府发文。

（三）严格控制部门内设机构发文。……

（四）各部门要各司其职，各负其责。……

（五）要认真做好各种简报的清理、整顿工作。……

三、加强监督检查，促进工作落实

各部门主要负责人要高度重视精简会议和文件的工作，严格把关，从源头上控制和解决"文山会海"问题。……

采用撮要标目方式，使层段清晰，每项规定具体、明确。

会议通知一般都必须分项写清召开会议的原因、目的、召集机关（单位）名称、会议名称、基本内容、起止时间、会议地点、参会人员、报到时间、地点、携带材料及其他有关事宜。具有保密性质的会议通知，开会目的和讨论议题可以不写明确。根据会议任务、规模等情况，有些重要会议在正式召开前要发两个通知。一是"预备通知"，告知受文者将于某月或季度召开什么会议，要求他们做好有关准备，如调查某些情况，或统计有关数字，并整理成书面材料在何时前上报等。二是在会议临近召开前发出，具体说明会议的内容及其他有关内容。比如表彰先进的会议应写明表彰范围、评选条件、评选方法、名额分配等有关事项；座谈会、论证会等须写清要求提前上报参加会议人员的姓名、职务。如果参加人员距离会议地点较远，还要求预先告知赴会的交通路线及抵达的时间、车次（航班）、返程票务要求等，以便安排接待。

4.讲求实效防滥发

由于发布通知是要求所属机关单位贯彻执行或周知，其目的在于指导和推动工作的深入开展，因此，要特别注意发布的必要性，讲求实效，严禁随意滥发，严格控制发文的数量。实践中，有些机关不分巨细，逢事必发"通知"，以致过多过滥，有损通知的严肃性，必须加以纠正。

5.把握内涵防庖代

由于通知具有多功能的特性，因而在实践中往往倍受"偏爱"。有些公文，按其内容性质及发文的目的要求本来应当用"函"、"意见"或"通告"，却往往被"通知"代替。甚至有些本来应用"启事"、"声明"之类的日常应用文也随意用"通知"行文，既失之严肃，又有悖法规规定，当引起高度注意。

### （三）病文诊误

1.病文

#### ××省畜牧局关于批转《国务院加强草原保护与建设的若干意见》的通知

×牧发［2002］×号

各市政府、各市畜牧（农发）局：

现将《国务院关于加强保护与建设的若干意见》（国发［2002］19号）文件批

转给你们,省畜牧局同意国务院制定的意见。请你们认真研究国务院相关政策,根据文件精神,对你市草地资源及保护与建设状况进行一次全面检查,填写"统计表",提出你市关于加强草原保护与建设的报告(其中应重点包括对已垦草地退耕还草的意见),并尽快报送到省畜牧局草业处。

附件:《国务院关于加强草原保护与建设的若干意见》(略)

××省畜牧局

二〇〇二年×月×日

**2.诊误**

(1)行文关系颠倒。"批转"只能用于上级领导机关对下级机关文件的批示和转发。这里应写"转发",且删去标题的"关于"。下级机关转发上级领导机关的文件时,正确的表态是"请认真贯彻执行",绝不能说"同意"。

(2)文号不当。两个文号用了中括号,属旧国标,已废止。《党政机关公文处理工作条例》规定用六角括号:〔2002〕。

(3)受文单位错误。根据通知内容,该通知是发给各市畜牧(农发)局具体执行的,因此,应去掉与之无关的、平级的"各市政府",使文件能够快速、有效地得到执行。

(4)内容含混。什么样的统计表、统计项目是什么,通知没有明确说明。"尽快"有多快,通知没有时间限定。"报送"什么,是"统计表"和报告,还是其中一项,对这些通知都含混带过。为避免执行困难,应在附件附录"统计表",统一格式、项目;应明确报送内容、日期。另外,附件说明应去掉书名号。

# 第三节　调研报告

## 一、文种透视

调研报告即调查研究报告、调查报告。顾名思义,先有调查,后有报告。若无调查成果,研究无所依托;若无研究成果,报告则失去意义。所以调查是前提,研究是深化,报告是结晶。调研是各级领导干部和机关、部门人员必备的基本功。决策是领导者的基本职责,而决策建立在周密的调研基础上,调查是谋事之基、成事之道。作为书面成果的调研报告,其使用频率很高,每一个工作人员都应有驾驭这种文体的硬功夫,否则难以胜任本职工作。但人们常有一种误解,以为撰写调研报告轻而易举。事实上它易写难工,并非朝夕可为。

### (一)调研报告的类型

调查报告有多种类型,性质上有综合性调研报告和专题性调研报告之分;传播方式上有公文体和新闻体之分;力度上有硬调研和软调研之分。所谓硬调研是指奉命对具体事件写出报告,比如就某地某干部贪污或渎职、违纪行为给领导机关写报告,事实要清楚,证据要确凿,定性要准确,对来龙去脉要查清写明。同时,要提出与事实相符的处理建议。软调研则没有具体事件(案件、灾情、事故等)作对象,而是对贯彻党的方针政策、老百姓反映的问题和看法等作宏观了解。比如对农民减负、企业创新、中小学课外培训机构等进行调研并写出报告,为领导机关掌握当前情况、作出决策提供参考。

调研报告一般多从内容上区分,可分为以下三类。

(1)情况调查。包括综合性的情况调查报告和专题性的情况调查报告。前者围绕一个专题,自下而上地进行调查,或者组织一个调查组,抓住一个专题,既做纵向调查,又做横向调查;既做宏观调查,又做微观调查;既做单层次调查,又做多层次调查,写出全面、系统的情况报告。后者是对某个单位、某个部门贯彻执行某一项方针政策或开展某一种活动的情况进行调查,或者对某一个具体事件发生的情况进行调查。这种情况的调查报告多是供领导参考,为领导决策提供依据,如有深度则很受欢迎。

(2)经验调查。主要是总结经验向上级反映或向下级推广。当某一个单位、部门、个人在某一方面创造出先进经验,机关根据领导的要求和上级有关指示精神,深入调研,加以总结,形成文稿上报下发。这是一种受领导和群众欢迎的调查报告,也是一种用典型指导工作的有效方法。

(3)问题调查。主要任务是通报情况、揭露问题。通过调查核实,澄清事实真相,判明问题的原因和性质,确定造成的危害,指出应吸取的教训,并提出解决的途径和建议,为最后处理提供依据。这类报告政治性、原则性强,要求结构严密、文字准确,写作难度较大。必须以对人、对事业高度负责的精神,严肃认真地进行撰写。

**(二)调研报告的特点与作用**

调研报告通过反映现实生活中某一方面的情况以及陈述作者的分析与思考成果,为实现一定的目标服务。它具有调查的针对性、事实的确凿性、报告的科学性和表述的叙议性。

不同类型的调研报告各有其作用。总结经验的调研报告是通过反映某地、某单位工作上的突出成绩,总结经验,树立榜样,以此推动面上的工作。揭示问题的调研报告是通过反映现实生活中某种带倾向性、普遍性的问题,暴露其真相,找准其根源,分析其危害,以期引起有关报告组织、部门或全社会的重视,促成问题的解决。工作研讨性的调研报告是通过对某项工作或全面工作的分析探讨,总结经验,找出问题,提出相应政策,指明努力方向。服务于领导决策的调研报告则直接为决策提供依据。

## 二、调研报告的选题

调查研究实际上是一种基于实践的理性思考,而调研报告则是它的外在表现形式。大量的热点、难点需要我们去探索,这就要求我们把高昂的热情与科学的态度结合起来,写出主题鲜明、见解精辟、针对性和实用性较强的报告。从这个意义上说,要使报告有质量,首先要选好题,然后选好料。

### (一)选题要求

(1)选题要准。要抓住人们普遍关心、现实生活中迫切需要解决的问题和某些尚未引起人们注意但需要提醒的带倾向性、苗头性的问题。当然,在不同的地区、行业、领域情况又会有所不同。面对纷繁复杂的社会现象,我们的目光要像"将军打虎,不追小鹿"一样,瞄准重点,穷追不舍,而不能舍重求轻,舍本求末。比如一个欠发达地区,财政拮据、群众生活水平低、教学条件差、文化设施落后等问题都存在,应选哪一个问题进行调研?从宏观上说,当然是加快发展、培植财力显得最为迫切,因为这个问题一解决,其他问题也就迎刃而解。可见,选题也像上项目、出产品一样必须适应要求,要根据读者和实践需求来选,否则也会出现"滞销"。

(2)选题要新。以独到的眼光发现和分析问题,并提出解决问题的办法。比如1997—1998年爆发亚洲金融危机,导致就业、治安等一系列社会问题,而多数人一时并未察觉到,或虽察觉但一时想不出解决办法,这时候若抓住"引导返乡打工人员就地创业"调研就抓到了点子。有些题目可能被别人调研过多次了,这时就要跳出窠臼,注意从角度和选材上求新。比如同样是发展县域经济,别人可能从推进农业产业化、建立工业主导型经济格局、以招商引资为突破口等角度调研过了,你就不能老调重弹,而要找到独特的角度。如从创造特色的角度来做文章,角度新了选材必然也要新,文章也就有了新意。求新不仅是一种方法,更是一种创造,没有求新就没有生命力。

(3)选题要实。坚持从实际出发,围绕实际需要来选题,摸实情、说实话、想实招。不实则空,空则无用。有的人在选题时,不是从实践中选,不是贴紧现实需求选,而是坐在办公室里"想当然",不着边际地选,这样当然难免盲目。所以选题一定要从实处着眼,从领导有什么需求、群众有什么期望、实践中有什么问题需要解决等方面入手,才能抓住根本、保证质量。

(4)选题要约。选题要从大处着眼,从小处开口,题目要小,瞄准某一个或某一方面的问题做文章,集中"火力"把它说深说透。比如依法治税,这是税收工作的永恒主题,研究的时间长,而且内容很多,涉及税收立法、执法、执法环境等方面,并且每个内容又包括很多小的方面。研究这个课题就应该从某一个方面着手,范围要尽量小,针对性要强。开口太大,涉题太广,范围太大,就很难研究透彻,面面俱到往往面面皆空。有的人喜欢抓大题目,比如某些带宏观性、战略性的调研报告就很"大",但要大得实在、丰满,而不是装腔作势、空洞无物的"大",也不是包罗万象、琐碎冗长的"大"。比如就党的建设进行调研,党的建设包括思想、组织、作风、制度建设等方面,每个大的方面又包括若干具体方面,如果以《关于加强我县党的建设的调查与思考》为题,每个方面都谈情况、论对策,那除非写成一本书,不然就只能"蜻蜓点水",什么都提一下但又什么都讲不透。这样还不如抓住一两个根本性的问题,如领导班子建设问题、干部作风问题,突出重点,更易操作。

### (二)选题方法

要围绕中心工作,围绕热点、难点、焦点、重点、疑点、特色选题,只有这样调研工作才有生命力。因此调研人员一定要树立大局观念、宏观意识和问题意识,多选择那些关乎全局的、带方向性和战略性的课题。

(1)围绕重点。一是从政策上把握重点。重点工作事关大局,涉及面广,难度大,各级政府往往会采取相应的配套政策加以推进。在政策出台前,调研人员应适时开展超前调查研究,为党委、政府提供参考;政策出台后,应适时开展追踪性调研,针对实施中的问题提出修改和完善的意见。二是从决策上把握重点。调查研究是决策之基,没有先行调研的决策是盲目的决策。调研人员应围绕工作中心,早谋划、早选题、早出报告,将之及时转化为领导的决策,防止错过时机,成为"马后炮"。同时,要注意围绕决策贯彻落实情况进行选题,开展跟踪性调查研究,为领导二次决策提供依据。

(2)围绕焦点。一是群众反映强烈的热点。这些问题与人民群众的生活息息相关,牵涉面广,是社情民意的集中反映。及时开展调查研究,反馈群众的呼声和建议,有助于党和政府摸真情、知民意、办实事。如贫困地区脱贫致富、群众上访、食品安全等百姓关注的热点,也正是党和政府时刻关注而又急于解决的问题。二是经济和社会发展中的难点。难点是短期难以解决的问题,如农民负担、企业"三乱"、乡村负债、农村基层组织建设等,是制约经济和社会发展的瓶颈,对整体工作的开展起着举足轻重的作用。摸清难点在哪里、制约因素有哪些、有什么危害、如何解决,等等。

(3)围绕争议。可议性问题是呈现模糊状态、争议较大、值得研究辨析的问题,是某项事物健康发展的关键。这类选题具有三方面特征:一是新生事物,选题具有前沿性;二是上下争议的焦点问题,选题具有深层性;三是改革发展中遇到的重大理论和实践问题,选题具有迫切性。应通过深入调查研究,去粗取精,去伪存真,把真实的情况、正确的看法、合理的建议提出来。

(4)围绕典型。正面典型是实践中涌现出的具有推广价值的新生事物,它具有以点带面、指导全局的重要作用,对领导决策的正确实施和工作的开展起到推动和促进作用。抓典型引路是指导工作的一个重要方法,特别是在某些重大决策的实施推进。调研人员应善于捕捉和发现正面典型,挖掘闪光点,总结推广新经验、新做法,充分发挥典型对全局工作的借鉴和指导作用。反面典型具有警示作用,对预防同类事件的发生起到以儆效尤的作用,不至于"按下葫芦起来瓢",从而变被动为主动,变坏事为好事。应通过深刻剖析,写出有针对性的调查报告。

(5)围绕苗头。事物发展的初始阶段显现出的重大苗头性问题,反映的是一种趋势或可能。一些新生的、进步的事物会因条件适宜而迅速发展壮大起来,或者会因诸多因素的制约而萎缩甚至夭折。一些落后的、不好的事物会因被忽视,甚至放任发展而由小变大,影响全局;而如果超前行动,采取一些防范措施,就能将其遏制住,消灭在萌芽状态,不然就会出现难以收拾的局面。开展超前调查研究,识大势、观全局,顺势而动,有利于及早察觉情况,把握事物发展的趋势,及时采取应对之策,促使事物向着预期的方向发展。这样的调查报告对领导决策具有重要参考价值。

(6)围绕特色。任何事物都有其区别于其他事物的特殊之处,每个地方和部门也各有特点。围绕特色选题,形成报告,有利于全面了解各地、各部门、各方面的情况及其发展趋势,对总揽全局、科学决策具有重要的参考价值。选题特色包括三个方面。一是地域特色,即一个地方所具有的独特资源等,这是加快发展的优势所在。二是工作特色,特色工作是一个地方的亮点和闪光之处,围绕这方面进行选题很容易产生共振。三是特色问题,即特色资源、特色工作中的一些亟需解决的突出问题。

### 三、调研报告的写作要领

调研报告就是通过调查研究而形成的文字材料,调查是广备料,研究是深加工,报告是出产品。因此,写作时应把握三点:周密调查、理性分析、精确表达。

#### (一)材料在手——深查细究,博采约取

1. 调研八法

调查研究常用的方法有以下八种。

(1)实地观察法。调查者在实地通过观察获得直接的、生动的感性认识和真实可靠的第一手资料。但往往是事物的表面现象或外部联系,带有一定的偶然性,且受调查者主观因素影响较大。因此不能进行大样本观察,需结合其他调查方法共同使用。

(2)访谈调查法。较之实地观察法,它能获得更多、更有价值的信息,适用于调查的问题比较深入、调查的对象差别较大、调查的样本较小,或者调查的场所不易接近等情况。包括个别访谈法、集体访谈法、电话访谈法等。但由于访谈标准不一,其结果难以进行定量研究,且访谈过程耗时长、成本较高、隐秘性差、受周围环境影响大,故难以大规模进行。

(3)会议调查法。这是访谈调查法的扩展和延伸,简便易行。通过邀请若干调查对象以座谈会形式来搜集资料、分析和研究社会问题。其最突出的优点是工作效率高,有利于节省人力和时间。但因时间所限,难以做深入细致的交谈,调查的结论和质量受到调查者自身因素影响。

(4)问卷调查法。这种间接的书面访问优点是能够突破时空的限制,对众多的调查对象同时进行调查,适用于对较大样本、较短时期内的、相对简单的现实问题的调查。

(5)抽样调查法。指按照一定方式,从调查总体中抽取部分样本进行调查,并用所得结果说明总体情况。好处是节约人力、物力和财力,能在较短时间内取得相对准确的调查结果,具有较强的时效性。组织全面调查范围广、耗时长、难度大,常采用抽样调查的方法进行检查和验证。局限性在于抽样数目不足时会影响调查结果的准确性。

(6)典型调查法。指在特定范围内选出具有代表性的特定对象进行调查研究,借以认识同类事物的发展变化规律及本质的一种方法。在调查样本太大时,可采用此法。

(7)统计调查法。通过分析固定统计报表的形式,把下边的情况反映上来的一种调查方法。由于统计报表的内容是比较固定的,因此其适用于分析某项事物的发展轨迹和未来走势。运用统计调查法时,应特别注意统计口径要统一,以统计部门的数字为准,报表分析和实际调查相结合,不能就报表进行单纯分析。

(8)文献调查法。通过对文献的搜集和摘取,以获得关于调查对象信息的方法。其适用于研究调查对象在一段时期内的发展变化,研究角度往往是探寻一种趋势,或弄清一个演变过程。此法能突破时空的限制,进行大范围的调查,调查资料便于汇总、整理和分析。同时,它还具有资料可靠、用较小的人力物力收到较大效果等优点。但它往往是一种先行

的调查方法,一般只能作为调查的先导,而不能作为调查结论的现实依据①。

当然,在调查研究时不能拘泥于某一种方法,而应多管齐下、灵活运用。

### 2.收集材料

既然是调查,就应深入实际,到第一线去摸情况,然后再分析研究。而决不能倒过来:在书中找观点,在下面找印证;在文件中找政策,在下面找图解;在资料中找对策,在下面找例子。要杜绝"星级宾馆听汇报"、"隔着玻璃看庄稼"、"围着饭桌话桑麻"的做法。这样得来的材料显然是有限的,而且是片面的。要沉下心,俯下身,深入一线,深入基层,尽力把握调查对象的心理和行为逻辑,倾听各方意见。

调查时材料不嫌其多,多一份背景材料就多一份主动。作者必须利用一切可能和条件,广取博收,尽可能多地搜集各个类别、各个方面、各个层次的相关素材,努力做到古今中外、前后远近、正反主次、点面纵横、主观客观、直接间接等各种素材一应俱全。获取的素材越多,作者就越容易看清事物的本质及其内在联系,越容易产生新思想、新观点;获取的素材越多,作者选择的余地就越大,越容易在同类素材中择优选佳,增强材料的生动性和说服力。若调查不周、情况不明、底数不清,后面的一切都无从谈起。

调研报告的材料性很强,一切分析研究必须建立在事实基础上,所用材料不应夸大、缩小,更不能掺假和虚构。确凿的事实是调研报告的生命和价值所在。诸如事件的经过、背景介绍、人物言行、时间地点、史实数字、资料引用,都必须真实准确。不能道听途说、偏听偏信、以一概全。要用事实说话,不可主观臆断。

### 3.选料要求

(1)切题。调查得来的材料是大量的、具体的,甚至是零乱的,那么分析材料时就要认真筛选,把那些重要的、真实的、与主题关系密切的材料留下来,其他一概舍弃。一些有经验的调查者在调查阶段就边记录边筛选,凡符合主题的材料包括重要的词句、数据、观点、事例等都划上着重号,这样就为分析材料提供了便利,节省了时间。有的调查者往往被众多的原始材料搞得眼花缭乱,把与主旨无关或关系不够密切的某些材料也硬搭上去,结果是冲淡甚至淹没了主题,报告变成了大杂烩。

(2)足用。调研报告主要靠事实说话,这就要求事例、数据等要齐全、具体、实在,使之足够说明某一问题,否则就会使报告流于空洞,难以使人信服,甚至给人留下强词夺理的印象。在分析材料时发现材料不够用,或者只有间接材料而没有第一手材料,或者只有粗略的材料而没有具体的材料,或者只有"面"的材料而没有"点"的材料时,就要返回去"补课"。不能仅凭手中材料,再加一些苍白无力的议论,硬凑成篇。

(3)提质。调查研究旨在服务现实、推动工作,那么选料时就要注意观察事物的内部联系,找出规律性的内容,使之具有普遍的指导意义,这样才有针对性。写总结经验性的调研报告更应注意这一点。比如,一位领导下村时发现,该乡的经济发展水平虽然不算高,但"能人经济"出现好的发展势头,一批果业大户、养殖大户不仅率先富了起来,而且带动了周围一些缺技术、缺资金的农户一起搞规模种养。由此他还发现,在引导农民开拓致

---

① 　杨玉成、王千阁:《调查研究》,中共党史出版社2022年版,第130页。

富门路的问题上,能人带动比行政推动往往要顺利得多,效果也好得多。于是他撰写调研报告,以翔实、生动的材料说明了发展能人经济的必要性和优越性,呼吁各级党政领导发现和培植能人,推动能人经济的发展,以此带动千家万户一起致富。很显然,这篇文章的普遍指导意义较强。

此外还要注意各部分材料的联系与区别、材料的生动性和条理性等问题。

### (二)观点在胸——深入剖析,理从事出

离开深入的研究,素材再丰富也只能是没有条理的一团乱麻。摆出事实不是目的,目的是以事实为依据进行分析、判断、归纳、提炼,作出理性概括,找出规律性的认识。要将感性认识随时上升为理性认识,使之成为行动的向导。有调查没研究、重调查轻研究、调查多研究少,正是调研报告的几种通病。许多调研报告有材料没高度,有篇幅没厚度,有建议没深度。为什么?关键是研究不深入。只有在"研"字上下功夫,才能有点睛式的高质量的议论。

调研报告的形成离不开精心提炼观点,而观点来源于调查所得的材料,是反复研究、透辟分析的结果。在分析材料时,用什么东西把这些材料串起来,以集中说明一个或几个问题?这就要有观点,通过不同的观点把不同的材料"带"进报告。但这种观点必须鲜明而不含混,否则就会像弱将统帅不了士卒一样,难以驾驭材料,材料罗列得再多也说明不了什么问题,整篇文章也会散乱无序。要分清主、支流,真、假象,是其所是,非其所非。而要使观点鲜明,就必须从材料中升华,既源于材料又高于材料,理从事出,事因理明,事理统一,使之具有一定的理性高度,让读者一目了然,并从中受到启迪。

调研报告应在分析上求"透",对策上求"质"。那种只调查不研究、只"采花"不"酿蜜"的做法是懒惰的表现,违背了调查的初衷。要边调查边分析,并且调查后要进行透彻的分析。要广泛吸收正确的意见,集中大家的智慧,集体攻关,不断优化。要组织有研究能力的人进行调查,多开研讨会,反复认真地研讨,在此基础上形成研究报告。不能就事论事而要进行整理、鉴别,由表及里,去伪存真,通过定性分析、定量分析、矛盾分析、因果分析、典型分析、统计分析、比较分析、综合分析等方法,透过现象抓本质,寻找和掌握事物变化规律。

具体的分析一般应围绕质与量、点与面、因与果等方面进行,要洞察全局,善于比较。通过上述过程,首先弄明反映主体事件的材料所蕴含的基本意义,提出调研者的基本观点和评价。接下来,思考如何以典型材料、对比材料、统计数字为依据,系统论证并作综合概括。

调研报告最重要的是利用分析研究的结果提出对策,寻求解决问题的途径。原因找准了,研究对策就有了前提和可靠的依据。提出的对策建议、措施办法力求立意高远,有较强的指导性,既源于现实,又高于现实,兼顾新颖性、前瞻性、可行性和实用性,实中求新,新得实在,新得合理。具体地说,一是注意整体性与针对性。前者指建议内容要和调研内容具有内在联系,不能前后脱节。后者指建议不能照搬调查对象的经验和做法,必须联系本地区、本单位的情形,取其长避其短,有助于解决自身工作中的现实问题。二是注意现实性与超前性。这就要利用求异思维,取得对相关问题的新认识;利用发散思维,发

现新问题、新角度;利用超前思维,增强对事物发展的预见性。进而针对苗头性、倾向性情况提出独到见解。

### (三)报告于纸——结构适体,叙主议辅

调查报告一般由导语、主体、结语组成。

导语的常规写法是开门见山地交代调查的是什么问题、为何调查、调查了哪些对象、采用何种调查方法、调查了多长时间、由谁负责调查,等等,总之不外乎简介情况、说明方式、概括主旨。常规导语多用于向领导汇报,如要见诸报刊,通常采用自由式。(1)设疑法:提出问题,设置悬念,引发读者兴趣和深思。(2)红黑法:高度浓缩,突出巨大成绩或说明问题的严重性和危害性以吸引人们的关注。(3)陡转法:先肯定某些成绩,然后笔锋一转谈存在的不足,或者先说一些缺点,然后介绍取得的成绩。(4)倒勾法:结果前置,采用倒叙手法将读者带入正文。

常见的主体布局方法有三种。

(1)两段式。即前一部分摆情况、观现状,后一部分基于此作分析、提对策。这种结构方法广泛用于各种题材。其优点是轮廓分明、线索清楚、易于阅读和理解。比如《对××区经济发展的几点思考》一文,前一部分肯定了综合实力有所增强、经济结构有所改善、居民收入逐步增加等几方面的成绩,指出了工商税收在地方财政收入中的比重逐年下降、工业经济效益逐年下滑、农民增产不增收等几方面的问题,同时还通过主要经济指标的横向比较明示了该地区存在的差距。后一部分提出全区经济工作要着眼于财政增收、企业增收、职工和农民增收,把工作重点放在抓利税大户、抓龙头企业、抓培育新的消费热点等几个方面,以此迅速壮大经济实力,改变落后面貌。

(2)三段式。即分情况——分析——对策三部分,多用于揭露问题和分析社会现象,其优点是意蕴深刻,能帮助读者认识事物、把握规律。比如《干部分流为什么步履艰难》一文,在列举了干部分流难以推行的基本情况后,花大量笔墨分析原因,包括"架子"难放、经济风险难当、舆论压力难受、惰性难改等,然后提出办法——最根本的是做好自我心理调节:转变观念,淡化"官念";放下架子,换位思考;主动适应,找准位子;迎接挑战,重塑自我。"三段式"的另一种形态是:第一部分亮出观点;第二部分列举调查情况,事实上是为前面的观点提供依据;第三部分提意见或建议。这种融论说文与调研文章为一体的写法往往能突出思辨性,增强说服力。

(3)标题法。即以若干小标题来划分层次,每个小标题下既有情况又有分析和对策,夹叙夹议。比如《××村创办蔬菜协会的调查与启示》一文,前言部分介绍了基本情况和发展蔬菜产业带来的可观效益,然后通过4个小标题来铺排主体内容:①处理好生产与市场的矛盾,为农民致富提供更有力的服务保障;②处理好分散经营与规模发展的矛盾,加快农业产业化进程;③处理好带头富与共同富的矛盾,加快农村奔小康步伐;④处理好高效农业与低科技含量的矛盾,实施科技兴农战略。该村蔬菜协会所做的工作、工作的特点和需要进一步解决的问题分布于这4个小标题之下,并在此基础上分别展开理性分析,从而使这些小标题所表述的观点既是获得的启示,又是基于调查之上深层的对策思考,显得厚重而又醒目。

结语是为深化主题服务的,没有固定模式。可长可短,可有可无。经验性的调研报告多借用主体最后一段作为全文收束。但情况性和暴露性的调研报告一般都专写一段结尾。有的说明当事人、领导等对问题的重视程度和处理意见,有的是为前后照应,以进一步表明作者的立场、态度。

调研报告表述上常常是数字图表与文字并重,夹叙夹议,叙议交融。叙述和说明是基本手段,叙述性文字占主要篇幅,但叙述情况并非调研报告的写作目的,必须有理性概括,要提出自己的主张、建议。具体方式上可先叙后议,也可先议后叙或边叙边议,力求简明叙说,精要议论。遣词用语应庄重、平实、清新,务实求活,不追求文学性但不排斥生动性。

## 四、调研报告的注意事项

调研报告有针对性,必须注意它的目的性。撰写前,先要弄清动机——是反映上级的某一个决策的正确性,还是探索新的方针政策;是总结经验,还是吸取教训;是鼓舞人心,还是引人反思;是以个人的名义向领导汇报,还是以组织的名义向上级报告;是为内部传阅,还是为了见诸报刊……如果糊里糊涂硬着头皮写,肯定写不好。

调研报告有新闻性,但必须注意它的实证性。调研报告既是事务文书也是新闻体裁,但比新闻内容更丰富。要用大量事实和数据全面地、系统地阐述和剖析事件的发展过程、发生的原因、造成的影响、有何经验教训。通讯则偏重于形象性和故事性。

调研报告有求是性,必须注意以事实为本。用事实说话,并非事例堆积得越多越好,而是要对调研的材料进行深刻的分析,选用能反映事物本质和规律的材料。对事物分析得透,对规律抓得准,相应的质量就好。

调研报告有主张性,必须注意言辞语气。命令、决定、通知等公文多用指令性的语气,而调研报告这种文体多是用于个人向组织报告,下级向上级提倡什么、反对什么、强调什么、注意什么,多是用探讨性的语气,很少用指令性的语气。

调研报告有翔实性,必须注意简明扼要。该长就长,能短则短。无论报告复杂与否,都不能追求大而全、长而多,要防止洋洋万言、离题千里。长篇调研报告可拟几百字的提要,尤其突出对策建议部分。

调研报告例文

## 五、调研报告与总结辨异

调研报告和总结均属事务文书,但两者有明显不同。

(1)写作重心有别。调研报告是对客观事物进行调查研究、揭示事物本质和规律的书面报告,旨在以点促面。而总结是回顾过去,找出经验教训以利今后工作,旨在对过去作理性的审视。两者目的不同。

(2)写作时间不同。调研报告不定期,随时都可;总结是定期的,是事后撰写。

(3)角度、范围各异。调研报告是外单位的或本单位的均可,常用第三人称。总结仅限于本部门、本单位、本人,常用第一人称。

## 【延伸阅读】

1.吴新元:《公文要素对应写作理法——公文写作原理与科学速成法》,九州出版社2012年版。

2.房立洲:《公文掌上课堂:实战36技》,浙江大学出版社2018年版。

3.郭建利:《应用写作一点通》,浙江大学出版社2007年版。

## 【思考与练习】

1.试修改下列转发性通知的标题。

**关于转发中共四川省委组织部《关于转发中共中央组织部〈关于在纪念抗日战争胜利 50 周年期间开展走访慰问老干部、老党员及有关活动的通知〉的通知》的通知**

各乡镇党委、县属各部门党组织:

现将中共四川省委组织部《关于转发中共中央组织部〈关于在纪念抗日战争胜利 50 周期间开展走访慰问老干部、老党员及有关活动的通知〉的通知》转发给你们,请遵照执行。

中共××县委组织部

一九九五年九月二十日

2.根据以下新闻素材,撰拟相关公文,完成文后综合训练。

2017 年 9 月 16 日上午,临江市工商局横山工商分局接到群众电话举报,在该分局辖区琴岛居民小区 3 号楼 2 单元有一伙人正在从事传销活动。横山工商分局迅速组织 10 名工商执法人员,联合公安部门前往检查。在现场,发现有近 200 人正聚集在一间大会议室里"听课"。执法人员在依法出示执法证件后,将正在"讲课"的陶某控制住。正当执法人员欲将"听课"人员带离现场时,陶某煽动"听课"人员闹事,场面顿时大乱,近 200 名"听课"人员对 10 余名工商、公安执法人员围攻谩骂,大打出手。在长达 20 余分钟的殴斗中,有 7 名工商人员和 3 名公安干警被打伤,其中 2 人重伤。工商执法人员刘某在送往医院途中,因伤势过重,不幸身亡。

事件发生后,当地党委、政府和工商分局领导高度重视,分别前往医院探望受伤的执法人员,慰问遇难人员家属,并指示要尽快破案,严惩凶犯,同时做好遇难人员家属的安抚工作,积极救治受伤人员。

目前,犯罪嫌疑人陶某畏罪潜逃,参与闹事的张某等 14 人已被公安机关逮捕，此案正在进一步处理中。

（1）以该工商分局的名义向市工商局写一份情况报告。

（2）请以临江市工商局的名义，就该事件向所属县工商局、分局及市局各执法单位或部门发一份关于严格执法程序、确保执法人员人身安全的通知。

（3）以临江市工商局的名义，就是否授予在此事件中遇难的执法人员刘某烈士称号问题，向省工商局写一份请示。

3.兼用多种调查方法，就有意义的话题如本校大学生消费情况等展开调查，提交调研报告。

拓展资料

# 后 记

台州学院写作教研室自 2011 年申报《现代写作教程》获浙江省普通本科高校"十一五"重点建设教材立项后,各位同仁即反复讨论写作大纲,并分头撰写,几易其稿,迄今才得以完成。具体分工情况如下:上编"写作原理论"第一、二、三章,中编"写作过程论"第四、五章,由王正撰稿;下编"写作文体论"第六章第一、二节,第七章,由西慧玲撰稿;第六章第三节由宋涵慧撰稿;第八章由徐凯撰稿;第九章由郭建利撰稿;第十章由黄莉撰稿;最后由主编王正、西慧玲统稿。

本教材写作过程虽然只有两年,但其中的章节均为各位教师积多年教学、科研之功锤炼而成,并经教学实践反复检验,且各自撰写部分亦为各人之专长。即便如此,书中不当之处在所难免,请大家批评指正。

编者

2013 年 9 月

# 第二版后记

自 2014 年正式出版浙江省普通本科高校"十一五"重点建设教材《现代写作教程》之后,该教材的修订版又于 2019 年获浙江省普通本科高校"十三五"新形态教材立项,各位编写者根据当下写作活动及教学实践的新形态,即着手优化与完善教材的文稿,增补新的内容,并与超星公司合作拍摄相关慕课,制作二维码,供学生在线学习。具体分工情况如下:上编"写作原理论"第一、二、三章,中编"写作过程论"第四、五章,由王正负责修订;下编"写作文体论"第六章第一、二、四节由宋涵慧重新撰写,第三节由王遇新重新撰写;第七章由西慧玲负责修订;第八章由徐凯负责修订;第九章由郭建利负责修订;第十章由黄莉重新撰写;参考文献部分由金凤负责修订;最后由主编王正、西慧玲统稿。虽然各位同仁共同努力,为新形态教材增添新意,但由于修订时间较短,书中不尽人意之处,还请大家多提宝贵意见。

编者
2019 年 5 月

# 第三版后记

　　自 2014 年正式出版浙江省普通本科高校"十一五"重点建设教材《现代写作教程》之后,该教材的修订版于 2019 年获浙江省普通本科高校"十三五"新形态教材立项,今年又获批浙江省普通本科高校"十四五"重点立项建设教材。各位编写者先制订修改提纲,然后根据"新文科"的新要求,以及写作教学改革的前沿信息,增删替换部分文稿,充分体现了数字化时代融合创新、实践体验的特色。具体分工情况如下:上编"写作原理论"第一、二、三章,中编"写作过程论"第四、五章,由王正负责修订;下编"写作文体论"第六章第一、三节由陈日红、宋涵慧负责修订,第二节由王遇新负责修订,第四节由黄莉负责修订;第七章由西慧玲负责修订;第八章由西慧玲、徐凯负责修订;第九章由郭建利负责修订;第十章由郭建利新撰写;参考文献与注释部分由金凤负责修订;最后由主编王正、西慧玲统稿。各位同仁为新版教材付出很多,但由于修订时间较短,修订任务较重,书中不免有遗憾不足之处,还请大家多批评指正。

编者

2023 年 6 月